CTET & All State TETs

बाल विकास एवं शिक्षाशास्त्र

लेखक

दीपक हिमांशु

संस्थापक (योर ऑनलाइन पार्टनर)

इनविंसिबल पब्लिशर्स

ISBN: 978-81-943134-1-0

इनविंसिबल पब्लिशर्स

201A, SAS Tower, Sector 38, Gurgaon-122003

Printed in India by Excel Printers Pvt. Ltd.

प्रस्तावना

(लेखक की कलम से)

प्रस्तुत पुस्तक बाल विकास एवं शिक्षाशास्त्र CTET और सभी STATE TET के नवीनतम पाठ्यक्रम पर तैयार की गयी है जिसमे सभी अध्यायों की पूरी अवधारणाओं सहित जरुरी प्रश्नों को भी संलग्न किया गया है। पुस्तक के आगे के भाग में छात्रों के स्व आकलन के लिए बिभिन्न प्रैक्टिस सेट्स दिए गए है और अंत में CTET के विगत वर्षों की परीक्षा में पूछे गए प्रश्नों को भी सम्मिलित किया गया है जिससे छात्र अपने स्तर को परीक्षा के स्तर से मिलकर अपनी तैयारी को अंतिम मुकाम तक पंहुचा सकते हैं।

मैं आप सभी शिक्षार्थियों को असीम सफलता की ह्रदय से शुभकामनाएं देता हूँ और मुझे पूरा विश्वास है की यह पुस्तक आपकी आवश्यकताओं की भली भाँती नूर्ति कर सकेगा, पुस्तक लेखन में जिन सभी पुस्तकों तथा विचारों का सहयोग लिया गया है, मैं उन सभी के प्रति विशेष रूप से आभारी हूँ।

यह पुस्तक मैं अपने पिताजी श्री प्राण मोहन झा (राष्ट्रपति पुरस्कार से सुशोभित प्रधानाध्यापक) एवं माताजी श्रीमती नीलम झा (सरकारी प्राध्यापिका) को समर्पित करना चाहता हूँ और साथ ही अपनी धर्मपत्नी श्रीमती मीतु झा को साधुवाद देता हूँ जिनके सहयोग, समीक्षा, आकलन और मनोबल के बिना यह पुस्तक लिखना मुमकिन नहीं था।

अंत में मैं पुस्तक के प्रकाशक 'इन्विंसिबल पब्लिशर्स' को धन्यवाद देना चाहता हूँ जिन्होंने इस पुस्तक को प्रकाशित कर अपना अमूल्य सहयोग प्रदान किया है।

- दीपक हिमांशु (लेखक)

विषयसूची

खण्ड -1

बाल विकास

इकाई 1 : बाल विकास की अवधारणा

बाल विकास के अंतर्गत बालकों के व्यवहार, स्थितियाँ, समस्याओं तथा उन सभी कारणों का अध्ययन किया जाता है, जिनका प्रभाव बालक के व्यवहार पर पड़ता है। बच्चों के इष्टतम विकास को समाज के लिए महत्वपूर्ण माना जाता है और इसलिए बच्चों के सामाजिक, संज्ञानात्मक, भावनात्मक और शैक्षिक विकास को समझना जरूरी है। इस क्षेत्र में बढ़ते शोध और रुचि के परिणामस्वरूप नए सिद्धांतों और रणनीतियों का निर्माण हुआ है और इसके साथ ही साथ स्कूल सिस्टम के अंदर बच्चे के विकास को बढ़ावा देने वाले अभ्यास को विशेष महत्व भी दिया जाने लगा है। इसके अलावा कुछ सिद्धांत बच्चे के विकास की रचना करने वाली अवस्थाओं के एक अनुक्रम का वर्णन करने की भी चेष्टा करते हैं। वर्तमान युग में अनेक सामाजिक, सांस्कृतिक, राजनैतिक एवं आर्थिक कारक मानव तथा उसके परिवेश को प्रभावित कर रहे हैं। परिणामस्वरूप बालक, जो भावी समय की आधारशिला होता है, वह भी प्रभावित होता है। बाल मनोविज्ञान की परिभाषाएँ निम्नलिखित हैं—

1. **क्रो और क्रो के अनुसार-** "बाल मनोविज्ञान वह वैज्ञानिक अध्ययन है जो व्यक्ति के विकास का अध्ययन गभर्काल के प्रारम्भ से किशोरावस्था की प्रारंभिक अवस्था तक करता है।"
2. **जेम्स ड्रेवर के अनुसार-** "बाल मनोविज्ञान, मनोविज्ञान की वह शाखा है जिसमें जन्म से परिपक्वावस्था तक विकसित हो रहे मानव का अध्ययन किया जाता है।"
3. **थॉम्पसन के शब्दों में-** "बाल-मनोविज्ञान सभी को एक नयी दिशा में संकेत करता है। यदि उसे उचित रूप में समझा जा सके तथा उसका उचित समय पर उचित ढंग से विकास हो सके तो प्रत्येक बालक एक सफल व्यक्ति बन सकता है।"
4. **हरलॉक के अनुसार-** "आज बाल-विकास में मुख्यतः बालक के रूप व्यवहार, रुचियों और लक्ष्यों में होने वाले उन विशिष्ट परिवर्तनों की खोज पर बल दिया जाता है, जो उसके एक विकासात्मक अवस्था से दूसरी विकासात्मक अवस्था में पदार्पण करते समय होते हैं। बाल-विकास में यह खोज करने का भी प्रयास किया जाता है कि यह परिवर्तन कब होते हैं, इसके क्या कारण हैं और यह वैयक्तिक हैं या सार्वभौमिक।"

बाल विकास की आवश्यकता

बाल विकास अनुसंधान का एक क्षेत्र माना जाता है। बालक के जीवन को सुखी और समृद्धिशाली बनाने में बाल-मनोविज्ञान का योगदान प्रशसंनीय है। मनोविज्ञान की इस शाखा का केवल बालकों से प्रत्यक्ष या अप्रत्यक्ष रूप से सम्बन्ध है, जो बालकों की समस्याओं पर विचार

करते हैं और बाल मनोविज्ञान की उपयोगिता को स्वीकार करते हैं। समाज के विभिन्न लोग बाल-मनोविज्ञान से लाभान्वित हो रहे हैं। जैसे— बालक के माता-पिता तथा अभिभावक, बालक के शिक्षक, बाल सुधारक तथा बाल-चिकित्सक आदि।

बाल मनोविज्ञान के द्वारा हम बाल-मन और बाल-व्यवहारों के रहस्यों को भली-भाँति समझ सकते है। बाल मनोविज्ञान हमारे सम्मुख बालकों के भविष्य की एक उचित रूपरेखा प्रस्तुत करता है। जिससे अध्यापक एवं अभिभावक बच्चे में अधिगम की क्षमता का सही विकास कर सकते हैं। किस अवस्था में बच्चे की कौन-सी क्षमता का विकास कराना चाहिए, इसका उचित प्रयोग अवस्थानुसार विकास के प्रारूपों को जानने के पश्चात् ही हो सकेगा। उदाहरण के लिए— एक बच्चे को चलना तभी सिखाया जाए, जब वह चलने की अवस्था का हो चुका हो, अन्यथा इसके परिणाम विपरीत हो सकते हैं।

अतः बाल-मनोविज्ञान की एक व्यावहारिक उपयोगिता यह भी है कि यह बालकों के समुचित निर्देशन के लिए व्यावहारिक उपाय बता सकता है। हम निर्देशन के द्वारा ही बालकों की क्षमताओं और अभिवृत्तियों का उचित रूप से लाभ उठा सकते है। व्यक्तिगत निर्देशन में बालक की व्यक्तिगत कठिनाइयों और दोषों तथा उसकी प्रवत्तियों और उसके व्यक्तित्व से संबंधित विकारों को दूर करने के उपायों की जानकारी बाल-मनोविज्ञान से प्राप्त होती है। इसी प्रकार व्यावसायिक निर्देशन के अंतर्गत वह बालक को यह संकेत देता है कि वह व्यवसाय को चुनकर जीवन में अधिक से अधिक सफलता प्राप्त कर सकता है। अन्त में निष्कर्ष रूप में यह कहा जा सकता है कि वर्तमान समय में बाल-मनोविज्ञान अत्यन्त आवश्यक है। बाल-मनोविज्ञान के बिना मनोविज्ञान विषय अधूरापन लिये रहता है।

बाल विकास का क्षेत्र

बाल विकास के क्षेत्र में गर्भधारण अवस्था से युवावस्था तक के मानव की सभी व्यवहार सम्बन्धी समस्याएँ सम्मिलित हैं। इस अवस्था के सभी मानव व्यवहार सम्बन्धी समस्याओं के अध्ययन में विकासात्मक दृष्टिकोण मुख्य रूप से अपनाया जाता है। इन अध्ययनों में मुख्य रूप से इस बात पर बल दिया जाता है कि विभिन्न विकास अवस्थाओं में कौन-कौन से क्रमिक परिवर्तन होते हैं। ये परिवर्तन किन कारणों से, कब और क्यों होते हैं, आदि। बाल-विकास का क्षेत्र दिन-प्रतिदिन बढ़ रहा है। बाल विकास विषय के क्षेत्र के अंतर्गत जिन समस्याओं अथवा विषय सामग्री का अध्ययन किया जाता है वह निम्न प्रकार की हो सकती है—

1. **वातावरण और बालक-** बाल-विकास में इस समस्या के अंतर्गत दो प्रकार की समस्याओं का अध्ययन किया जाता है। प्रथम यह कि बालक का वातावरण पर क्या प्रभाव पड़ता है? द्वितीय यह कि वातावरण बालक के व्यवहार, व्यक्तित्व तथा शारीरिक विकास आदि को किस प्रकार प्रभावित करता है? अतः स्पष्ट है कि बालक का पर्यावरण एक विशेष प्रभावकारी क्षेत्र है।

2. **बालकों की वैयक्तिक भिन्नताओं का अध्ययन-** बाल त्रिकास में वैयक्तिक भिन्नताओं तथा इससे संबंधित समस्याओं का अध्ययन भी किया जाता हैं। व्यक्तिगत भेदों की दृष्टि से निम्नलिखित तथ्यों का अध्ययन किया जाता है— शरीर रचना सम्बन्धी भेद, मानसिक योग्यता सम्बन्धी भेद, सांवेगिक भेद, व्यक्तित्व सम्बन्धी भेद, सामाजिक व्यवहार सम्बन्धी भेद तथा भाषा विकास सम्बन्धी भेद आदि।
3. **मानसिक प्रक्रियाएँ-** बाल-विकास में बालक की विभिन्न मानसिक प्रक्रियाओं का अध्ययन भी किया जाता है। जैसे— प्रत्यक्षीकरण, सीखना, कल्पना, स्मृति, चिन्तन, साहचर्य आदि। इन सभी मानसिक प्रक्रियाओं का अध्ययन दो समस्याओं के रूप में किया जाता है। प्रथम यह कि विभिन्न आयु स्तरों पर बालक की यह विभिन्न मानसिक प्रक्रियाएँ किस रूप में पाई जाती है, इनकी क्या गति है आदि। द्वितीय यह कि इन मानसिक प्रक्रियाओं का विकास कैसे होता है तथा इनके विकास को कौन से कारक प्रभावित करते हैं।
4. **बालक-बालिकाओं का मापन-** बाल-विकास के क्षेत्र में बालकों की विभिन्न मानसिक और शारीरिक मापन तथा मूल्यांकन से संबंधित समस्याओं का अध्ययन भी किया जाता है। मापन से तात्पर्य है कि इन क्षेत्रों में उसकी समस्याएं क्या है और उनका निराकरण कैसे किया जा सकता है?
5. **बाल व्यवहार और अन्तःक्रियाएँ-** बाल-विकास के अध्ययन क्षेत्र में अनेक प्रकार की अन्तःक्रियाओं का अध्ययन भी होता है। बालक का व्यवहार गतिशील होता है तथा उसकी विभिन्न शारीरिक और मानसिक योग्यताओं और त्रिशेषताओं में क्रमिक विकास होता रहता है। अतः स्वाभाविक है कि बालक और उसके वातावरण में समय-समय पर अन्तःक्रियाएँ होती रहें। एक बालक की ये अन्तःक्रियाएँ सहयोग, व्यवस्थापन, सामाजिक संगठन या संघर्ष, तनाव और विरोधी प्रकार की भी हो सकती है। बाल-मनोविज्ञान में इस समस्या का भी अध्ययन होता है कि विभिन्न विकास अवस्थाओं में बालक की विभिन्न अन्तःक्रियाओं में कौन-कौन से और क्या-क्या क्रमिक परिवर्तन होते हैं तथा इन परिवर्तनों की गतिशीलता किस प्रकार की है?
6. **समायोजन सम्बन्धी समस्याएँ-** बाल-विकास में बालक के विभिन्न प्रकार की समायोजन समस्याओं का अध्ययन भी किया जाता है। साथ ही इस समस्या का अध्ययन भी किया जाता है कि भिन्न-भिन्न समायोजन क्षेत्रों (पारिवारिक समायोजन, संवेगात्मक समायोजन, शैक्षिक समायोजन, स्वास्थ्य समायोजन आदि) में भिन्न-भिन्न आयु स्तरों पर बालक का क्या और किस प्रकार का समायोजन है। इस क्षेत्र में कुसमयोजित व्यवहार का भी अध्ययन किया जाता है।

7. **विशिष्ट बालकों का अध्ययन-** जब बालक की शारीरिक और मानसिक योग्यताओ और विशेषताओं का विकास दोषपूर्ण ढंग से होता है तो बालक के व्यवहार और व्यक्तित्व में असमान्यता के लक्षण उत्पन्न हो जाते है। बाल-विकास में इन विभिन्न असमानताओं व इनके कारणों और गतिशीलता का अध्ययन होता है। विशिष्ट बालक की श्रेणी में निम्न बालक आते हैं— शारीरिक रूप से अस्वस्थ रहने वाले बालक, पिछड़े बालक, अपराधी बालक एवं समस्यात्मक बालक आदि।
8. **अभिभावक बालक सम्बन्ध-** बालक के व्यक्तित्व विकास के क्षेत्र में अभिवावकों और परिवार की महत्वपूर्ण भूमिका है। अभिभावक-बालक सम्बन्ध का विकास, अभिभावक, बालक संबंधों के निर्धारक, पारिवारिक संबंधों में ह्रास आदि समस्याओं का अध्ययन बाल-विकास मनोविज्ञान के क्षेत्र के अंतर्गत किया जाता है।

विकास के मुख्य क्षेत्र:

- भौतिक (ऊंचाई, शक्ति और वजन)
- भावनात्मक (भावनाएं और दृष्टिकोण)
- आध्यात्मिक (विश्वास और धर्म)
- बौद्धिक (सोच और समझ)
- सामाजिक (दूसरों के साथ बातचीत)

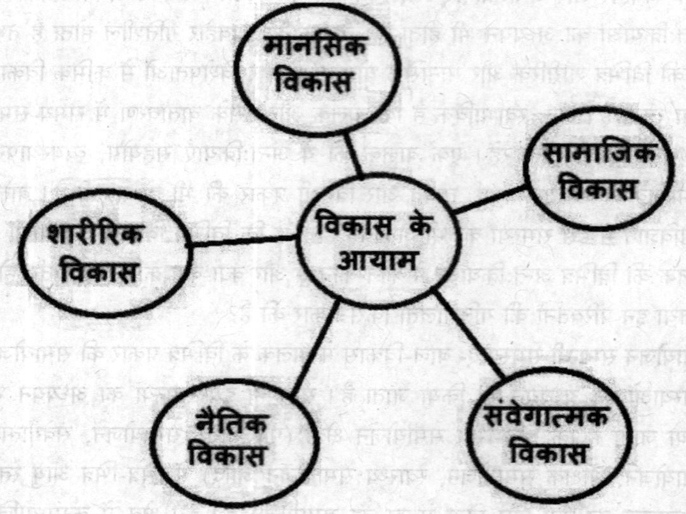

बाल विकास के विभिन्न अवस्थाएं

- जन्म से 2 साल - शैशवावास्था
- 2 साल से 6 साल- पूर्व बाल्यकाल
- 6 साल से 12 साल- उत्तर बाल्यावस्था
- 12 साल से 18 साल - किशोरावस्था

जन्म से 2 साल (शैशवावास्था):

शारीरिक विकास-

शैशवावास्था में एक बच्चे में विकास विभिन्न तरीकों से बेहद तेजी से होना है। शिशु अपनी समझ का उपयोग आसपास के वातावरण को समझने में और उनके शरीर को विकसित करने में लगाते हैं। यह कहा जा सकता है एक तरह से बच्चे अपने शरीर का उपयोग करना समझ जाते हैं और धीरे-धीरे शारीरिक काम करने लगते हैं। जैसे— घुड़क कर चलना या खड़े होकर चलना।

आमतौर पर प्रमुख शारीरिक कौशल का विकास एक पैटर्न का पालन करता है, जिसमें बच्चे सबसे पहले सिर ऊपर उठाना सीखते हैं उसके बाद ऊपर जाने की कोशिश करते हैं, फिर बैठने की, फिर घुरकने की, फिर खड़े होने की और फिर बच्चे चलने लगते हैं। बच्चे दो से 3 महीने में हाथों के बल सिर उठाना सीख जाते हैं उसके बाद ऊपर की तरफ उठना 4 महीने तक सीख जाते हैं, 6 महीने तक बच्चे बैठना सीख जाते हैं और सामान्यतया 10 महीने तक बच्चे खड़े होना सीख जाते हैं। हाथ और पैर का विकास बच्चों में एक स्वाभाविक परिवर्तन लाता है जिससे बच्चे अपने अंगों को फैलाते हैं।

बच्चे अक्सर 4 से 5 महीने की उम्र में खिलौने की समझ रखने लगते हैं और 9 से 12 महीने के बीच दो उंगलियों के बीच कुछ पकड़ने की क्षमता रखने लगते हैं, बजाए अपने पूरे हाथ से किसी चीजों को पकड़ने के। 15 महीने के करीब बच्चे सीढ़ियों पर चढ़ना या कुर्सियों पर चढ़ना सीखने लगते हैं, लेकिन वहां से वापस उतरना उस समय वह सीख नहीं पाते हैं। 18 महीने के करीब बच्चों का शारीरिक विकास ज्यादा मजबूत हो जाता है जिससे कि वह ज्यादा आसानी से इधर-उधर घूम सकते हैं। जब बच्चे लगभग 2 साल के हो जाते हैं तो उनमें और भी ज्यादा क्षमता का विकास होता है जिससे वह सामान को इधर-उधर फेंकना या पैरों से चीजों को धकेलना सीख जाते हैं, इसी समय बच्चे उछलना कूदना भी सीख जाते हैं और लगभग 2 साल के अंत तक बच्चे आसानी से इधर-उधर घूमने, दौड़ने और खेलने लगते हैं।

Birth **Child development periods**

Periods

Infancy

Neonate/newborn

Age															
Weeks	0	1	2	3											
Months	0				1	2	3	4	5	6	7	8	9	10	11
Years	0														

भाषा विकास-

जब बच्चों का जन्म होता है तो शुरू-शुरू में बच्चे अपनी बात रोने के माध्यम से पहुंचाते हैं। जैसे— अगर वह भूखे हैं या थके हैं या आराम महसूस नहीं कर पा रहे हैं या उन्हें किसी प्रकार का दर्द है, तो बच्चे रो कर अपनी बात पहुंचाने की कोशिश करते हैं। हालांकि यह भी सच्चाई है कि उसी उम्र में बच्चे ध्वनियों को समझना भी सीख जाते हैं, खास करके उन ध्वनियों को जिन शब्दों में उनके माता-पिता या उनका ध्यान रखने वाले उनके सामने उपयोग करते हैं। ऐसा कहा जाता है कि अगर बच्चे के चेहरे से 8 से 10 इंच की दूरी पर किसी शब्दों का इस्तेमाल किया जाता है तो बच्चे अपने मुख से भी उसी शब्दों को दोहराने की कोशिश करते हैं।

2 से 3 महीनों में बच्चे अपनी खुशियां, मन का इजहार करने के लिए स्वर का इस्तेमाल करने लगते हैं। करीबन 3 से 4 महीने के अंतराल में बच्चे व्यंजन का भी प्रयोग करने लगते हैं। जैसे— ब, क, म, ग, प.. बोलने लगते हैं। 4 महीने के अंत तक बच्चे स्वर और व्यंजन मिलाकर बिना अर्थ वाले शब्द बोलने लगते हैं। जैसे— गागा और उसी समय में बच्चे शब्दों को मिलाकर प्रयोग करने लगते हैं। 5 महीने के समय में बच्चे अपनी घरेलू भाषा और संगीत को भी समझने लगते हैं। लगभग 7 महीने तक वह अर्थ वाले शब्द का इस्तेमाल करने लगते हैं जो उनके घरेलू भाषा में उनके सामने प्रयोग किया जाता है। इस समय में यह भी देखा जाता है कि बच्चे कुछ जानवरों की भी आवाज निकालने लगते हैं।

8 साल की उम्र तक बच्चे ध्वनियों को और अच्छी तरीके से समझने लगते हैं और यही समय होता है जब बच्चे से कोई शब्द पूछा जाता है, चाहे वह खाने, खेलने या घूमने से संबंधित हो। उसमें बच्चे अपनी सहमति, खुशी या दुख से जाहिर करते हैं। 9 से 12 साल की उम्र में बच्चे अर्थपूर्ण शब्द जैसे— मामा, दादा या पापा बोलने लग जाते हैं और इसी तरह 1 साल तक बच्चे और भी शब्दों से परिचित हो जाते हैं और 1 साल के अंत में दो-तीन शब्दों को जोड़कर बोलने की कोशिश करने लगते हैं। दूसरे साल में बच्चे शब्दों पर और अच्छी पकड़ बना लेते हैं और 18 से 24 महीने के समय में बच्चे दो-तीन शब्दों को मिलाकर साधारण वाक्य बनाने में सक्षम हो जाते हैं।

संज्ञानात्मक विकास –

बच्चे शुरूआती 2 साल में सिर्फ शारीरिक विकास ही नहीं करते हैं बल्कि मानसिक विकास भी करते हैं। हालांकि उनका शारीरिक विकास आसानी से देखा जा सकता है। लेकिन कहीं न कहीं इस बीच उनका मानसिक विकास भी चलता रहता है। इसलिए विशेषज्ञ कहते हैं कि बच्चे का विकास उनके रखरखाव और आसपास के वातावरण पर निर्भर करता है। पियाजे का भावनात्मक थ्योरम और Ericsson का मनोवैज्ञानिक चरण इन्हीं बातों को दर्शाता है।

पियाजे के अनुसार, शैशव काल के बच्चे अपने आसपास के वातावरण और पर्यावरण से बहुत प्रभावित होते हैं। वह यह नहीं समझते हैं कि वह क्या कर रहे हैं, लेकिन उनकी इच्छापूर्ति के लिए वह जो भी क्रिया करते हैं वह उनके वातावरण से प्रभावित होता है। पियागेट यह मानते हैं कि बच्चे अपनी मानसिक क्षमता के अनुसार अपने वातावरण से कुछ न कुछ सीखते हैं और उस समय में बच्चे अगर कुछ पाना चाहते हैं तो उसे पाने के लिए कुछ न कुछ सफल या असफल प्रयास जरूर करते हैं।

भावनात्मक / सामाजिक विकास:

बच्चों में भावनात्मक विकास भी जन्म से होता है। वह अपने खुशी, गम और दुख को अपने चेहरे से दिखाने की कोशिश करते हैं या शारीरिक रूप से कुछ क्रियाएं करके बताने की कोशिश करते हैं। बच्चों के चेहरे पर एक खुशनुमा मुस्कान आप 2 से 3 महीने के बीच देख सकते हैं। 4 महीने के बाद बच्चे हंसना शुरु कर देते हैं। 2 से 6 साल के बीच बच्चे अपना दुख, आश्चर्य, डर और क्रोध भी जाहिर करने लग जाते हैं। 5 से 6 साल के बीच बच्चे अपने और दूसरे को पहचानने लगते हैं।

छठे महीने में बच्चे अपने घरवालों के द्वारा बोले गए शब्दों को सुनना शुरू कर देते हैं। आठवें से दसवें महीने में बच्चे अपनी भावना व्यक्त करने लगते हैं, 9 से 10 महीने के बीच बच्चे अच्छी तरीके से अपनी भावना को व्यक्त करने में सक्षम हो जाते हैं। बहुत जल्दी ही खुश, दुखी और नाराज़ भी हो जाते हैं। 11 महीने में बच्चे दूसरे की भावनाओं को भी समझने लगते हैं और 12 महीने के करीब बच्चे सिर्फ भावनाओं को ही नहीं समझते हैं बल्कि उस भावनाओं से निकले हुए मतलब को भी समझने की कोशिश करने लगते हैं। आपने यह देखा होगा कि बच्चे 12 महीने में अपनी चीजों और सामान के प्रति काफी उत्साहित हो जाते हैं और उन्हें उसे दूसरे से शेयर करने में जलन की भावना आने लगती है।

13 से 18 महीने में बच्चे समझने लगते हैं कि सामने वालों में कौन घर वाले हैं जो उनके साथ रहते हैं और कौन बाहर गए हुए हैं। इस अविधि में बच्चों को चीजों से लगाव होने लगता है, जैसे— टेडी बियर या कोई जानवर। 18 महीने में बच्चे अपनी भावना के हिसाब से

प्रतिरोध करना भी सीख जाते हैं। लेकिन 21 महीने तक बच्चे थोड़ा स्थिर हो जाते हैं और अभी तक के उम्र के हिसाब से समझदारी से व्यवहार करने लगते हैं।

2 साल से 6 साल (पूर्व बाल्यावस्था)

शारीरिक विकास: बच्चों में जो वृद्धि का दर शैशव की अवस्था में देखा गया, वह वृद्धि का दर 2 से 6 साल की उम्र में नहीं होता है। इस उम्र में सबसे ज्यादा विकास बच्चों के पैरों का होता है और बच्चों का पैर उनकी पूरी लंबाई का आधा होता है। हालांकि इस उम्र में बच्चों के सिर का विकास थोड़ा कम होता है। सामान्यतया, 3 साल के बच्चे का वजन 33 पाउंड और लंबाई 38 इंच होती है, जबकि एक बच्ची का वजन और लंबाई दोनों थोड़ा कम होता है।

5 साल में एक बच्चे की लंबाई 43 इंच होती है और उनका औसत वजन 43 पाउंड होता है। हालांकि बच्चों का वजन और लंबाई कई चीजों पर निर्भर करती है, जैसे— उनके माता-पिता की लंबाई, पोषण और बीमारी इत्यादि।

अवधारणात्मक विकास: 2 से 6 वर्ष की आयु में बच्चों में एक विविधता विकसित होती है जो कि बाद में दोहराया जाता है, जैसे— खुद से खाना खाना, खुद से कपड़े पहनना, स्नान करना, बालों को ब्रश करना, खिलौनों के साथ खेलना, उछलना-कूदना इत्यादि। हालांकि, मुख्यत: इन चीजों का विकास बच्चों में 5 से 6 वर्ष की आयु में होता है।

भाषा विकास: एक बच्चे में भाषा का विकास जन्म के समय रोने से ही शुरू हो जाता है। 10 महीने के करीब बच्चा एक शब्द का उपयोग करना शुरू कर देता है जो कि बाद में 1 साल पूरा होने तक वह 3 से 4 शब्दों में बदल जाता है। हालाँकि बच्चों में शब्द का विकास उनके घर के अच्छे वातावरण और बच्चों को दी गई ट्रेनिंग या अच्छी देख-भाल पर भी निर्भर करता है।

बौद्धिक विकास: बच्चों का बौद्धिक विकास 2 साल के बाद थोड़ा तेज हो जाता है क्योंकि इस उम्र में बच्चे नई-नई चीजें को देखना, खोजना शुरू कर देते हैं और नए नए अनुभव प्राप्त करने लगते हैं।

नीचे यहां हम बच्चों के बौद्धिक विकास की कुछ विशेषताएं बता रहे हैं जो कि आपके लिए जानना काफी जरूरी है—

- बच्चा शारीरिक और सामाजिक वास्तविकता की अवधारणाओं को समझना शुरू कर देता है।
- 6 साल की उम्र तक बच्चे आकार, रंग, समय और दूरी इत्यादि धारणाओं को भी विकसित करता है।
- इस उम्र में बच्चे की स्मृति काफी तेज हो जाती है और बच्चा याद करना सीख जाता है।
- रचनात्मकता का भी विकास होता है और बच्चों की कल्पना भी बढ़ने लगती है।
- कंक्रीट सामग्री के संबंध में भी सोच और तर्क विकसित होती है।
- ध्यान की अवधि 7 मिनट से 20 मिनट तक बढ़ जाती है और पर्यावरण की खोज में भी रुचि बढ़ जाती है।
- बच्चा अपनी भाषा में प्रतीकों का उपयोग करने में सक्षम हो जाता है।
- बच्चा अपने पर्यावरण के बारे में सवाल पूछना शुरू कर देता है।

सामाजिक विकास: बच्चा एक सामाजिक माहौल में पैदा होता है जहां उसका व्यक्तित्व विकास, सामाजिक मानदंडों के द्वारा होता है—

- बच्चे में विश्वास और अविश्वास की भावना खुद विकसित होती है।
- बच्चे में स्वायत्तता की भावना भी विकसित होती है और वह अन्वेषण करना शुरू कर देते हैं।
- अब उनका सामाजिक वातावरण घर के बाहर फैलना शुरू हो जाता है।
- बच्चे या बच्चियां बिना किसी लिंगभेद के और बिना किसी भेदभाव के एक साथ खेलना शुरु कर देते हैं। वह समूह में सक्रिय रुप से भाग लेते हैं और अपनी भौतिक ऊर्जा का उपयोग करते हैं।
- दूसरों का सहयोग करना सीख जाते हैं और समान व्यक्तित्व लक्षण वाले बच्चों को दोस्त बनाना सीख जाते हैं।
- बच्चे परी तथा पशुओं के कहानियों में रुचि रखने लगते हैं।
- इस बीच बच्चों में नकारात्मकता की भावना भी 3 से 6 सालों के बीच बढ़ जाती है जो कि सामाजिक परिस्थितियों का एक उत्पाद है।
- लड़कियां खेलने की तुलना में लड़कों पर ज्यादा हावी होनी हैं।
- बच्चा अपनी बात पूरी करने के लिए सामाजिक अनुमोदन की मांग करता है।

भावनात्मक विकास: भावनाएं जीवन में एक महत्वपूर्ण भूमिका निभाती हैं जो बच्चों के व्यक्तिगत और सामाजिक समायोजन में योगदान देती है। एक बच्चे के विकास में भावनाओं का निम्नलिखित प्रभाव पड़ता है—

- भावनाएं हमें जीवन में किसी विशेष स्थिति का सामना करने के लिए उर्जा देती है।
- वह हमारे व्यवहार के प्रेरक के रूप में काम करती हैं।
- भावनाएं हमारे दैनिक जीवन में खुशियों का अनुभव करवाती हैं।
- भावना इस समाज में समायोजन को भी प्रभावित करती हैं।
- अत्यधिक भावनात्मक स्थिति या मानसिक संतुलन को भी परेशान करती है और तर्क एवं सोच को विभाजित करती है।
- भावनाएं व्यक्तियों के बीच संचार के मीडिया के रूप में कार्य करती है।

बच्चों में निम्नलिखित भावनात्मक विशेषताएं विकसित होती हैं—

- भावनाएं अक्सर पैदा होते रहती हैं।
- भावनाएं अस्थाई है, इसका मतलब है कि बच्चा अपनी भावनाओं को बहुत तेजी से बदल देता है। उदाहरण के लिए— जब कोई 3 साल का बच्चा रो रहा है और अगर आप उसे चॉकलेट दे देते हैं तो बच्चे खुश हो जाते हैं।
- प्रारंभिक बचपन में भावनात्मक अभिव्यक्तियों के बावजूद बच्चों में उत्तेजना की तीव्रता भी होती है।
- बच्चे अपनी भावनाओं को छुपाने में असफल होते हैं और उन्हें अप्रत्यक्ष रूप से प्रस्तुत करते हैं। जैसे— रो कर, नाखून काट कर, अंगूठे चूस कर और कुछ बोल कर।
- उम्र के साथ बच्चों में भी भावनाएं बदलती रहती हैं। कुछ भावनाएं एक उम्र में मजबूत रहती है और एक समय के बाद वह भावनाएं बच्चों में कमजोर पड़ने लगती हैं। यह बच्चों के विकास और मूल्यों में परिवर्तन के हिसाब से होता है।

= Definitions differ in faded interval = Change in time scale

Childhood

Primary school age

Toddlerhood

Play age

Preschooler

12 - 23								
1	2	3	4	5	6	7	8	9

उत्तर बाल्यावस्था (6 साल से 12 साल)

6 से 12 साल का उम्र जीवन का एक महत्वपूर्ण चरण है। यह एक अवधि है जब बच्चे अक्सर सभी के साथ अजीब तरीके से व्यवहार करना शुरू करते हैं। इस समय नें माता-पिता और शिक्षक बच्चों से ज्यादा नाराज होने लगते हैं, वहीं बच्चों में भी इनसे नाराजगी होने लगती है। यह बच्चों के लिए काफी महत्वपूर्ण समय होता है जब उनको उचित मार्गदर्शन की आवश्यकता होती है और बच्चों में पर्याप्त समायोजन के लिए माता-पिता और शिक्षकों द्वारा परामर्श का विशेष योगदान होता है।

इस उम्र में बच्चों का मस्तिष्क लगभग वयस्क आकार और वजन को प्राप्त कर लेता है। बच्चों की गतिविधियां अपेक्षाकृत बढ़ जाती है और बच्चों में प्रतिरोध की भावना भी उत्पन्न हो जाती है। इस समय बच्चा अपने घर के बाहर दोस्ती का विकास करता है।

शारीरिक विकास: इस उम्र में बच्चों के वजन और ऊंचाई का विकास थोड़ा कम होता है और बच्चों में हो रहे इस बदलाव को आसानी से परखा जा सकता है। इस उम्र में बच्चे बीमारी से मुक्त होते हैं। परिवर्तन के मामले में लड़कियां, लड़कों से 2 साल आगे होती हैं।

11 साल की उम्र में लड़कियां, लड़कों से पूरी तरीके से 1 साल आगे होती हैं। इस उम्र में बच्चों के दूध के दांत टूटने लगते हैं और अस्थाई दांतो का विकास होने लगता है। बच्चों में ताकत, सभी अनुपात में शारीरिक विकास, सहनशक्ति और थकान के लिए प्रतिरोध बढ़ जाता है।

बौद्धिक विकास

6 से 12 साल की आयु में बच्चों के बौद्धिक विकास में निम्नलिखित परिवर्तन होता है—

- इस उम्र में बच्चा खुद में और बाहरी दुनिया में फर्क को समझने लगता है।
- बच्चों में प्राकृतिक नियमों की अवधारणा 12 साल तक विकसित हो जाती है।
- इस समय में बच्चे नई जानकारी के लिए सबसे ज्यादा उत्सुक होते हैं और नए विचारों को सीखते हैं। बच्चों के सीखने और स्मृति की क्षमता अधिक कुशल हो जाती है।
- बच्चों में तार्किक सोच की क्षमता भी बढ़ जाती है और बच्चा संज्ञानात्मक चयन कर पाता है।
- विज्ञान की कहानियां और यांत्रिक संचालन में भी बच्चों की रुचि बढ़ जाती है।
- बच्चों के साहस और निष्ठा में भी वृद्धि हो जाती है।
- इस उम्र में बच्चे तत्काल कारणों से ज्यादा विचलित होने लगते हैं।
- बच्चों के शुरुआती दिनों में जो कल्पनाशील भय होती है वह 12 साल की उम्र से गायब होने लगते हैं।
- बच्चे चीजों को तर्कसंगत रूप से देखने लगते हैं और समस्या का विश्लेषण करना सीख जाते हैं।

भावनात्मक विकास: जीवन के लिए भावनाएं बहुत महत्वपूर्ण हैं। भावनाओं के बगैर ज़िन्दगी एकदम एकांत और सुस्त हो जाता है। हालांकि वह बच्चे की उम्र के साथ बदल जाते हैं।

भावनात्मक परिवर्तन की निम्नलिखित विशेषताएं हैं—

- छोटी उम्र में जो बच्चों की भावनात्मक अभिव्यक्ति होती है, इस उम्र में आकर उसमें काफी परिवर्तन हो जाता है। बच्चा अपनी भावनाओं पर नियंत्रण करना सीख जाता है।
- बच्चे की भावनात्मक प्रतिक्रिया कम फैलती है और कम विचलित होती है।
- इस दौरान भावनाएं सबसे संक्रामक होती हैं क्योंकि बच्चे दूसरों पर अधिक भरोसेमंद होते हैं।
- बचपन में जो बच्चों को जानवरों से डर होता है वह इस समय में गायब होने लगते हैं।
- इस उम्र में जब बच्चों की तुलना की जाती है या लापरवाही की जाती है या बच्चों का उपहास किया जाता है, तो बच्चे गुस्सा करना शुरू कर देते हैं।
- माता-पिता का पक्षपात बच्चों में ईर्ष्या को जन्म देता है।
- वरीयताओं के कारण लड़कियां अपने वर्ग में लड़कों की तुलना में अधिक ईर्ष्यावान हो जाती हैं।
- बच्चों में खुशी, प्यार, जिज्ञासा, दुख और स्नेह आसानी से दिखाई देने लगता है।

सामाजिक विकास: शुरुआत में बच्चों में समाजीकरण की प्रक्रिया घर तक ही सीमित होती है, या पड़ोस के माहौल तक। लेकिन जैसे ही बच्चा स्कूल में प्रवेश लेता है उनका सामाजिक परिवेश बड़ा हो जाता है और इससे बच्चों में निम्नलिखित परिवर्तन देखे जाते हैं—

- इसमें बच्चे अपने लिंग के अनुसार सहकर्मी और समूह में रहना सीखने लगते हैं।
- बच्चे इस उम्र में स्कूल और घर में चर्म शांति की अनुभूति करते हैं।
- बात न मानने की शिकायत इस दौर में सबसे ज्यादा होती है।
- बच्चे बड़ों के द्वारा तय किए गए मानकों को अस्वीकार करते हैं।
- सेक्स अंतर तेजी से होता है। लड़कियां, लड़कियों के साथ खेलती हैं और लड़के लड़कों के साथ।
- लड़के, लड़कियों की तुलना में अधिक विद्रोही होते हैं और लड़कों के समूह अधिक व्यवस्थित होते हैं।
- इस उम्र में बच्चों में सामाजिक चेतना का बहुत तेजी से विकास होता है और इसे गिरोह युग कहा जाता है।

Preadolescence Adolescence Adulthood

Secondary school age

Puberty (boys)

Puberty (girls)

Preteen

10	11	12	13	14	15	16	17	18	19	20	21	22

शैक्षिक प्रभाव

- बच्चों को विद्यालय में एक अच्छा वातावरण दिया जाना चाहिए और उन्हें उनकी भावनाओं को व्यक्त करने का मौका देना चाहिए।
- घर और स्कूल में सुरक्षा और आजादी दी जानी चाहिए।
- खेल, सांस्कृतिक गतिविधियों और पिकनिक में भाग लेने के अवसर प्रदान करें।
- लड़कियों के साथ लड़कों की तुलना न करें।
- बच्चों से बातचीत के दौरान अपना दृष्टिकोण लोकतांत्रिक रखें।
- लड़कों को पुरुषों के साथ मिलने-जुलने का अवसर प्रदान करें।
- जब बच्चे भावनात्मक रूप से क्रोधित होते हैं तो उन्हें शांति और समझदारी के साथ समझाएं।
- बढ़ते बच्चों के व्यक्तित्व का सम्मान करें और बच्चों में अपना विश्वास व्यक्त करें।
- बच्चों के वांछनीय व्यवहार को मजबूत करें।
- याद रखें कि बच्चे एक सहकर्मी समाज के सदस्य हैं।
- बच्चों के लिए परिवार के बाहर स्थानीय समुदाय के अनुभव भी उपलब्ध कराए जाने चाहिए।
- इस अवधि में बच्चों की सामाजिक सदस्यता को नज़रअंदाज नहीं किया जाना चाहिए।
- बच्चों में शिल्प में रुचि विकसित की जानी चाहिए।
- प्रयोग के लिए अवसर प्रदान किए जाने चाहिए।
- बच्चों के विद्यालय का माहौल स्थानीय और सुखद अनुभूति वाला होना चाहिए।

किशोरावस्था (12 साल से 18 साल):

यह बाल्यावस्था एवं युवावस्था के मध्य होती है। 12-18 वर्ष की अवधि को किशोरावस्था माना जाता है। इस अवस्था को जीवन का संधिकाल कहा गया है।

विशेषताएं—

- इस अवस्था में बालकों में समस्या की अधिकता, कल्पना की अधिकता और सामाजिक अस्थिरता होती है। जिसमें विरोधी प्रवृतियों का विकास होता है।

- किशोरावस्था की अवधि कल्पनात्मक और भावनात्मक होती है।
- इस अवस्था में बालकों में विपरीत लिंग के प्रति आकर्षण बढ़ता है और वे भावी जीवनसाथी की तलाश भी करते है।
- उत्तर किशोरावस्था में व्यवहार में स्थायित्व आने लगता है।
- किशोरों में अनुशासन तथा सामाजिक नियंत्रण का भाव विकसित होने लगता है।
- इस अवस्था में समायोजन की क्षमता कम पायी जाती है।
- तीव्र मानसिक विकास।
- व्यवहार में विभिन्नता, मित्रता, स्थ्यित्व एवं समायोजन का आभाव।
- कामुकता का जागरण, कल्पना का बाहुल्य, आत्मसम्मान की भावना, परमार्थ की भावना।
- बुद्धि का अधिकतम विकास, नेतृत्व की भावना, अपराध प्रवृति का विकास, रुचियों में परिवर्तन एवं स्थिरता।
- समूह को महत्त्व, वीर पूजा की भावना, समाज सेवा की भावना, धार्मिक चेतना।

वयस्कता: 18-60 वर्ष की अवस्था वयस्कता कहलाती है। यह गृहस्थ जीवन की अवस्था है जिसमें व्यक्ति को जीवन की वास्तविकता का बोध होता है और वास्तविक जीवन की अन्तःक्रियाएं होती है।

विशेषताएं—

- इस अवस्था में व्यक्ति अपने जीवन के लक्ष्यों को पाने की कोशिश करता है।
- व्यक्ति आत्मनिर्भर होता है।
- व्यक्ति की प्रतिभा उभर कर सामने आती है।
- यह सामाजिक तथा व्यावसायिक क्षेत्र के विकास की उत्कृष्ट अवस्था है।

वृद्धावस्था: 60 वर्ष से जीवन के अंत समय तक की अवधि को वृद्धावस्था कहा जाता है।

विशेषताएं—

- यह ह्रास की अवस्था होती है। इस आयु में शारीरिक और मानसिक क्षमता का ह्रास होने लगता है।
- स्मरण की कमजोरी, निर्णय लेने की क्षमता में कमी, समायोजन का आभाव आदि इस अवस्था की विशेषताएं है।
- इस अवस्था में व्यक्ति अध्यात्मिक चिंतन की ओर बढ़ता है।

अभ्यासार्थ प्रश्न

1.पियाजे के अनुसार, निम्नलिखित में से कौनसी अवस्था है जिसमे बालक अमूर्त संकल्पनाओं के विषय में तार्किक चिंतन आरम्भ करता है?
(a)मूर्त सक्रियात्मक अवस्था (7- 11)
(b)औपचारिक संक्रियात्मक अवस्था (11 वर्ष से ऊपर)
(c)संवेदी प्रेरक अवस्था (जन्म से 2 वर्ष तक)
(d)पूर्व संक्रियात्मक अवस्था (2 से 7 वर्ष)
2. बच्चों में बौद्धिक विकास की चार विशिष्ट अवस्थाओं की पहचान की गयी
(a)कोहलबर्ग द्वारा
(b)स्किनर द्वारा
(c)एरिक्सन द्वारा
(d)पियाजे द्वारा
3. "विकास कभी न समाप्त होने वाली प्रक्रिया है", यह विचार किससे संबंधित है?
(a)अन्तः सम्बन्ध का सिद्धांत
(b)निरंतरता का सिद्धांत
(c)एकीकरण का सिद्धांत
(d)अन्तः क्रिया का सिद्धांत
4. प्राथमिक स्तर पर एक शिक्षक में निम्न में से किसे सबसे महत्वपूर्ण विशेषता मानना चाहिए?
(a)पढ़ाने की उत्सुकता
(b)धैर्य और दृढ़ता
(c)शिक्षण पद्धतियों और दक्षता
(d)अतिमानक भाषा में पढ़ाने में दक्षता
5. निम्न में से कौन शिक्षार्थियों में सृजनात्मकता का पोषण करता है?
(a)अच्छी शिक्षा के व्यावहारिक मूल्यों के लिए विद्यार्थियों का शिक्षण
(b)प्रत्येक शिक्षार्थी का अन्तर्जात प्रतिभाओं का पोषण करना एवं प्रश्न करने के अवसर उपलब्ध करवाना
(c)विद्यालयी जीवन के प्रारम्भ में उपलब्धि के लक्ष्यों पर बल देना
(d)परीक्षा में अच्छे अंको के लिए उन्हें कोचिंग देना
6. वह अवस्था जब बच्चा तर्किक रूप से वस्तुओं व घटनाओं के विषय में चिंतन प्रारम्भ करता है
(a)संवेदी प्रेरक अवस्था
(b)औपचारिक संक्रियात्मक अवस्था
(c)पूर्व संक्रियात्मक अवस्था
(d)मूर्त संक्रियात्मक अवस्था
7. निम्नलिखित में से किस अवस्था में बच्चे अपने समवयस्क समूह के सक्रिय सदस्य ही जाते हैं?
(a)किशोरावस्था
(b)प्रौढ़ावस्था
(c)पूर्व बाल्यावस्था
(d)बाल्यावस्था
8. निम्न में से शिक्षण की खेल विधि आधारित है
(a)शारीरिक शिक्षा कार्यक्रमों के सिद्धांत पर
(b)शिक्षण की विधियों के सिद्धांत पर

(c)विकास एवं वृद्धि के मनोवैज्ञानिक सिद्धांत पर

(d)शिक्षण के सामाजिक सिद्धांत पर

9. बच्चों के संज्ञानात्मक विकास को सबसे अच्छे तरीके से कहां परिभाषित किया जाता है?

(a)खेल के मैदान में

(b)विद्यालय एवं कक्षा में

(c)ऑडिटोरियम में

(d)गृह में

10. निम्न में से कौन पियाजे के अनुसार बौद्धिक विकास का निर्धारक तत्व नहीं है?

(a)सामाजिक संचरण

(b)अनुभव

(c)सन्तुलिकरण

(d)इनमे से कोई नहीं

11. बालकों की सोच अमूर्तता की अपेक्षा मूर्त अनुभवों एवं प्रश्नों से होती है, यह अवस्था है

(a)7 से 12 वर्षों तक

(b)12 से वयस्क तक

(c)2 से 7 वर्षों तक

(d)जन्म से 2 वर्ष तक

12. विकास के सन्दर्भ निम्न में कौनसा कथन सत्य नहीं है?

(a)विकास की प्रत्येक अवस्था में अपने खतरे हैं

(b)विकास उकसाने या बढ़ावा देना नहीं होता है

(c)विकास सांस्कृतिक परिवर्तनो से प्रभावित होता है

(d)विकास की प्रत्येक अवस्था की अपनी अलग विशेषता होती है

13.निम्न में से कौनसा विकासात्मक कार्य, उत्तर बाल्यावस्था के लिए उपयुक्त नहीं है?

(a)सामान्य खेलों के लिए आवश्यक शारीरिक कुशलता प्राप्त करना

(b)पुरषोचित या स्त्रियोचित सामाजिक भूमिका को प्राप्त करना

(c)वैयक्तिक आत्मनिर्भरता प्राप्त करना

(d)अपने हमउम्र के साथ रहना सीखना

14. विकास का अर्थ है—

(a)परिवर्तनों की उत्तरोत्तर श्रृंखला

(b)अभिप्रेरणा के फलस्वरूप परिवर्तनों की उत्तरोत्तर श्रृंखला

(c)अभिप्रेरणा एवं अनुभवों के फलस्वरूप परिवर्तनों की उत्तरोत्तर श्रृंखला

(d)परिपक्वता एवं अनुभव के फलस्वरूप परिवर्तनों की उत्तरोत्तर श्रृंखला

15. खिलौनों की आयु कहा जाता है—

(a)पूर्व बाल्यावस्था को

(b)उत्तर बाल्यावस्था

(c)शैशवावस्था को

(d)उपरोक्त सभी

उत्तर

1.(b), 2.(d), 3.(b), 4.(b), 5.(b), 6.(d), 7.(a), 8.(c), 9.(b), 10.(a), 11.(a), 12.(b), 13.(b), 14.(d), 15.(a)

इकाई 2 : बाल विकास के सिद्धांत

हम सब जानते हैं कि एक बच्चे के सर्वांगीण विकास में शिक्षक का एक महत्वपूर्ण योगदान होता है। एक शिक्षक बच्चे की ज़िन्दगी की ऐसी महत्वपूर्ण कड़ी हैं जो बचपन से ही उनमें मानवता का विकास, उनके अधिकारों और कर्तव्यों का परिचय करवाते हैं। हालांकि, यह भी कहना गलत नहीं होगा कि ज़िन्दगी में सीखने और सिखाने की प्रक्रिया निरंतर चलती रहती है और ज़िन्दगी के हर मोड़ पर हम किसी न किसी से कुछ न कुछ सीखते ही रहते हैं। लेकिन बाल्यावस्था एक ऐसा समय होता है जो बच्चों की ज़िन्दगी के शुरुआती समय को सफल और सुदृढ़ बनाने में अहम भूमिका निभाता है। अगर देखा जाए तो एक शिक्षक का कर्तव्य और उनकी भूमिका बच्चे के शुरुआती विकास में काफी महत्वपूर्ण होता है, जो बच्चों में उम्र के साथ-साथ आने वाली समझ प्रदान करता है और बच्चों को मानसिक तथा सामाजिक रूप से तैयार करता है।

इस इकाई में हम देखेंगे कि किस प्रकार सीखने की प्रक्रिया निरंतर चलती रहती है और इसे पूरा करने में शिक्षक की क्या-क्या महत्ता होती है। और साथ ही एक बच्चे को उनके उम्र के हिसाब से शिक्षा देने में औपचारिक तथा गैर-औपचारिक रूप से एक शिक्षक को किन किन बातों का ख्याल रखना आवश्यक है। क्योंकि एक बच्चा शुरुआती दिनों में सबसे ज्यादा प्रभावित अपने आसपास के माहौल और परिवेश से होता है। इस उम्र में बच्चा निरंतर अपना व्यवहार, बोलचाल के तरीके और क्रियाकलाप बदलता रहता है।

शिक्षण तथा अधिगम प्रक्रियाओं के विकास के स्तर

- वृद्धि तथा विकास और विकास के सिद्धांत का ज्ञान शिक्षकों के लिए उपयोगी है।
- यह शिक्षकों को उनके शिक्षण के स्तर को, बच्चों के विकास के स्तर से मेल खाने में मदद करता है। वे प्रभावी रूप से विषय को व्यक्त कर सकते हैं।
- वे बच्चों से उम्मीदों की सीमाओं के बारे में जान सकते हैं। गतिविधियां उनकी उम्र के लिए उपयुक्त हो सकती हैं। वे जानते हैं कि क्या और कब उम्मीद करनी चाहिए।
- वे महसूस करके बच्चों की समझ में अधिक यथार्थवादी हो सकते हैं।
- वे विकास पैटर्न के अनुसार सीखने की प्रक्रिया की योजना बना सकते हैं। यानी, विशिष्ट से सामान्य और सामान्य से विशिष्ट तक।
- विभिन्न पहलुओं के पारस्परिक संबंध और परस्पर निर्भरता का सिद्धांत, बच्चों के सामंजस्यपूर्ण विकास में मदद करता है।
- पैटर्न की एकरूपता सभी को विकास को प्राप्त करने के लिए तैयार करती है।

- पर्यावरण की भूमिका को जानकर शिक्षक, बच्चों को पर्यावरण की स्थिति से अवगत करवा सकते हैं।
- मानव जीवन में विकास सभी अवधियों में निरंतर चलने वाली प्रक्रिया है और हमें इसे कभी भी हासिल करने के लिए प्रयास करना नहीं छोड़ना चाहिए।
- हम जानते हैं कि ज्ञान का संचार एक इंसान में चलने वाली एक निरंतर प्रक्रिया है। प्रत्येक बच्चे को उनके ताकत और विकास के अनुसार उन्हें आगे बढ़ने में मदद की जानी चाहिए।
- वृद्धि और विकास का सिद्धांत, बच्चों को विकास पथ पर अग्रसर करने के लिए सुझाव देता है। हम लोग इसका उपयोग बच्चों को आगे बढ़ाने के लिए और हर एक चरण में बच्चों के विकास के लिए कर सकते हैं।

बच्चों के वृद्धि एवं विकास में शिक्षक की भूमिका

एक शिक्षक को विभिन्न सामाजिक-आर्थिक और सांस्कृतिक पृष्ठभूमि के बच्चों से जुड़ना पड़ता है, जो कि एक शिक्षक के व्यक्तिगत जीवन से भी अलग होता है। शिक्षक समाज का वो आईना है जो बच्चों के व्यवहार में वांछित परिवर्तन ला सकता है ताकि बच्चे राष्ट्र के विकास में एक अच्छे नागरिक की जिम्मेदारी का निर्वहन कर सकें। विकास की समझ रखने का एक सबसे बड़ा कारण यह भी है कि इतिहास से लेकर आज तक के हुए सारे बदलावों को समझा जा सके। स्कूल में शामिल होने से पहले बच्चा अपने घर से या आस-पास से कुछ अनुभव जमा करता है। जिसका उपयोग औपचारिक रूप से बच्चों के विकास के लिए विद्यालय में किया जा सकता है।

एक शिक्षक को अपने वर्ग के सभी बच्चों की क्षमताओं को जानना चाहिए और उनके वृद्धि और विकास के साथ-साथ बुनियादी सिद्धांतों को भी समझना चाहिए। जिससे कि वह बच्चों के सामंजस्यपूर्ण विकास के लिए प्रभावी मार्गदर्शन प्रदान कर सके। एक बच्चा अपने आसपास के वातावरण से काफी प्रभावित होता है और निरंतर अपना व्यवहार बदलते रहता है, जो एक शिक्षक द्वारा समझा जाना चाहिए। एक अच्छा शिक्षक आज के बच्चे के जीवन में और उनके भविष्य के लिए काफी महत्वपूर्ण है और बच्चों को जीवन पथ पर अग्रसर कराने के लिए समाज की सबसे बड़ी कड़ी है।

एक बच्चा शिक्षक के स्नेह के माध्यम से ही अपने समाज और विचार को बढ़ाने में सक्षम हो पाता है या उसके लिए अपने आप को स्वीकृत कर पाता है। एक शिक्षक के रूप में आपको बच्चों को विभिन्न प्रकार के अवसर प्रदान करने चाहिए जो कि सामाजिक और मानसिक दृष्टिकोण से बच्चों में ज्ञान का सृजन कर सके और बच्चों को नैतिकता के माध्यम से प्रगति पथ पर अग्रसर कर सके।

वृद्धि एवं विकास के सिद्धांत और लक्षण

विकास की कोई सीमा नहीं है और यह निरंतर चलती रहती है। पर जैसा हम सब जानते हैं कि परिवर्तन ही संसार का नियम है, इसलिए विकास में भी परिवर्तन निहित है और हमारे भविष्य की स्थिति हमारे वर्तमान और उसमें हो रहे परिवर्तन पर निर्धारित है। उसी प्रकार बच्चों में भी उनका भविष्य और अनुभव उनके वर्तमान तथा साथ में हो रहे परिवर्तन पर निर्भर करता है। जैसे-जैसे बच्चे बड़े होते हैं उनमें भावनात्मक सामाजिक तथा मनोवैज्ञानिक परिवर्तन समय के साथ चलता रहता है।

नीचे के 9 सिद्धांतों से आप इन तथ्यों का विश्लेषण कर सकते हैं—

1. **विकास का पैटर्न :** जन्म से पहले और जन्म के बाद मानव का विकास एक पैटर्न का पालन करता है। शारीरिक विकास,भाषा का विकास और बौद्धिक विकास मानव शरीर में एक निश्चित क्रम में होता है।
2. **विकास की दिशा का सिद्धांत :** विकास की दिशा 'सेफेलो-कौडल' के साथ-साथ प्रॉक्सीमोडाइस्टल' दिशा है। विकास की दिशा सिर से अंगों तक है, जिसे अनुदैर्ध्य धुरी में 'सेफेलो-कौडल' कहा जाता है और केंद्र से परिधि तक 'प्रॉक्सिमोडिस्टल' कहा जाता है। इस सिद्धांत के अनुसार, वृद्धि और विकास की दिशा निश्चित है जिसमें पहले सिर से प्रौढ़ आकार और फिर सबसे बाद में टांगें विकसित होती है।
3. **निरंतर विकास :** एक मानव का विकास जन्म से पहले गर्भावस्था के समय से ही शुरू हो जाता है और आजीवन चलते रहता है।
4. **विकास और वृद्धि दर :** वैसे तो विकास कभी खत्म नहीं होने वाली प्रक्रिया है, लेकिन वृद्धि और विकास का दर कभी समान नहीं रहता है। ज़िन्दगी के शुरुआती क्षण में विकास की दर में तेजी से बदलाव होता है और जीवन के अंतिम समय में विकास की दर कम हो जाती है। बाल्यावस्था के बाद किशोरावस्था में भी विकास की दर में अचानक वृद्धि होती है।
5. **व्यक्तिगत अंतर का सिद्धांत :** हर इंसान में विकास की दर अलग-अलग होती है। जैसे— लड़के और लड़कियों के बीच विकास दर में एक अंतर होता है, ऐसा कहा जाता है कि लड़कियाँ लड़कों की तुलना में पहले परिपक्व हो जाती हैं। इसे आप इस तरह से समझ सकते हैं कि लड़कियाँ अपने उम्र के लड़कों की तुलना में मानसिक तौर पर ज्यादा विकसित होती हैं।
6. **विकास सामान्य से विशिष्ट प्रतिक्रियाओं तक पहुंचता है :** बच्चा शुरुआत में सामान्य बातें सीखता है और समय बीतने के साथ विशिष्ट बातें भी सीखने लगता है। ठीक उसी प्रकार बच्चा पहले अपने पूरे अंगों को चलाना सीखता है और फिर भागों को।

जब बच्चों में शारीरिक वृद्धि होने लगती है तो बच्चा विशेष प्रतिक्रिया करना भी सीख जाता है।

7. **एकीकरण के सिद्धांत :** बच्चों में पहले सामान्य प्रतिक्रियाओं का विकास हो जाता है। फिर वहां से बढ़कर विशिष्ट प्रक्रिया को पूरी तरह से एकत्रित या एकीकृत किया जाता है। इसका मतलब यह हुआ कि बच्चा पहले सम्पूर्ण अंग को, फिर बाद मे विशिष्ट भागों का प्रयोग कर पाता है या अंगों को चलाना सीखता है, फिर उन भागों का एकीकरण करंना सीखता है।
8. **पारस्परिक संबंध का सिद्धांत :** आंतरिक संबंधों के कारण बच्चों के विभिन्न क्षेत्रों में विकास एक दूसरे पर निर्भर करता है। अगर सामाजिक रुप से देखा जाए तो एक आयाम का विकास भावनात्मक विकास को प्रभावित करता है। अतः विकास के सभी आयाम एक दूसरे से संबंधित ही हैं और एक दूसरे को प्रभावित करते हैं।
9. **पूर्वानुमान :** किसी बच्चे की वृद्धि दर और विकास से ये अंदाजा लगाया जा सकता है कि भविष्य में बच्चे का मानसिक और शारीरिक विकास कैसा होगा।

वृद्धि एवं विकास के बीच संबंध

वैज्ञानिक साहित्य में वृद्धि और विकास एक दूसरे के पूरक हैं। वृद्धि का तात्पर्य लम्बाई, वजन या मानसिक स्तर पर वृद्धि से है। वही दूसरी तरफ विकास, वृद्धि और जीवन में हो रहे समग्र बदलाव का मिश्रण है। दूसरे शब्दों में, विकास को शरीर और व्यवहार के विशेष पहलुओं में होने वाले परिवर्तनों का वर्णन करने के लिए संदर्भित किया जा सकता है। वृद्धि की परिभाषा के संबंध में, वृद्धि एक ऐसी प्रक्रिया है जो व्यक्ति द्वारा किसी भी दिशा या नियंत्रण के बिना होती है। विकास परिपक्वता और सीखने दोनों पर निर्भर करता है। परिपक्वता समय के परिणामस्वरूप मांसपेशियों और तंत्रिका तंत्र में परिवर्तनों को संदर्भित करती है, और सीखने से व्यक्ति पर चल रहे उचित पर्यावरणीय बलों की कार्यवाही को संदर्भित किया जाता है। सभी विकास प्रक्रियाएं उन परिस्थितियों से प्रभावित होती हैं जिनके तहत बच्चे पर्यावरण पर कार्य करते है और प्रतिक्रिया देते है। इनमें से कुछ विकास प्रक्रियाएं, जैसे— चलना सीखना या बोलना सीखना. अपेक्षाकृत कम समय लेता है। लेकिन दूसरे विकास प्रक्रिया को अधिक लंबा समय चाहिए। विकास हुआ है या नहीं ये हम तभी देख पाते हैं जब हम वर्तमान व्यवहार के साथ पहले के व्यवहार की तुलना करते हैं।

वृद्धि और विकास मे अंतर

- वृद्धि का अर्थ है— शारीरिक रूप से परिवर्तन, जिसके कारण व्यवहार में परिवर्तन होता है। वहीं विकास का अर्थ गुणात्मक परिवर्तन से है।
- विकास को वृद्धि से बड़ा माना जाता है क्योंकि ऐसा कहा जाता है कि वृद्धि, विकास की अवधारणा का ही एक भाग है।

- गुणात्मक और परिमाणात्मक वृद्धि का तात्पर्य परिमाणात्मक और मात्रात्मक परिवर्तन से है। जबकि विकास का संबंध गुणात्मक परिवर्तन से है।
- एक मानव शरीर में वृद्धि की गति हमेशा एक जैसी नहीं होती है। वह बाल्यकाल में तीव्र होती है और बाद में धीमी हो जाती हैं। लेकिन विकास की प्रक्रिया लगातार चलती रहती है, वह कभी नहीं रुकती।

अभ्यासार्थ प्रश्न

1.निचली कक्षाओं में शिक्षण की खेल पद्धति आधारित है

(a)शारीरिक शिक्षा कार्यक्रमों के सिद्धांतों पर

(b)शिक्षण पद्धतियों के सिद्धांतों पर

(c)विकास एवं वृद्धि के मनोवैज्ञानिक सिद्धांत पर आधारित

(d)शिक्षण के समाजशास्त्रीय सिद्धांत पर

2.राष्ट्रीय पाठ्यचर्या की रुपरेखा 2005 (ncf -2005) के आधारभूत सिद्धांतों में निम्न में से कौन सा भाग सम्मिलित नहीं है?

(a)अच्छी बाह्य परीक्षाओं का आयोजन करना

(b)रटने को महत्व प्रदान न करना

(c)पुस्तकों से ज्ञान प्राप्त करना

(d)ज्ञान को वास्तविक जीवन से जोड़ना

3.सामान्य परिपक्वन से पहले प्रशिक्षित करना प्रायः

(a)सामान्य कौशलों के निष्पादन के संदर्भ में बहुत लाभकारी होता है

(b)कुल मिलकर हानिकारक होता है

(c)दीर्घकालिक दृष्टि से लाभकारी होता है

(d)लाभकारी हो या हानिकारक, यह इस

4.बात पर निर्भर करता है कि प्रशिक्षण में किस प्रकार की विधि का प्रयोग किया गया है

बच्चे के विकास के शिरस्थ सिद्धांत के अनुसार निम्न में से सत्य कथन है?

(a)विकास सिर से पैर की ओर होता है

(b)विकास पैर से सिर की ओर होता है

(c)विकास मध्यभाग से परिधि की ओर होता है

(d)उपरोक्त में से कोई नहीं

5.“किशोरावस्था के दौरान, आत्मकेंद्रित संज्ञानों का विकास इस विश्वास के साथ कि अन्य लोगों के ध्यान केंद्र में” कहलाता है—

(a)अस्मिता निर्माण

(b)अस्मिता संकट

(c)किशोर आत्मकेंद्रिता

(d)भूमिका भ्रान्ति

6.“एक बालक, सिद्धांत एवं विशुद्ध संभाव्यता को अमूर्त रूप में व्यवहृत कर सकने में सक्षम है। उसमे तार्किक एवं अमूर्त विचार की संरचनाएँ हैं एवं वह चिंतन कर सकता है।" वह किस अवस्था से गुज़र रहा है?

(a)मूर्त संक्रियाओं की अवस्था से

(b)पूर्व संक्रियाओं की अवस्था से

(c)आकारी संक्रियाओं की अवस्था से

(d)संवेदी पेशीय अवस्था से

7.निम्नलिखित कथनो में से मानव विकास के सम्बन्ध में कौनसा कथन सत्य है

(a)सामान्य से सामान्य तक

(b)सामान्य से विशिष्ट तक

(c)विशिष्ट से सामान्य की ओर

(d)विशिष्ट से विशिष्ट तक

8.बच्चा किस अवस्था में वातावरण से प्रभावित होने लगता है?

(a)बाल्यावस्था से

(b)किशोरावस्था से

(c)शैशवावस्था

(d)प्रौढ़ावस्था

9.नव विकास कुछ विशेष सिद्धान्तों पर आधारित है। निम्नलिखित में से क्या मानव विकास का सिद्धांत नहीं है?

(a) आनुक्रमिकता

(b) सामान्य से विशिष्ट

(c) प्रतिवर्ती

(d) निरंतरता

10.निचली कक्षाओं में शिक्षण की खेल-पद्धति मूलरूप से आधारित है

(a) शारीरिक शिक्षा कार्यक्रमों के सिद्धांतों पर

(b) शिक्षण-पद्धतियों के सिद्धांतो पर

(c) विकास एवं बुद्धि के मनोविज्ञान सिद्धांतो पर

(d) शिक्षण के समाजशास्त्रीय सिद्धांतो पर

11.एक शिक्षक को अपने विद्यार्थियों की क्षमताओं को समझने का प्रयास करना चाहिए। निम्नलिखित में से कौनसा क्षेत्र इस उद्देश्य के साथ संबंधित है?

(a) शिक्षा-समाजशास्त्र

(b) सामाजिक दर्शन

(c) मीडिया-मनोविज्ञान

(d) शिक्षा-मनोविज्ञान

12.शिक्षक बाल मनोविज्ञान के ज्ञान द्वारा बालकों की—

A.तथा रुचियों की जानकारी लेकर शिक्षा देता है

B.प्रकृति को जानकर शिक्षा देता है

आर्थिक स्थिति तथा पारिवारिक स्थिति की C.जानकारी लेकर शिक्षा देता है

(a) केवल A

(b) B एवं C

(c) A एवं C

(d) उपरोक्त सभी

13.मानव बुद्धि एवं विकास की समझ शिक्षक को योग्य बनाती है—

(a) निष्पक्ष रूप से अपने शिक्षण-अभ्यास

(b) शिक्षण के समय शिक्षार्थियों के संवेगों पर नियन्त्रण बनाए रखने

(c) विविध शिक्षार्थियों के शिक्षण के बारे में स्पष्टता

(d) शिक्षार्थियों को यह बताने कि वे अपने जीवन को कैसे सुधार सकते हैं

14.संकल्पनाओं की व्यवस्थित प्रस्तुति विकास के निम्नलिखित किन सिद्धान्तों के साथ संबंधित हो सकती है?

(a) विद्यार्थी भिन्न दरों पर विकसित होते हैं

(b) विकास सापेक्ष रूप से क्रमिक होता है

(c) विकास के परिणामस्वरूप वृद्धि होती है

(d) विकास विषमजातीयता से स्वायत्तता की ओर अग्रसर होता है

15.निम्नलिखित में से क्या विकास का एक सिद्धांत है?

(a) विकास की सभी प्रक्रियाएँ अन्त:संबंधित नहीं हैं

(b) सभी की विकास दर समान नहीं होती है

(c) विकास हमेशा रेखीय होता है

(d) यह निरंतर चलने वाली प्रक्रिया नहीं है

16.बच्चे के विकास के सिद्धान्तों को समझना शिक्षक की सहायता करता है—

(a) शिक्षार्थी की आर्थिक पृष्ठभूमि को पहचानने में

(b) शिक्षार्थियों को क्यों पढ़ाना चाहिए यह औचित्य स्थापित करने में

(c) शिक्षार्थियों की भिन्न अधिगम-शैलियों को प्रभावी रूप से सम्बोधित करने में

(d) शिक्षार्थी के सामाजिक स्तर को पहचानने में

17.“विकास कभी न समाप्त होने वाली प्रक्रिया है।” – यह विचार किससे संबंधित है?

(a) अन्त:सम्बन्ध का सिद्धांत

(b) निरंतरता का सिद्धांत

(c) एकीकरण का सिद्धांत

(d) अन्त:क्रिया का सिद्धांत

उत्तर

1.(c), 2.(a), 3.(d), 4.(a), 5.(c), 6.(c), 7.(b), 8.(a), 9.(c), 10.(c), 11.(d), 12.(d), 13.(c), 14.(b), 15.(b), 16.(c), 17.(b)

इकाई 3 : आनुवंशिकता और पर्यावरण

आनुवंशिक गुणों के एक पीढ़ी से दूसरी पीढ़ी में संचरित होने की प्रक्रिया को आनुवंशिकता या वंशानुक्रम (Heredity) कहा जाता है। आनुवंशिक लक्षणों के पीढ़ी दर पीढ़ी संचरण की विधियों और कारणों के अध्ययन को आनुवंशिकी (Genetics) कहा जाता है। आनुवंशिकता को स्थिर सामाजिक संरचना माना जाता है। एक व्यक्ति के वंशानुक्रम में वे सब शारीरिक बनावटें, शारीरिक विशेषताएँ क्रियाएँ या क्षमताएँ सम्मिलित रहती हैं, जिनको वह अपने माता-पिता, अन्य पूर्वजों या प्रजाति से प्राप्त करता है। आनुवंशिकता जनन प्रक्रम का सबसे महत्वपूर्ण परिणाम संतति के जीवों के समान डिजाइन (अभिकल्पना) का होना है। आनुवंशिकता नियम इस बात का निर्धारण करते हैं जिनके द्वारा विभिन्न लक्षण पूर्प विश्वसनीयता के साथ वंशागत होते हैं। संतति में जनक के अधिकतर आधारभूत लक्षण होते हैं। जिन्हें वंशागत लक्षण कहते हैं। ऐसे लक्षण पीढ़ी दर पीढ़ी संचरित होते रहते हैं।

वातावरण का अर्थ पर्यावरण है। पर्यावरण दो शब्दों से मिलकर बना है— परि एवं आवरण। परि का अर्थ होता है चारों ओर, आवरण का अर्थ होता है ढकना। इस प्रकार वातावरण अथवा पर्यावरण का अर्थ होता है— चारों ओर घेरने वाला। प्राणी या मनुष्य जल, वायु, वनस्पति, पहाड़, पठार, नदी, वस्तु आदि से घिरा हुआ है, यही सब मिलकर पर्यावरण का निर्माण करते हैं। इसे वातावरण या पोषण के नाम से भी जाना जाता है। वातावरण मानव जीवन के विकास पर महत्वपूर्ण प्रभाव डालता है। मानव विकास में जितना योगदान आनुवंशिकता का है उतना ही योगदान वातावरण का भी है। इसलिए कुछ मनोवैज्ञानिक वातावरण को सामाजिक वंशानुक्रम भी कहते हैं। व्यवहारवादी मनोवैज्ञानिकों ने वंशानुक्रम से अधिक वातावरण को महत्व दिया है।

आनुवंशिकता का अर्थ

आनुवंशिकता एक ऐसा गुण है जो बच्चों को माता-पिता से विरासत में मिलता है। इसको विस्तार से जानने के लिए हमें यह जानना जरूरी है कि एक बच्चा जैविक रूप से कैसे पैदा होता है और कैसे उनमें अनुवांशिक गुण माता-पिता से आते हैं।

गर्भधारण के समय पुरुष और स्त्री रोगाणु कोशिकाओं का संघ अंडाशय के निषेचन का कारण बनता है। उर्वीरित अंडे को युग्मनज के रूप में जाना जाता है। युग्मनज 46 गुणसूत्रों का बना होता है।

जिसमें 23 महिला के गुणसूत्र आते हैं और 23 पुरुष के। प्रत्येक गुणसूत्र में 40 से 100 जीन होते हैं जो विशेष लक्षण के विकास के लिए जिम्मेदार होते हैं।

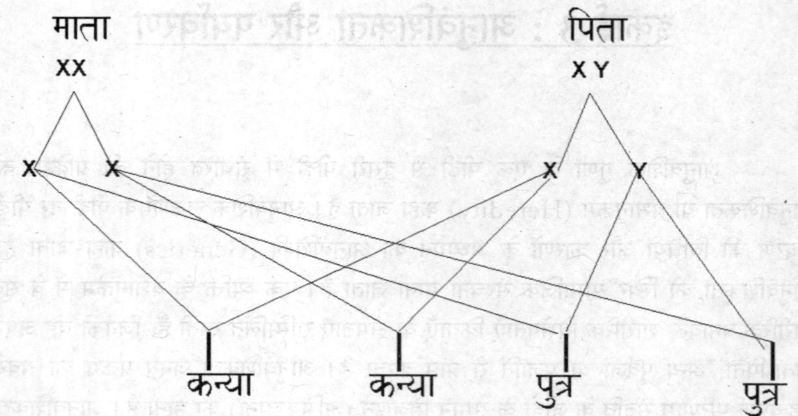

पीटरसन के शब्दों में आनुवंशिकता वह होता है जो पैतृक शहर के रूप में अपने माता-पिता के माध्यम से मिलता है।

डगलस और हॉलैंड कहते हैं— आनुवंशिकता सभी संरचनाओं के होते हैं। जैसे— शारीरिक विशेषताओं, कार्यों या माता-पिता और अन्य पूर्वजों से प्राप्त की गई क्षमता।

एफ एल रूच के अनुसार, आनुवंशिकता जैविक रूप से संचालित कारकों की समग्रता है जो शरीर की संरचना को प्रभावित करता है।

पर्यावरण का अर्थ

पर्यावरण का शाब्दिक अर्थ है— चारों ओर घेरने वाला। जो कुछ भी व्यक्ति के चारों ओर वातावरण में पाया जाता है उसे पर्यावरण कहते हैं, जिससे एक मनुष्य प्रत्यक्ष या अप्रत्यक्ष रूप से प्रभावित होता है।

अनास्ताक्सी के अनुसार, "पर्यावरण वह सब कुछ है जो अपने जीन को छोड़कर व्यक्ति को प्रभावित करता है।"

डगलस और हॉलैंड के अनुसार, पर्यावरण एक ऐसा शब्द है जो सभी बाहरी ताकतों, प्रभावों, नियमों तथा शर्तों का मिश्रण है। जो जीवन, प्रकृति, व्यवहार, विकास और जीवित प्राणियों के विकास और परिपक्वता को प्रभावित करते हैं। पर्यावरण में विभिन्न प्रकार की ताकतों जैसे— भौतिक, सामाजिक, नैतिक, आर्थिक, राजनीतिक, सांस्कृतिक और भावनात्मक ताकतें शामिल है। एक अनुकूल वातावरण एक बच्चे की मूल शब्द क्षमताओं के विकास को पूरा करता है।

गिल्बर्ट के अनुसार, हर वह चीज पर्यावरण है जो किसी व्यक्ति या वस्तु के आस-पास है और उस पर प्रत्यक्ष प्रभाव डाल रहा है। मानसिक पर्यावरण शब्द का अर्थ है— किसी व्यक्ति के मानसिक विकास के लिए आवश्यक वातावरण।

यदि पुस्तकालय, प्रयोगशाला, पाठ्यचर्या और सह-पाठ्यचर्या गतिविधियों को व्यवस्थित तरीके से व्यवस्थित किया जाता है, तो बच्चे वांछित बौद्धिक विकास प्राप्त करेंगे।

आनुवंशिकता के पक्ष में तर्क

आनुवंशिकता के पक्ष में निम्न बातों का जानना जरूरी है। जुड़वा बच्चे दो प्रकार के होते हैं—

1) समान जुड़वा, और
2) गुणभेद जुड़वा

समान जुड़वा एक अंडाणु से विकसित होते हैं। वहीं गुणभेद जुड़वा दो अलग-अलग अंडाणु के अंकुरण से उत्पन्न होते हैं।

समान जुड़वा एक-दूसरे के समान होते हैं और हमेशा एक ही लिंग के होते हैं जबकि गुणभेद जुड़वा ज्यादातर एक ही समय में भाइयों और बहनों के साथ होते हैं।

थोरेंडाइक, न्यूमैन, फ्रीमैन, डेविड विनफील्ड और कई अन्य ने जुड़वाओं पर अध्ययन किया है और वे इस निष्कर्ष पर पहुंचे हैं कि व्यक्तिगत अंतर पैदा करने में आनुवंशिकता एक महत्वपूर्ण कारक है। डेविड विनफील्ड द्वारा एक और अध्ययन आयोजित किया गया था और निम्नलिखित निष्कर्ष निकाले गए थे—

क्रमांक	विवरण	बुद्धि का सहसंबंध गुणांक
1	समान जुड़वां	0.90
2	गुणभेद जुड़वां	0.70
3	भाई बहन	0.50
4	माता-पिता और बच्चे	0.31
5	संबंधित बच्चे	0.30

जितने भी अध्ययन हुए हैं सभी का कहना है कि आनुवंशिकता किसी व्यक्ति के जीवन के लिए एक बहुत महत्वपूर्ण कारक है। जन्म के बाद अलग-अलग पले हुए जुड़वा एक साथ पले हुए जुड़वा की तुलना में अधिक भिन्न होते हैं। लेकिन फिर भी वह गुणभेद जुड़वा की तुलना में अधिक समान होते हैं।

पर्यावरण के पक्ष में तर्क

फ्रीमेन कहते हैं कि एक व्यक्ति के जीवन में पर्यावरण की भूमिका बहुत अहम है और उन्होंने इसे साबित करने के लिए गरीब वातावरण में रहने वाले 71 बच्चों को वहां से हटाकर एक अच्छे माहौल में रख दिया और देखा कि 10 इकाई तक उनके मानसिक दर्जे में वृद्धि हुई।

James का अध्ययन— अपने एक अध्ययन में जेम्स ने कहा कि दो जुड़वां भाइयों को दो अलग-अलग जगह रखा गया। एक को पहाड़ी भाग में और दूसरे को एक गांव में और जब उनकी बुद्धि को चिन्हित किया गया तो उसमें 19 अंक का अंतर पाया गया। जिससे यह साबित होता है कि पर्यावरण का प्रभाव काफी महत्वपूर्ण है।

अगर दोनों का प्रभाव पड़ता है तो यह भी जानना जरूरी होगा कि किसका किस हद तक प्रभाव पड़ता है। और बच्चों के विकास में और व्यक्तिगत मतभेद पैदा करने में आनुवंशिकता और पर्यावरण की क्या भूमिका है।

अनुवंशिकता और पर्यावरण के सापेक्षिक महत्व

अनुवंशिकता को तार्किक रूप से संक्रमित कारकों की समग्रता के रूप में परिभाषित किया जाता है, जो शरीर और पर्यावरण की संरचना को प्रभावित करते हैं।

उन परिस्थितियों की समग्रता है जो व्यवहार को उत्तेजित करने या व्यवहार में संशोधन लाने के लिए कार्य करती हैं। एक व्यक्ति के जीवन में आनुवंशिकता और पर्यावरण दोनों महत्वपूर्ण है और दोनों ही विकास को निर्धारित करती है।

ROSS के अनुसार किसी व्यक्ति के जैविक, मनोवैज्ञानिक और सामाजिक विकास के स्तर को निर्धारित करने में इन कारकों की कार्यवाही को कभी-कभी निम्नलिखित सूत्र के रूप में व्यक्त किया जाता है—

आनुवंशिकता X पर्यावरण X समय = एक व्यक्ति के व्यक्तित्व का विकास स्तर

यह सूत्र इस तथ्य का तात्पर्य है कि अगर सिर्फ अनुवंशिकता या पर्यावरण के बारे में बात करें तो यह व्यर्थ है। एक व्यक्ति में होने वाले विकास के लिए दोनों ही आवश्यक हैं।

अनुवंशिकता केवल कुछ प्रकार के पर्यावरण में काम करती है। पर्यावरण के बिना यह बेकार है और अनुवंशिकता के बिना पर्यावरण का भी कोई मतलब नहीं है। इसका मतलब है कि दोनों व्यक्ति के जीवन में बहुत महत्वपूर्ण स्थान रखता है।

वुडवर्थ के अनुसार, व्यक्ति आनुवंशिकता और पर्यावरण के बीच गुणा का परिणाम है। व्यक्ति को आयत के क्षेत्र द्वारा दर्शाया जाता है, जहां आनुवंशिकता आधार है और पर्यावरण ऊंचाई है।

आयताकार क्षेत्र केवल आधार या ऊंचाई पर निर्भर नहीं करता बल्कि यह दोनों पर निर्भर करता है। इसी प्रकार, व्यक्ति आनुवंशिकता और पर्यावरण का परिणाम है। वंशानुगत क्षमता का विकास पर्यावरण का विषय है।

आनुवंशिकता और पर्यावरण अलगाव में कार्य नहीं कर सकता है। प्रत्येक व्यक्ति में आनुवंशिकता होती है, ये गुण उनके पोषण के लिए पर्यावरण पर विकसित होते हैं।

मर्फी ने सही ढंग से बताया है, "आनुवंशिकता केवल विशिष्ट पर्यावरणीय ताकतों के माध्यम से आनुवंशिकता क्षमताओं की मुक्ति से जानी जाती है। और जो मुक्त होता है वह पर्यावरण के दबाव के रूप में उतना ही होता है जितना कि यह गुप्त या संभावित जमाव के रूप में होता है।"

मैक्लवर और पेज के अनुसार, "जीवन की हर घटना आनुवंशिकता और पर्यावरण दोनों का उत्पाद है। प्रत्येक के परिणाम में दूसरा उतना ही आवश्यक है। इसे न तो कभी समाप्त किया जा सकता है और न ही कभी अलग किया जा सकता है।"

इसके अलावा सापेक्ष महत्व को निम्नलिखित रुप में दर्शाया जा सकता है—

- **बीज (आनुवंशिकता) X मृदा = प्राप्ति**
- **पूंजी X निवेश = राजस्व**

अभ्यासार्थ प्रश्न

1.बच्चों के सीखने की प्रक्रिया में माता-पिता को _______ भूमिका निभानी चाहिए।
(a)नकारात्मक
(b)अग्रोंमुखी
(c)सहानुभूति पूर्ण
(d)तटस्थ

2.वह कौनसा स्थान है जहां बच्चे के संज्ञानात्मक विकास को बेहतर तरीके से परिभाषित किया जाता है?
(a)खेल का मैदान
(b)विद्यालय एवं कक्षा
(c)सभासागर
(d)घर

3.पृथक-पृथक समजातीय समूहों के व्यक्तियों के प्रति बच्चों की अभिवृति सामान्यतः आधारित होती है—
(a)उनके अभिभावकों की चित्तवृत्ति पर
(b)उनके समकक्षीयों की अभिवृती पर
(c)दूरदर्शन के प्रभाव पर
(d)उनके सहोदरों की अभीवृत्ति पर

4.मानव विकास किन दोनों के योगदान का परिणाम है—
(a)अभिभावक एवं अध्यापक के
(b)सामाजिक एवं सांस्कृतिक कारकों का
(c).वंशानुक्रम एवं वातावरण का
(d)इनमे से कोई नहीं

5."किशोरावस्था के दौरान आत्मकेंद्रित संज्ञानों का विकास इस विश्वास के साथ की वह लोगों के ध्यान केंद्र में है।" कहलाता है—
(a)अस्मिता निर्माण
(b)अस्मित संकट
(c)किशोर आत्मकेंद्रिता
(d)भूमिका भ्रान्ति

उत्तर

1.(b), 2.(b), 3.(a), 4.(c), 5.(c)

इकाई 4 : समाजीकरण की प्रक्रिया

समाजीकरण मानवीय अंतःक्रिया के माध्यम से होता है। दूसरे शब्दों में, समाजीकरण एक ऐसी प्रक्रिया है जिसके माध्यम से व्यक्ति सामाजिक मानदंडों, मूल्यों और अपेक्षाओं को आंतरिक रूप से सीखते हैं और उचित संज्ञानात्मक, व्यक्तिगत और सामाजिक कौशल सीखकर उन्हें अपने समाजों के उत्पादक सदस्यों के रूप में कार्य करने की आवश्यकता होती है।
प्रत्येक बच्चा जन्म के समय न तो अपने बारे में जानता है और न ही समाज के बारे में। घर में, समाज में उसे किस प्रकार का व्यवहार करना चाहिए, यह सब उसे घर-परिवार के सदस्यों, रिश्तेदारों-परिचितों के आचरण और उनके बताने से सीखने को मिलता है। इस प्रकार समाज में वह अपनी भूमिका निभाने लायक बनता है। सीखने की यह प्रक्रिया समाज विज्ञान में और मनोविज्ञान में समाजीकरण कहलाती है।

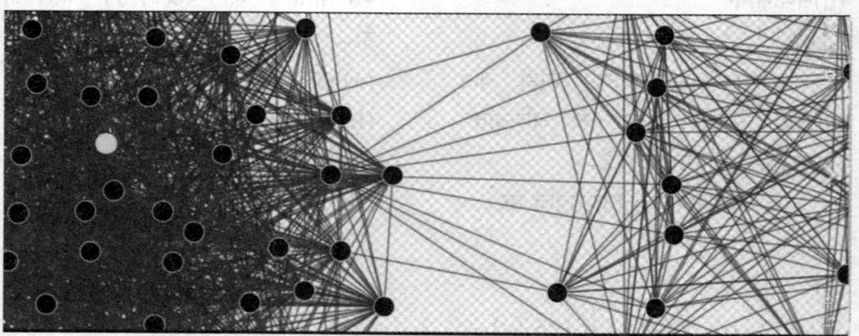

विभिन्न समाजशास्त्रियों द्वारा समाजीकरण की परिभाषा—

डब्ल्यूएफ ओगबर्न— उनके लिए समाजीकरण, समूह और समाज के मानदंडों को सीखने की प्रक्रिया है।

ई एस बोगार्डस— उनके अनुसार, समाजीकरण एक साथ रहने और काम करना सीखने की एक प्रक्रिया है।

जे जे मैकियोनिस— उनके अनुसार, समाजीकरण एक आजीवन प्रक्रिया है जिसके द्वारा एक व्यक्ति समाज का उचित सदस्य बन जाता है और मानवीय विशेषताओं का विकास करता है।

समाजीकरण का प्रकार—

प्राथमिक समाजीकरण तात्कालिक परिवार और मित्रों से प्रभावित होता है और भविष्य के सभी सामाजिक संबंधों के लिए आधार निर्धारित करता है।

द्वितीयक समाजीकरण बालक के उन व्यवहारों व कौशलों को सीखने की प्रक्रिया को दर्शाता है जो बड़े समाज के भीतर एक छोटे समूह के सदस्य के रूप में उपयुक्त हैं। इसमें विद्यायल, पार्क, पड़ोस आदि शामिल हैं।

प्रत्याशात्मक समाजीकरण समाजीकरण की उस प्रक्रिया को संदर्भित करता है जिसमें एक व्यक्ति भविष्य के पदों, व्यवसायों और सामाजिक रिश्तों के लिए पूर्वाभ्यास करता है।

पुनः समाजीकरण पूर्व व्यवहार पैटर्न और सजगता को छोड़ने की प्रक्रिया को संदर्भित करता है, तथा नए लोगों व अनुभवों के आधार पर परिवर्तन को स्वीकार करता है।

संगठनात्मक समाजीकरण एक ऐसी प्रक्रिया है जिसके द्वारा एक कर्मचारी अपनी संगठनात्मक भूमिका ग्रहण करने के लिए आवश्यक ज्ञान और कौशल सीखता है।

समूह समाजीकरण वह प्रक्रिया है जो किसी व्यक्ति के सहकर्मी समूह, पारिवारिक वातावरण के बजाय वयस्कता में उसके व्यक्तित्व और व्यवहार को प्रभावित करता है।

लैंगिक समाजीकरण उस व्यवहार और व्यवहार के शिक्षण को संदर्भित करता है जो बालक या बालिका के लिंग के आधार पर उपयुक्त माना जाता है। लड़के, लड़कों के गुण और लड़कियां, लड़कियों के गुण सीखती हैं।

जातीय समाजीकरण को एक विकासात्मक प्रक्रिया के रूप में परिभाषित किया जाता है जिसके द्वारा बच्चे एक जातीय समूह के व्यवहार, धारणाओं, मूल्यों और दृष्टिकोण को प्राप्त करते हैं।

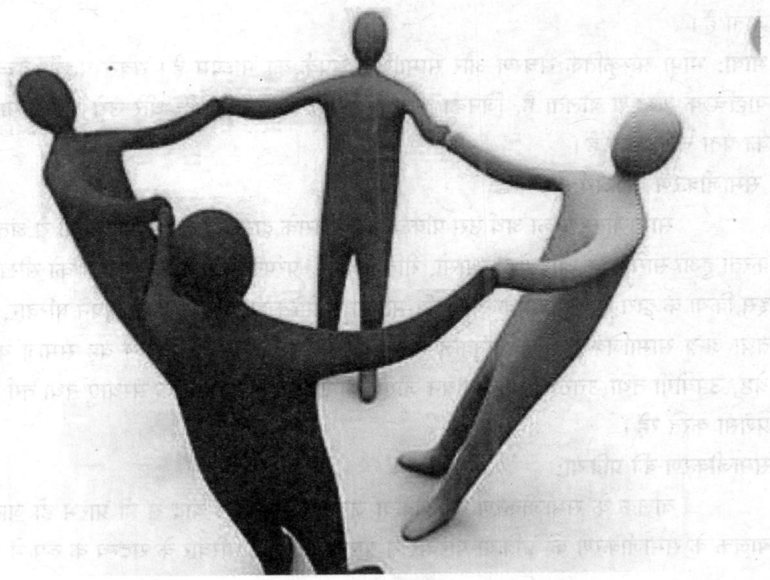

समाजीकरण को प्रभावित करने वाले कारक:

समाजीकरण की प्रक्रिया को प्रभावित करने वाले चार कारक हैं—

- अनुकरण
- सुझाव
- पहचान
- भाषा

अनुकरण: बच्चे के समाजीकरण की प्रक्रिया में नकल मुख्य कारक है। इसके माध्यम से, वह किसी की नकल करके कई सामाजिक व्यवहार पैटर्न सीखता है। भाषा और उच्चारण बच्चे द्वारा केवल नकल के माध्यम से हासिल किए जाते हैं।

सुझाव: सुझाव सूचना संप्रेषण की प्रक्रिया है, जिसका कोई तार्किक या स्पष्ट आधार नहीं है। यह तर्कसंगत अनुनय से रहित है। यह बच्चे को भाषा, चित्रों या कुछ इसी तरह के माध्यम से व्यक्त किया जा सकता है। सुझाव, दूसरों के साथ न केवल व्यवहार को प्रभावित करता है, बल्कि स्वयं के निजी और व्यक्तिगत व्यवहार को भी प्रभावित करता है।

पहचान: कम उम्र में बच्चा अपने जीव और पर्यावरण के बीच अंतर नहीं कर सकता है। उनके अधिकांश कार्य यादृच्छिक, प्राकृतिक और अचेतन होते हैं। जैसे-जैसे बच्चा उम्र में बढ़ता है, उसे चीजों की प्रकृति का एहसास होता है, जो उसकी जरूरतों को पूरा करता है। ऐसी बातें उसकी पहचान का उद्देश्य बन जाती हैं। इस प्रकार वह खिलौना जिसके साथ वह खेलता है, जो माँ उसे खिलाती है वह उसकी पहचान का उद्देश्य बन जाती है। पहचान के माध्यम से वह मिलनसार बन जाता है।

भाषा: भाषा सांस्कृतिक संचरण और सामाजिक संपर्क का माध्यम है। सबसे पहले, बच्चा कुछ यादृच्छिक शब्दांश बोलता है, जिनका कोई अर्थ नहीं है, लेकिन धीरे-धीरे उसे अपनी मातृभाषा का पता चल जाता है।

समाजीकरण का अर्थ:

सामाजीकरण का अर्थ उस प्रक्रिया से है जिसके द्वारा व्यक्ति अन्य व्यक्तियों से अंत:क्रिया करता हुआ सामाजिक आदतों, विश्वासों, रीति-रिवाज़ों, परंपराओं एवं अभिवृत्तियों को सीखता है। इस क्रिया के द्वारा व्यक्ति जन-कल्याण की भावना से प्रेरित होते हुए खुद को अपने परिवार, पड़ोस तथा अन्य सामाजिक वर्गों के अनुकूल बनाने का प्रयास करता है। जिससे वह समाज का एक श्रेष्ठ, उपयोगी तथा उत्तरदायी सदस्य बन जाए तथा उक्त सभी सामाजिक संस्थाएं तथा वर्ग उसकी प्रशंसा करते रहें।

समाजीकरण की प्रक्रिया:

बालक के समाजीकरण की प्रक्रिया जन्म के कुछ दिन बाद से ही प्रारंभ हो जाती है। बालक के समाजीकरण की प्रक्रिया परिवार से प्रारंभ होती है। परिवार के सदस्य के रूप में बालक

परिवार के अन्य सदस्यों से अन्तःक्रियात्मक संबंध स्थापित करता है और उनके व्यवहारों का अनुकरण करता है। इस प्रकार अनुकरण करते हुए जाने-अनजाने में बालक परिवार के अन्य सदस्यों की भूमिका भी अदा करने लगता है। अनुकरण के आधार पर ही वह माता-पिता, भाई-बहन आदि की भूमिकाओं को सीखता है। उसके ये व्यवहार धीरे-धीरे स्थिर हो जाते हैं। धीरे-धीरे बालक अपने पिता और माता के मध्य के अंतर को समझने लगता है कि वह स्वयं क्या है? इस प्रकार स्वयं (Self) का विकास होता है जो समाजीकरण का एक आवश्यक तत्व है।

बालक के समाजीकरण करने वाले कारक:

बालक जन्म के समय कोरा पशु होता है। जैसे-जैसे वह समाज के अन्य व्यक्तियों तथा सामाजिक संस्थाओं के संपर्क में आकर विभिन्न प्रकार की सामाजिक क्रियाओं में भग लेता है, वैसे-वैसे वह अपनी पार्थिक प्रवृत्तियों को नियंत्रित करते हुए सामाजिक आदर्शों तथा मूल्यों को सीखता है। बालक के समाजीकरण की प्रक्रिया निरंतर चलती रहर्ती है। बालक के समाजीकरण में सहायक मुख्य कारक अथवा तत्व निम्रांकित हैं—

- परिवार
- आयु समूह
- पड़ोस
- नातेदारी समूह
- स्कूल
- खेलकूद
- जाति
- समाज
- भाषा समूह
- राजनैतिक संस्थाएं और
- धार्मिक संस्थाएं।

बालक के समाजीकरण में बाधक तत्व:

विचारको के अनुसार बालकों के समाजीकरण में बाधा पहुंचाने वाले तत्व इस प्रकार हैं—

सांस्कृतिक परिस्थितियां: जैसे जाति, धर्म, वर्ग आदि से संबद्ध पूर्व धारणाएं आदि।

बाल्यकालीन परिस्थितियां: जैसे माता-पिता का प्यार न मिलना, माता-पिता में सदैव कलह, विधवा मां, पक्षपात, एकाकीपन तथा अनुचित दंड आदि।

तात्कालिक परिस्थितियां: जैसे निराशा, अपमान, अभ्यास अनियमितता, कठोरता, परिहास और भाई-बहन, मित्र, पड़ोसी आदि की ईर्ष्या।

अन्य परिस्थितियां: जैसे शारीरिक हीनता, निर्धनता, असफलता, शिक्षा की कमी, आत्मविश्वास का अभाव तथा आत्मनिर्भरता की कमी आदि।

समाजीकरण की प्रक्रिया में शिक्षक की भूमिका:

बालक के समाजीकरण की प्रक्रिया में परिवार के बाद स्कूल और स्कूलों में विशेष रूप से शिक्षक आते हैं। प्रत्येक समाज के कुछ विश्वास, दृष्टिकोण, मान्यताएं, कुशलताएं और परंपराएं होती हैं। जिनको 'संस्कृति' के नाम से पुकारा जाता है। यह संस्कृति एक पीढ़ी से दूसरी पीढ़ी को हस्तांतरित की जाती है और समाज के लोगों के आचरण को प्रभावित करती है। शिक्षक का सर्वश्रेष्ठ कार्य है, बालक को यह संस्कृति प्रदान करना। यदि वे यह कार्य करने में असफल हो जाते हैं तो बालक का समाजीकरण नहीं कर सकता है। शिक्षक, माता-पिता के साथ बालक के चरित्र और व्यक्तित्व का विकास करने में अति महत्वपूर्ण कार्य करता है।

कक्षा में, खेल के मैदान में, साहित्यक और सांस्कृतिक क्रियाओं में शिक्षक सामाजिक व्यवहार के आदर्श प्रस्तुत करता है। बालक अपनी अनुकरण की मूल प्रवृति के कारण शिक्षक के ढंगों, कार्यों, आदतों और नीतियों का अनुकरण करता है। अतः शिक्षक को सदैव सतर्क रहना चाहिए, उन्हें कोई ऐसा अनुचित कार्य या व्यवहार नहीं करना चाहिए, जिसका गलत प्रभाव बालक के ऊपर पड़े। अतः बालक के समाजीकरण की प्रक्रिया को तीव्र गति प्रदान करने के लिए शिक्षक को मुख्यतः निम्न बातों को ध्यान में रखना चाहिए—

अभिभावक शिक्षक सहयोग:

समाजीकरण की प्रक्रिया को तीव्र गति प्रदान करने के लिए शिक्षक का सर्वप्रथम कार्य यह है कि वह बालक के माता-पिता से संपर्क स्थापित करके उसकी रूचियों तथा मनोवृत्तियों के विषय में ज्ञान प्राप्त करे एवं उन्हीं के अनुसार उसे विकसित होने के अवसर प्रदान करे।

स्वस्थ प्रतियोगिता की भावना:

बालक के समाजीकरण में प्रतियोगिता का महत्वपूर्ण स्थान होता है। पर ध्यान देने की बात है कि बालक के समाजीकरण के लिए स्वस्थ प्रतियोगिता का होना ही अच्छा है। अतः शिक्षक को बालक में स्वस्थ प्रतियोगिता की भावना विकसित करनी चाहिए।

सामाजिक आदर्श:

शिक्षक को चाहिए कि वह कक्षा तथा खेल के मैदानों एवं सांस्कृतिक और साहित्यिक क्रियाओं में बालक के सामने सामाजिक आदर्शों को प्रस्तुत करें। इन आदर्शों का अनुकरण करके बालक का धीरे-धीरे समाजीकरण हो जाएगा।

स्कूल की परंपराएं:

स्कूल की परंपराओं का बालक के समाजीकरण पर गहरा प्रभाव पड़ता है। अतः शिक्षक को चाहिए कि वह बालक का स्कूल की परंपराओं में विश्वास उत्पन्न करे तथा उसे इन्हीं के अनुसार कार्य करने के लिए प्रोत्साहित करे।

सामूहिक कार्य को प्रोत्साहनः

शिक्षक को चाहिए कि वह स्कूल में विभिन्न सामाजिक योजनाओं के द्वारा बालकों को सामूहिक क्रियाओं में सक्रिय रूप से भाग लेने के अवसर प्रदान करे। इन क्रियाओं में भाग लेने से उसका समाजीकरण स्वतः ही हो जाएगा।

उपर्युक्त बातों से स्पष्ट है कि शिक्षक बालक के समार्जकरण को प्रभाविन करता है। शिक्षक के स्नेह, पक्षपात, बुरे व्यवहार, दण्ड आदि का बालकों पर कुछ न कुछ प्रभाव पड़ता है और उसका सामाजिक विकास उत्तम या विकृत हो जाता है। यदि शिक्षक, मित्रता और सहयोग में विश्वास करता है तो बच्चों में भी इन गुणों का विकास होता है। यदि शिक्षक छोटी-छोटी बातों पर बच्चों को दंड देता है, तो उनके समाजीकरण में संकीर्णता आ जाती है। यदि शिक्षक अपने छात्रों के प्रति सहानुभूति रखता है, तो छात्रों का समाजीकरण सामान्य रूप से होता है।

समाजीकरण की एजेंसियांः

हमारे जीवन भर में समाजीकरण होता है, हमारे जीवन के चरण के दौरान समाजीकरण के सबसे प्रभावशाली एजेंट निम्नलिखित हैं—

- परिवार
- विद्यालय
- सहकर्मी संबंध
- संचार मीडिया

परिवारः

बच्चे की पहली दुनिया उसके परिवार से शुरू होती है। यह समाजीकरण का प्राथमिक एजेंट है। यहाँ बच्चा स्वयं खाने, सोने जैसे आदत-प्रशिक्षण की प्रारंभिक भावना विकस्ति करता है।

माता-पिता बच्चों को समाज में उपयुक्त माने जाने वाली अपनी लैंगिक भूमिकाओं में मार्गदर्शन करने में महत्वपूर्ण भूमिका निभाते हैं। परिवार भी बच्चों को उन मूल्यों को सिखाते हैं जो वे जीवन भर धारण करेंगे।

विद्यालयः

परिवार के बाद शिक्षण संस्थान समाजीकरण का कार्यभार संभालते हैं। यह इस स्थान पर है कि विभिन्न परिवारों के बच्चे एक सामान्य ज्ञान प्राप्त करने के लिए इकट्ठा होते हैं। बच्चे शिक्षकों के साथ और सहपाठियों के बीच स्कूल में संबंधों का एक सेट विकसित करते हैं। स्कूल बच्चे को एक स्थिर वयस्क जीवन के लिए तैयार, सामाजिक व्यवस्था के अनुकूल होने में मदद करता है। यह कहा गया है कि घर पर सीखना व्यक्तिगत, भावनात्मक स्तर है, जबकि स्कूल में सीखना मूल रूप से बौद्धिक है।

सहकर्मी संबंध:

सहकर्मी समूह के सदस्य आमतौर पर एक ही उम्र के बच्चे होते हैं और समान स्थिति रखते हैं। जैसे-जैसे बच्चे बड़े होते हैं, परिवार उनके सामाजिक विकास में कम महत्वपूर्ण हो जाता है। बच्चे अपने सहकर्मी समूहों के साथ अधिक जुड़ाव करते हैं और अपनी कंपनी में ज्यादा समय बिताते हैं। हालांकि, सहकर्मी समूह आमतौर पर परिवार के विपरीत केवल अल्पकालिक हितों को प्रभावित करते हैं, जिसका दीर्घकालिक प्रभाव होता है।

मास मीडिया:

मीडिया प्रभाव प्रौद्योगिकी की प्रगति के साथ तेजी से बढ़ा है। पिछली शताब्दी के बाद से, रेडियो, गति चित्रों, रिकॉर्ड किए गए संगीत और टेलीविजन जैसे तकनीकी नवाचार सामाजीकरण के महत्वपूर्ण एजेंट बन गए हैं। मास मीडिया ने दुनिया भर की संस्कृतियों और मानदंडों को पेश किया, जिससे बच्चों की जागरूकता में काफी मदद मिली। समाजीकरण, परिवार, सहकर्मी समूह और स्कूल के अन्य एजेंट आमतौर पर एक समाज और एक संस्कृति का हिस्सा होते हैं, लेकिन बड़े पैमाने पर मीडिया सामाजिक दुनिया में किसी के संपर्क में आ जाता है।

ऐरिक्सन के सिद्धांत के अनुसार

पूरा जीवन विकास के आठ चरणों से होकर गुजरता है। प्रत्येक चरण में एक विशिष्ट विकासात्मक मानक होता है, जिसे पूरा करने में आने वाली समस्याओं का समाधान करना आवश्यक होता है। ऐरिक्सन के अनुसार, समस्या कोई संकट नहीं होती है, बल्कि संवेदनशीलता और सामर्थ्य को बढ़ाने वाला महत्वपूर्ण बिन्दु होती है। समस्या का व्यक्ति जितनी सफलता के साथ समाधान करता है उसका उतना ही अधिक विकास होता है।

- **विश्वास बनाम अविश्वास** - यह ऐरिक्सन का पहला मनोसामाज्कि चरण है जिसका जीवन के पहले वर्ष में अनुभव किया जता है। विश्वास के अनुभव के लिए शारीरिक आराम, कम से कम डर, भविष्य के प्रति कम से कम चिन्ता जैसी स्थितियों की आवश्यकता होती है। बचपन में विश्वास के अनुभव से संसार के बारे में अच्छे और सकारात्मक विचार उम्रभर के लिए विकसित हो जाने हैं, जैसे— संसार रहने के लिए एक अच्छी जगह है, आदि।
- **स्वायत्ता बनाम शर्म** - ऐरिक्सन के द्वितीय विकासात्मक चरण में यह स्थिति शैशवावस्था के उत्तरार्ध और बाल्यावस्था (1 से 3 वर्ष) के बीच होती है। अपने पालक के प्रति विश्वास होने के बाद बालक यह आविष्कार करता है कि बालक का व्यवहार उसका स्वयं का है। वह अपने आप में स्वतंत्र और स्वायत्त है। उसे अपनी इच्छा का अनुभव होता है। अगर बालक पर अधिक बंधन लगाया जाए या कठोर दंड दिया जाए तो उनके अंदर शर्म और संदेह की भावना विकसित होने की संभावना बढ़ जाती है।
- **पहल बनाम अपराध बोध** - ऐरिक्सन के विकास का तीसरा चरण शाला जाने के प्रारंभिक वर्ष के बीच होता है। एक प्रारंभिक शैशव अवस्था की तुल्ना में और अधिक चुनौतियां झेलनी पड़ती हैं। इन चुनौतियों का सामना करने के लिए एक सक्रिय और प्रयोजन पूर्ण व्यवहार की आवश्यकता होती है। इस उम्र में बच्चों को उनके शरीर, उनके व्यवहार, उनके खिलौने और पालतू पशुओं के बारे में ध्यान देने को कहा जाता है। अगर बालक गैर जिम्मेदार है और उसे बार-बार व्यग्र किया जाए तो उनके अंदर असहज अपराध बोध की भावना उत्पन्न हो सकती है। ऐरिक्सन का इस चरण के प्रति एक सकारात्मक दृष्टिकोण है। उनका यह मानना है कि अधिकांश अपराध बोध की भावनाओं के प्रति तुरंत पूर्ति ही उपलब्धि की भावना द्वारा की जा सकती है।
- **परिश्रम/उद्यम बनाम हीन भावना** - यह ऐरिक्सन का चौथा विकासात्मक चरण है जो कि बाल्यावस्था के मध्य में (प्रारंभिक वर्षों में) परिलक्षित होता है। बालक द्वारा की गई पहल से वह नए अनुभवों के संपर्क में आता है। और जैसे-जैसे वह बचपन के मध्य और अंत तक पहुंचता है, तब तक वह अपनी ऊर्जा को बौद्धिक कौशल और ज्ञान से हासिल करने की दिशा में मोड़ देता है। बाल्यावस्था का अंतिम चरण कल्पनाशीलता से भरा होता है। यह समय बालक के सीखने के प्रति जिज्ञासा का सबसे अच्छा समय होता है। इस आयु में बालक के अन्दर हीनभावना (अपने आपको अयोग्य और असमर्थ समझने की भावना) विकसित होने की संभावना रहती है।

- **पहचान बनाम पहचान भ्रान्ति** - यह ऐरिक्सन का पांचवा विकासात्मक चरण है, जिसका अनुभव किशोरावस्था के वर्षां में होता है। इस समय व्यक्ति को इन प्रश्नों का सामना करना पड़ता है कि वो कौन है? किसके संबंधित है? और उनका जीवन कहां जा रहा है? किशोरों को बहुत सारी नई भूमिकाएं और वयस्क स्थितियों का सामना करना पड़ता है, जैसे— व्यावसायिक और रोमेंटिक।

  उदाहरण के लिए, अभिभावकों को किशोरों की उन विभिन्न भूमिकाओं और एक ही भूमिका के विभिन्न भागों का पता लग सकता है, जिनका वह जीवन में पालन कर सकता है। यदि इसके सकारात्मक रास्ते पता लगाने का मौका न मिले तब पहचान भ्रान्ति की स्थिति हो जाती है।

- **आत्मीयता बनाम अलगाव** - यह ऐरिक्सन का छटवां चरण है। जिसका अनुभव युवावस्था के प्रारंभिक वर्षो में होता है। यह व्यक्ति के पास दूसरों से आत्मीय संबंध स्थापित करने का विकासात्मक मानक है। एरिक्सन ने आत्मीयता को परिभाषित करते हुए कहा है कि, आत्मीयता का अर्थ है— स्वयं को खोजना, जिसमें स्वयं को किसी और में (व्यक्ति में) खोजना पड़ता है। व्यक्ति की किसी के साथ स्वस्थ मित्रता विकसित हो जाती है और एक आत्मीय संबंध बन जाता है, तब उसके अंदर आत्मीयता की भावना आ जाती है। यदि ऐसा नहीं होता है तो अलगाव की भावना उत्पन्न हो जाती है।

- **उत्पादकता बनाम स्थिरता** - यह ऐरिक्सन का सातवां चरण है जो मध्य वयस्क अवस्था में अनुभव होता है। उस चरण का मुख्य उद्देश्य नई पीढ़ी को विकास में सहायता से संबंधित होता है। ऐरिक्सन का उत्पादकता से यही अर्थ है कि नई पीढ़ी के लिए कुछ नहीं कर पाने की भावना से स्थिरता की भावना उत्पन्न होती है।

- **संपूर्णता बनाम निराशा** - यह ऐरिक्सन का आठवां और अंतिम चरण है। जो कि वृद्धावस्था में अनुभव होता है। इस चरण में व्यक्ति अपने अतीत को टुकड़ों में एक साथ याद करता है और एक सकारात्मक निष्कर्ष निकालता है या फिर बीते हुए जीवन के बारे में असंतुष्टि भरी सोच बना लेता है। अलग-अलग प्रकार के वृद्ध लोगों की अपने बीते हुए जीवन के विभिन्न चरणों के बारे में एक सकारात्मक सोच विकसित होती है। अगर ऐसा होता है तो बीते जीवन का एक अच्छा चित्र (खाका) बन जाता है और व्यक्ति को भी एक तरह के संतोष का अनुभव होता है। संपूर्णता की भावना का अनुभव होता है। अगर बीते हुए जीवन के बारे में सकारात्मक विचार नहीं बन पाते हैं तो उदासी की भावना घर कर जाती है। इसे ऐरिक्सन ने निराशा का नाम दिया है।

ऐरिक्सन का यह मानना है कि विभिन्न चरणों में आने वाली समस्य ओं का उचित समाधान हमेशा सकारात्मक नहीं हो सकता है। कभी-कभी समस्या के ऋणात्मक पक्षों से परिचय भी अपरिहार्य (जरूरी) हो जाता है। उदाहरण के लिए, आप जीवन की हर स्थिति में सभी लोगों पर एक जैसा विश्वास नहीं कर सकते। फिर भी चरण में आने वाली विकासात्मक मानक की समस्या के सकारात्मक समाधान से होती है। उसके बारे में सकारात्मक प्रतिबद्धता प्रभावी होता है।

अभ्यासार्थ प्रश्

1.निम्नलिखित में से कौनसा कथन सत्य है—

(a)शिक्षक द्वारा प्रश्न पूछना संज्ञात्मक विकास में बाधक है

(b)विकास और सीखना समाज और सांस्कृतिक संदर्भों से अप्रभावित है

(c)शिक्षार्थी एक निश्चित तरीके से सीखते हैं

(d) खेलना संज्ञान और सामाजिक दक्षता के लिए सार्थक है

2.समाजीकरण है—

(a)सामाजिक मानदंडों में परिवर्तन

(b)शिक्षक एवं विद्यार्थी के बीच सम्बन्ध

(c)समाज के आधुनिकरण की प्रक्रिया

(d)समाज के मानदंडों के साथ अनुकूलन

3.च्चे फिल्मों में दिखाए गए हिंसात्मक व्यव्हार सकते हैं। निष्कर्ष किस मनोवैज्ञानिक द्वारा किये गए शोध पर आधारित है?

(a)एडवर्ड एल थॉर्नडाइक

(b)जे बी वाटसन

(c)अल्बर्ट बंदुरा

(d)जीन प्याजै

4.सीबीएसई द्वारा प्रस्तावित समूह परियोजना गतिविधि __________ एक सशक्त साधन है

(a)सामाजिक भागीदारिता को सुगम बनाने का

(b)शिक्षकों का भार हल्का करने के लिए

(c)रोजमर्रा में होने वाले शिक्षण के तनाव को कम करने के लिए

(d)अनेकता में एकता की संकल्पना का प्रचार-प्रसार करने के लिए

5.समाजीकरण का अर्थ है—

(a)सामाजिक मानदंडों का कठोरता से पालन करना

(b)समाज में समायोजित होना

(c)सामाजिक मानदण्डों के विरुद्ध विद्रोह करना

(d)सामाजिक विविधता को समझना

6.किसी बालक में समाजीकरण होता है—

(a)पूर्व बाल्यावस्था में

(b)बाल्यावस्था में

(c)किशोरावस्था में

(d)इन सभी में

उत्तर

1.(d), 2.(d), 3.(c), 4.(a), 5.(b), 6.(d)

इकाई 5 : पियाजे, कोहलबर्ग और वाइगोत्सकी के सिद्धांत

मानव विकास की वृद्धि के कई आयाम होते हैं। विकास की अलग-अलग अवस्थाओं में बालक में विशेष गुण देखने को मिलते हैं। इनके आधार पर मनोवैज्ञानिक, अवस्थाओं के अनेक सिद्धांत बनाते हैं। विकास की अवस्थाओं से संबंधित सिद्धांतों में पियाजे, कोह्लबर्ग, वाइगोत्स्की के सिद्धांत विशेष रूप से प्रसिद्द हैं।

जीन पियाजे के विकास की अवस्थाओं के सिद्धांत

जीन पियाजे स्विट्ज़रलैंड के एक प्रसिद्द मनोवैज्ञानिक थे। बच्चों में बुद्धि का विकास कैसे होता है यह जानने के लिए उन्होंने अपने ही बच्चो पर खोज की। जैसे-जैसें वे बड़े हुए, उनकी मानसिक विकास की क्रियाओं का बारीकी से अध्ययन किया गया।

पिजाये का मानना था कि व्यक्ति के विकास में उसका बचपन एक महत्वपूर्ण भूमिका अदा करता है। पियाजे का सिद्धांत, विकासी अवस्था सिद्धांत कहलाता है। यह सिद्धांत ज्ञान की प्रकृति के बारे में है और बतलाता है कि मानव कैसे ज्ञान अर्जन करता है, कैसे इसे एक-एक कर जोड़ता है और कैसे इसका उपयोग करता है।

पियाजे ने व्यापक स्तर पर संज्ञानात्मक विकास का अध्ययन किया। पियाजे के अनुसार, बालक द्वारा अर्जित ज्ञान के भण्डार का स्वरूप विकास की प्रत्येक अवस्था में बदलता हैं और परिमार्जित होता रहता है। पियाजे के संज्ञानात्मक सिद्धांत को विकासात्मक सिद्धांत भी कहा जाता है। चूंकि उसके अनुसार, बालक के भीतर संज्ञान का विकास अनेक अवस्थाओ से होकर गुजरता है, इसलिये इसे अवस्था सिद्धांत भी कहा जाता है।

इन अध्ययनों के अनुसार, जिन सिद्धांतों को बताया गया है वे पियाजे के मानसिक विकास के नाम से जाने जाते हैं। संज्ञानात्मक विकास का अभिप्राय बच्चों की एकत्रित करने की क्रिया से है। इसमें भाषा चिंतन समरण शक्ति और तर्क शामिल हैं। पियाजे के संज्ञानात्मक सिद्धांत के अनुसार, जिससे संज्ञानात्मक संरचना को संसोधित किया जाता है, समावेशन कहलाती है।

पियाजे ने अपने सिद्धांत में कहा है की बच्चो की बुद्धि का विकास जन्म से ही शुरू हो जाता है। जब भी बालक का जन्म होता है वह कुछ क्रियाएं करने में सक्षम होता है। जैसे— चूसना , देखना, पकड़ना एवं वस्तुओं तक पहुंचना। उस समय उसकी बौद्धिक संरचना इसी प्रकार की होती है, जो उसे केवल यही क्रियाएं करने योग्य बनाती हैं। जैसे-जैसे वह बड़ा होता है उसके बौद्धिक संरचना का दायरा भी बढ़ता है और वह बुद्धिमान बनता चला जाता है। पियाजे के अनुसार, संज्ञानात्मक विकास एक निश्चित अवस्थाओं के क्रम में होते हैं।

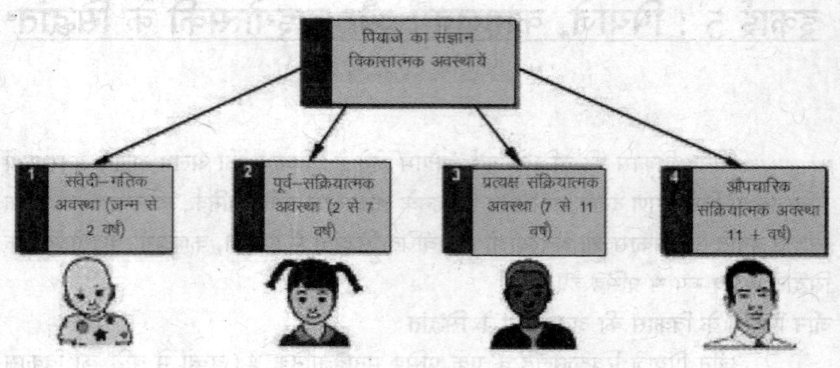

पियाजे का संज्ञानात्मक विकास सिद्धान्त

पियाजे ने बालक के संज्ञानात्मक विकास को चार भागों में बांटा है—

1. संवेदी क्रियात्मक काल (Sensory Motor Stage)

इस अवस्था की महत्वपूर्ण विशेषताएं निम्न प्रकार के हैं—

a. इस काल की अवधि जन्म से लेकर डेढ़ या दो वर्ष की होती है।
b. इस अवस्था में बच्चा रंगों की पहचान नहीं कर पाता।
c. हिलते-डुलते वस्तुओं के प्रति आकर्षित होता है।
d. कुछ प्रत्यक्ष क्रिया जैसे- अंगूठा चूसना, किसी हिलते हुए वस्तुओं को देखना, किसी बस्तुओं को पकड़ने के लिए ज़िद करना।
e. किसी आवाज के प्रति आकर्षित होना तथा गंभीर आवाज से डर कर रोना।
f. घर पर बोले जाने वाले एकाक्षर शब्दों को बोलना।

2. पूर्व संक्रियात्मक काल (Pre Operational Stage)

इस अवस्था को विद्यालय पूर्व अवस्था तथा प्रतीकों का निरूपण अवस्था माना जाता है। यह अवस्था गणितीय अधिगम के लिए महत्वपूर्ण है। इस अवस्था का मुख्य विशेषता निम्न प्रकार है—

a. इस काल की अवधि डेढ़ या दो साल से शुरू होकर सात वर्ष तक की होती है।
b. सुने हुए भाषाओं का प्रयोग करता है।
c. प्रारंभिक स्तर में पूछे गये प्रश्नों की पुनरावृत्ति करता है।
d. किसी भी वस्तु को लेकर नया खेल खेलना।
e. नए वस्तुओं को देखकर सोचना एवं कल्पना करना।
f. मापन की अवधारणा का विकास होता है।
g. हस्तकला जैसे- खिलौना बनाना तथा खिलौने से खेलना।

2. मूर्त संक्रियात्मक काल (**Concrete Operational Stage**) इस अवस्था की निम्नांकित विशेषता होती है—

   a. इसकी अवधि लगभग सात साल से ग्यारह साल के बच्चों में देखने को मिलती है।
   b. बच्चे अपनी क्रिया का प्रदर्शन शुरू करते है।
   c. यह बच्चों के मानसिक विकास का महत्वपूर्ण अवस्था है।
   d. इस अवस्था में बच्चे प्रारंभिक विद्यालय में अध्ययन करते हैं।
   e. यह अवस्था गणितीय अधिगम एवं गणितीय सोच के लिए महत्वपूर्ण है।

3. अमूर्त संक्रियात्मक अवस्था या औपचारिक संक्रिया काल (**Formal operational Stage**)

   इस अवस्था की निम्नांकित विशेषता है—

   a. इस अवस्था की अवधि ग्यारह- बारह वर्षों से लेकर चौदह-पंद्रह वर्ष तक होती है।
   b. इस अवस्था के दौरान बच्चा उच्च प्राथमिक कक्षा में होता है।
   c. बच्चा प्रतीकों या विचारों का उपयोग करके तर्क करता है।
   d. सोचने के लिए भौतिक वस्तुओं की जरूरत महसूस नहीं करते।
   e. सोच या संज्ञान का विकास होता है।
   f. गणितीय संक्रियाओं जैसे- समय एवं दूरी, अनुपात-समानुपात, प्रतिशत, ज्यामितीय संक्रिया, मानचित्र आदि का अधिगम करता है।
   g. अनुभव एवं संवेदी क्रियाओं के अनुभव को आगे बढ़ता है।

कोहलबर्ग का नैतिक विकास का सिद्धांत

नैतिकता- यह वह गुण है। जिससे हमें सही और गलत की पहचान होती है। इसे सामाजिक परिवेश से सीखा जाता है। जब बालक का जन्म होता है, तो वह न तो नैतिक होता है और न ही अनैतिक। वह अच्छा या बुरा समाज से ही सीखता है।

- कोहलबर्ग ने नैतिक विकास सिद्धांत को अवस्था सिद्धांत भी कहा है। उन्होंने नैतिक विकास सिद्धांत को 6 अवस्थाओं में विभाजित किया है एवं उन्हें सार्वभौमिक माना है।
- सार्वभौमिक का तात्पर्य है कि कोई भी बच्चा हो वह इन अवस्थाओं से होकर अवश्य गुजरता है।
- नैतिक विकास की अवस्थाएं एक निश्चित क्रम में आती है। इस क्रम को बदला नहीं जा सकता है।
- नैतिक अवस्था की अंतिम अवस्था में पहुंचने वाले बच्चों की संख्या बहुत कम होती है। नैतिक तर्क शक्ति के आधार पर बालक में व्यक्तिगत विभिन्नता होती है।

कोहलबर्ग ने नैतिक विकास की कुल 6 अवस्थाओं का वर्णन किया है लेकिन उन्होंने दोनों अवस्थाओं को एक साथ रखकर इनको तीन स्तर पर रखा है एवं इसकी व्याख्या की है जो कि इस प्रकार है—

1. पूर्व परंपरागत अवस्था

- आज्ञा एवं दंड की अवस्था
- अहंकार की अवस्था

2. परंपरागत अवस्था

- प्रशंसा की अवस्था
- सामाजिक व्यवस्था के प्रति सम्मान की अवस्था

3. उत्तर परंपरागत स्तर

- सामाजिक समझौते की अवस्था
- सार्वभौमिक सिद्धांत की अवस्था

1. पूर्व परंपरागत अवस्था

जब बालक बाहरी तत्व या घटना के आधार पर किसी व्यवहार को नैतिक या अनैतिक मानता है, तो उसे नैतिक तर्कशक्ति स्तर की अवस्था कही जाती है। इसमें दो अवस्थाएं होती है जो इस प्रकार हैं—

(a) आज्ञा एवं दंड की अवस्था

- इस अवस्था में बालक का व्यवहार दंड के व्यय पर आधारित होता है, और इसी डर से वह अच्छा व्यवहार करता है।
- इस प्रकार नैतिक विकास की शुरू की अवस्था में दंड को ही बच्चों की नैतिकता का मुख्य आधार मानते हैं।
- बच्चा सोचता है कि दंड से बचने के लिए आदेश का पालन करना चाहिए।
- सही गलत का निर्णय दिए गए दंड पुरस्कार से करता है।

(b) अहंकार की अवस्था

- इस अवस्था में बालक का व्यवहार स्वयं की इच्छा को पूरा करने वाला होता है।
- उसे लगता है कि वही बात सही है जिसमें बराबरी का लेन-देन हो अर्थात् हम दूसरी की कोई इच्छा पूरी कर दे तो वह भी हमारी इच्छा पूरी करेगा।
- इस अवस्था में बालक में अहंकार होता है, यदि उसका कोई उद्देश्य झूठ बोलने से या चोरी करने से पूरा होता है तो बालक वह काम करता है। इसे अनैतिक नहीं समझा जाता।

2. परंपरागत अवस्था

इस अवस्था में बच्चों का व्यवहार उसके मां-बाप या किसी बड़े व्यक्ति द्वारा बनाए गए नियमों पर आधारित होता है। इसमें दो अवस्थाएं होती है जो इस प्रकार है—

(a) प्रशंसा की अवस्था

- इस अवस्था में बच्चा जो भी करता है वह प्रशंसा पाने के लिए करता है।
- इसमें बालक, समाज को अच्छा लगने वाला व्यवहार करता है जिससे कि वह प्रशंसा प्राप्त कर सके।
- उस व्यवहार को ही वह अनैतिक मानता है जिससे प्रशंसा मिलती है।
- इस अवस्था में बच्चे के चिंतन का स्वरूप समाज और उसके परिवेश से निर्धारित किया जाता है।

(b) सामाजिक व्यवस्था के प्रति सम्मान की अवस्था

- उत्पादकता में बच्चों के नैतिक विकास की अवस्था सामाजिक, आदेश, कानून, न्याय और कर्तव्यों पर आधारित होती है।
- यह अवस्था अत्यंत महत्वपूर्ण अवस्था मानी जाती है। इस अवस्था में प्रवेश से पहले बालक समाज को केवल प्रशंसा के लिए महत्व देता है।
- इस अवस्था में पहुंच कर वह समझने लगता है कि सामाजिक नियमों के विरुद्ध प्रत्येक कार्य को अनैतिक कहते हैं।

3. उत्तर परंपरागत स्तर

उत्तर परंपरागत स्तर को 2 उप-अवस्थाओं में बांटा गया है—

(a) सामाजिक समझौते की अवस्था

इस अवस्था तक आते-आते वह समझने लगता है कि व्यक्ति व समाज के बीच एक समझौता होता है।

- व्यक्ति यह मानने लगता है कि हमारा दायित्व है कि हम समाज के नियमों का पालन करें क्योंकि समाज हमारे हितों की रक्षा करता है।
- अगर नियमों का पालन नहीं करते हैं तो व्यक्ति व समाज के बीच का समझौता टूट जाता है।
- परंतु यह इस अवस्था में यह समझा जाता है कि समाज की सहमति से सामाजिक नियमों को भी बदला जा सकता है।

(b) सार्वभौमिक सिद्धांत की अवस्था

- इसे विवेक की अवस्था भी कहा जाता है इस अवस्था तक व्यक्ति के अच्छे-बुरे, उचित-अनुचित आदि विषयों पर स्वयं के व्यक्तिगत विचार विकसित हो जाते हैं एवं अपने बनाए गए नियमों पर चलता है।
- इस अवस्था में बालक अपने विवेक का प्रयोग करने लगता है।

वयगोत्स्की का सिद्धांत

Lev Vygotsky (1896-1934) ने संज्ञानात्मक विकास में सामाजिक अंतःक्रिया पर अधिक बल दिया और कहा कि— समुदाय का सीखने में बहुत महत्व है। सामाजिक सीखने (Social Learning) की प्रक्रिया विकास के पहले ही आरम्भ हो जाती है। व्यक्तिगत विकास को भी सामाजिक विकास के बिना नहीं समझा जा सकता। व्यक्ति की उच्च मानसिक प्रक्रिया (Higher Mental Process) की उत्पत्ति (orgin) भी सामाजिक प्रक्रिया से होती है।

- संस्कृति संज्ञात्मक विकास को दिशा देती है।
- संज्ञानात्मक विकास में सामाजिक कारक का बहुत महत्व है।
- व्योगोत्स्की ने संज्ञानात्मक विकास (cognitive development) के लिए भाषा पर बल दिया। तर्क करना, चिन्तन करना आदि सभी सांस्कृतिक कारकों को मदद करते हैं।
- सीखने में शिक्षक का महत्वपूर्ण स्थान है।
- ज्ञान भी सामाजिक सन्दर्भ में होता है।

इन्होंने कहा कि—

- बच्चे ज्ञान का सृजन करते हैं।
- विकास को सामाजिक सन्दर्भ से अलग नहीं कर सकते।
- सीखना विकास की ओर निर्देशित कर सकता है। सामाजिक वातावरण सीखने में सहायता करता है।
- बच्चे की भाषा, दक्षताएं व अनुभव सब व्यक्ति की सांस्कृतिक पृष्ठभूमि से प्रभावित होती है।

अभ्यासार्थ प्रश्न

1.निम्न में से कौनसा बुद्धिमान बच्चे का लक्षण नहीं है—

(a) वह जो लम्बे निबंधों को जल्दी रटने की क्षमता रखता है।

(b) वह जो प्रवाहपूर्ण एवं उचित तरीके से संम्प्रेषण करने की क्षमता रखता है

(c) वह जो अमूर्त रूप से सोचता रहता है

(d) वह जो नए परिवेश में स्वयं को

2.समायोजित कर सकता है

बच्चे दुनिया में अपनी समझ का सृजन करते है, इसका श्रेय जाता है—

(a) पियाजे को

(b) पॉवलोक को

(c) कोहलबर्ग को

(d) स्किनर को

3.शिक्षा मनोविज्ञान की दृष्टि में कौनसा कथन सत्य है—

(a) बच्चे अपने ज्ञान का सृजन स्वंयं करते है

(b) विद्यालय में आने से पूर्व बच्चों में कोई पूर्व ज्ञान नहीं होता है

(c) अधिगम्म प्रक्रिया में बच्चों को कष्ट होता है

(d) बच्चे केवल वही सीखते हैं जो उन्हें सिखाया जाता है

4.घटना तथा वस्तुओं के बारे में बच्चा तार्किक रूप से सोच सकता है, पियाजे के चरणों में निम्न कथन सही है—

(a) सेंसरी तत्रिका तंत्र

(b) प्रारंभिक सञ्चालन प्रक्रिया

(c) मूर्त सञ्चालन प्रक्रिया

(d) औपचारिक संचालन प्रक्रिया

5.वाइगोत्सकी ने बालक विकास के बारे में कहा है—

(a) यह संस्कारों की अनुवांशिकी के कारण है

(b) यह सामाजिक अन्तर्क्रियाओं का उत्पाद है

(c) औपचारिक शिक्षा उत्पाद है

(d) यह समावेश और समायोजन का परिणाम है

उत्तर

1.(a), 2.(a), 3.(a), 4.(c), 5.(c)

इकाई 6 : बाल केंद्रित एवं प्रगतिशील शिक्षा

शिक्षा बालक की मूल प्रवृत्तियों प्रेरणाओं और संवेगों पर आधारित होनी चाहिए ताकि उनकी शिक्षा को नयी दिशा दी जा सके। यदि उसमे कोई गलती है तो उसे ठीक किया जा सके।

इसके अंतर्गत बच्चों के शारीरिक व मानसिक योग्यताओं का अध्ययन करके उनके आधार पर बच्चों के विकास में मदद करते हैं। जैसे यदि कोई बच्चा मानसिक रूप से या शारीरिक से कमजोर है या आपराधिक गतिविधियों से जुड़ा है तो पहले उसकी उस कमी को दूर किया जाता है। कुछ शिक्षक मनोवैज्ञानिक ज्ञान के आभाव में मार-पीट कर ठीक करने की कोशिश करते हैं परन्तु यह स्थिति को और खराब कर देगा।

बाल केन्द्रित शिक्षण में व्यतिगत शिक्षण को महत्त्व दिया जाता है। इसमें बालक का व्यक्तिगत निरिक्षण कर उसकी दैनिक कठिनाइयों को दूर करने का प्रयास क्या जाता है। बाल केन्द्रित शिक्षण में बालक की शारीरिक और मानसिक योग्यताओं के विकास के आधार पर शिक्षण की जाती है तथा बालक के व्यवहार और व्यक्तित्व में असामान्यता के लक्षण होने पर बौद्धिक दुर्बलता, समस्यात्मक बालक, रोगी बालक, अपराधी बालक इत्यादि का निदान किया जाता है।

मनोविज्ञान के आभाव में शिक्षक मार-पीट के द्वारा इन दोषों को दूर करने का प्रयास करता है, परंतु बालक को समझने वाला शिक्षक यह जानता है कि इन दोषों का आधार उनकी शारीरिक, सामाजिक और मनोवैज्ञानिक आवश्यकताओं में ही कहीं न कहीं है। इसी व्यक्तिक भिन्नता की अवधारणा ने शिक्षा और शिक्षण प्रक्रिया में व्यापक परिवर्तन किया है। इसी के कारण बाल-केन्द्रित शिक्षा का प्रचालन शुरू हुआ।

भारतीय शिक्षाविद गिजु भाई ने बाल केंद्रित शिक्षा में महत्वपूर्ण भूमिका निभाई है। उन्होंने इसके लिए कई प्रसिद्द पुस्तकों की रचना की है, जो बाल मनोविज्ञान शिक्षाशास्त्र एवं किशोर साहित्य से संबंधित हैं।

बालकेन्द्रित शिक्षा के सिद्धांत

1. **क्रिया शीलता का सिद्धांत-** इस शिक्षण सिद्धांत द्वारा छात्रों को क्रियाशील रख कर ज्ञान प्रदान किया जाता है। किसी भी क्रिया को करने में छात्र के हाथ, पैर और मस्तिष्क सब क्रियाशील हो जाते है। अर्थात् एक अधिक ज्ञानिन्द्रियों का प्रयोग बालक के अधिगम को और अधिक प्रभावी बना देता है।
2. **प्रेरणा का सिद्धांत-** छात्र अनुकरणीय व्यव्हार, नैतिक कहानियो व नाटकों अदि के द्वारा बालक अच्छी तरह से सीखते है। महापुरुषों, वैज्ञानिकों के उदाहरण सदा प्रेरणादायी होते हैं।
3. **जीवन से संबंधित करने का सिद्धांत-** ज्ञान, बालक के जीवन से संबंधित होता है।
4. **रूचि का सिद्धांत-** रूचि, कार्य करने की प्रेरणा देती है। अतः शिक्षण बालक की रूचि के अनुसार दिया जाना चाहिए।
5. **निश्चित उद्देश्य का सिद्धांत-** आज के समय मे बालक को दी जाने वाली शिक्षा बालक के उद्देश्यों को पूर्ण करने वाली होनी चाहिए। उद्देश्य निश्चित होगा तो सफलता निश्चित ही मिलेगी।
6. **चयन का सिद्धांत-** छात्रों को उनकी रूचि के अनुसार पढ़ाएं, जैसे— खेलने का मन हो तो उसी मूड में कैसे पढ़ाया जाए यह चयन करे। बालक की योग्यता के अनुसार विषय वस्तु का चयन करना चाहिए।
7. **व्यक्तिगत विभिन्नताओं का सिद्धांत-** प्रत्येक बालक की बुद्धि अलग होती है। अतः उनकी विभिन्नताओं को ध्यान में रखना चाहिए।
8. **लोकतंत्रीय सिद्धांत-** हमारे लिए कक्षा में सभी विद्यार्थी समान हैं। सभी से समान प्रश्न पूछने चाहियें। उनसे कोई भेद-भाव नहीं होना चाहिए।
9. **विभाजन का सिद्धांत-** जो भी पढ़ाएं उसे कुछ भागों में बाँट कर सरल करके पढ़ाएं।
10. **निर्माण व मनोरंजन का सिद्धांत-** हस्तकला एवं रचनात्मक कार्य भी करवाएं। इन कार्यों से बालक की अध्ययन में रूचि बढती है।

बालकेन्द्रित शिक्षा की मुख्य विशेषता —

किसी भी क्षेत्र में सफलता के लिए शिक्षक को बालक के मनोविज्ञान की पूरी जानकारी होनी चाहिए। इसके अभाव में वह न तो बालक की समस्याओं को समझ सकता है और न ही उसकी विशेषताओं को समझ सकता है। जिसके परिणामस्वरूप बालक पर प्रतिकूल प्रभाव पड़ता

है। शिक्षक को बालक के मूल आधारों, आवश्यकताओं, रुचिओं, व्यक्तित्व के बारे में पता होना चाहिए। मूल व्यवहारों का ज्ञान होना तो परम आवश्यक है।

शिक्षा बालक के संवेगों, प्रवृतियों और प्रेरणा पर आधारित होनी चाहिए। जिससे व्यवहारों, मूल आधारों को नयी दिशाओं में मोड़ा जा सकता है। अर्थात् इनका शोधन किया जा सकता है। एक उत्तम शिक्षक इनके शोधन का प्रयास करता है। बालक जो कुछ सीखता है, उसका उसकी आवश्यकताओं से करीबी सम्बन्ध होता है। स्कूल के पिछड़े और समस्याग्रस्त बालक अधिकतर ऐसे होते हैं जिनकी मनोवैज्ञानिक आवश्कयताएँ स्कूल में पूरी नहीं होती। मनोविज्ञान, शिक्षक को बताता है कि प्रत्येक बालक की मनोवैज्ञानिक आवश्यकता भिन्न-भिन्न होती है।

बालकेन्द्रित शिक्षा की शिक्षण विधि

शिक्षा क्षेत्र शिक्षक को यह बताता है कि बच्चो को क्या पढ़ना है। परन्तु समस्या यह है कि उन्हें पढ़ाना कैसे है, इस समस्या को सुलझाने में बाल मनोविज्ञान, शिक्षक की सहायता करता है।

बाल विज्ञान सीखने की प्रक्रिया, विधियों, महत्वपूर्ण कारकों, अच्छी या बुरी दशाओं आदि तत्वों से परिचित करवाता है। नयी-नयी परिस्थितियों में नई-नई समस्याओं को सुलझाने के लिए शिक्षक को अलग-अलग प्रयोग करने चाहिए। उससे निकलने वाले निष्कर्षों का उपयोग करना चाहिए। कक्षा में समस्याओं का निदान और निराकरण, बाल केंद्रित शिक्षा में विभिन्न समस्याओं को पहचानने के लिए और उनका हल करने के लिए भी बाल मनोविज्ञान का प्रयोग किया जाता है।

मनोविज्ञान शिक्षण की विधियों का विश्लेषण है। उनमे सुधार के उपाय भी बतलाता है। बाल केंद्रित शिक्षा विधि को प्रयोग में लाते समय बाल मनोविज्ञान को ही आधार बनाया जाता है।

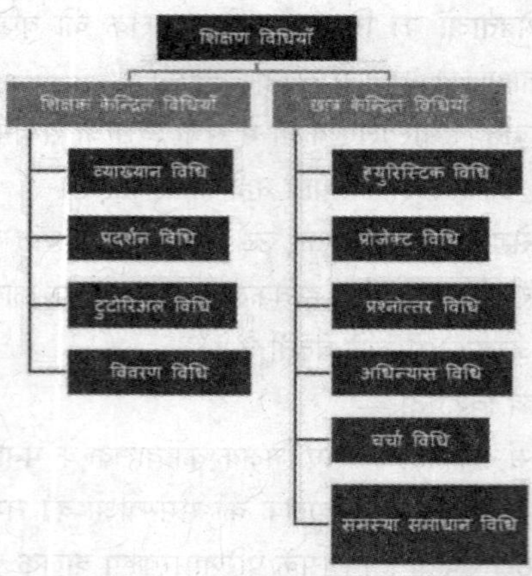

मूल्यांकन और परीक्षण

शिक्षण से ही शिक्षक की समस्या का समाधान नहीं हो जाता है, उसे बालकों के ज्ञान और विकास का मूल्यांकन करना होता है। मूल्यांकन से परीक्षार्थी की क्षमता का पता चलता है।

परीक्षा द्वारा मूल्यांकन से पता चलता है कि बच्चे ने कितनी प्रगति की है। भारतीय शिक्षा प्रणाली में मूल्यांकन शब्द का सम्बन्ध परीक्षा, दुश्चरित्र तथा तनाव से है। बाल केंद्रित शिक्षा में सतत एवं व्यापक मूल्यांकन पर जोर दिया गया है। जिससे उनमे तनाव को कम किया जा सके।

सतत एवं व्यापक मूल्यांकन का अभिप्राय छात्रों के स्कूल आधारित मूल्यांकन से है, जिसमे विकास के सभी पक्ष शामिल हैं। यदि विकास में कहीं कमी रह गयी है तो उन्हे पूरा करने के लिए कौन-कौन से उपाय करने चाहिए, इन सभी प्रश्नो को सुलझाने के लिए विभिन्न प्रकार के परीक्षणों और मापो की आवश्यकता पड़ती है।

पाठ्यक्रम

समाज और व्यक्ति के विकास की आवश्यकताओं को पूरा करने के लिए पाठ्यक्रम का विकास व्यक्तिगत विभिन्नताओं प्रेरणाओं ,मूल्यों और सीखने के सिद्धांतों पर आधारित होनी चाहिए।

पाठ्यक्रम बनाने के समय शिक्षक यह ख्याल रखता है कि बालक की और समाज की क्या आवश्यकता हैं और सीखने की कौनसी क्रियाओं से इन आवश्यकताओं की पूर्ति होती है।

इस तरह बाल केंद्रित शिक्षा में इस बात पर जोर दिया जाता है कि पाठ्यक्रम पूर्ण रुप से बाल मनोविज्ञान पर आधारित होना चाहिए।

व्यवस्थापन एवं अनुशासन कक्षा में अनुशासन बनाने के लिए भी विज्ञान का सहारा लिया जाता है।

कभी-कभी शरारती बच्चो में भी अच्छे गुणों का समायोजन किया जाता है। उस परिस्थिति में शिक्षक को चाहिए कि उसे दबाने के बजाय प्रोत्साहित करें।

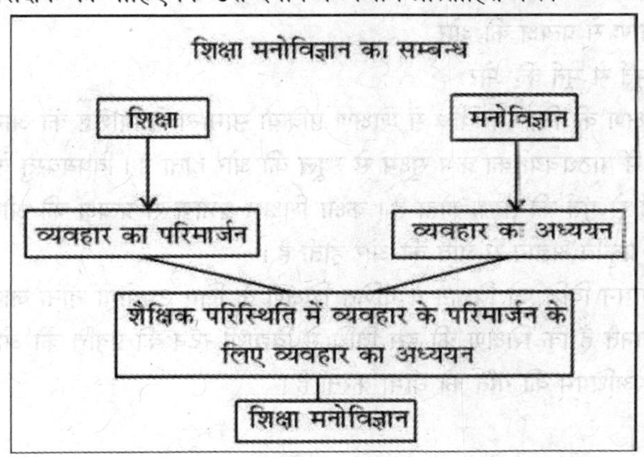

शिक्षण विधियां क्या हैं?

आगमन विधि -

आगमन विधि कक्षा शिक्षण की महत्वपूर्ण विधि है। इस विधि में विषयवस्तु के प्रस्तुतीकरण के दौरान सबसे पहले उदाहरण दिए जाते हैं। तत्पश्चात् सामान्य सिद्धांत का प्रस्तुतीकरण किया जाता है।

आगमन विधि की प्रमुख विशेषताएं निम्नलिखित हैं—

1. उदाहरण से नियम की ओर
2. स्थूल से सूक्ष्म की ओर
3. विशिष्ट से सामान्य की ओर
4. ज्ञात से अज्ञात की ओर
5. मूर्त से अमूर्त की ओर
6. प्रत्यक्ष से प्रमाण की ओर

आगमन विधि को प्राय: **थकान वाली शिक्षण विधि** माना जाता है। क्योंकि इसमें शिक्षण प्रक्रिया काफी लम्बी होती है। आगमन विधि अरस्तू ने दी थी।

निगमन विधि-

कक्षा शिक्षण में निगमन विधि का महत्वपूर्ण स्थान है। यह विधि विज्ञान व गणित शिक्षण के लिए अत्यंत उपयोगी है। निगमन विधि के प्रतिपादक अरस्तू हैं।

निगमन विधि की शिक्षण के दौरान प्रस्तुत विषयवस्तु प्रमुख विशेषताएं निम्न प्रकार हैं—

1. सूक्ष्म से स्थूल की ओर
2. सामान्य से विशिष्ट की ओर
3. अज्ञात से ज्ञात की ओर
4. प्रमाण से प्रत्यक्ष की ओर
5. अमूर्त से मूर्त की ओर

शिक्षण की निगमन विधि में शिक्षण प्रक्रिया सामान्य से विशिष्ट की ओर उन्मुख होती है। इस विधि में पाठ्यचर्या का क्रम **सूक्ष्म से स्थूल** की ओर होता है। विषयवस्तु के प्रस्तुतीकरण का क्रम अमूर्त से मूर्त की तरफ होता है। कक्षा शिक्षण **प्रमाण से प्रत्यक्ष** की ओर होता है एवं विषयवस्तु की प्रकृति अज्ञात से ज्ञात की ओर होती है।

निगमन विधि को विज्ञान व गणित शिक्षण के लिए उपयोगी माना जाता है। लेकिन कुछ विद्वान मानते हैं कि शिक्षण की इस विधि में विद्यार्थी रटने की प्रवृत्ति को ओर बढने लगते हैं, जो शिक्षण अधिगम की गति को धीमा करता है।

बालकेन्द्रित शिक्षा का स्वरूप—

1. पाठ्यक्रम लचीला होना चाहिए।
2. वातावरण के अनुसार होना चाहिए।
3. पाठ्यक्रम जीवनोपयोगी होना चाहिए।
4. पाठ्यक्रम पूर्व ज्ञान पर आधारित होना चाहिए।
5. क्रियाशीलता के सिद्धांत के अनुसार होना चाहिए।
6. बालक की रूचि के अनुसार होना चाहिए
7. शैक्षिक उद्देश्यों के अनुसार होना चाहिए।
8. बालक के मानसिक स्तर के अनुसार होना चाहिए
9. पाठ्यक्रम बालक के मानसिक स्तर के अनुसार होना चाहिए।
10. पाठ्यक्रम में राष्ट्रीय भावना को विकसित करने वाले कारक होने चाहिए।

प्रगतिशील शिक्षा

प्रगतिशील शिक्षा पारंपरिक शिक्षा की प्रतिक्रिया का परिणाम है। प्रगतिशील शिक्षा की अवधारणा में अमेरिका के मनोवैज्ञानिक जॉन दिवि का महत्त्व पूर्ण योगदान है।

इस अवधारणा के अनुसार शिक्षा का एक मात्र उद्देश्य बालक की शक्तियों का विकास करना है। अलग-अलग बच्चों के अनुरूप उनकी शिक्षण प्रक्रिया में अंतर रखकर इस उद्देश्य को पूरा किया जाता है। प्रगतिशील शिक्षा यह बतलाती है कि शिक्षा बालक के लिए है, बालक शिक्षा के लिए नहीं है।

शिक्षा का उद्देश्य ऐसा वातावरण तैयार करना होना चाहिए जिसमे हर बच्चे को सामाजिक विकास करने का मौका मिले। शिक्षा के द्वारा मनुष्य में परस्पर सहयोग तथा सामंजस्य स्थापित होना चाहिए।

इस तरह प्रगतिशील शिक्षा का उद्देश्य बालक के व्यक्तित्व का विकास करना तथा शिक्षा द्वारा जनतंत्र को स्थापित करना है। प्रगतिशील शिक्षा के सिद्धांतों के अनुरूप ही आजकल शिक्षा को सार्वभौमिक तथा अनिवार्य बनाने पर जोर दिया जाता है।

शिक्षा का लक्ष्य व्यक्तित्व का विकास है और प्रत्येक बालक को उसके व्यक्तित्व के विकास के लिए शिक्षा ग्रहण करने का अवसर मिलना चाहिए। इसका लक्ष्य व्यक्ति और समाज दोनों का विकास है। इससे व्यक्ति का सामाजिक, बौद्धिक और नैतिक विकास होता है।

प्रगतिशील शिक्षा के अंतर्गत प्रोजेक्ट विधि ,समस्या विधि एवं क्रिया कार्यक्रम जैसी शिक्षण पद्धितियों को अपनाया जाता है।

प्रगतिशील शिक्षा के विकास में योगदान देने वाले मनोवैज्ञानिक सिद्धांत

मस्तिष्क एवं बुद्धि

मस्तिष्क एवं बुद्धि मनुष्य की उन क्रियाओं का परिणाम हैं.जो वह दैनिक जीवन की समस्याओ को सुलझाने के लिए करता है। जैसे-जैसे वह अपने दैनिक जीवन में अपनी मानसिक शक्तियों का प्रयोग करता है, वैसे-वैसे वह मानसिक विकास भी करता है। मस्तिष्क ही वह मुख्य उपकरण है जो समस्याओं को सुलझाने में सहायक होता है। मस्तिष्क के तीन रूप होते हैं— चिन्तन, अनुभूति एवं संकल्प।

ज्ञान

ज्ञान क्रम का ही परिणाम है। क्रम से अनुभव आता है और अनुभव ज्ञान का मुख्य स्त्रोत है। व्यक्ति का सम्पूर्ण ज्ञान अनुभव पर आधारित होता है।

मौलिक प्रवृत्तियां

सभी प्रकार का ज्ञान व्यक्तियों की उन क्रियाओं का फल होता है जो वह अपने अस्तित्व के लिए संघर्ष में करते हैं। सुरक्षा, भोजन तथा वस्त्र पाने के लिए व्यक्ति जो संघर्ष करता है उसका उसकी मौलिक भावनाओं पर बहुत असर पड़ता है।

चिंतन की प्रक्रिया

चिन्तन केवल मनन करने से ही पूर्ण नहीं होता और न ही भावना से इसकी उत्पत्ति होती है। चिंतन का कुछ कारण होता है, जिससे मनुष्य सोचना आरम्भ कर देता है। यदि मनुष्य की क्रिया सरलता पूर्वक चलती है तो उसे कुछ सोचने की जरुरत नहीं पड़ती।

जब उसकी प्रगति में बाधा उत्पन्न हो है तो उसे सोचने के लिए बाध्य होना पड़ता है। इसी आधार पर मनोवैज्ञानिकों ने प्रगतिशील शिक्षा की नीव रखी है।

अभ्यासार्थ प्रश्न

1.निःशक्त बच्चो के लिए समेकित शिक्षा की केंद्रीय प्रायोजित योजना का उद्देश्य है __________ में निःशक्त बालकों को शैक्षिक अवसर उपलब्ध करवाना।
(a) विशेष विद्यालयों
(b) मुक्त विद्यालयों
(c) ब्लाइंड रिलीफ एसोसिएशन के विद्यालयों
(d) नियमित विद्यालयों

2.शिक्षा के क्षेत्र में पाठ्यचर्या शब्दावली __________ की ओर संकेत करते हैं।
(a) शिक्षण पद्धति एवं पढ़ाई जाने वाली विषय वस्तु
(b) विद्यालयों के सम्पूर्ण कार्यक्रम जिसमे विद्यार्थी प्रतिदिन नए-नए अनुभव प्राप्त करता है
(c) मूल्यांकन प्रक्रिया
(d) कक्षा में प्रयुक्त होने वाली पाठ्य सामग्री

3.परिवार एक साधन है—
(a) अनौपचारिक शिक्षा का
(b) औपचारिक शिक्षा का
(c) गैर औपचारिक शिक्षा का
(d) दूरस्थ शिक्षा का

4.विद्यार्थियों में सामाजिक मूल्यों को विकसित किया जा सकता है—
(a) महान व्यक्तियों के बारे में बोलकर
(b) अनुशासन की अनुभूति को विकसित करके
(c) आदर्श रूप से व्यवहार करके
(d) उन्हें अच्छी कहानियां सुना कर

5.शिक्षा का अति महत्वपूर्ण उद्देश्य है—
(a) आजीविका कमाना
(b) बालक का सर्वांगीण विकास
(c) पढ़ना-लिखना सीखना
(d) बौद्धिक विकास

उत्तर

1.(a), 2.(b), 3.(a), 4.(c), 5.(b)

इकाई 7 : गहन चिंतन

चिंतन को मुख्य रूप से दो वर्गो में विभाजित करके समझा जा सकता है। प्रथम वर्ग के अनुसार चिंतन को एक ऐसी प्रक्रिया माना जाता है जिसमें बाह्‌य घटनाओं (भूत, वर्तमान तथा भविष्य) का आंतरिक या मानसिक चित्रण किया जाता है। हम उस वस्तु या घटना के बारे में भी सोच सकते है, जिसे हमारे द्वारा कभी देखा तथा अनुभव न किया गया हो। दूसरे वर्ग में ये पहले वर्ग से अधिक व्यवहारात्मक माना जाता है क्योंकि ये चिंतन को एक ठोस क्रियात्मक आधार प्रदान करता है। उसे महज मानसिक क्रियाओं तथा अनुभूतियों का खिलौना न मानकर एक ऐसा साधन मानता है जिसके सहारे विभिन्न प्रकार के समस्या-समाधान व्यवहार को दिशा और गति प्रदान करने का कार्य किया जा सके। चिंतन के इस स्वरूप का अध्ययन और मापन भी संभव हैं, क्योंकि किसी का चिंतन कितना सार्थक है यह उसके समस्या समाधान व्यवहार के संदर्भ में अच्छी तरह जाना जा सकता है।

परन्तु अगर गहराई से और अधिक विश्लेषण किया जाए तो चिंतन की इन दोनों प्रकार की परिभाषाओं में कोई सैद्धान्तिक अंतर नज़र नहीं आता। दोनों का लक्ष्य एक ही है। मानसिक चित्रण और अनुभूति समस्या समाधान व्यवहार में सहायक होती है और समस्या समाधान व्यवहार मानसिक चित्रण या अनुभूतियों को जन्म देने वाला सिद्ध होता है। जब भी हम कोई समस्या हल करते हैं तो उसका विश्लेषण, उसे ठीक से समझना तथा उसके हल के बारे में परिकल्पनाए बनाकर समाधान का रास्ता ढूंढना, ये सभी बातें हमारे मन और मस्तिष्क में आंतरिक रूप से चलती रहती है। हम विचारों के द्वारा वस्तुओं, व्यक्तियों, घटनाओं, प्रक्रियाओं आदि को अपने मन और मस्तिष्क में बिठाकर इधन-उधर शतरंज की गोटियों की तरह आदान-प्रदान करते रहते हैं, ताकि हमारी समस्या के समाधान का कोई रास्ता निकल आए। इस तरह मानसिक चित्रण या मानसिक खिलवाड़ की प्रक्रिया और उसके द्वारा समस्या समाधान या और किसी प्रकार का प्रतिफल, ये दोनों बातें अन्तः संबंधित है। इसलिए चिंतन की प्रक्रिया और उसके प्रतिफल को एक दूसरे का अभिन्न अंग ही समझा जाना चाहिए तथा उनका मूल्यांकन चिंतन के परिणामस्वरूप होने वाले सम्पूर्ण लाभ के रूप में ही किया जाना चाहिए। होता भी ऐसा ही है। कोई क्या सोच रहा है या क्या सोच रहा था, इसका पता उसके द्वारा बाह्‌य रूप से किए जाने पर उसकी व्यवहार क्रियाओं द्वारा ही लगाया जा सकता है।

इस तरह समस्या समाधान या व्यवहार क्रियाओं के रूप में किसी के द्वारा क्या किया गया और इसके लिए उसके मन और मस्तिष्क में पहले क्या कुछ घटित हुआ है, इन दोनों बातों का समन्वय ही चिंतन के मनोवैज्ञानिक अर्थ एवं प्रकृति को समझने में किया जाना चाहिए। इस

दृष्टि से चिंतन की एक व्यावहारिक परिभाषा के बारे में सोचा जाय तो उसमें चिंतन संबंधी मानसिक और आंतरिक व्यवहार तथा इस व्यवहार का प्रतिफल इन दोनों ही बातों का समन्वय होना चाहिए।

1. **'रॉस' के अनुसार**- चिंतन मानसिक क्रिया का भावनात्मक पक्ष या मनोवैज्ञानिक वस्तुओं से संबंधित मानसिक क्रिया है।
2. **'गैरेट' के अनुसार**- चिंतन एक प्रकार का अव्यक्त एवं अदृश्य व्यवहार होता है, जिसमें सामान्य रूप से प्रतीकों (बिम्बों, विचारों, प्रत्यय) का प्रयोग होता है।
3. **'मोहसिन' के अनुसार**- चिंतन समस्या समाधान संबंधी अव्यक्त व्यवहार है।

चिंतन की प्रकृति

चिंतन के अर्थ और उसकी परिभाषाओं के उचित विश्लेषण के माध्यम से हमें चिंतन की प्रकृति और उसके स्वरूप के बारे में निम्न निष्कर्ष निकालने में सहायता मिल सकती है—

1. चिंतन सभी प्रकार से एक संज्ञानात्मक व्यवहार क्रिया है।
2. चिंतन किसी उद्देश्य या लक्ष्य की प्राप्ति की ओर अग्रसर रहता है। इसका अर्थ यह है कि दिवास्वप्न या कल्पना आदि उद्देश्यहीन संज्ञानात्मक क्रियाए चिंतन की परिधि में नहीं आती।
3. चिंतन समस्या समाधान संबंधी व्यवहार हैं। आरम्भ से लेकर अन्त तक इसमें कोई न कोई समस्या विद्यमान रहती है। समस्या तब खड़ी होती है जब कोई निश्चित व्यवहार मनुष्य की अनुकूल आवश्यकताओं को संतुष्ट नहीं कर सकता। ये समस्याए चिंतन को उत्पन्न करती है और चिंतन उसके समाधान में सहायता प्रदान करता है।
4. परन्तु समस्या समाधान संबंधी प्रत्येक व्यवहार चिंतन में नहीं आता, जैसा मोहसिन ने अपनी परिभाषा में कहा है। चिंतन केवल आंतरिक ज्ञानात्मक व्यवहार से संबंधित है। जब हम किसी स्थिति में कोई काम करके समस्या के समाधान का प्रयास करते है, उस समय हम चिंतन नहीं कर रहे होते हैं। चिंतन के समय बाहरी गत्यात्मक क्रियाएं बन्द हो जाती है। यह एक अव्यक्त क्रिया है जो व्यक्ति के भीतर होती है।
5. चिंतन में मानसिक खोज होती है, गत्यात्मक खोज नहीं। मान लो, मुझे ताला खोलने के लिए चाबी की जरूरत पड़ गई। मैं अपनी जेब देखूंगा जहॉ प्राय: चाबी रखी रहती है। परन्तु मुझे वहां चाबी नहीं मिलती। अब मैं यदि इधर-उधर दौड़ता हूं तो यह गत्यात्मक खोज होगी। परन्तु यदि मैं मौन भाव से बैठकर सोचता हूं कि मैंने उसे कहां रख दिया होगा तो यह मानसिक खोज होगी। समस्या समाधान में चिंतन का यही काम है। इससे समय और श्रम दोनो में बचत होती है।
6. चिंतन एक प्रतिकात्मक क्रिया है, जैसा कि गैरट ने अपनी परिभाषा में कहा है। चिंतन में समस्या का मानसिक समाधान सोचा जाता है। चिंतन में ठोस चीजों की बजाय

प्रतीकों का प्रयोग होता है। उदाहरण के लिए, किसी बिल्डिंग के निर्माण की योजना में इन्जीनियर प्रत्यन एवं भूल का बाह्य साधन नहीं अपनाता। वास्तव में वह अपनी चिंतन-क्रिया में विभिन्न मानसिक बिम्बों तथा प्रतीकों का प्रयोग करता है।

चिंतन के प्रकार

प्रत्यक्ष बोधात्मक या मूर्त चिंतन-

यह चिंतन का अत्यन्त सरल रूप है। प्रत्यक्ष बोध या अप्रत्यक्षीकरण ही इस प्रकार के चिंतन का आधार है। प्रत्यक्षीकरण व्यक्ति की संवेदनात्मक अनुभूमि की व्याख्या है। यदि एक बच्चे को सेब दिया जाए तो वह एक क्षण के लिए सोचता है और उसे लेने से इन्कार कर देता है। इस समय इसका चिंतन प्रत्यक्ष बोध पर आधारित है। वह अपनी पूर्व अनुभूति के आधार पर संवेदना की व्याख्या कर रहा है। उसे हरे सेब के स्वाद की याद आ रही है जो उसे कुछ दिन पहले दिया गया था।

संप्रत्यात्मक या अमूर्त चिंतन-

प्रत्यक्ष बोधात्मक चिंतन की भाँति इसमें वास्तविक विषयों या क्रियाओं के बोध की आवश्यकता नहीं होती। इसमें संप्रत्ययों एवं सामान्यीकृत विचारों का प्रयोग किया जाता है। इस प्रकार के चिंतन के विकास में भाषा का बहुत बड़ा हाथ होता है। यह चिंतन प्रत्यक्ष बोधात्मक चिंतन से बढ़िया माना जाता है, क्योंकि इससे समझने में सुविधा होती है तथा खोज एवं आविष्कारों में सहायता मिलती है।

विचारात्मक या तार्किक चिंतन-

यह ऊँचे स्तर का चिंतन है जिसका कोई निश्चित लक्ष्य होता है। सरल चिंतन तथा तार्किक चिंतन में पहला अंतर तो यह है कि इसका उद्देश्य सरल समस्याओं की अपेक्षा जटिल समस्याओं को हल करना होता है। दूसरा, इसमें अनुभूतियों को सरलतापूर्वक एक-दूसरे के लाभ जोड़ने की अपेक्षा समस्त संबंधित अनुभूतियों का पुनर्गठन करके उनमें से स्थिति का सामना करने के लिए या बाधाओं को दूर करने के लिए नए रास्ते निकाले जाते है। तीसरा, विचारात्मक चिंतन में मानसिक क्रिया प्रयत्न एवं भूल का यान्त्रिक प्रयास नहीं करती। चौथा, विचारात्मक चिंतन में तर्क को सामने रखा जाता है। सभी संबंधित तथ्यों को तर्कपूर्ण क्रम में कठित करके उनसे प्रस्तुत समस्या का समाधान निकाला जाता है।

सृजनात्मक चिंतन-

इस चिंतन का मुख्य उद्देश्य किसी नई चीज का निर्माण करना है। यह वस्तुओं, घटनाओं तथा स्थितियों के प्रकृति की व्याख्या करने के लिए नए सम्बन्धों की खोज करता है। यह पूर्व स्थापित नियमों से बाध्य नहीं होता। इसमें व्यक्ति स्वयं ही समस्या पैदा करता है और फिर स्वतंत्रतापूर्वक उसके समाधान के साधन ढूंढता है। वैज्ञानिकों तथा अनुसन्धानकर्ताओं का चिंतन इसी प्रकार का होता है।

अभिसारी चिंतन-

अभिसारी चिंतन की सर्वप्रथम व्याख्या पॉल गिलफर्ड ने की थी। अभिसारी चिंतन में किसी मानक प्रश्न का उत्तर देने में किसी सृजनात्मक योग्यता की आवश्यकता नहीं होती। विद्यालयों में होने वाले अधिकांश कार्यो, बुद्धि आदि के परीक्षण में बहुविकल्पीय प्रश्नों के उत्तर देने में अभिसारी चिंतन का प्रयोग होता है। इस प्रकार के चिंतन में व्यक्ति एक पदानुक्रमिक ढंग से अनुसरण करते हुए चिंतन करता है। वस्तुत: यह चिंतन परंपरागत प्रकार की क्रमबद्ध विचार प्रक्रिया का परिणाम होता है। इसके द्वारा व्यक्ति अपनी सरल समस्याओं का समाधन खोजने का प्रयास करता है।

अपसारी चिंतन-

किसी समस्या के विभिन्न समाधानों या कार्य को करने के विभिन्न प्रयत्नों में से किसी एक उत्तम समाधान या प्रयत्न को चुना जाना अपसारी चिंतन है। अपसारी चिंतन, अभिसारी चिंतन के विपरीत होता है क्योंकि अभिसारी चिंतन में किसी समस्या के समाधान के लिए कुछ निश्चित संख्या में समाधान उपस्थित होते हैं जबकि इस प्रकार के चिंतन में विभिन्न प्रकार के अनेकों समाधान होते हैं। अपसारी चिंतन में सृजनात्मकता तथा खुले प्रकार के प्रश्न तथा सृजनात्मकता सम्मिलित होती है।

क्रांतिक चिंतन-

क्रांतिक चिंतन, चिंतन का एक प्रकार होता है जिसमें किसी विषय-वस्तु, विषय या समस्या के समाधान में कौशलयुक्त संश्लेषण मूल्यांकन तथा पुर्नसंरचना सम्मिलित होते हैं। क्रांतिक चिंतन स्वनिर्देशित, स्व-अनुशासित, सुनियोजित प्रकार का चिंतन होता है।

गहन चिंतन-

"उत्तर या निष्कर्ष पर पहुंचने के लिए सक्रिय रूप से और कुशलता से अवधारणा, आवेदन, विश्लेषण, संश्लेषण, और मूल्यांकन की प्रक्रिया।"

इस प्रकार, हम कह सकते हैं कि गहन चिंतन एक स्व-निर्देशित प्रक्रिया है, जिसके माध्यम से हम गुणवत्ता के उच्चतम स्तर पर सोचने के लिए जानबूझकर कदम उठाते हैं।

गहंन चिंतन सीखने के सबसे महत्वपूर्ण तत्वों में से एक है। विश्लेषण और तर्क के क्षेत्र में सोच के स्तर को बढ़ाने के लिए गहन चिंतन की आवश्यकता है।

गहन चिंतन एक शिक्षार्थी को समाज के वर्तमान मुद्दों को समझने और उन्हें न्यायोचित तरीके से विश्लेषण करने में मदद करती है।

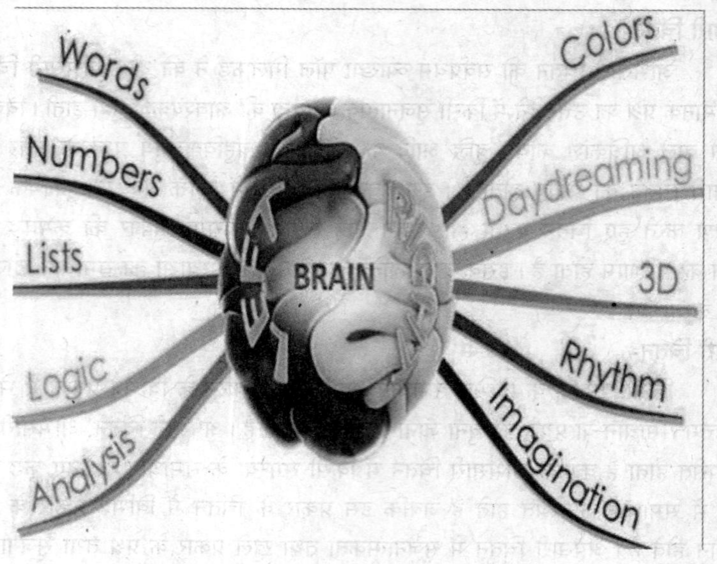

गहन चिंतन के लक्षण:

तर्कसंगतता: गहन चिंतन विशेष मुद्दों / विषयों के गुण और अवगुण दोनों पर विचार करती है। इस प्रकार, निर्णय को तर्कसंगत बनाता है।

वैज्ञानिक दृष्टिकोण विकसित करता है। गहन चिंतन एक शिक्षार्थी को एक विशेष समस्या के बारे में कारण और प्रभाव संबंध विकसित करने में मदद करती है जिसके परिणामस्वरूप एक शिक्षार्थी का वैज्ञानिक दृष्टिकोण होता है।

प्रासंगिकता: गहन चिंतन शिक्षण की सबसे उपयुक्त विचारधारा का चयन करके शिक्षण-सीखने की प्रक्रिया में मदद करती है। यह कक्षा में छात्रों को तर्क करने और सबसे अधिक प्रासंगिक विचारधारा अपनाने के लिए सराहना करता है।

गहन चिंतन के लाभ:

विभिन्न गहन चिंतन के लाभ हैं—

1. गहन चिंतन एक शिक्षार्थी को अवधारणाओं, एप्लिकेशन और विचारों के विस्तार में मदद करती है।
2. गंभीर सोच भाषा कौशल, सोच कौशल के साथ-साथ सहकारी शिक्षण कौशल के विकास में मदद करती है।
3. गंभीर सोच सीखने वालों के तर्कों को समझने और उनका मूल्यांकन करने में मदद करती है

4. गंभीर सोच सीखने वाले की मान्यताओं को समझने और उनका मूल्यांकन करने में मदद करती है।
5. यह सीखने वाले को अच्छा या तर्कपूर्ण निर्णय लेने और गलत को अस्वीकार करने में मदद करता है।
6. यह एक शिक्षार्थी को उनके दैनिक जीवन में मूर्खतापूर्ण निर्णय से बचने में मदद करता है।

शिक्षार्थियों में गहन चिंतन को बढ़ावा देने के लिए शिक्षक रणनीति

छात्रों में आलोचनात्मक सोच को बढ़ावा देने के लिए शिक्षक की रणनीति विभिन्न हैं—

1. एक शिक्षक को शिक्षार्थियों के बीच गहन चिंतन विकसित करने के लिए अधिक से अधिक अवसर पैदा करने चाहिए।
2. एक शिक्षक को चर्चा, बहस, रचनात्मक लेखन, क्षेत्र यात्राएं, सर्वेक्षण आदि का आयोजन करना चाहिए।
3. एक शिक्षक को शिक्षार्थियों को तर्क करने के अवसर भी प्रदान करने चाहिए।
4. तर्कों के बाद, एक शिक्षक को समस्याओं को हल करने के लिए शिक्षार्थियों का मार्गदर्शन करना चाहिए।
5. कक्षाओं में एक शिक्षक को हमेशा विविधता और बहुलता बनाए रखने की कोशिश करनी चाहिए।

छात्रों में गहन चिंतन विकसित करने के लिए गतिविधियाँ:

विभिन्न गतिविधियाँ हैं जो छात्रों के बीच गहन चिंतन विकसित करने में मदद करती हैं—

1. शिक्षक को शिक्षार्थियों के बीच कई दृष्टिकोण विकसित करने के लिए कई उदाहरणों को नियोजित करना चाहिए।
2. एक शिक्षक को जोखिम लेने की भावना विकसित करनी चाहिए। जो शिक्षार्थी को आत्म-जागरूक बनाता है, ताकि यदि किसी विचार, अवधारणा, समाधान आदि को लागू करने या नियोजित करने में विफलता की संभावना हो और साथ ही एक शिक्षक उन्हें असफलता पर बढ़ावा दे और उन्हें फिर से करने के लिए प्रेरित करे।
3. एक शिक्षक को तर्क पर आधारित विधियों के बजाय शिक्षण पद्धति पर ध्यान देना चाहिए।

4. एक शिक्षक को अपने स्वयं के समाधान के अभ्यास और विकास के लिए छात्रों को कच्चा डेटा प्रदान करना चाहिए फिर छात्रों को सिद्धांत आदि पर काम करने की अनुमति दी जाती है।

ब्लूम वर्गीकरण:

ब्लूम के वर्गीकरण को मनोवैज्ञानिक बेंजामिन ब्लूम के नाम पर रखा गया था। उन्होंने सीखने के उद्देश्यों के वर्गीकरण के लिए तीन श्रेणीबद्ध मॉडल का एक सेट विकसित किया।

उनके अनुसार शैक्षिक सीखने के उद्देश्यों के तीन डोमेन में विभाजित किया गया— संज्ञानात्मक, सकारात्मक और मनोचिकित्सा।

- **संज्ञानात्मक डोमेन:** संज्ञानात्मक डोमेन मूल रूप से मानसिक कौशल से युक्त होता है। इस डोमेन के अनुसार, व्यक्ति निचले क्रम के सोच कौशल से उच्च-क्रम सोच कौशल तक बढ़ता है। संज्ञानात्मक डोमेन के छह स्तर हैं—

    1. ज्ञान
    2. समझ
    3. आवेदन
    4. विश्लेषण
    5. संश्लेषण
    6. मूल्यांकन

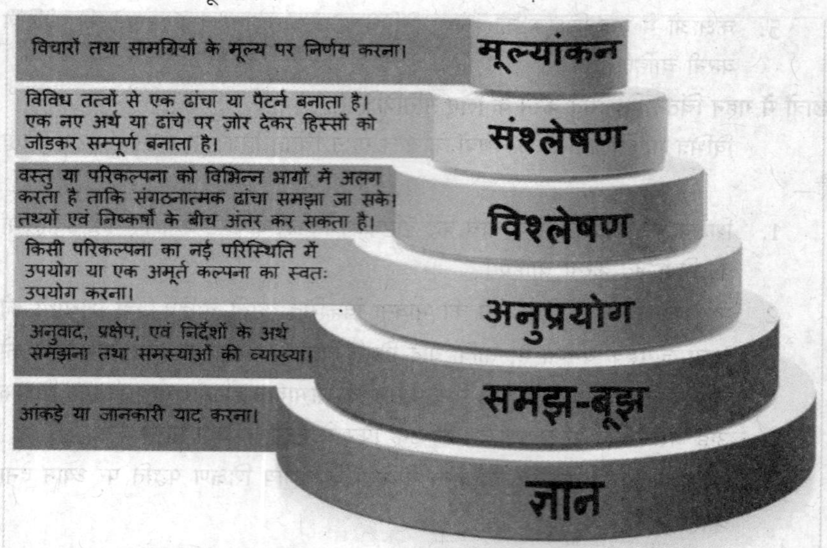

यहां, ज्ञान सोच का निम्नतम स्तर है जबकि मूल्यांकन सोच का उच्चतम स्तर है।

•**सकारात्मक डोमेन:** यह डोमेन भावनाओं, दृष्टिकोण और भावनाओं पर आधारित है। यह डोमेन इस बात पर ध्यान केंद्रित करता है कि लोग भावनात्मक रूप से कैसे प्रतिक्रिया करते हैं और अन्य जीवों के दर्द या खुशी को महसूस करने की उनकी क्षमता होती है। इस डोमेन के पाँच स्तर निम्नतम स्तर से प्रक्रियाओं के उच्चतम स्तर तक हैं—

1. प्राप्त
2. जवाब
3. बातों का महत्व
4. आयोजन
5. विशेषता

यहां प्राप्त करना प्रक्रियाओं का निम्नतम स्तर है और किसी व्यक्ति की भावनाओं की प्रक्रियाओं का उच्चतम स्तर है।

मनोचिकित्सा डोमेन: सीखने का यह डोमेन क्रियाओं पर आधारित है। मनोचिकित्सा डोमेन उद्देश्य व्यवहार या कौशल में परिवर्तन और विकास पर ध्यान केंद्रित करते हैं।

मनोचिकित्सा डोमेन के स्तर निम्न हैं—

1. बोध
2. सेट
3. निर्देशित प्रतिक्रिया
4. तंत्र
5. जटिल ओवरट प्रतिक्रिया
6. अनुकूलन
7. उत्पत्ति

अभ्यासार्थ प्रश्न

1.निम्नलिखित में से कौनसी समस्या-समाधान की वैज्ञानिक पद्धति का पहला चरण है?

(a) प्राक्कल्पना का निर्माण करना

(b) प्राक्कल्पना का परिक्षण करना

(c) समस्या के प्रति जागरूकता

(d) प्रासंगिक जानकारी को एकत्र करना

2.चिन्तन के सन्दर्भ में निम्नलिखित कथनों पर विचार कीजिए—

चिन्तन का सम्बन्ध वास्तविकता से होता है

चिन्तन तर्क प्रधान होता है

चिन्तन के लिए किसी समस्या का होना आवश्यक नहीं है

3.उपरोक्त में से कौनसा कथन सत्य है?

(a) केवल A

(b) केवल B

(c) केवल C

(d) उपरोक्त सभी

4.किसी बच्चे के चिन्तन में आयु के बढ़ने के साथ-साथ किसकी प्रधानता बढ़ती है?

(a) तर्क की

(b) सामान्यीकरण

(c) आत्मकेन्द्रीकरण

(d) जीववाद की

5.किसी बच्चें में चिन्तन का प्रमुख कारण क्या है?

A.समस्या समाधान करना

B.निर्णय लेने की भावना

C.वातावरण के प्रति चैतन्य समायोजन करने हेतु

(a) केवल A

(b) A एवं B

(c) केवल C

(d) उपरोक्त सभी

6.यदि आपकी कक्षा में एक छात्र दोषयुक्त है, तो आप किसी सामान्य छात्र की तुलना में उसमें क्या पाएँगे?

(a) उस छात्र का अपने स्वर यन्त्रों पर नियन्त्रण नहीं है

(b) वह कक्षा में अन्य छात्रों की तुलना में अधिक बोलता है

(c) भाषा दोष के कारण वह अधिक शैक्षिक उपलब्धियाँ हासिल करता है

(d) वह कक्षा में किसी अन्य छात्र से पिछड़ा नहीं है

7.यदि किसी बालक द्वारा अभिव्यक्ति के लिए प्रयुक्त भाषा के वाक्य, संरचना की दृष्टि से तो सही हैं किन्तु अर्थ की दृष्टि से गलत हैं, तो इसे सुधारने के लिए आप क्या करेंगे?

(a) उसे उन वाक्यों से संबंधित व्याकरण के बारे में बताएँगे

(b) उसे स्वयं उन वाक्यों को सही से बोलकर बताएँगे

(c) उसे सही वाक्य संरचना के बारे में उसके साथी से ज्ञात करने के लिए कहेंगे

(d) उसकी शिकायत उसके अभिभावक से करेंगे और उसके अभिभावक को यह सलाह देंगे कि अपने बच्चे को सही से बोलना सिखाएँ

8."वह नित्य गाने की कसरत करता है" वाक्य—

(a) वाक्य-विन्यास की दृष्टि से सही है लेकिन अर्थ-विज्ञान की दृष्टि से गलत है

(b) अर्थ-विज्ञान की दृष्टि से सही है लेकिन वाक्य-विन्यास की दृष्टि से गलत है

(c) अर्थ-विज्ञान एवं वाक्य-विन्यास दोनों की दृष्टि से सही है

(d) अर्थ-विज्ञान एवं वाक्य-विन्यास दोनों की दृष्टि से गलत है

9."दौड़ते हुए स्कूल जा रहा था राम का भाई" वाक्य—

(a) वाक्य-विन्यास की दृष्टि से सही है लेकिन अर्थ-विज्ञान की दृष्टि से गलत है

(b) अर्थ-विज्ञान की दृष्टि से सही है लेकिन वाक्य-विन्यास की दृष्टि से गलत है

(c) अर्थ-विज्ञान एवं वाक्य-विन्यास दोनों की दृष्टि से सही है

(d) अर्थ-विज्ञान एवं वाक्य-विन्यास दोनों की दृष्टि से गलत है

10.सार्थक शब्दों का व्यवस्थित समूह जिससे अपेक्षित अर्थ प्रकट हो ______ कहलाता है।

(a) स्वनिम

(b) पदबन्ध

(c) वाक्य

(d) रूपिम

11.कई पदों के योग से बने ______ पदबन्ध कहलाते हैं।

(a) वाक्यांश

(b) शब्द

(c) वाक्य

(d) मुहावरे

उत्तर

1.(c), 2.(d), 3.(a), 4.(c), 5.(d), 6.(a), 7.(b), 8.(a), 9.(b), 10.(c), 11.(a)

इकाई 8 : बुद्धि निर्माण एवं बहुआयामी बुद्धि

बुद्धि (Intelligence) शब्द का प्रयोग सामान्यतः प्रज्ञा, प्रतिभा, ज्ञान एवं समझ इत्यादि के अर्थों में किया जाता है। यह वह शक्ति है जो हमें समस्याओं का समाधान करने एवं उद्देश्यों को प्राप्त करने में सक्षम बनाती है।

'एल.एम. टर्मन' ने बुद्धि की परिभाषा इस प्रकार दी है— बुद्धि अमूर्त विचारों के सन्दर्भ में सोचने की योग्यता हैं।

स्टर्न के अनुसार— बुद्धि व्यक्ति की वह सामान्य योग्यता है जिसके द्वारा वह सचेत रूप से नवीन आवश्यकताओं के अनुसार चिन्तन करता है। इस तरह, जीवन की नई समस्याओं एवं स्थितियों के अनुसार अपने आपको ढालने की सामान्य मानसिक योग्यता बुद्धि कहलाती है।

यद्यपि बुद्धि के सन्दर्भ में मनोवैज्ञानिकों में मतभेद हैं, फिर भी यह निश्चित तौर पर कहा जाता है कि यह किसी के व्यक्तित्व का मुख्य निर्धारक है, क्योंकि इससे व्यक्ति की योग्यता का पता चलता है।

इसे व्यक्ति की जन्मजात शक्ति कहा जाता है, जिसके उचित विकास में उसके परिवेश की अहम् भूमिका होती है। मानव विकास की विभिन्न अवस्थाओं में बुद्धि के विकास में भी अंतर होता है। बुद्धि के मुख्य तीन पक्ष होते हैं— कार्यात्मक, संरचनात्मक एवं क्रियात्मक।

बुद्धि को मुख्यतः तीन श्रेणियों में रखा गया है— सामाजिक बुद्धि, स्थूल बुद्धि एवं अमूर्त बुद्धि।

वंशानुक्रम एवं वातावरण तथा इन दोनों की अन्त:क्रिया बुद्धि को निर्धारित करने वाले कारक हैं।

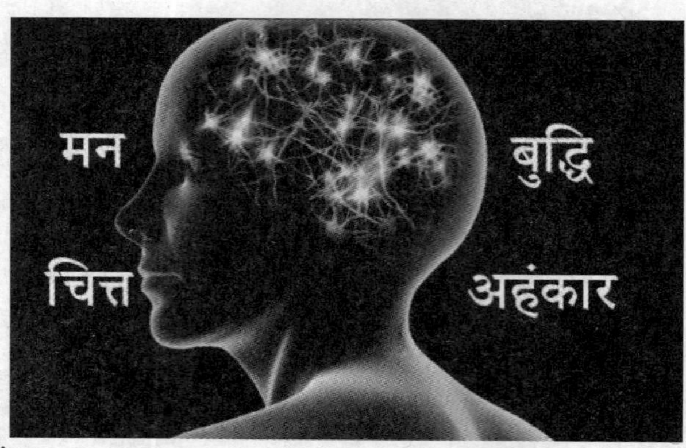

बुद्धि के सिद्धांत

कुछ मनोवैज्ञानिकों ने बुद्धि के स्वरूप से संबंधित विभिन्न सिद्धान्तों का प्रतिपादन किया है, जिनसे बुद्धि के सम्बन्ध में कई प्रकार की महत्वपूर्ण जानकारियाँ मिलती हैं।

बुद्धि की परिभाषाएँ

पिन्टर - जीवन की अपेक्षाकृत नवीन परिस्थितियों से अपना सामंजस्य करने की व्यक्ति की योग्यता ही बुद्धि है।

रायबर्न - बुद्धि वह शक्ति है, जो हमें समस्याओं का समाधान करने और उद्देश्यों को प्राप्त करने की क्षमता देती है।

वेश्लर - बुद्धि किसी व्यक्ति के द्वारा उद्देश्यपूर्ण ढंग से कार्य करने, तार्किक चिन्तन करने तथा वातावरण के साथ प्रभावपूर्ण ढंग से क्रिया करने की सामूहिक योग्यता है।

वुडवर्थ - बुद्धि, कार्य करने की एक विधि है।

वुडरों - बुद्धि, ज्ञान अर्जन करने की क्षमता है।

हेनमॉन - बुद्धि में मुख्य तत्व होते हैं— ज्ञान की क्षमता एवं निहित ज्ञान।

थॉनडाइक - सत्य या तथ्य की दृष्टिकोण से उत्तम प्रतिक्रियाओं की शक्ति ही बुद्धि है।

कॉलविन - यदि व्यक्ति ने अपने वातावरण से सामंजस्य करना सीख लिया है या सीख सकता है, तो उसमें बुद्धि है।

उपरोक्त परिभाषाओं के अनुसार हम यह कह सकते है कि बुद्धि अमूर्त चिन्तन की योग्यता, अनुभव से लाभ उठाने की योग्यता, अपने वातावरण से सामंजस्य करने की योग्यता, सीखने की योग्यता, समस्या समाधान करने की योग्यता तथा सम्बन्धो को समझने की योग्यता है।

एक कारक सिद्धांत

एक-कारक सिद्धांत का प्रतिपादन बिने (Bine) ने किया और इस सिद्धांत का समर्थन कर इसको आगे बढ़ाने का श्रेय टर्मन और स्टर्न जैसे मनोवैज्ञानिकों को जाता है। इन मनोवैज्ञानिकों का मत है कि बुद्धि एक अविभाज्य इकाई है। स्पष्ट है कि इस सिद्धांत के अनुसार बुद्धि को एक शक्ति या कारक के रूप में माना गया है।

इन मनोवैज्ञानिकों के अनुसार, बुद्धि वह मानसिक शक्ति है, जो व्यक्ति के समस्त कार्यों का संचालन करती है तथा व्यक्ति के समस्त व्यवहारों को प्रभावित करती है।

द्वि-कारक सिद्धांत

इस सिद्धांत के प्रतिपादक स्पीयरमैन हैं। उनके अनुसार, बुद्धि में दो कारक हैं अथवा सभी प्रकार के मानसिक कार्यों में दो प्रकार की मानसिक योग्यताओं की आवश्यकता होती है। प्रथम सामान्य मानसिक योग्यता, द्वितीय विशिष्ट मानसिक योग्यता।

प्रत्येक व्यक्ति में सामान्य मानसिक योग्यता के अतिरिक्त कुछ न कुछ विशिष्ट योग्यताएँ पाई जाती हैं।

एक व्यक्ति जितने ही क्षेत्रों अथवा विषयों में कुशल होता है, उसमें उतनी ही विशिष्ट योग्यताएँ पाई जाती हैं। यदि एक व्यक्ति में एक से अधिक विशिष्ट योग्यताएँ हैं, तो इन विशिष्ट योगयताओं में कोई विशेष सम्बन्ध नहीं पाया जाता है।

स्पीयरमैन का यह विचार है कि एक व्यक्ति में सामान्य योग्यता की मात्रा जितनी ही अधिक पाई जाती है, वह उतना ही अधिक बुद्धिमान होता है।

बहुकारक सिद्धांत (Multi-Factor Theory)

इस सिद्धांत के मुख्य समर्थक थॉर्नडाइक थे।

इस सिद्धांत के अनुसार, बुद्धि कई तत्वों का समूह होती है और प्रत्येक तत्व में कोई सूक्ष्म योग्यता निहित होती है। अत: सामान्य बुद्धि नाम की कोई चीज नहीं होती, बल्कि बुद्धि में कोई स्वतन्त्र, विशिष्ट योग्यताएँ निहित रहती हैं, जो विभिन्न कार्यों को सम्पादित करती हैं।

बुद्धि के सिद्धांत

(a) एक-कारक सिद्धांत - बिने, टर्मन, स्टर्न
(b) द्वि-कारक सिद्धांत - स्पीयरमैन
(c) बहुकारक सिद्धांत - थॉर्नडाइक
(d) समूहकारक सिद्धांत – थर्सटन
(5) पदानुक्रमिक सिद्धांत (त्रि-आयामी) - जे.पी. गिलफोर्ड
(6) तरल ठोस बुद्धि सिद्धांत - आर.बी. कैटेल
(7) बहुबुद्धि सिद्धांत - हॉवर्ड गार्डनर

प्रतिदर्श सिद्धांत

इस सिद्धांत का प्रतिपादन थॉमसन ने किया था। उसने अपने इस सिद्धांत का प्रतिपादन स्पीयरमैन के द्धि-कारक सिद्धांत के विरोध में किया था।

थॉमसन ने इस बात का तर्क दिया कि व्यक्ति का बौद्धिक व्यवहार अनेक स्वतन्त्र योग्यताओं पर निर्भर करता है, किन्तु इन स्वतन्त्र योग्यताओं का क्षेत्र सीमित होता है।

प्रतिदर्श सिद्धांत के अनुसार, बुद्धि कई स्वतन्त्र तत्वों से बनी होती है। कोई विशिष्ट परीक्षण या विद्यालय सम्बन्धी क्रिया में इनमें से कुछ तत्व स्पष्ट रूप से दिखाई देने लगते हैं। यह भी हो सकता है कि दो या अधिक परीक्षाओं में एक ही प्रकार के तत्व दिखाई दें, तब उनमें एक सामान्य तत्व की विद्यमानता मानी जाती है। यह भी सम्भव है कि अन्य परीक्षाओं में विभिन्न तत्व दिखाई दें तब उनमें कोई भी तत्व सामान्य नहीं होगा और प्रत्येक तत्व अपने आप में विशिष्ट होगा।

ग्रुप-तत्व सिद्धांत

जो तत्व सभी प्रतिभात्मक योग्यताओं में तो सामान्य नहीं होते परन्तु कई क्रियाओं में सामान्य होते हैं, उन्हें ग्रुप-तत्व की संज्ञा दी गई है।

इस सिद्धांत के समर्थकों में थर्सटन का नाम प्रमुख है। प्रारंभिक मानसिक योग्यताओं का परीक्षण करते हुए वह इस निष्कर्ष पर पहुँचे थे कि कुछ मानसिक क्रियाओं में एक प्रमुख तत्व सामान्य रूप से विद्यमान होता है, जो उन क्रियाओं के कई ग्रुप होते हैं, उनमें अपना एक प्रमुख तत्व होता है।

ग्रुप तत्व सिद्धांत की सबसे बड़ी कमजोरी यह है कि यह सामान्य तत्व की धारणा का खण्डन करता है।

गिलफोर्ड का सिद्धांत

जे.पी. गिलफोर्ड और उसके सहयोगियों ने बुद्धि परीक्षण से संबंधित कई परीक्षणों पर कारक विश्लेषण तकनीक का प्रयोग करते हुए मानव बुद्धि के विभिन्न तत्वों या कारकों को प्रकाश में लाने वाला प्रतिमान विकसित किया।

उन्होंने अपने अध्ययन प्रयासों के द्वारा यह प्रतिपादित करने की चेष्टा की कि हमारी किसी भी मानसिक प्रक्रिया अथवा बौद्धिक कार्य को तीन आधारभूत आयामों-संक्रिया, सूचना सामग्री या विषय-वस्तु तथा उत्पादन में विभाजित किया जा सकता है।

संक्रिया का अर्थ यहाँ हमारी उस मानसिक चेष्टा, तत्परता और कार्यशीलता से होता है जिसकी मदद से हम किसी भी सूचना सामग्री या विषय-वस्तु को अपने चिन्तन तथा मनन का विषय बनाते हैं या दूसरे शब्दों में इसे चिन्तन तथा मनन का प्रयोग करते हुए अपनी बुद्धि को काम में लाने का प्रयास कहा जा सकता है।

फ्लूइड तथा क्रिस्टलाइज्ड सिद्धांत

इस सिद्धांत के प्रतिपादक कैटिल हैं। फ्लूइड वंशानुक्रम कार्य कुशलता अथवा केन्द्रीय नाड़ी संस्थान की दी हुई विशेषता पर आधारित एक सामान्य योग्यता है। यह सामान्य योग्यता संस्कृति से ही प्रभावित नहीं होती बल्कि नवीन एवं विगत परिस्थितियों से भी प्रभावित होती है।

दूसरी ओर क्रिस्टलाइज्ड भी एक प्रकार की सामान्य योग्यता है जो अनुभव, अधिगम तथा वातावरण सम्बन्धी कारकों पर आधारित होती है।

बहुआयामी बुद्धि

केली एवं थर्सटन नामक मनोवैज्ञानिकों ने बताया कि बुद्धि का निर्माण प्राथमिक मानसिक योग्यताओं के द्वारा होता है। केली के अनुसार, बुद्धि का निर्माण इन योग्यताओं से होता है— वाचिक योग्यता, संगीतात्मक योग्यता, स्थानिक सम्बन्धों के साथ उचित ढंग से व्यवहार करने की योग्यता, रुचि और शारीरिक योग्यता।

थर्सटन का मत है कि बुद्धि इन प्राथमिक मानसिक योग्यताओं का समूह होता है— प्रत्यक्षीकरण सम्बन्धी योग्यता, तार्किक व वाचिक योग्यता, सांख्यिकी योग्यता, स्थानिक या दृश्य योग्यता, समस्या समाधान की योग्यता, स्मृति सम्बन्धी योग्यता, आगमनात्मक योग्यता और निगमनात्मक योग्यता। वैसे तो अधिकतर मनोवैज्ञानिकों ने केली एवं थर्सटन के बुद्धि सिद्धान्तों की

आलोचना की, किन्तु अधिकतर मनोवैज्ञानिकों ने यह भी माना कि बुद्धि का बहुआयामी होना निश्चित तौर पर सम्भव है। बहुआयामी बुद्धि होने के कारण ही कुछ लोग कई प्रकार के कौशलों में निपुण होते हैं।

गार्डनर के अनुसार बुद्धि के प्रकार :

गार्डनर के अनुसार, जैविक और सांस्कृतिक अनुसंधानों की सहायता से समस्याओं को हल करने की क्षमता बुद्धि कहलाती है।

उन्होंने 8 प्रकार की बुद्धि की सूची तैयार की—

1. सांगीतिक बुद्धि-

इस क्षेत्र में ध्वनियों, लय, स्वर और संगीत की संवेदनशीलता का ज्ञान होता है।

2. तार्किक गणितीय बुद्धि-

इसमें पैटर्न में पता लगाने की क्षमता, तर्क से कारण और तार्किक रूप से सोचने की क्षमता शामिल है।

3. भाषाई बुद्धि-

भाषा की निपुणता शामिल है।

4. स्थानिक बुद्धि-

समस्याओं को हल करने के लिए मानसिक छवियों को जोड़-तोड़कर नई छवियां बनाने की क्षमता देती है।

6. शारीरिक गतिसम्वेदी बुद्धि-

किसी की शारीरिक क्षमताओं व मानसिक क्षमताओं के समन्वय की प्रक्रिया इस बुद्धि के अंतर्गत आती है।

6. व्यक्तिगत बुद्धि-

दूसरों की भावनाओं और इरादों को समझने की क्षमता।

7. अंतर्वैयक्तिक बुद्धि-

किसी की अपनी भावनाओं और प्रेरणाओं को समझने की क्षमता है।

8. प्राकृतिक बुद्धि-

यह गार्डनर के मूल सात बुद्धि का हिस्सा नहीं है, प्राकृतिक बुद्धि को 1995 में उनके द्वारा प्रस्तावित किया गया था। प्राकृतिक बुद्धि के रूप में समझाया जा सकता है, जो व्यक्ति आसानी से वनस्पतियों और जीवों को पहचानने में सक्षम है, प्राकृतिक दुनिया में अन्य परिणामी भेद करने की क्षमता रखता है तथा उत्पादकता (शिकार में, खेती में, जैविक विज्ञान में) एक महत्वपूर्ण बुद्धिमत्ता का प्रयोग कर रहा है, वह इस प्रकार की बुद्धिमत्ता रखता है।

मानसिक आयु एवं बुद्धि – परीक्षण

बुद्धि-परीक्षण के द्वारा व्यक्ति के व्यक्तित्व की विशेषताओं का पता लगाया जाता है।

पाश्चात्य मनोवैज्ञानिकों ने बुद्धि के प्रामाणिक मापन की विधियों की खोज की। इस सन्दर्भ में सर्वप्रथम जर्मन मनोवैज्ञानिक वुण्ट का नाम आता है, जिसने 1879 में बुद्धि के मापन के लिए मनोवैज्ञानिक प्रयोगशाला की स्थापना की।

फ्रांसीसी मनोवैज्ञानिक अल्फ्रेड बिने एवं उसके साथी साइमन ने बुद्धि के मापन का आधार बच्चों के निर्णय, स्मृति, तर्क एवं आंकिक जैसे मानसिक कार्यों को माना। उन्होंने इन कार्यों से संबंधित अनेक प्रश्न तैयार किए और उन्हें अनेक बच्चों पर आजमाया। इस परीक्षण के अनुसार जो बालक अपनी आयु के निर्धारित सभी प्रश्नों के सही उत्तर देता है वह सामान्य बुद्धि का होता है, जो अपनी आयु से ऊपर की आयु के बच्चों के लिए निर्धारित प्रश्नों के उत्तर भी दे देता है, वह उच्च बुद्धि का होता है, जो अपनी आयु से ऊपर की आयु के बच्चों के लिए निर्धारित सभी प्रश्नों के सही उत्तर देता है वह सर्वोच्च बुद्धि का होता है एवं जो अपनी आयु के बच्चों के लिए निर्धारित प्रश्नों के सही उत्तर नहीं दे पाता, वह निम्न बुद्धि का होता है।

उपरोक्त मनोवैज्ञानिकों के बाद सर्वप्रथम विलियम स्टर्न ने बुद्धि के मापन के लिए बुद्धि-लब्धि (Intelligence Quotient-IQ) के प्रयोग का सुझाव दिया।

टर्मन ने सर्वप्रथम बुद्धि-लब्धांक ज्ञात करने की विधि बताई। इसके अनुसार, बुद्धि-लब्धि को बच्चे की मानसिक आयु को उसकी वास्तविक आयु से भाग करके 100 से गुणा करने पर प्राप्त की जाती है। इसके अनुसार बुद्धि-लब्धि (Intelligence Quotient-IQ) का सूत्र है।

उदाहरणस्वरूप, यदि किसी बालक की मानसिक आयु 12 वर्ष और वास्तविक आयु 10 वर्ष है, तो उसकी बुद्धि-लब्धि की गणना इस प्रकार होगी—

मनोवैज्ञानिक द्वारा निर्मित IQ वितरण

(a) 130 या इससे ऊपर - अति श्रेष्ठ बुद्धि अर्थात् प्रतिभाशाली बुद्धि

(b) 120-129 - श्रेष्ठ बुद्धि

(c) 110-119 - उच्च सामान्य बुद्धि

(d) 90-109 - सामान्य बुद्धि

(e) 80-89 - मन्द बुद्धि

(f) 70-79 - क्षीण बुद्धि

(g) 69 से नीचे निश्चित - अति क्षीण बुद्धि

बौद्धिक वृद्धि और विकास

बौद्धिक विवृद्धि और विकास अनेक कारकों पर निर्भर करता है। मस्तिष्क और संबंधित स्नायुओं की परिपक्वता बौद्धिक विवृद्धि को सर्वाधिक प्रभावित करती है। जन्म के समय बालक में

उसकी बौद्धिक योग्यताएँ अनेक विकास की प्रथमावस्था के निम्नतम स्तर पर होती हैं। बालक की आयु बढ़ने के साथ-साथ उसकी बौद्धिक योग्यताओं में विवृद्धि और विकास होता रहता है। शैशवावस्था से बाल्यावस्था तक यह विकास तीव्र गति से होता है परन्तु किशोरावस्था के अन्त से और प्रौढ़ावस्था में इस विकास की गति मन्द हो जाती है।

थर्सटन का विचार है कि उसके द्वारा किए गए कारक विश्लेषण अध्ययनों के आधार पर प्राप्त सात प्राथमिक मानसिक योग्यताएँ एकसाथ एकसमान आयु स्तर पर परिपक्व नहीं होती हैं। उसके अनुसार, प्रत्यक्षपरक योग्यता बारह वर्ष की अवस्था में अपनी विवृद्धि की पूर्णता की ओर अग्रसर होती है। इसी प्रकार चौदह वर्ष की अवस्था में वस्तु प्रेक्षक तथा तार्किक योग्यता सोलह वर्ष की आयु में स्मृति योग्यता और संख्यात्मक योग्यता परिपक्वावस्था की ओर अग्रसर होती है। बालकों की शाब्दिक योग्यता तथा भाषा बोध आदि योग्यताएँ इस आयु अवस्था के बाद विकसित होती हैं।

वेश्लर का विचार है कि बौद्धिक विवृद्धि कम-से-कम बीस वर्ष की आयु तक होती रहती है। आधुनिक शोधों से यह पता चला है कि साठ वर्ष की आयु तक बुद्धि-लब्धांक में वृद्धि होती रहती है।

शिक्षा के क्षेत्र में बुद्धि-परीक्षणों का महत्व

शैक्षणिक मार्गदर्शन

विज्ञान के साथ-साथ मनोविज्ञान ने मानवीय समस्याओं के समाधान में अपूर्व योगदान दिया है। इसके द्वारा बच्चों के भविष्य निर्धारण की योजनाओं को बनाया जा रहा है। इसी प्रकार से शिक्षा के क्षेत्र में सही दिशा एवं लक्ष्य को प्राप्त करने में बुद्धि परीक्षाएँ समर्थ होती हैं। शिक्षा के विकास के लिए प्राथमिक एवं गौण दोनों ही प्रकार के पाठ्यक्रमों की आवश्यकता होती है। प्राथमिक पाठ्यक्रम बालकों को अच्छा नागरिक बनाने के लिए प्रस्तुत किया जाता है, जबकि गौण पाठ्यक्रम उनकी आदत के अनुसार निश्चित किया जाता है। बुद्धि परीक्षणों द्वारा प्रत्येक छात्र की सही उन्नति के मार्ग को प्रशस्त किया जाता है।

छात्र वर्गीकरण

ज्ञान की ग्रहणशीलता छात्रों की मानसिकता पर निर्भर करती है। फलस्वरूप, एक ही कक्षा-शिक्षण का निष्पादन भिन्न-भिन्न होता है।

ज्ञान अर्जन बालकों की बुद्धि क्षमता पर सीधा प्रभाव डालता है। अत: छात्र वर्गीकरण में बुद्धि परीक्षाएँ उपयोगी होती हैं।

वर्तमान भारतीय शिक्षा व्यवस्था में एक कक्षा में सामान्य, सामान्य से उच्च एवं सामान्य से नीचे आदि स्तरों के छात्र-छात्राएँ अध्ययनरत रहते हैं। प्रश्न उठता है कि क्या सभी बच्चों का शैक्षिक विकास उत्तम हो सकेगा? ऐसी परिस्थिति में, बुद्धि-परीक्षण के माध्यम से शिक्षक सामान्य, सामान्य

से भिन्न एवं उच्च आदि छात्रों का वर्गीकरण करके उपयुक्त शिक्षण का प्रबन्ध करेगा ताकि सभी स्तरों के छात्र-छात्राएँ पाठ्यक्रम को धारण करके उत्तम निष्पादन प्रस्तुत कर सकें।

इस प्रकार बुद्धि-परीक्षण से अध्यापकीय, छात्र एवं पाठ्यक्रम सम्बन्धी सभी समस्याएँ आसानी से समाप्त हो जाती हैं।

यौन-भिन्नता में उपयोगी

शोध कार्यों से स्पष्ट हुआ है कि लड़के एवं लड़कियों में बुद्धि के आधार पर ही कार्यकुशलताओं में अंतर पाया जाता है। इनके शारीरिक एवं मानसिक विकास का क्रम भिन्न होता है। अत: ज्ञान अर्जन की क्षमताओं में भी भिन्नता पाई जाती है। स्पीयरमैन के अनुसार, दोनों में सामान्य एवं विशिष्ट योग्यताएँ पाई जाती हैं और इनका निर्धारण बुद्धि-परीक्षणों के आधार पर ही सम्भव है। अत: सामाजिक व्यवस्था को सामान्य बनाए रखने के लिए यौन-भिन्नता के आधार पर विभिन्न अन्तरों की पहचान कर उनके बीच समायोजन स्थापित करने के लिए बुद्धि-परीक्षणों का प्रयोग किया जाता है।

स्वयं का ज्ञान

शिक्षा का प्रयत्न, बच्चों का सामान्य विकास करना होता है। बुद्धि परीक्षण के जरिए बच्चे अपने भीतर की क्षमताओं एवं शक्तियों को पहचानकर अपनी आकांक्षाओं की पूर्ति आसानी से कर सकते हैं। बुद्धि परीक्षाएँ बालकों के व्यक्तित्व के स्वरूप को स्पष्ट करती हैं। वह अपने भीतर विघटित तत्वों को निकाल देता है और अविघटित तत्वों को विकसित करता है।

अधिगम प्रणाली में उपयोगी

सीखने की प्रक्रिया बुद्धि पर निर्भर करती है। छात्र की लगन, अभ्यास प्रक्रिया, गलतियों का निरसन, धारणा एवं प्रोत्साहन में वृद्धि एवं स्थानान्तरण आदि में बुद्धि का प्रभाव सर्वाधिक होता है। बुद्धि परीक्षणों ने स्पष्ट कर दिया है कि प्रतिभाशाली बच्चे कम समय में अधिक अधिगम एवं ज्ञान अर्जित करने में सक्षम होते हैं।

व्यावसायिक मार्गदर्शन

व्यवसाय में मनोविज्ञान ने पर्दापण करके विभिन्न समस्याओं का समाधान निकाला है। विभिन्न व्यवस्थाओं के लिए भिन्न प्रकार के मानसिक स्तर के व्यक्तियों की आवश्यकता होती है। उपयुक्त मानसिक स्तर का व्यक्ति अपने व्यवसायों को उन्नतिमय बनाने में सहायक होता है।

अभ्यासार्थ प्रश्न

1.इनमें से कौनसा त्रिस्तरीय सिद्धांत में व्यावहारिक बुद्धि का अभिप्राय नहीं है ?
(a) पर्यावरण का पुनर्निर्माण करना
(b) केवल अपने विषय में व्यावहारिक रूप से विचार करना
(c) इस प्रकार के पर्यावरण का चयन करना जिसमें आप सफल हो सकते हैं
(d) पर्यावरण के साथ अनुकूलन करना

2.निम्नलिखित में से कौनसा आलोचनात्मक दृष्टिकोण बहु-बुद्धि सिद्धांत (Theory of Multiple Intelligences) से सम्बद्ध नहीं है?
(a) यह शोधाधारित नहीं है
(b) भिन्न बुद्धियाँ भिन्न-भिन्न विद्यार्थियों के लिए विभिन्न पद्धतियों की माँग करती हैं
(c) प्रतिभाशाली विद्यार्थी प्राय: एक क्षेत्र में ही अपनी विशिष्टता प्रदर्शित करते हैं
(d) इसका कोई अनुभावात्मक आधार नहीं है

3.निम्न में से कौनसा स्टर्नबर्ग का बुद्धि का त्रिस्तरीय सिद्धांत का एक रूप है?
(a) व्यावहारिक बुद्धि
(b) प्रायोगिक बुद्धि
(c) संसाधनपूर्ण बुद्धि
(d) गणितीय बुद्धि

4.किसने सबसे पहले बुद्धि परीक्षण का निर्माण किया?
(a) डेविड वैश्लर
(b) एलफ्रेड बिने
(c) चाल्र्स एडवर्ड स्पीयरमैन
(d) रॉबर्ट स्टर्नबर्ग

5.निम्न में से कौनसा कौशल संवेगात्मक बुद्धि से संबंधित है?
(a) याद करना
(b) गतिक प्रक्रमण
(c) विचार करना
(d) सहानुभूति देना

6.निम्नलिखित में से कौनसी बहुबुद्धि सिद्धांत की आलोचना है?
(a) बहुबुद्धि केवल 'प्रतिभाएँ' हैं, जो पूर्ण रूप से बुद्धि में विद्यमान रहती हैं
(b) बहुबुद्धि शिक्षार्थियों को अपने रुझान को खोजने में मदद उपलब्ध कराती है
(c) यह व्यावहारिक बुद्धि पर आवश्यकता से अधिक बल देती है
(d) यह आनुभविक साक्ष्यों को बिल्कुल भी समर्थन नहीं दे सकता

7.'बहु-बुद्धि सिद्धांत' को वैध नहीं माना जा सकता, क्योंकि—
(a) विशिष्ट परीक्षणों के अभाव में भिन्न बुद्धियों (different intelligences) का मापन सम्भव नहीं है
(b) यह सभी सात बुद्धियों को समान महत्व नहीं देता है
(c) यह केवल अब्राहम मैस्लों के जीवन-भर के सुदृढ़ अनुभावात्मक अध्ययन पर आधारित है
(d) यह सर्वाधिक महत्वपूर्ण सामान्य बुद्धि 'g' के अनुकूल नहीं है

8.______ के अतिरिक्त बुद्धि के निम्नलिखित पक्षों को स्टर्नबर्ग के त्रितंत्र सिद्धांत में सम्बोधित किया गया है।
(a) सन्दर्भगत
(b) अवयवभूत
(c) सामाजिक
(d) आनुभविक

9.हॉवर्ड गार्डनर का बुद्धि का सिद्धांत ______ पर बल देता है।
(a) शिक्षार्थियों में अनुबन्धित कौशलों
(b) सामान्य बुद्धि
(c) विद्यालय में आवश्यक समान योग्यताओं
(d) प्रत्येक व्यक्ति की विलक्षण योग्यताओं

10.निम्न में से कौनसा कथन बच्चे के विकास में परिवेश की भूमिका का समर्थन करता है?
(a) कुछ शिक्षार्थी सूचनाओं का जल्दी प्रक्रमण करते हैं जबकि उसी कक्षा के अन्य विद्यार्थी ऐसा नहीं कर पाते
(b) पिछली कुछ दशाब्दियों में बुद्धि-लब्धांक परीक्षा में शिक्षार्थियों के औसत प्रदर्शन में लगातार वृद्धि हुई है
(c) एकसमान जुड़वाँ बच्चे जिनका लालन-पालन भिन्न घरों में हुआ है, उनकी बुद्धि-लब्धि 0.75 के समान उच्च है
(d) शारीरिक रूप से स्वस्थ बच्चे अकसर नैतिक रूप से अच्छे पाए जाते हैं

11.जो बुद्धि सिद्धांत बुद्धि में सम्मिलित मानसिक प्रक्रियाओं (जैसे परा-घटक) और बुद्धि द्वारा लिए जा सकने वाले विविध रूपों (जैसे सृजनात्मक बुद्धि) को शामिल करता है, वह है—
(a) स्पीयरमैन का 'जी' कारक
(b) स्टर्नबर्ग का बुद्धिमत्ता का त्रितंत्र सिद्धांत
(c) बुद्धि का सार्वेट सिद्धांत
(d) थर्सटन की प्राथमिक मानसिक योग्यताएँ

उत्तर

1.(b), 2.(a), 3.(a), 4.(b), 5.(d), 6.(a), 7.(a), 8.(c), 9.(d), 10.(b), 11.(b)

इकाई 9 : भाषा और चिंतन

भाषा, भावों को अभिव्यक्त करने का एक माध्यम है। मनुष्य पशुओं से इसलिए श्रेष्ठ है क्योंकि उसके पास अभिव्यक्ति के लिए एक ऐसी भाषा होती है, जिसे लोग समझ सकते हैं। भाषा बौद्धिक क्षमता को भी अभिव्यक्त करती हैं।

बहुत से लोग वाणी और भाषा दोनों का प्रयोग एक दूसरे के पर्यायवाची के रूप में कहते हैं, परन्तु दोनों में बहुत अंतर है।

हरलॉक ने दोनों शब्दों की निम्नलिखित रूप में स्पष्ट किया है—

भाषा में स्प्रेषण के वे सभी साधन आते हैं, जिसमें विचारों और भावों को प्रतीकात्मक बना दिया जाता है जिससे कि अपने विचारों और भावों को दूसरे से अर्थपूर्ण ढंग से कहा जा सके।

वाणी भाषा का एक स्वरूप है जिसमें अर्थ को दूसरों को अभिव्यक्ति करने के लिए कुछ ध्वनियाँ या शब्द उच्चारित किए जाते हैं।

वाणी भाषा का विशिष्ट ढंग है। भाषा व्यापक सम्प्रत्यय है। वाणी, भाषा का एक माध्यम है।

भाषा शिक्षण के सिद्धांत:

सभी भाषा सीखने और सिखाने के लिए आधुनिक वैज्ञानिक दृष्टिकोण है और ध्वनि भाषाई सिद्धांतों पर आधारित है। नीचे कुछ महत्वपूर्ण सिद्धांतों पर चर्चा की गई है। वे भाषाविदों और भाषा उपयोगकर्ताओं द्वारा उजागर किए गए नए तथ्यों के प्रकाश में परिवर्तन के अधीन हैं। ये सिद्धांत सामान्य सिद्धांत हैं और अंग्रेजी भाषा पर लागू होते हैं—

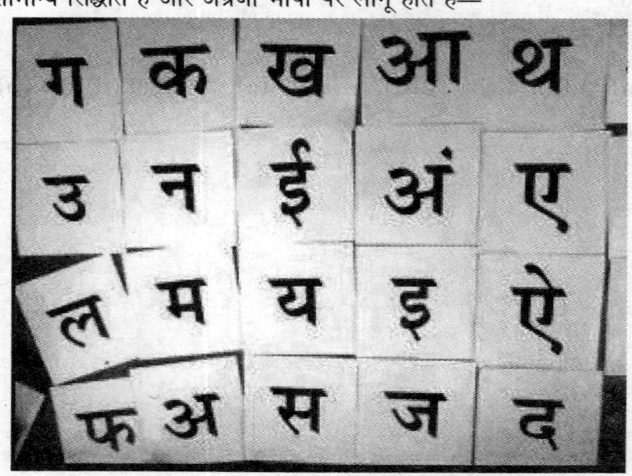

• **ध्वनि प्राथमिकता का सिद्धांत:** अंग्रेजी की ध्वनियों को प्राथमिकता मिलनी चाहिए। शिक्षण की योजना में ध्वनियों को उनका उचित स्थान दिया जाना चाहिए। ध्वनियों को अलगाव में प्रस्तुत नहीं किया जाना चाहिए और उचित अभिव्यक्तियों के साथ दिखाई देना चाहिए। एक देशी वक्ता को वाक और ताल के साथ वाक्य बोलने चाहिए।

• **मूल वाक्य पैटर्न में भाषा प्रस्तुत करने का सिद्धांत:** छोटे उच्चारणों से, छात्र आसानी से लंबे वाक्यों को पारित कर सकते हैं। मातृभाषा सीखने के मामले में, छात्र की मेमोरी अवधि विदेशी भाषा की तुलना में बहुत लंबे वाक्यों को बनाए रख सकती है। इस प्रकार एक विदेशो भाषा में प्राप्त की गई सुविधा शिक्षार्थियों को ध्वनियों और शब्दावली वस्तुओं के संबंध में भाषा सामग्री की समझ का विस्तार करने में सक्षम बनाती है।

• **आदत के रूप में भाषा पैटर्न का सिद्धांत:** वास्तविक भाषा की क्षमता आदत स्तर पर है। इसका मतलब सिर्फ भाषा जानना नहीं है। भाषा पैटर्न बनाएं क्योंकि गहन पैटर्न के माध्यम से विभिन्न स्थितियों में अभ्यास किया जाना चाहिए। छात्रों को संचार के लिए एक सामान्य गति से उपयुक्त शब्दावली के साथ भाषा पैटर्न और वाक्य निर्माण का उपयोग करना सिखाया जाना चाहिए। वास्तव में, भाषा के सबसे अधिक उपयोग किए जाने वाले पैटर्न और वस्तुओं के अभ्यस्त उपयोग को शब्दों के केवल संचय पर पूर्ववर्ती होना चाहिए।

• **नकल का सिद्धांत:** नकल, भाषा सीखने का एक महत्वपूर्ण सिद्धांत है। स्वयं के द्वारा किसी भी शिक्षार्थी ने कभी भाषा का आविष्कार नहीं किया। एक अच्छा भाषण, अच्छे मॉडल की नकल करने का एक परिणाम है। मॉडल को समझदार होना चाहिए। गहन अभ्यास के बाद नकल करना भाषा प्रणाली की महारत में मदद करता है।

• **नियंत्रित शब्दावली का सिद्धांत:** शब्दावली को नियंत्रण में रखा जाना चाहिए। शब्दावली को वास्तविक परिस्थितियों के संदर्भ में ही सिखाया और अभ्यास किया जाना चाहिए। इस तरह, अर्थ को स्पष्ट और प्रबलित किया जाएगा।

• **ग्रेडेड पैटर्न का सिद्धांत:** "एक भाषा सिखाने के उद्देश्य की पूर्ति के लिए विभिन्न आदतों की प्रणालियां विकसित करने के साथ-साथ उस आदतों को प्राप्त करना आवश्यक है। इसके लिए भाषा पैटर्न धीरे-धीरे सिखाया जाना चाहिए, संचयी वर्गीकृत चरणों में।" इसका मतलब यह है कि शिक्षक को प्रत्येक नए तत्व या पैटर्न को पिछले वाले से जोड़ना चाहिए। भाषा के नए पैटर्न को शब्दावली के साथ पेश किया जाना चाहिए और अभ्यास करना चाहिए जो पहले से ही छात्रों को पता है।

• **चयन और स्नातक का सिद्धांत:** सिखाई जाने वाली भाषा सामग्री का चयन अच्छे शिक्षण की पहली आवश्यकता है। भाषा सामग्री का चयन व्याकरणिक वस्तुओं और शब्दावली और संरचनाओं के संबंध में किया जाना चाहिए।

भाषा को वस्तुओं के चयन में शामिल होना चाहिए—

- आवृत्ति: कितनी बार किसी निश्चित वस्तु या शब्द का उपयोग किया जाता है
- रेंज: एक शब्द या एक वस्तु को किस संदर्भ में इस्तेमाल किया जा सकता है
- कवरेज: एक शब्द या एक आइटम के कितने अलग-अलग अर्थ हो सकते हैं
- उपलब्धता: एक आइटम सिखाने के लिए कितना दूर है
- सीखने की क्षमता: एक आइटम को सीखना कितना आसान है
- शिक्षण-क्षमता: कितना दूर और आइटम को पढ़ाना आसान है - सामाजिक संदर्भ में

भाषा के कार्य:

सभी प्रकार की भाषा एक सहमत कोड का उपयोग करती है जो उन संस्कृतियों के अनुसार विकसित होती है जिसमें वे उत्पन्न होते हैं। भाषा के विकसित होने के साथ ही भाषा की लय, स्वर और माधुर्य का बहुत महत्व है। चेहरे और हाथ के इशारे भी बेहद महत्वपूर्ण हैं और ये सभी उस विशेष संस्कृति के पारंपरिक प्रतीकों का हिस्सा हैं। भाषा विकास प्रतीकात्मक व्यवहार का एक हिस्सा है और इसे अक्सर प्रतीकात्मक विकास की अवधि कहा जाता है।

भाषा का विकास प्रतिनिधित्व और संचार की प्रक्रिया से गहराई से जुड़ा हुआ है, जिसका अर्थ है कि यह प्रतिनिधित्व और संचार करना आसान बनाता है।

हॉलिडे उन सात कार्यों की पहचान करता है जो भाषा अपने शुरुआती वर्षों में बच्चों के लिए है। हॉलिडे के लिए, बच्चों को भाषा विकसित करने के लिए प्रेरित किया जाता है क्योंकि यह उनके लिए कुछ उद्देश्य या कार्य करता है।

पहले चार कार्य जो बच्चे को शारीरिक, भावनात्मक और सामाजिक जरूरतों को पूरा करने में मदद करते हैं—

- **वाद्य:** यह वह समय है जब बच्चा अपनी आवश्यकताओं को व्यक्त करने के लिए भाषा का उपयोग करता है
- **नियामक:** यह वह जगह है जहाँ भाषा का उपयोग दूसरों को यह बताने के लिए किया जाता है कि क्या करना है
- **अंत:क्रियात्मक:** यहां भाषा का उपयोग दूसरों के साथ संपर्क बनाने और संबंधों को बनाने के लिए किया जाता है
- **व्यक्तिगत:** यहां भावनाओं, विचारों और व्यक्तिगत पहचान को व्यक्त करने के लिए भाषा का उपयोग किया जाता है।

अगले तीन कार्य हैं जो बच्चे को उसके पर्यावरण के साथ आने में मदद करते हैं—

- **अनुमान:** यह तब है जब भाषा का उपयोग पर्यावरण के बारे में ज्ञान प्राप्त करने के लिए किया जाता है।
- **कल्पनाशील:** यहाँ भाषा का उपयोग कहानियों और चुटकुलों को बताने और एक काल्पनिक माहौल बनाने के लिए किया जाता है।
- **प्रतिनिधि:** तथ्यों और सूचनाओं को संप्रेषित करने के लिए भाषा का उपयोग।

अभ्यासार्थ प्रश्न

1.'मन का मानचित्र' संबंधित है—
(a) बोध बढ़ने की तकनीक से
(b) साहसिक कार्यों की क्रियायोजना से
(c) मन का शीटर बनाने से
(d) मन की क्रियाशीलता पर अनुसन्धान से

2.________को एक अभिप्रेरित शिक्षण का संकेत माना जाता है—
(a) कक्षा में अधिकतम उपस्थिति
(b) शिक्षक द्वारा दिया गया उपचारात्मक कार्य
(c) विद्यार्थियों द्वारा प्रश्न पूछना
(d) कक्षा में एकदम ख़ामोशी

3.अवधारणाओं का विकास मुख्य रूप से ________ का हिस्सा है।
(a) बौद्धिक विकास
(b) शारीरिक विकास
(c) सामाजिक विकास
(d) संवेगात्मक विकास

4.छोटे शिक्षार्थियों में कौनसा लक्षण पठन कठिनाई नहीं है?
(a) पठन गति और प्रवाह में कठिनाई
(b) शब्दों और विचारों को समझने में कठिनाई
(c) सुसंगत वर्तनी में कठिनाई
(d) वर्ण एवं शब्द पहचान में कठिनाई

5.'ऑउट-ऑफ-द-बॉक्स चिन्तन' किससे संबंधित है?
(a) अनुकूल चिन्तन
(b) स्मृति-आधारित चिन्तन
(c) अपसारी चिन्तन
(d) अभिसारी चिन्तन

6.हसित तर्क देता है कि भाषा विकास व्यक्ति की नैसर्गिक प्रवृति से प्रभावित होता है जबकि सोनाली महसूस करती है कि यह परिवेश से प्रभावित होता है। हसित और सोनाली के बीच यह चर्चा किस विषय में है?
(a) चुनौतीपूर्ण तथा संवेदनशील भावना
(b) स्थिरता तथा अस्थिरता पर बहस
(c) सतत तथा असतत अधिगम
(d) प्रकृति तथा पालन-पोषण पर वाद-विवाद

7.ध्वनि सम्बन्धी जागरूकता निम्नलिखित में से किस क्षमता से संबंधित है?
(a) ध्वनि संरचना पर चिन्तन करना व उसमें हेर-फेर करना
(b) सही-सही व धाराप्रवाह बोलना
(c) जानना, समझना व लिखना
(d) व्याकरण के नियमों में दक्ष होना

8.एक बच्चा अपनी मातृभाषा सीख रहा है व दूसरा बच्चा वही भाषा द्वितीय भाषा के रूप में सीख रहा है। दोनों निम्नलिखित में से कौनसे समान प्रकार की त्रुटि कर सकते हैं?
(a) अधिकाधिक सामान्यीकरण
(b) सरलीकरण
(c) विकासात्मक
(d) अत्यधिक संशुद्धता

9.निम्नलिखित में से कौनसे युग्म के सही होने की सम्भावना सबसे कम है?

(a) बच्चे भाषा के बारे में निश्चित ज्ञान के साथ प्रवेश करते हैं - चोमस्की

(b) भाषा और विचार प्रारम्भ में दो भिन्न गतिविधियाँ हैं - वाइगोत्स्की

(c) भाषा विचार पर आधारित है - पियाजे

(d) भाषा वातावरण में एक उद्दीपक है - बी. एफ. स्किनर

10.सांस्कृतिक तथा भाषिक रूप से वैविध्यपूर्ण कक्षा में यह निश्चित करने से पहले कि शिक्षार्थी विशिष्ट शिक्षा-वर्ग में आता है या नहीं, एक शिक्षक को करना चाहिए?

(a) माता-पिता को इसमें सम्मिलित नहीं करना चाहिए क्योंकि उनके पस अपना कार्य होता है

(b) अक्षमता स्थापित करने से पहले शिक्षार्थी की मातृभाषा का मूल्यांकन करना चाहिए

(c) पारंगत मनोविज्ञानियों का उपयोग

(d) वातावरणीय कारकों को अप्रभावी बनाने के लिए बच्चे को अलग कर देना चाहिए

उत्तर

1.(d), 2.(c), 3.(a), 4.(a), 5.(c), 6.(d), 7.(a), 8.(c), 9.(d), 10.(b)

इकाई 10: सामाजिक निर्माण के रूप में लिंग की भूमिका

जैसा कि हम सभी जानते हैं कि लिंग की समानता आजकल सबसे बड़ा मुद्दा है। जैसा कि हमारे समाज में पुरुषों की तुलना में महिलाओं को समान अवसर नहीं दिया जाता है। महिलाओं को पुरुषों के मुकाबले कमतर माना जाता था। यह मुद्दा हमारी सांस्कृतिक और ऐतिहासिक पृष्ठभूमि से उत्पन्न हुआ है। यह मुद्दा अब हमारे समाज की सबसे बड़ी समस्या बन गयी है।

लिंग उन लड़कों और लड़कियों के बीच सामाजिक अंतर को संदर्भित करता है जो समाज द्वारा जैविक रूप से निर्धारित किए गए थे।

एक सामाजिक निर्माण के रूप में लिंग का विकास:

पुरुष या महिला दुनिया में लिंग की दो श्रेणियां हैं। हम लिंग श्रेणी की पहचान उनके ड्रेस, बात, खाना, चलना आदि से कर सकते हैं।

महिलाओं की भूमिका हमारे समाज द्वारा तय की जानी चाहिए। हमारे समाज के अनुसार, महिलाओं को विनम्र, आरक्षित और अच्छी तरह से व्यवहार किया जाता है, जबकि पुरुषों को मजबूत माना जाता है।

लिंग असमानता से संबंधित अभ्यास:

लिंग समानता से संबंधित प्रथाएँ निम्नलिखित हैं—

• **लैंगिक भूमिकाएँ:** ये समाज द्वारा निर्मित मानदंडों, मानक के आधार पर पुल्लिंग और स्त्रीलिंग की भूमिकाएँ हैं।

• **लिंग समाजीकरण:** बच्चे का समाजीकरण जन्म से शुरू होता है। यह पुरुष या महिला की सामाजिक रूप से अलग प्रवृत्ति है।

• **लैंगिक रूढ़िवादिताएँ:** लैंगिक रूढ़ियाँ वे बाधाएँ हैं जो लैंगिक समानता के मार्ग में आती हैं। यह समाज की पूर्व धारणा है जो पुरुष को महिला से अधिक महत्व देता है।

• **लैंगिक भेदभाव:** लैंगिक भेदभाव लिंग पर आधारित है और साथ ही उन स्थितियों पर आधारित है जो लैंगिक भूमिकाओं के रूढ़ियों को प्रोत्साहित करते हैं।

• **व्यावसायिक सेक्सिज्म:** ये कार्यस्थल में काम करने वाली विभिन्न भूमिकाओं पर आधारित विभिन्न भेदभावपूर्ण व्यवहार हैं जहां पुरुष और महिला दोनों काम करते हैं।

मौजूदा पाठ्यक्रम में लिंग के आधार:

निम्नलिखित लिंग के आधार पाठ्यक्रम में मौजूद हैं—

• **कक्षा में लैंगिक पूर्वाग्रह:** यह वह पूर्वाग्रह है जो शिक्षकों द्वारा कक्षा के भीतर होता है। जहां शिक्षक उम्मीद करते हैं कि लड़के शोर या जंगली हैं, जबकि लड़ाकियों को लड़के की तुलना में शांत, विनम्र, अध्ययनशील और बेहतर सामाजिक कौशल होने की उम्मीद है।

• **स्टीरियोटाइप भूमिकाओं के मेल नहीं खाने वाले बच्चे:** जो बच्चे समाज के मजबूत लिंग भूमिका रूढ़ियों के प्रभाव के कारण स्त्री और पुरुष की भूमिका से मेल नहीं खाते हैं, वे शिक्षकों और साथियों के साथ समस्या का सामना करते हैं।

• **लिंग पूर्वाग्रह का प्रभाव:** छात्रों के सीखने पर लिंग पूर्वाग्रह का मजबूत प्रभाव पड़ता है। आमतौर पर, लड़कियों का मानना है कि अगर उन्हें कोई सफलता मिली तो यह उनकी कड़ी मेहनत के कारण है, उनकी जन्मजात प्रतिभा या बुद्धिमत्ता के कारण नहीं जबकि लड़कों का मानना है कि वे गणित या विज्ञान में सटीक हैं, यह उनके लिंग के कारण है।

• **शिक्षकों की अपेक्षा:** आज के समाज में, लड़कियों से शिक्षकों की अपेक्षा आमतौर पर लड़कों की तुलना में कम है।

• **कक्षा में लड़कियों के प्रति भेदभाव:** लड़कियों को आमतौर पर लड़कों की तुलना में शिक्षकों से बहुत कम टिप्पणियां और आलोचनाएँ मिलती हैं। शिक्षक लड़को की तुलना में लड़कियों से सरल प्रश्न पूछते हैं। यह भेदभाव वर्ग में आसानी से देखा जा सकता है।

कक्षा में लैंगिक पूर्वाग्रह को कम करने के साधन के रूप में शिक्षा:

शिक्षा कक्षा में लैंगिक पूर्वाग्रह को कम करने का सबसे महत्वपूर्ण साधन है। एक शिक्षक स्कूल के भीतर लैंगिक पूर्वाग्रह को कम करने में बहुत मदद करता है—

1. शिक्षक को छात्रों के प्रति अपने व्यवहार में सुधार करना चाहिए। उन्हें कक्षा में प्रश्नों को पूछने, कक्षा में ठीक से जवाब देने से संबंधित समान अवसर प्रदान करना चाहिए।

2. शिक्षक लैंगिक मुद्दों पर चर्चा करने में छात्रों को शामिल कर सकता है और लिंग-संबंधी समस्याओं को हल करने में छात्रों को संलग्न कर सकता है।

3. शिक्षक को कक्षा के वातावरण में होने वाली विभिन्न गतिविधियों में सभी बच्चों को समान जिम्मेदारी सौंपनी चाहिए।

4. शिक्षक, वर्ग का एकमात्र व्यक्ति है जो बच्चों में अच्छी आदतें विकसित करने में मदद करता है। शिक्षक को एक दूसरे के लिंग का सम्मान करने आदत छात्रों में विकसित करानी चाहिए।

5. एक शिक्षक को लड़कियों के उत्थान और लड़कियों के सशक्तिकरण से संबंधित विभिन्न कार्यक्रमों की व्यवस्था करनी चाहिए।

अभ्यासार्थ प्रश्न

1.“पुरुष स्त्रियों की अपेक्षा अधिक बुद्धिमान होते हैं” यह कथन—

a) सही हो सकता है

b) लैंगिक पूर्वाग्रह को प्रदर्शित करता है

c) बुद्धि के भिन्न पक्षों के लिए सही है

d) सही है

2.एक शिक्षक को साधन संपन्न होना चाहिए इसका अर्थ है—

a) उनके पास पर्याप्त धन होना चाहिए जिससे उन्हें शिक्षण न करना पड़े।

b) उनका अधिकारियों से संपर्क होना चाहिए।

c) उनके पास विद्यार्थियों की समस्याओं को हल करने के लिए उचित ज्ञान होना चाहिए।

d) विद्यार्थियों के बीच उनकी प्रसद्धि होनी चाहिए

3.निम्न में से कौनसा कथन सत्य है—

a) लड़के अधिक बुद्धिमान होते हैं।

b) लड़कियां अधिक बुद्धिमान होती हैं।

c) बुद्धि का लिंग के साथ सम्बन्ध नहीं होता।

d) सामान्यतः लड़के लड़कियों से अधिक बुद्धिमान होते हैं।

4.छात्राओं पर लैंगिक भेदभाव का प्रभाव पड़ता है उनके—

a) सामाजिक उत्थान पर

b) सामाजिक दृष्टिकोण पर

c) शैक्षणिक योग्यता पर

d) उपरोक्त सभी

उत्तर

1.(b), 2.(c), 3.(c), 4.(d)

इकाई 11: शिक्षार्थियों में व्यक्तिगत भिन्नताएं

बालको मे शारीरिक, मानसिक, संवेगात्मक कई प्रकार के भेद पाये जाते है। बच्चों के व्यक्तिगत भेद शिक्षण मे कई प्रकार की समस्याए उत्पन्न कर देते है। जैसे— अध्यापक किस कक्षा मे किस प्रणाली से पढाये कि सभी बच्चे समान रूप से इसका लाभ उठा सकें। वैयक्तिक दृष्टि से वैयक्तिक भेदो का अध्ययन सबसे पहले वाल्टन ने प्रारम्भ किया था। तब से इस विषय पर अनेकों अनुसंधान हो चुके है, जिनके आधार पर मनोवैज्ञानिको और शिक्षाशास्त्रियों ने शिक्षा की नई-नई प्रणालियो का विकास किया है।

यद्यपि, अध्यापक के लिए व्यक्तिगत भेद कई प्रकार की दृष्टि से बहुत महत्वपुर्ण है। एक समय था जब व्यक्ति की आवश्यकताएं सीमित थी, जिनको वह सरलता से पूरा कर लेता था। आधुनिक युग में हमे विभिन्न प्रकार की विशेष योग्यताओ वाले व्यक्तियो की आवश्यकता है। जो समाज के विभिन्न विकास मे योग दे सके। व्यक्तिगत भेद विशेष के लिए महत्वपूर्ण होते है, क्योकि उनको उनके विकास मे सन्तोष तथा आनन्द मिलता है। और वह अपनी योग्यताओं के अनुकूल विकास कर सकता है। व्यक्तिगत भेदों के अध्ययन से बच्चों की व्यक्तिगत योग्यताओं का पता लगाकर उनका उचित विकास कर सकते हैं।

प्रकृति में अनेकों चीज़े विद्यमान है, चाहे वो सजीव अवस्था में हो या निर्जीव अवस्था में। वे कुछ गुणों के आधार पर एक दूसरे से विभिन्नता रखती है। जैसे— गुलाब तथा कमल के पुष्प, जो पुष्प होने के बाद भी एक दूसरे से विभिन्नता रखते है।

यह सर्वादित तथ्य है कि दो मनुष्य एक दूसरे से मानसिक योग्यताओं, शारीरिक क्षमताओं तथा शील गुणों के आधार पर भिन्न होते है। यहाँ तक कि जुड़वाँ भाई-बहन भी एक दूसरे से भिन्न होते हैं। ये विभिन्नताएँ एक व्यक्ति को दूसरे व्यक्ति से अलग करती है।

व्यक्तिक विभिन्नता की परिभाषा (Definitions of Individual Differences)

स्किनर के अनुसार, " मापन किये जाने वाला व्यक्तित्व का प्रत्येक पहलू वैयक्तित्व भिन्नता का अंश है।"

जेम्स ड्रेवर के अनुसार, " औसत समूह से मानसिक, शारीरिक विशेषताओं के सन्दर्भ में समूह के सदस्य के रूप में भिन्नता या अंतर को व्यक्तिक भेद कहते हैं।

जैसा कि हम सभी जानते हैं कि भारत सरकार ने पहले ही भारतीय संविधान RTE अधिनियम के तहत अपनी जाति, धर्म, लिंग, रंग, विकलांगता और भाषा के बावजूद 6 से 14 वर्ष की आयु के बच्चों के लिए 2009 में निःशुल्क और अनिवार्य शिक्षा का प्रावधान किया है।

इस तरह से सभी के लिए शिक्षा, विभिन्न समुदायों, जैसे— अनुसूचित जाति, अनुसूचित जनजाति, विकलांग बच्चों और लड़कियों को शिक्षा को मुख्यधारा में ले आई।

वैयक्तिक विभिन्नता: अर्थ एवं स्वरूप —

वैयक्तिक विभिन्नता का अर्थ है कि कोई भी दो व्यक्ति पूर्णरूपेण एक जैसे नहीं हो सकते हैं। यह प्रकृति प्रदत नियम है।

स्किनर के अनुसार, "वैयक्तिक विभिन्नता से हमारा अर्थ, व्यक्तित्व के उन सभी पहलुओं से है जिनका मापन एवं मूल्यांकन किया जा सके।"

<u>**व्यक्तिगत भिन्नताओं के प्रकार**</u>

भाषा के आधार पर वैयक्तिक भिन्नता —

- भाषा विकास एक प्रकार का कौशल है जो बालक में जन्म के बाद से ही प्रारंभ हो जाता है।
- कुछ बालक भाषा के द्वारा अपने विचारों को अभिव्यक्त करने में अधिक सक्षम होते हैं, जबकि उनमें से कुछ बालक इस मामले में उतने सक्षम नहीं हो पाते।

लिंग के आधार पर वैयक्तिक भिन्नता —

- शारीरिक गठन में पुरुष स्त्रियों से लम्बे होते हैं।
- बालक एवं बालिकाओं में अधिगम के क्षेत्र में भिन्नता नहीं होती।

बुद्धि के आधार पर वैयक्तिक भिन्नता —

- दो व्यक्ति पूर्णतया एक जैसे नहीं होते। उनमें बुद्धि के आधार पर भी वैयक्तिक विभिन्नता पाई जाती है।
- आयु के अनुसार, बालकों में बुद्धि का विकास होता है। परंतु कुछ बालकों में अपनी आयु के सापेक्ष अधिक बुद्धि होती है। वहीं उनमें से कुछ बालकों में सामान्य बुद्धि पाई जाती है। बुद्धि परीक्षण द्वारा बुद्धि-लब्धि साथ करके यह सरलता से ज्ञात किया जा सकता है कि कौनसा बालक कितना बुद्धिमान है।

परिवार एवं समुदाय के आधार पर वैयक्तिक भिन्नता —

- समाज, परिवार तथा समुदाय का मानव के व्यक्तित्व के विकास पर गहरा प्रभाव पड़ता है।
- अच्छे परिवार के बच्चे का व्यवहार अच्छा तथा अपराधिक प्रवृत्ति के परिवार के बच्चों का व्यवहार भी कुप्रभावित रहता है।
- परिवार व समुदाय के आर्थिक स्तर का प्रभाव भी वैयक्तिक विभिन्नता पर पड़ता है।

संवेग के आधार पर वैयक्तिक भिन्नता —

- भिन्न-भिन्न प्रकार के बालकों में संवेगात्मक विकास भी भिन्न-भिन्न होते हैं। जैसे— कुछ बालक शांत स्वभाव के होते हैं तो कुछ चिड़चिड़े स्वभाव के, कुछ प्रसन्न रहते हैं तो कुछ उदास प्रवृति के होते हैं।

शारीरिक विकास के आधार पर वैयक्तिक भिन्नता —

- शारीरिक विभिन्नता जैसे — रंग, रूप, आकार, कद ,भार, शारीरिक गठन, शारीरिक परिपक्वता आदि के कारण भी वैयक्तिक भिन्नता पाई जाती है।

अभिवृत्ति के आधार पर वैयक्तिक भिन्नता —

- प्रत्येक बालक की अभिवृत्तियों में भी असमानता पाई जाती हैं। उनमें से कुछ, विशेष प्रकार के कार्य जैसे— पढ़ने-लिखने में रुचि लेते हैं तो कुछ अन्य कार्य जैसे— खेलने, ड्राइंग करने इत्यादि में रुचि लेते हैं।

व्यक्तित्व के आधार पर वैयक्तिक भिन्नता —

- कुछ बालक बहिर्मुखी होते हैं, तो कुछ अंतर्मुखी होते हैं। प्रत्येक बालक किसी दूसरे बालक की योग्यता से प्रभावित हो या न हो, परंतु उसके व्यक्तित्व से प्रभावित अवश्य होता है।

गत्यात्मक कौशलों के आधार पर वैयक्तिक भिन्नता —

- शारीरिक क्रियाओं में सफल होने की योग्यता में एक समूह के व्यक्तियों में भी अधिक भिन्नताएं पाई जाती हैं। कोई व्यक्ति किसी कार्य को अधिक अच्छे ढंग से करता है तो कोई व्यक्ति इस कार्य में रुचि ही नहीं लेता।

शिक्षा के क्षेत्र में वैयक्तिक विभिन्नता का महत्व —

- पिछड़े एवं मंदबुद्धि बालकों की शिक्षा के लिए वैयक्तिक भिन्नता को ध्यान में रखते हैं। उनके अनुसार शिक्षण-प्रशिक्षण की व्यवस्था की जाती है।
- शिक्षक व विद्यालय-प्रबंधक कक्षा शिक्षण में **व्यक्तित्व** भिन्नता से ही सहायता प्राप्त करते है।

- व्यक्तिगत शिक्षण, वैयक्तिक भिन्नता का ही परिणाम है। जिसमें बालकों की आवश्यकतानुसार उन्हें शिक्षा प्रदान की जाती है। वहां उनके सर्वांगीण विकास करने पर बल दिया जाता है।
- वैयक्तिक भिन्नता को ध्यान में रखते हुए बालकों को गृहकार्य देना चाहिए।
- वैयक्तिक भिन्नता के आधार पर ही शिक्षक को बालकों के शारीरिक दोषों का ज्ञान हो पाता है। इन दोषों को ध्यान में रखते हुए ही वह शिक्षण कार्य प्रारंभ करता है।

शिक्षार्थियों के बीच व्यक्तिगत अंतर :

हम अपने आस-पास के व्यक्तिगत अंतर को आसानी से देख सकते हैं। हम सभी जानते हैं कि अलग-अलग व्यक्ति बिल्कुल एक जैसे नहीं होते हैं। व्यक्तिगत अंतर का सबसे अच्छा उदाहरण यह है कि एक ही माता-पिता के दो बच्चे एक जैसे नहीं हैं।

वास्तव में, एक ही माता-पिता के जुड़वा बच्चे एक-दूसरे के साथ समान होते हैं, लेकिन उनके बीच किसी भी अन्य संबंध में कुछ मतभेद होते हैं।

कोई भी बच्चे एक जैसे नहीं होते हैं, वे दूसरों से अलग हो सकते हैं।

व्यक्तिगत अंतरों को दो श्रेणियों में वर्गीकृत किया जता है — विरासत में मिला या अधिग्रहित किया गया।

अंतर्निहित व्यक्तिगत अंतर: ये वे अंतर हैं जो जन्म से एक को बच्चे विरासत में मिले हैं। ये अंतर दो तरह के होते हैं— शारीरिक, मानसिक या मनमौजी।

प्राप्त व्यक्तिगत अंतर: ये व्यक्तिगत अंतर व्यक्ति द्वारा पर्यावरण, समाज, सांस्कृतिक, शैक्षिक या भावनात्मक से प्राप्त किए जाते हैं।

व्यक्तिगत अंतर का आधार :

1. संस्कृति समुदाय और धर्म: सामाजिक रूप से और सांस्कृतिक रूप से पृष्ठभूमि के शिक्षार्थी उत्कृष्ट शिक्षा प्राप्त करने वालों और अनुसूचित जाति और अनुसूचित जनजाति जैसे वंचित वर्गों से संबंधित शिक्षार्थियों को समस्या का सामना करने में मदद करते हैं। इसलिए उन्हें शिक्षा की मुख्यधारा में लाने की आवश्यकता है।

2. लिंग: पुरुषों और महिलाओं के बीच व्यक्तिगत अंतर भी होते हैं। पुरुषों को महिलाओं की तुलना में मजबूत मानसिक शक्ति वाला माना जाता है, जबकि महिलाओं को पुरुषों की तुलना में अधिक भावनात्मक माना जाता है।

3. भाषा की विविधता: कक्षा में विविधता भी शिक्षार्थियों के बीच व्यक्तिगत अंतर पैदा करती है। चूंकि, विभिन्न समुदायों के अलग-अलग छात्र अलग-अलग भाषाओं वाले कक्षा नें मौजूद होते हैं, जो शिक्षक के साथ-साथ शिक्षण प्रक्रिया में छात्रों के लिए कठिनाई पैदा करते हैं।

4. परिवार: एक कक्षा में छात्र अलग-अलग परिवारों से आता है जिसमें अलग-अलग व्यक्तित्व होते हैं, जो व्यक्तिगत मतभेद पैदा करते हैं। जैसे— बच्चे की पृष्ठभूमि, माता-पिता द्वारा उपचार, शिक्षा कक्षा में बदलाव का कारण बनती है।

5. भावनाएं: एक बच्चे की भावनाएं, सीखने को प्रभावित करती हैं और बच्चे में व्यक्तिगत अंतर पैदा करती हैं। उनमें कुछ बच्चे परिपक्व होते हैं जबकि अन्य अपरिपक्व या अस्थिर होते हैं।

6. शारीरिक अंतर: शारीरिक अंतर जैसे— ऊंचाई, वजन, रंग, बाल, आंखें, संरचना आदि कक्षा में व्यक्तिगत अंतर पैदा करते हैं।

7. व्यक्तित्व और दृष्टिकोण: प्रत्येक बच्चे का एक अलग दृष्टिकोण होता है। अत्यधिक संरचित रवैये वाले बच्चों ने उन बच्चों की तुलना में तेजी से मिलनसार और संज्ञानात्मक प्रतिक्रियाएँ प्रदान की, जो अच्छी तरह से संरचित दृष्टिकोण नहीं हैं। जबकि बच्चों के भी अलग-अलग व्यक्तित्व और व्यवहार होते हैं, जो कक्षा में भिन्नता पैदा करता है।

8. योग्यता, बुद्धिमत्ता और सीखने की शैली: शिक्षार्थियों की योग्यता, बुद्धिमत्ता और सीखने की शैली अलग-अलग हैं। कुछ शिक्षार्थियों में उच्च बुद्धिमत्ता, योग्यता, उच्च लोभी शक्ति, उच्च संज्ञानात्मक क्षमता होती है, जबकि कुछ में निम्न होती है। जिससे सीखने में भिन्नता पैदा होती है।

शिक्षा में व्यक्तिगत अंतर को समझने का महत्व :

एक शिक्षक के लिए प्रत्येक शिक्षार्थी के व्यक्तिगत अंतर को समझना बहुत महत्वपूर्ण है, ताकि प्रभावी शिक्षण-अधिगम हो। एक शिक्षक को कक्षा के भीतर विभिन्न मनोवैज्ञानिक, व्यक्तिगत, सामाजिक, धार्मिक और अन्य कारकों को समझना चाहिए।

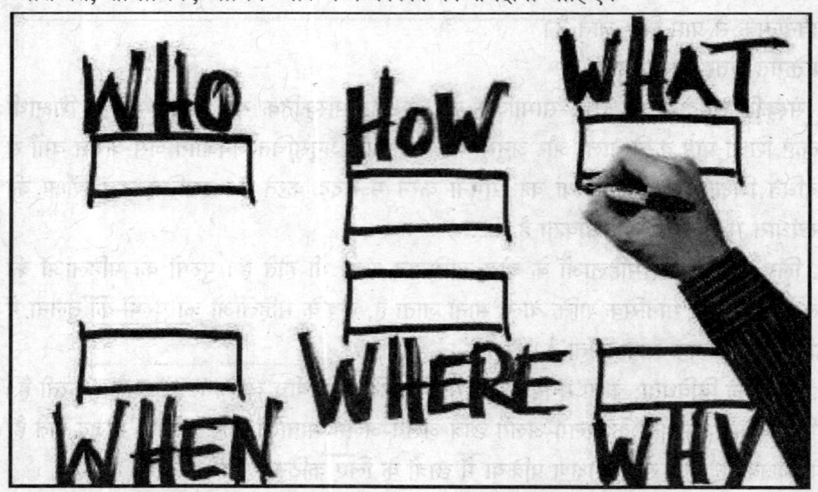

निम्नलिखित विधि शिक्षा में व्यक्तिगत अंतर को समझने में उपयोगी है—

- एक शिक्षक को कक्षा में छात्रों के व्यक्तिगत बतभेदों के अनुसार शिक्षण रगनीति तय करनी चाहिए।
- एक पाठ्यक्रम विकसित करें जो व्यक्तिगत अंतर की जरूरतों के अनुरूप हो।
- कक्षा के व्यक्तिगत अंतर पर विचार करें और इस तरह से पर्यावरण का निर्माण करें ताकि यह सभी को समान अवसर प्रदान करे।

अभ्यासार्थ प्रश्न

1.“हम सभी अपनी बुद्धि, प्रेरणा, अभिरुचि आदि के सन्दर्भ में भिन्न होते हैं।" यह सिद्धांत संबंधित है—
(a) वैयक्तिक भिन्नता से
(b) बुद्धि के सिद्धान्तों से
(c) वंशानुक्रम से
(d) पर्यावरण से

2.कक्षा में विद्यार्थियों के वैयक्तिक विभेद—
(a) लाभकारी नहीं है, क्योंकि अध्यापकों को वैविध्यपूर्ण कक्षा को नियन्त्रित करने की आवश्यकता है
(b) हानिकारक है, क्योंकि इनसे विद्यार्थियों में परस्पर द्वन्द्व उत्पन्न होते हैं
(c) अनुपयुक्त है, क्योंकि ये सर्वाधिक मन्द विद्यार्थी के स्तर तक पाठ्यचर्या के स्थानान्तरण की गति को कम करते हैं
(d) लाभकारी है, क्योंकि ये विद्यार्थियों की संज्ञानात्मक संरचनाओं को खोजने में अध्यापकों को प्रवृत करते हैं

3.हालाँकि, यह स्पष्ट रूप से उनकी सुरक्षा आवश्यकताओं के उल्लंघन में था, कैप्टन विक्रम बतरा अपने देश को बचाने के दौरान कारगिल युद्ध में मारे गए। सम्भवत: उन्हें ______ था/थी।
(a) नवीन अनुभव की प्राप्ति की इच्छा
(b) आत्म-सिद्धि की प्राप्ति
(c) अपने अपनत्व सम्बन्धी आवश्यकताओं की उपेक्षा
(d) अपने परिवार के नाम की ख्याति-प्राप्ति

4.विद्यालयों को किसके लिए वैयक्तिक भिन्नताओं को पूरा करना चाहिए?
(a) वैयक्तिक शिक्षार्थियों को विशिष्ट होने की अनुभूति कराने के लिए
(b) वैयक्तिक शिक्षार्थियों के मध्य खाई को कम करने के लिए
(c) शिक्षार्थियों के निष्पादन और योग्यताओं को समान करने के लिए
(d) यह समझने के लिए कि क्यों शिक्षार्थी सीखने के योग्य या अयोग्य हैं

5.शिक्षार्थियों में वैयक्तिक भिन्नताओं को सम्बोधित करने के लिए एक विद्यालय किस प्रकार का सहयोग उपलब्ध करवा सकता है?
(a) सभी शिक्षार्थियों के लिए समान स्तर की पाठ्यचर्या का अनुगमन करना
(b) बाल-केन्द्रित पाठ्यचर्या का पालन करना और शिक्षार्थियों को सीखने के अनेक अवसर उपलब्ध कराना
(c) शिक्षार्थियों में वैयक्तिक भिन्नताओं को समाप्त करने के लिए हर संभव उपाय करना
(d) धीमी गति से सीखने वाले शिक्षार्थियों को विशेष विद्यालयों में भेजना

6.सह-शैक्षणिक क्षेत्रों में निष्पादन के आधार पर शैक्षणिक क्षेत्रों में निष्पादन के स्तर को बढ़ाने का औचित्य स्थापन किस आधार पर किया जा सकता है?
(a) यह वैयक्तिक भिन्नताओं को संतुष्ट करता है

(b) यह हाशियाकृत विद्यार्थियों के लिए प्रतिपूरक भेदभाव की नीति का अनुगमन करता है

(c) यह सार्वभौमिक धारणा को सुनिश्चित करता है

(d) यह हाथ से किए जाने वाले श्रम के प्रति सम्मान विकसित करता है

7.शिक्षार्थी वैयक्तिक भिन्नता प्रदर्शित करते हैं। अतः एक शिक्षक को—

(a) अधिगम की एकसमान गति पर बल देना चाहिए

(b) सीखने के विविध अनुभवों को उपलब्ध कराना चाहिए

(c) कठोर अनुशासन सुनिश्चित करना चाहिए

(d) परीक्षाओं की संख्या बढ़ा देनी चाहिए

8.सीमा, हर पाठ को बहुत जल्दी सीख लेती है जबकि लीना उसे सीखने में ज्यादा समय लेती है। यह विकास के ______ सिद्धांत को दर्शाता है।

(a) वैयक्तिक भिन्नता

(b) अन्त:सम्बन्ध

(c) निरंतरता

(d) सामान्य से विशिष्ट की ओर

9.व्यक्तिगत शिक्षार्थी एक-दूसरे से ______ में भिन्न होते हैं।

(a) विकास की दर

(b) विकास-क्रम

(c) विकास की सामान्य क्षमता

(d) वृद्धि एवं विकास के सिद्धान्तों

10.इरफान खिलौनों को तोडता है और उसके पुजों को अलग-अलग कर देता है। आप क्या करेंगे?

(a) उस पर हमेशा नज़र रखेंगे

(b) उसके जिज्ञासु स्वभाव को प्रोत्साहित करेंगे और उसकी ऊर्जा को सही दिशा में संचरित करेंगे

(c) उसे समझाएँगे कि खिलौनों को तोड़ना नहीं चाहिए

(d) इरफान को खिलौनों से कभी भी नहीं खेलने देंगे

उत्तर

1.(a), 2.(d), 3.(b), 4.(d), 5.(b), 6.(a), 7.(b), 8.(a), 9.(a), 10.(b)

इकाई 12: अधिगम के लिए आकलन और अधिगम का आकलन

जैसा कि हम सभी जानते हैं कि शिक्षण-अधिगम प्रक्रिया में सीखना एक महत्वपूर्ण गतिविधि है। सीखना न केवल जीव के व्यवहार को बदलता है बल्कि इसे संशोधित भी करता है। शिक्षण-अधिगम प्रक्रिया के दौरान, बच्चों और शिक्षक दोनों को कई कठिनाइयों का सामना करना पड़ता है, इसलिए इस कठिनाई को दूर करने के लिए प्रत्येक बच्चे के प्रदर्शन को पहचानने की आवश्यकता है। इस उद्देश्य के लिए एक माप की आवश्यकता है, उस माप को इस रूप में जाना जाता है।

मूल्यांकन- शिक्षा एक बदलती प्रक्रिया है जिसका निरंतर मूल्यांकन करने की आवश्यकता है। मूल्यांकन शिक्षा का एक तत्व है जो शैक्षिक उद्देश्यों और सीखने के अनुभव पर आधारित है। मूल्यांकन, निर्देशात्मक उद्देश्यों को प्राप्त करने के लिए किस हद तक विद्यार्थियों को निर्धारित कर रहा है, इसकी जानकारी एकत्र करने, जांचने और व्याख्या करने की एक व्यवस्थित प्रक्रिया है।

मूल्यांकन की विधि:

मूल्यांकन की दो विधियां है जो शिक्षण और सीखने की मूल्यांकन प्रक्रिया में प्रयोग की जाती है—

• **सामान्य-संदर्भित मूल्यांकन:** यह एक प्रकार का मूल्यांकन है जिसमें छात्रों के प्रदर्शन को एक काल्पनिक औसत छात्र के साथ संबंध की तुलना करके मापा जाता है।

• **मानदंड-संदर्भित मूल्यांकन:** मानदंड-संदर्भित परीक्षण में एक बच्चे के प्रदर्शन को पूर्व निर्धारित सीखने के मानक के खिलाफ मापा जाता है। स्कूली शिक्षा में इन परीक्षणों का बड़े पैमाने पर उपयोग कियां जाता है।

मूल्यांकन की आवश्यकता:

- मूल्यांकन प्रक्रिया की सहायता से सीखने की प्रक्रिया सुनिश्चित होती है।
- मूल्यांकन प्रक्रिया एक शिक्षक क्या करेगा इसके बजाय छात्र के सीखने के उद्देश्यों को निर्धारित करके सीखने में शिक्षकों की प्रभावशीलता सुनिश्चित करता है।
- मूल्यांकन प्रक्रिया स्कूल के वातावरण में सीखने-केंद्रित वातावरण बनाने में मदद करती है।
- मूल्यांकन प्रक्रिया स्कूल में ज्ञान-केंद्रित वातावरण बनाने में मदद करती है।
- शिक्षण में मूल्यांकन स्कूल में मूल्यांकन केंद्रित वातावरण बनाता है।

- शिक्षण-अधिगम में मूल्यांकन प्रक्रिया विद्यालय के भीतर सामुदायिक-केंद्रित वातावरण का निर्माण करती है।

मूल्यांकन के प्रकार:

आमतौर पर, स्कूल शिक्षा में शिक्षण-सीखने की प्रक्रिया में तीन प्रकार के मूल्यांकन का उपयोग किया जाता है। वो हैं—

1. औपचारिक मूल्यांकन: यह मूल्यांकन कम समय में छात्रों की समझ और प्रदर्शन में सुधार के लिए मूल्यांकन के सबसे शक्तिशाली उपकरणों में से एक है। इस प्रकार के मूल्यांकन में, शिक्षक को लिखित परीक्षा आयोजित करने, छात्रों के व्यवहार का अवलोकन करने और सीखने वालों को त्वरित प्रतिक्रिया प्रदान करने के द्वारा बहुत ही कम समय के भीतर शिक्षार्थियों के परिणाम का पता चल जाता है। त्वरित प्रतिक्रिया की मदद से, शिक्षार्थी अपने व्यवहार और समझ को बदलते हैं। शिक्षक यहां कोच के रूप में कार्य करता है, यह एक अनौपचारिक प्रक्रिया है।

2. पोर्टफोलियो मूल्यांकन: यह मूल्यांकन कभी-कभी लंबी अवधि मे होता है। परियोजना, लिखित कार्य, परीक्षण आदि इस मूल्यांकन के उपकरण हैं। इस मूल्यांकन में शिक्षार्थी के लिए प्रतिक्रिया अधिक औपचारिक होती है और यह भी शिक्षार्थियों के लिए प्रतिक्रिया समझने और कार्य करने के बाद अपनी समझ को फिर से प्रदर्शित करने के अवसर प्रदान करता है।

3. योगात्मक मूल्यांकन: यह मूल्यांकन एक वर्ष या अवधि के अंत में किया जा सकता है। इस मूल्यांकन के माध्यम से, शिक्षक को पाठ्यक्रम और शिक्षा की ताकत और कमजोरी के बारे में पता चलता है। इस मूल्यांकन का परिणामस्वरूप माता-पिता या छात्रों को लौटने में समय लग सकता है। यहां प्रतिक्रिया बहुत सीमित है और इसे सुधारने का कोई अवसर प्रदान नहीं करती है। इस मूल्यांकन के परिणाम का उपयोग मानक के साथ या छात्रों के समूह के साथ एक छात्र के प्रदर्शन की तुलना करने के लिए किया जाता है।

मूल्यांकन में महत्वपूर्ण प्रतिमान:

1. सीखने के लिए मूल्यांकन: सीखने के लिए, मूल्यांकन इस बात पर ध्यान केंद्रित करता है कि शिक्षार्थी सीखने में कहाँ हैं, उन्हें कहाँ जाना है और वहाँ जाने के लिए कितना अच्छा है। यह सीखने के दौरान होता है और कभी-कभी इसे औपचारिक मूल्यांकन के रूप में भी जाना जाता है।

2. अधिगम का मूल्यांकन: इस मूल्यांकन को योगात्मक मूल्यांकन के रूप में भी जाना जाता है। यह मूल्यांकन तब होता है जब शिक्षक कार्यकाल या वर्ष के अंत में लक्ष्यों या मानकों के खिलाफ छात्र की उपलब्धि का निर्धारण करने के लिए सीखने वाले छात्रों के प्रमाण का उपयोग करता है।

3. सीखने के लिए आकलन: इस आकलन में, छात्र अपने स्वयं के प्रदर्शन का आकलन करते हैं और अपनी स्वयं की सीखने की निगरानी करते हैं। यह तय करने के लिए कि

वे क्या जानते हैं और वे क्या कर सकते हैं और नई शिक्षा के लिए मूल्यांकन का उपयोग कैसे कर सकते हैं, रणनीतियों की संख्या का उपयोग करते है।

स्कूल-आधारित मूल्यांकन:

यह शिक्षा बोर्ड द्वारा दिशानिर्देशों के आधार पर शैक्षिक क्षेत्रों को कवर करता है। यह बच्चों के निरंतर विकासशील कौशल और क्षमताओं पर ध्यान केंद्रित करता है। कमजोरी का निदान करता है और उचित उपचारात्मक उपाय करता है। इस तरह के मूल्यांकन में शिक्षकों को बाहरी हस्तक्षेप के बिना वर्ग पर पूर्ण अधिकार है। यह पारंपरिक प्रणाली है जो पहले उपयोग की जाती है और यह प्रणाली स्कूल बोर्ड परीक्षा को महत्वपूर्ण मानती है और शिक्षार्थियों की वास्तविक क्षमताओं को नज़रअंदाज करती है। सेंट्रल बोर्ड ऑफ सेकेंडरी एजुकेशन (CBSE) ने 2010 से SBA को कॉन्टीन्यूअस कॉम्प्रिहेंसिव इवैलुएशन के रूप में इस्तेमाल करना शुरू कर दिया था।

अभ्यासार्थ प्रश्न

1.सतत एवं व्यापक मूल्यांकन किस लिए आवश्यक है?

(a) शिक्षण के साथ परीक्षण का ताल-मेल बैठाने के लिए

(b) शिक्षा बोर्ड की जवाबदेही कम करने के लिए

(c) जल्दी-जल्दी की जाने वाली गलतियों की तुलना की जाने वाली गलतियों को सुधारना

(d) यह समझने के लिए कि अधिगम का किस प्रकार अवलोकन किया जाता है, दर्ज किया जाता है व सुधार किया जा सकता है

2.एक शिक्षक कक्षा के कार्य को एकत्र करता है और उन्हें पढ़ता है। उसके बाद योजना बनाता है और अपने अगले पाठ को शिक्षार्थियों की आवश्यकताओं को पूरा करने के लिए समायोजित करता है। वह ________ कर रहा/रही है।

(a) सीखने का आकलन

(b) सीखने के रूप में आकलन

(c) सीखने के लिए आकलन

(d) सीखने के समय आकलन

3.वे शिक्षक जो विद्यालय आधारित आकलन के अंतर्गत कार्य करते हैं—

(a) उन पर अधिक कार्य का बोझ रहता है क्योंकि उन्हें सोमवार की परीक्षा सहित अकसर परीक्षा लेनी पड़ती है

(b) उन्हें प्रत्येक शिक्षार्थी को प्रत्येक विषय में परियोजना कार्य देना पड़ता है

(c) शिक्षार्थियों के मूल्यों और अभिवृत्तियों का आकलन करने के लिए रोजना उनका सूक्ष्म अवलोकन करते हैं

(d) व्यवस्था के लिए स्वामित्व की भावना रखते हैं

4.विद्यालय आधारित आकलन प्रारम्भ किया गया था ताकि—

(a) राष्ट्र में विद्यालयी शिक्षा संगठनों (Boards) की शक्ति का विकेन्द्रीकरण किया जा सके

(b) सभी विद्यार्थियों के सम्पूर्ण विकास को निश्चित किया जा सके

(c) विद्यार्थियों की उन्नति को बेहतर व्याख्या के लिए उनकी सभी गतिविधियों के नियमित अभिलेखन हेतु अध्यापकों को अभिप्रेरित किया जा सके

(d) विद्यालय अपने क्षेत्रों में विद्यमान अन्य विभिन्न विद्यालयों की तुलना में प्रतियोगिता द्वारा अपनी विशिष्टता का प्रदर्शन करने हेतु अभिप्रेरित हो सके

5.सतत और व्यापक मूल्यांकन ______ पर बल देता है।

(a) बोर्ड परीक्षाओं की अनावश्यकता पर

(b) सीखने को सुनिश्चित करने के लिए व्यापक स्केल पर निरंतर परीक्षण

(c) सीखने को किस प्रकार अवलोकित रिकॉर्ड और सुधारा जाए, इस पर

(d) शिक्षण के साथ परीक्षाओं की सामंजस्य

6.__________ के अतिरिक्त निम्नलिखित सभी सीखने के रूप में आकलन को बढ़ावा देते हैं।
(a) शिक्षार्थियों को आंतरिक पृष्ठपोषण लेने के लिए कहना
(b) अवसर लेने हेतु शिक्षार्थियों के लिए एक सुरक्षित वातावरण का निर्माण करना
(c) पढ़ाए गए विषय पर मनन करने के लिए शिक्षार्थियों को कहना
(d) जितनी सम्भावना हो शिक्षार्थियों का लगातार परीक्षण लेना

7.जब एक बावर्ची खाना पकाते समय खाने को चखता है, तो वह ________ के समान है।
(a) सीखने का आकलन
(b) सीखने के लिए आकलन
(c) सीखने के रूप में आकलन
(d) आकलन और सीखना

8.________ के अलावा निम्नलिखित घटना/वृतान्त रिकॉर्ड की विशेषताएँ हैं।
(a) यह घटनाओं का सही वर्णन है
(b) यह बच्चे के व्यक्तिगत विकास अथवा सामाजिक अन्त:क्रियाओं को वर्णित करता है
(c) यह पर्याप्त विस्तार से पूर्ण तथ्यात्मक प्रतिवेदन है
(d) यह व्यवहार का व्यक्तिनिष्ठ साक्ष्य है और इसलिए वह शैक्षणिक क्षेत्र के लिए प्रतिपुष्टि (फीडबैक) उपलब्ध नहीं कराता

9.विद्यार्थियों के पोर्टफोलियो के लिए सामग्री का चयन करते समय _______ का _______ जरूर होना चाहिए।
(a) विद्यार्थियों, समावेशन
(b) अभिभावकों, समावेशन
(c) विद्यार्थियों, बहिष्करण
(d) अन्य शिक्षकों, समावेशन

10.सीखने ______ आकलन, आकलन और अनुदेशन के बीच _______ के दृढ़ीकरण द्वारा सीखने को प्रभावित करता है।
(a) के लिए, सम्बन्धों
(b) के लिए, अंतर
(c) का, अंतर
(d) का, भिन्नता

11.सीखने के लिए आकलन निम्नलिखित का ध्यान है, सिवाय—
(a) विद्यार्थियों की आवश्यकताएँ
(b) विद्यार्थियों की त्रुटियाँ
(c) विद्यार्थियों की अधिगम-शैलियाँ
(d) विद्यार्थियों की क्षमताएँ

12.आकलन को 'उपयोगी और रोचक' प्रक्रिया बनाने के लिए __________ के प्रति सचेत होना चाहिए।
(a) अलग-अलग विद्यार्थियों में तुलना करना
(b) विद्यार्थियों को बुद्धिमान या औसत शिक्षार्थी की उपाधि देना
(c) शैक्षिक और सह-शैक्षिक क्षेत्रों में विद्यार्थी के सीखने के बारे में जानकारी प्राप्त करने के लिए विविध तरीकों का प्रयोग करना

(d) प्रतिपुष्टि (फीडबैक) देने के लिए तकनीकी भाषा का प्रयोग करना

13.क्रिस्टिना, अपनी कक्षा को क्षेत्र-भ्रमण पर ले जाती है और वापस आने पर अपने विद्यार्थियों के साथ भ्रमण पर चर्चा करती है। यह _______ की ओर संकेत करता है।

(a) सीखने के लिए आकलन

(b) आकलन के लिए सीखना

(c) आकलन का सीखना

(d) सीखने का आकलन

14.निम्नलिखित में से कौन अधिगम के मूल्यांकन की विशेषता नहीं है?

(a) यह मूल्यांकन शिक्षा-प्राप्ति के बाद किया जाता है

(b) इसमें सूचना को सामान्य रूप से अंकों अथवा ग्रेडों में रूपान्तरित किया जाता है

(c) इसमें सूचना अध्यापक द्वारा एकत्र की जाती है

(d) इसमें सूचना छात्रों के द्वारा स्वयं एकत्र की जाती है

15.वह मूल्यांकन जो विद्यालय परिषदों के दिशा-निर्देशों के आधार पर तो किया जाता है, किन्तु परिषद् (बोर्ड) स्तर पर नहीं, कहलाता है—

(a) विद्यालय आधारित मूल्यांकन

(b) निरीक्षण

(c) अवलोकन

(d) व्यापक मूल्यांकन

16.आजकल विद्यालय आधारित मूल्यांकन की चर्चा की जाती है, इसके अंतर्गत अध्यापकों को विद्यार्थियों के बारे में निम्नलिखित में से क्या जानने का अवसर प्राप्त होता है?

A.वे क्या सीखते हैं?

B.वे क्या सोचते हैं?

C.वे कैसे सीखते हैं?

(a) केवल A

(b) B और C

(c) (a)और C

(d) उपरोक्त सभी

17.केन्द्रीय माध्यमिक शिक्षा बोर्ड ने विद्यालय आधारित सतत एवं व्यापक मूल्यांकन के दिशा-निर्देश दिए हैं, निम्नलिखित में से कौनसा इसका एक उद्देश्य नहीं है?

(a) बच्चों पर पड़ने वाले दबाव को कम करना

(b) विद्यार्थियों को अपनी रुचि के अनुसार पढ़ने की छूट देना

(c) छात्रों की प्रवीणता के निर्धारण के लिए अंकों के स्थान पर ग्रेडों का उपयोग

(d) निदान एवं उपचार के साधन की व्यवस्था करना

18.अधिगम के अच्छे मूल्यांकन का/के मानदण्ड है/हैं—

(a) ये युक्तिसंगत होते हैं

(b) ये विश्वसनीय होते हैं

(c) ये तुलनीय होते हैं

(d) उपरोक्त सभी

19.पारंपरिक बाह्य परीक्षा की तुलना में वर्तमान समय में विद्यालय-आधारित मूल्यांकन को सुदृढ़ करने की आवश्यकता क्यों है?

(a) क्योंकि विद्यालय आधारित मूल्यांकन में बच्चों की सभी योग्यताओं का मूल्यांकन होता है

(b) क्योंकि विद्यालय आधारित मूल्यांकन वर्ष के अन्त में एक बार होता है, जिससे छात्रों को सुविधा होती है

(c) क्योंकि विद्यालय आधारित परीक्षा में अंकों के आधार पर विद्यार्थियों को उतीर्ण अथवा अनुतीर्ण किया जाता है

(d) उपरोक्त सभी

उत्तर

1.(d), 2.(c), 3.(d), 4.(b), 5.(c), 6.(d), 7.(b), 8.(d), 9.(a), 10.(a), 11.(a), 12.(b), 13.(a), 14.(d), 15.(a), 16.(d), 17.(b), 18.(d), 19.(a)

इकाई 13: सतत तथा व्यापक मूल्यांकन

CCE एक प्रकार का स्कूल-आधारित मूल्यांकन है, जो बाल विकास सीखने के दोनों पहलुओं अर्थात्, स्कूली और सह-विद्वान क्षेत्रों को शामिल करता है। सह-स्कूली क्षेत्र साइकोमोटर कौशल, दृष्टिकोण आदि के विकास को कवर करते हैं, जबकि चाइल्डलाइज़ क्यूरिकुलर विषयों के बौद्धिक विकास, कार्य, परियोजना कार्य, परीक्षण आदि से संबंधित स्कूली, सीसीई के मुख्य उद्देश्यों में से एक चल रहे शिक्षण प्रक्रिया में सुधार करता है। सीखने के अंतराल का निदान करके और निष्पक्ष प्रतिक्रिया के माध्यम से।

सतत और व्यापक मूल्यांकन का परिचय:

सतत और व्यापक मूल्यांकन (CCE) मूल्यांकन की एक प्रक्रिया थी, जिसे 2009 में भारत के शिक्षा का अधिकार अधिनियम द्वारा निर्देशित किया गया था। मूल्यांकन क यह प्रस्ताव भारत में राज्य सरकारों, साथ ही भारत में केंद्रीय माध्यमिक शिक्षा बोर्ड द्वारा पेश किया गया था। छठी से दसवीं कक्षा के छात्रों के लिए और कुछ स्कूलों में बारहवीं के लिए।

अर्थ: सतत और व्यापक मूल्यांकन (सीसीई) छात्रों के स्कूल-आधारित नूल्यांकन की एक प्रणाली को संदर्भित करता है जो छात्रों के विकास की सभी विशेषताओं को शामिल करता है। यह मूल्यांकन की एक विकासात्मक प्रक्रिया है जो दो-गुना उद्देश्यों पर जोर देती है यानी मूल्यांकन और निरंतर मूल्यांकन के आधार पर व्यापक रूप से सीखने और दूसरे पर व्यवहार के परिणामों पर निरंतरता।

इस योजना के अनुसार, सतत शब्द छात्रों के वृद्धि और विकास को समझने और मूल्यांकन करने की निरंतर प्रक्रिया है, न कि किसी एक परीक्षण का मूल्यांकन करने की, जो शिक्षण सत्र की पूरी अवधि में होना आवश्यक है।

दूसरा शब्द `व्यापक 'का अर्थ है कि यह योजना छात्रों के वृद्धि और विकास के शैक्षिक और सह-शैक्षिक दोनों पहलुओं को कवर करने का प्रयास करती है।

सतत और व्यापक मूल्यांकन का उद्देश्य:

- सीसीई का मुख्य उद्देश्य स्कूल में उनकी उपस्थिति के दौरान बच्चे के हर पहलू का आकलन करना था।
- सीसीई बच्चों पर तनाव को कम करने में मदद करता है।
- मूल्यांकन को व्यापक और नियमित बनाएं।
- विपुल शिक्षण के लिए शिक्षक के लिए स्थान प्रदान करें।
- पता लगाने और सुधार के लिए एक उपकरण प्रदान करें।

- अधिक से अधिक कौशल के साथ शिक्षार्थियों का निर्माण

सतत और व्यापक मूल्यांकन की विशेषताएं:

- सीसीई का 'निरंतर' पहलू मूल्यांकन की 'निरंतर' और 'आवधिकता' विशेषताओं का ध्यान रखता है।
- सीसीई के 'व्यापक' तत्व बच्चे के व्यक्तित्व के सर्वांगीण विकास के मूल्यांकन का ध्यान रखते हैं।
- सतत और व्यापक मूल्यांकन में स्कूली और साथ ही सह-स्कूली पहलू शामिल हैं। स्कूली पहलू पाठ्यक्रम क्षेत्रों या विषय विशिष्ट क्षेत्रों को कवर करते हैं, जबकि सह-स्कूली पहलुओं में जीवन कौशल, सह-पाठ्यचर्या गतिविधियां, दृष्टिकोण और मूल्य शामिल हैं।
- सह-स्कूली क्षेत्रों में मूल्यांकन, मान्यता प्राप्त मानदंडों के आधार पर तकनीकों की संख्या का उपयोग करते हुए किया जाता है, जबकि जीवन कौशल में मूल्यांकन आकलन और जाँचकर्ताओं के संकेतकों के आधार पर किया जाता है।

सतत और व्यापक मूल्यांकन के कार्य:

- सीसीई शिक्षक को प्रभावकारी शिक्षण रणनीतियों को व्यवस्थित करने में मदद करता है।
- निरंतर मूल्यांकन कमजोरियों का पता लगाने के लिए कार्य करता है और शिक्षक को कुछ अलग-अलग शिक्षार्थियों का पता लगाने की अनुमति देता है।
- निरंतर आकलन के माध्यम से, छात्र अपनी ताकत और कमजोरियों को जान सकते हैं।
- सीसीई दृष्टिकोण और मूल्य प्रणालियों में परिवर्तन की पहचान करने में मदद करता है।
- सीसीई छात्रों को स्कूली और सह-स्कूली क्षेत्रों में छात्रों की प्रगति के बारे में जानकारी प्रदान करता है, जिसके परिणामस्वरूप शिक्षार्थियों के भविष्य की सफलता का पूर्वानुमान लगाया जाता है।

CCE के पहलू:

सतत और व्यापक मूल्यांकन विद्वानों और सह-विद्वानों दोनों पहलुओं पर विचार करता है।

स्कूली मूल्यांकन: स्कूली पहलुओं में पाठ्यक्रम क्षेत्र या विषय-विशिष्ट क्षेत्र शामिल हैं। ये क्षेत्र लेखन और बोलने के कौशल को बेहतर बनाने के लिए सभी विषयों के मौखिक और लिखित वर्ग परीक्षण, चक्र परीक्षण, गतिविधि परीक्षण और दैनिक कक्षा के प्रदर्शन पर ध्यान केंद्रित करते हैं। स्कूली मूल्यांकन फॉर्मेटिव और समेटिव दोनों होना चाहिए।

रचनात्मक आकलन: औपचारिक मूल्यांकन, नैदानिक परीक्षण के होते हैं। छात्रों की उपलब्धि में सुधार करने के लिए शिक्षण और सीखने की गतिविधियों को बदलने के लिए, सीखने की प्रक्रिया के दौरान शिक्षकों द्वारा आयोजित औपचारिक और अनौपचारिक मूल्यांकन प्रक्रियाओं का एक हिस्सा है। इसमें आमतौर पर छात्र और शिक्षक दोनों के लिए गुणात्मक प्रतिक्रिया शामिल होती है जो सामग्री और प्रदर्शन के विवरण का आधार है। आमतौर पर इसकी तुलना मूल्यांकन के साथ की जाती है, जो शैक्षिक परिणामों की निगरानी करने का प्रयास करता है, अक्सर बाहरी जिम्मेदारी के उद्देश्यों के लिए।

औपचारिक मूल्यांकन की विशेषताएं:

- यह प्रभावी प्रतिक्रिया के लिए प्रावधान करता है।
- यह अपने स्वयं के सीखने में छात्रों की सक्रिय भागीदारी के लिए एक योजना प्रदान करता है।
- यह छात्र को अपने साथियों के समूह और इसके विपरीत का समर्थन करने में मदद करता है।
- यह कैसे और क्या सिखाने के लिए तय करने के लिए विविध शिक्षण शैलियों को एकीकृत करने में मदद करता है।
- सह-शैक्षिक पहलुओं में जीवन कौशल, सह-पाठ्यचर्या गतिविधियां, दृष्टिकोण और मूल्य शामिल हैं।
- यह प्रतिक्रिया प्राप्त करने के बाद छात्र को अपने स्कोर में सुधार करने का मौका प्रदान करता है।
- यह मूल्यांकन प्रक्रिया का पता लगाने और सुधार में मदद करता है।

सारांशित मूल्यांकन:

सारांशित मूल्यांकन उन छात्रों का मूल्यांकन है, जहां ध्यान एक कार्यक्रम के परिणामों पर है। सारांशित मूल्यांकन का लक्ष्य एक अनुदेशात्मक इकाई के अंत में एक मानक के खिलाफ तुलना करके छात्र सीखने का आकलन करना है।

सारांशित मूल्यांकन की विशेषताएं:

• यह एक इकाई या सेमेस्टर के अंत में किया जा सकता है कि वे क्या सीखते हैं या क्या नहीं, इसका योग प्रदर्शित करने के लिए।

• यह फॉर्मेटिव मूल्यांकन के साथ विरोधाभास है, जो किसी विशेष समय में प्रतिभागियों के विकास को सारांशित करता है।

• यह छात्रों के काम का आकलन करने का एक पारंपरिक तरीका है।

सह-शैक्षिक मूल्यांकन:

आकलन के सह-शैक्षिक क्षेत्र: सह-शैक्षिक मूल्यांकन के क्षेत्र सामान्य ज्ञान, पर्यावरण शिक्षा, शारीरिक शिक्षा, कला, संगीत और नृत्य और कंप्यूटर में एक छात्र के कौशल को बढ़ाने पर केंद्रित हैं। इनका मूल्यांकन क्विज़, प्रतियोगिताओं और गतिविधियों के माध्यम से किया जाता है।

स्कूल आधारित सतत और व्यापक मूल्यांकन प्रणाली निम्नलिखित तरीकों से एक शिक्षार्थी की मदद करती है:

- यह बच्चों पर तनाव को कम करता है।
- यह मूल्यांकन को व्यापक और नियमित बनाता है।
- यह कार्रवाई का पता लगाने और सुधार का एक उपकरण प्रदान करता है।
- यह रचनात्मक शिक्षण के लिए स्थान प्रदान करता है।
- यह अधिक से अधिक कौशल के साथ शिक्षार्थियों का उत्पादन करता है।

स्कूल आधारित सीसीई के लक्षण:

स्कूल आधारित सीसीई में निम्नलिखित विशेषताएं हैं—

- यह पारंपरिक प्रणाली की तुलना में व्यापक और निरंतर है।
- यह मुख्य रूप से शिक्षार्थियों को क्रमबद्ध शिक्षण और विकास के लिए मदद करना है।
- यह भविष्य के जिम्मेदार नागरिकों के रूप में शिक्षार्थी की जरूरतों का ख्याल रखता है।
- यह अधिक निष्पक्ष है, उन्नत है और शिक्षार्थियों, शिक्षकों और माता-पिता के बीच परस्पर जुड़ाव के लिए अधिक गुंजाइश प्रदान करता है।

मूल्यांकन के मानदंड:

सीखने का आकलन: सीखने का आकलन एक ऐसी प्रक्रिया के रूप में परिभाषित किया जाता है, जिसके तहत कोई व्यक्ति किसी दूसरे द्वारा आयोजित ज्ञान, दृष्टिकोण या कौशल की मात्रा का वर्णन करने और उसे मापने की कोशिश करता है। इस प्रकार के सीखने में शिक्षकों के निर्देश सबसे महत्वपूर्ण होते हैं और इन स्थितियों में मूल्यांकन प्रक्रिया के डिजाइन या निष्पादन में छात्र की भागीदारी होती है। इस मूल्यांकन में शिक्षक सीखने के सबूतों को इकट्ठा करता है। एक शिक्षक यह भी बताता है कि छात्रों द्वारा क्या सीखा गया है या क्या नहीं।

अधिगम के रूप में मूल्यांकन: यह मूल्यांकन डायग्नोस्टिक्स मूल्यांकन से अधिक जुड़ा हो सकता है और इसका सीखने पर अधिक महत्व के साथ निर्माण किया जा सकता है। यह स्व-मूल्यांकन और सहकर्मी मूल्यांकन के लिए संभावनाएं उत्पन्न करता है। छात्रों को अपने सीखने और दूसरों के बारे में गुणवत्ता की जानकारी के उत्पादन में वृद्धि हुई है। शिक्षक और छात्र एक साथ सीखने, मूल्यांकन और सीखने की प्रगति का निर्माण करते हैं।

मूल्यांकन के उपकरण और सीखने की तकनीक:

मूल्यांकन के दो मुख्य उद्देश्य हैं—

1. शिक्षार्थी को विकासात्मक प्रतिक्रिया प्रदान करना, और
2. किसी शिक्षार्थी को उनके शिक्षण परिणामों के आधार पर किसी मानक के विरुद्ध गुणात्मक रूप से वर्गीकृत करना।

मूल्यांकन के लिए कई उपकरणों का उपयोग किया जा सकता है। इसी तरह, विभिन्न मूल्यांकन तकनीकों में एक से अधिक मूल्यांकन उपकरण का उपयोग किया जा सकता है।

मूल्यांकन उपकरण दो प्रकार के हो सकते हैं—

1. मानकीकृत और
2. गैर-मानकीकृत।

मूल्यांकन के मानकीकृत उपकरण:

इन उपकरणों में उच्च प्रदर्शनकर्ता के बीच निष्पक्षता, विश्वसनीयता, वैधता और समझदारी की गुणवत्ता है। विभिन्न प्रकार के सत्यापन, उदा, निर्माण, सामग्री और समवर्ती वैधता संतुलन और प्रासंगिकता का ख्याल रखते हैं। गति कुछ परीक्षण में एक कारक है, लेकिन सभी परीक्षणों में एक सामान्य तत्व नहीं है। मनोवैज्ञानिक परीक्षण और आविष्कार जैसे— बुद्धि और योग्यता परीक्षण, रुचियां और अध्ययन की आदतें आविष्कार, दृष्टिकोण स्केल आदि में वे गुण होते हैं।

गैर-मानकीकृत उपकरण:

गैर-मानकीकृत परीक्षण शिक्षक द्वारा किए गए परीक्षण, रेटिंग स्केल, अवलोकन कार्यक्रम, साक्षात्कार कार्यक्रम, प्रश्नावली, विचार-विमर्श, जाँच सूची आदि हैं। अब हम मुख्य रूप से

तकनीकों के संदर्भ में निर्धारित मूल्यांकन के उपकरणों से निपटेंगे। मूल्यांकन के कुछ उपकरण और तकनीकें हैं—

पोर्टफोलियो: एक छात्र पोर्टफोलियो शैक्षणिक कार्य और शैक्षिक प्रमाणों के अन्य रूपों का एक संग्रह है। जो कि कोर्स वर्क गुणवत्ता, सीखने की प्रगति, और शैक्षिक उपलब्धि का मूल्यांकन करने और यह निर्धारित करने के उद्देश्य से इकट्ठा किया जाता है कि क्या छात्रों ने पाठ्यक्रमों के लिए सीखने के मानकों या अन्य शैक्षणिक आवश्यकताओं को पूरा किया है।

उपाख्यान अभिलेख: एक उपाख्यान अभिलेख एक परीक्षा है जिसे लघु कथा की तरह लिखा जाता है। वे ऐसे अवसर या घटनाओं की व्याख्या करते हैं जो व्यक्ति के लिए महत्वपूर्ण हैं। उपाख्यानात्मक रिकॉर्ड कम, उद्देश्य और यथासंभव सही हैं।

चेकलिस्ट: चेकलिस्ट आमतौर पर विशेष मानदंडों के छात्र चित्रण के संबंध में हां/नहीं प्रारूप प्रस्तुत करते हैं। यह एक प्रकाश स्विच के समान है; प्रकाश या तो चालू या बंद है। उनका उपयोग किसी व्यक्ति, समूह या पूरे वर्ग की टिप्पणियों को रिकॉर्ड करने में किया जा सकता है।

रेटिंग स्केल: रेटिंग स्केल शिक्षकों को शिक्षार्थी द्वारा प्रदर्शित व्यवहार, कौशल और रणनीतियों की डिग्री या आवृत्ति दिखाने की अनुमति देता है। प्रकाश स्विच सादृश्य को जारी रखने के लिए, एक रेटिंग स्केल एक कमजोर स्विच की तरह है, जो प्रदर्शन स्तरों के लिए गुंजाइश प्रदान करता है।

असाइनमेंट: असाइनमेंट्ट एक वेरिएबल के लिए एक प्रकार का शोधन है। यह छात्रों को उनके शिक्षकों द्वारा कक्षा के समय से पूरा करने के लिए दिया गया कार्य है।

अवलोकन: अवलोकन में एक बच्चे के बारे में जानकारी एक प्राकृतिक सेटिंग में और कक्षाओं के बाहर अवलोकन की मदद से एकत्र की जाती है।

प्रश्न: बच्चे क्या जानते हैं, सोचते हैं, कल्पना करते हैं और महसूस करते हैं, यह जानने के लिए अक्सर पूछे जाने वाले उपकरण हैं। एक शिक्षक, शिक्षण के दौरान, बच्चों से प्रश्न पूछकर सीखने में कठिनाई का पता करता है। प्रश्न विभिन्न प्रकार के हो सकते हैं, जैसे— निबंध प्रकार के प्रश्न, लघु उत्तर प्रकार के प्रश्न, बहुत कम उत्तर प्रकार के प्रश्न, वस्तुनिष्ठ प्रकार के प्रश्न।

दस्तावेज़ विश्लेषण: दस्तावेज़ विश्लेषण एक प्रकार का गुणात्मक शोध है जिसमें किसी अनुमान विषय का मूल्यांकन करने के लिए विश्लेषक द्वारा दस्तावेजों का मूल्यांकन किया जाता है।

अभ्यासार्थ प्रश्न

1.सतत और व्यापक मूल्यांकन की योजना में 'व्यापक' शब्द _______ के अलावा निम्नलिखित के द्वारा समर्थित किया जाता है।

(a) बहुबुद्धि सिद्धांत

(b) सूचना प्रक्रमण सिद्धांत

(c) जे पी गिलफोर्ड का बुद्धि-संरचना का सिद्धांत

(d) एल एल थर्स्टन का प्राथमिक मानसिक योग्यताओं का सिद्धांत

2.सतत और व्यापक मूल्यांकन के लिए तार्किक आधार है—

(a) सीखने के एक से अधिक पक्षों का आकलन

(b) आकलन के अवसरों का अधिकमीकरण

(c) मानव व्यक्तित्व की समग्र प्रकृति

(d) शिक्षकों पर बोझ बढ़ाना

3.सतत और व्यापक मूल्यांकन _______ होता है।

(a) शिक्षक-केन्द्रित

(b) परीक्षा-आधारित

(c) विद्यार्थी-केन्द्रित

(d) निष्पादन-आधारित

4.विद्यालय-आधारित आकलन मुख्य रूप से किस सिद्धांत पर आधारित होता है?

(a) आकलन बहुत किफायती (मितव्ययी) होना चाहिए

(b) बाह्य परीक्षकों की अपेक्षा शिक्षक अपने शिक्षार्थियों की क्षमताओं को बेहतर जानते हैं

(c) किसी भी कीमत पर विद्यार्थियों को अच्छे ग्रेड मिलने चाहिए

(d) विद्यालय, बाह्य परीक्षा निकायों की अपेक्षा ज्यादा सक्षम है

5.सतत एवं व्यापक मूल्यांकन में 'व्यापक' का तात्पर्य क्या है?

(a) एकबार के कार्यक्रम के बदले निरंतर मूल्यांकन

(b) छात्रों के शैक्षिक एवं सह-शैक्षिक पक्षों के किसी एक क्षमता का व्यापक मूल्यांकन

(c) छात्रों की ज्ञान, समझ, व्याख्या, अनुप्रयोग, विश्लेषण इत्यादि क्षमता का मूल्यांकन

(d) छात्रों की याद करने की क्षमता का व्यापक मूल्यांकन

6.निम्नलिखित में से कौनसा सतत एवं व्यापक मूल्यांकन का एक उद्देश्य नहीं है?

(a) याद रखने पर बल देने के बदले सीखने की प्रक्रिया पर बल देना

(b) छात्रों के सीखने की प्रक्रिया एवं परिवेश के बारे में उपयुक्त निर्णय लेना

(c) अध्यापन एवं अधिगम प्रक्रिया को शिक्षक केन्द्रित कार्यकलाप बनाना

(d) बोधात्मक, मनोप्रेरक और भावात्मक कौशलों के विकास में सहायता करना

7.मूल्यांकन की प्रक्रिया के दौरान शिक्षकों को काफी सावधानी बरतने की आवश्यकता होती है। इस दौरान शिक्षकों को निम्नलिखित में से कौनसा कार्य करना चाहिए?

(a)छात्रों को फीडबैक उपलब्ध कराना, ताकि वे बेहतर ढंग से कार्य कर सकें

(b)छात्रों के बीच तुलना करना

(c)छात्रों के बारे में नकारात्मक बयान देना

(d)शिक्षार्थियों को मन्द, कमजोर,

8.बुद्धिमान आदि के रूप में वर्गीकृत करना सतत एवं व्यापक मूल्यांकन के बारे में निम्नलिखित में से कौनसा कथन असत्य है?

(a) सतत और व्यापक मूल्यांकन के' सतत' पहलू के अंतर्गत मूल्यांकन के 'सतत' और 'आवधिक' पहलू का ध्यान रखा जाता है

(b) 'व्यापक' संघटक में विद्यार्थियों के विकास के शैक्षिक और इसके अलावा सह-शैक्षिक पहलुओं का निर्धारण शामिल है

(c) इसमें छात्रों की उपलब्धियों का मूल्यांकन अंकों के रूप में होता है

(d) इसमें मूल्यांकन की बहुविध तकनीकों का उपयोग अनौपचारिक रूप से किया जाता है

9.निम्नलिखित में से कौनसा सतत एवं व्यापक मूल्यांकन का एक उपकरण या साधन है?

A.निरीक्षण

B.प्रश्नावली

C.जाँच सूची

(a) केवल A

(b) केवल B

(c) केवल (c)

(d) उपरोक्त सभी

10.व्यापक एवं सतत मूल्यांकन के अंतर्गत निम्नलिखित में से कौनसा कार्य नहीं किया जाता?

(a) इसमें परीक्षा-परिणामों का विश्लेषण और व्याख्या वैज्ञानिक तरीके से किया जाता है

(b) इसमें परीक्षा के प्राप्तांकों के आधार पर विद्यार्थियों को उत्तीर्ण अथवा अनुतीर्ण किया जाता है

(c) इसमें बच्चों पर पड़ने वाले दबाव को कम किया जाता है

(d) मूल्यांकन को व्यापक एवं नियमित बनाया जाता है

11.सतत एवं व्यापक मूल्यांकन में निम्नलिखित में से किसका मूल्यांकन नहीं किया जाना चाहिए?

(a) छात्रों के विभिन्न विषय क्षेत्रों के कौशल

(b) छात्रों के विभिन्न विषय क्षेत्रों में सफलता का स्तर

(c) छात्रो की सामाजिक-आर्थिक स्थिति

(d) छात्रों के वैयक्तिक कौशल, रुचि एवं अभिवृत्ति

उत्तर

1.(c), 2.(a), 3.(b), 4.(b), 5.(b), 6.(c), 7.(a), 8.(c), 9.(d), 10.(b), 11.(c)

खण्ड -2 :
समावेशी शिक्षा की अवधारणा और बच्चों की समझ का आकल

इकाई 14 : विभिन्न पृष्ठभूमि से संबंधित शिक्षार्थी

समावेशी शिक्षा एक प्रकार की शिक्षा है, जहाँ सभी छात्रों को उनकी जाति, धर्म, नस्ल, रंग, लिंग और विकलांगता के बावजूद शिक्षा प्रदान की जाती है। समावेशी शिक्षा सभी शिक्षार्थियों के लिए एक समान वातावरण प्रदान करती है।

शिक्षा का समावेशीकरण यह बताता है कि विशेष शैक्षणिक आवश्यकताओं की पूर्ति के लिए एक सामान्य छात्र और एक अशक्त या विकलांग छात्र को समान शिक्षा प्राप्ति के अवसर मिलने चाहिए। इसमें एक सामान्य छात्र एक अशक्त या विकलांग छात्र के साथ विद्यालय में अधिकतर समय बिताता है। पहले समावेशी शिक्षा की परिकल्पना सिर्फ विशेष छात्रों के लिए की गई थी। लेकिन आधुनिक काल में हर शिक्षक को इस सिद्धांत को विस्तृत दृष्टिकोण के साथ अपनी कक्षा के व्यवहार में लाना चाहिए।

समावेशी शिक्षा या एकीकरण के सिद्धांत की ऐतिहासिक जड़ें कनाडा और अमेरिका से जुड़ीं हैं। प्राचीन शिक्षा पद्धति की जगह नई शिक्षा नीति का प्रयोग आधुनिक समय में होने लगा है। समावेशी शिक्षा विशेष विद्यालय या कक्षा को स्वीकार नहीं करता। अशक्त बच्चों को सामान्य बच्चों से अलग करना अब मान्य नहीं है। विकलांग बच्चों को भी सामान्य बच्चों की तरह ही शैक्षिक गतिविधियों में भाग लेने का अधिकार है।

साधारणतः छात्र एक कक्षा में अपनी आयु के हिसाब से रखे जाते हैं, चाहे उनका अकादमिक स्तर ऊँचा या नीचा ही क्यों न हो। शिक्षक सामान्य और विकलांग सभी बच्चों से एक जैसा बर्ताव करते हैं। अशक्त बच्चों की मित्रता अक्सर सामान्य बच्चों के साथ करवाई जाती है, ऐसे ही समूह समुदाय का निर्माण होता है। यह दिखाया जाता है कि एक समूह दूसरे समूह से श्रेष्ठ नहीं है। ऐसे बर्ताव से सहयोग की भावना बढ़ती है।

जाति के आधार पर कक्षा में किसी बच्चे को दूसरे बच्चों से अलग बैठाना भेदभाव का एक रूप है।

समावेशी शिक्षा का महत्व एवं आवश्यकता --

- समावेशी शिक्षा प्रत्येक बच्चे के लिए उच्च और उचित उम्मीदों के साथ, उसकी व्यक्तिगत शक्तियों का विकास करती है।
- समावेशी शिक्षा अन्य छात्रों को अपनी उम्र के साथ कक्षा के जीवन में भाग लेने और व्यक्तिगत लक्ष्यों पर काम करने हेतु अभिप्रेरित करती है।
- समावेशी शिक्षा बच्चों को उनके शिक्षा के क्षेत्र में और उनके स्थानीय स्कूलों की गतिविधियों में उनके माता-पिता को भी शामिल करने की वकालत करती है।
- समावेशी शिक्षा सम्मान और अपनेपन की स्कूल संस्कृति के साथ-साथ व्यक्तिगत मतभेदों को स्वीकार करने के लिए भी अवसर प्रदान करती है।
- समावेशी शिक्षा अन्य बच्चों, अपने स्वयं के व्यक्तिगत आवश्यकताओं और क्षमताओं के साथ प्रत्येक का एक व्यापक विविधता के साथ दोस्ती का विकास करने की क्षमता विकसित करती है।

इस प्रकार कुल मिलाकर यह समावेशी शिक्षा समाज के सभी बच्चों को शिक्षा की मुख्य धारा से जोड़ने की बात का समर्थन करती है। यह सही मायने में सर्व शिक्षा जैसे शब्दों का ही रूपान्तरित रूप है जिसके कई उद्देश्यों में से एक उद्देश्य है—"विशेष आवश्यकता वाले बच्चों की शिक्षा"।

भारत में समावेशी शिक्षा का इतिहास:

- जिला शिक्षा कार्यक्रम, 1985
- शिक्षा पर राष्ट्रीय नीति, 1986
- विकलांगों के लिए एकीकृत शिक्षा, 1987
- सर्वशिक्षा अभियान, 2000
- 2020 तक सभी स्कूलों को विकलांग अनुकूल बनाना (2005)

समावेशी शिक्षा में आने वाले बच्चों की श्रेणियाँ:

विशेष शिक्षा की आवश्यकता वाले शिक्षार्थी: विकलांग बच्चे जैसे दृश्य, श्रवण, लोकोमोटर और बच्चों की बौद्धिक विकलांगता।

वंचित समुदाय के बच्चे।

बाल श्रम, सड़क पर रहने वाले बच्चों, प्राकृतिक आपदाओं और सामाजिक संघर्षों, जातीयता और धार्मिक अल्पसंख्यकों के पीड़ितों के समूह से संबंधित बच्चे।

बच्चे पिछड़े वर्ग, एससी, एसटी, विकलांग और लड़कियों के हैं।

समावेशी शिक्षा का सिद्धांत:

समावेशी शिक्षा के सिद्धांत निम्नलिखित हैं—

- समावेशी शिक्षा व्यक्तिगत मतभेदों को समृद्धि और विविधताओं के स्रोत के रूप में मानती है, समस्या के रूप में नहीं।
- सभी बच्चों के लिए समान शैक्षिक अवसर प्रदान करना।
- स्कूलों के बीच कोई भेदभाव नहीं होना चाहिए।

समावेशी शिक्षा का महत्व:

- समावेशी शिक्षा एक विकलांग बच्चे को सामान्य स्कूल के माहौल में सीखने में मदद करती है।
- समावेशी शिक्षा उन्हें साथियों, शिक्षकों और समाज के प्रति अपनेपन की भावना विकसित करने में मदद करती है।
- समावेशी शिक्षा सामान्य बच्चों को विकलांग बच्चों के बारे में अधिक यथार्थवादी और सटीक विचार जानने में मदद करती है।
- समावेशी शिक्षा सामान्य बच्चों के परिवारों को अपने बच्चों को व्यक्तिगत मतभेदों के बारे में सिखाने में मदद करती है और जो अलग हैं उन्हें स्वीकार करने की आवश्यकता है।
- विकलांग बच्चों को यह महसूस करने में मदद करता है कि वे समुदाय का हिस्सा हैं ताकि वे समुदाय से अलग-थलग महसूस न करें।

शिक्षण सिद्धांतों के दृष्टिकोण:

1. **व्यवहारवाद सिद्धांत** थार्नडाइक, पावलोव, वाटसन, हल, टालमैन, स्किनर द्वारा दिए गए हैं।

मुख्य विचार: सीखना व्यवहार में परिवर्तन लाता है।

केंद्रीय विचार: स्टिमुलस बाहरी वातावरण में मौजूद है।

शिक्षा में उपयोग: व्यवहार में वांछित परिवर्तन (छात्रों का)।

शिक्षक की भूमिका: बच्चे को सुविधा देना और वांछित परिणाम प्राप्त करने के लिए अनुकूल वातावरण बनाना।

2. **संज्ञानात्मक सिद्धांत** निम्नलिखित द्वारा दिए गए हैं — जीन पियागेट, कर्ट लेविन।

मुख्य विचार: आंतरिक कार्यप्रणाली पर आधारित प्रक्रिया, जैसे— अंतर्दृष्टि, स्मृति, धारणा, सोच, सूचना प्रसंस्करण आदि।

केंद्रीय बिंदु: आंतरिक संज्ञानात्मक संरचनाएं।

शिक्षा में उपयोग: संज्ञानात्मक रवैये के आधार पर क्षमता विकसित करना।

शिक्षक की भूमिका: संज्ञानात्मक पहलुओं पर ध्यान केंद्रित करना।

3. **निर्माणवाद सिद्धांत** वायगोत्स्की, ब्रूनर द्वारा दिए गए हैं।

मुख्य विचार: ज्ञान एक निर्मित इकाई है।

केंद्रीय बिंदु: हम इस पूरी दुनिया की समझ का निर्माण अनुभवों की समझ के आधार पर करते हैं।

शिक्षा में उपयोग: सीखने की प्रक्रियाएं प्राथमिक और एकमात्र अवधारणाओं पर आधारित होनी चाहिए, न कि केवल तथ्यात्मक जानकारी के लिए।

शिक्षक की भूमिका: सामाजिक पहलुओं को उचित स्थान दिया जाना चाहिए।

4. **गेस्टाल्ट थ्योरी सिद्धांत** कोहलर, कोफ्का, वर्थाइमर द्वारा दिए गए हैं।

मुख्य विचार: उच्च क्रम संज्ञानात्मक पहलू और प्रक्रियाएं मस्तिष्क में जारी रहती हैं।

केंद्रीय विचार: प्रत्येक संज्ञानात्मक जानकारी सार्थक पैटर्न में या एक संगठित संपूर्ण के रूप में हमारे मस्तिष्क में पारित हो जाती है।

शिक्षा में उपयोग: पहले से ही प्राप्त अनुभवों और ज्ञान को एक समस्या को हल करने के लिए लागू किया जाना चाहिए और सीखने को "समस्या-समाधान के लिए" माना जाना चाहिए।

भारत के संविधान में समावेशी शिक्षा पर जोड़

भारत के संविधान में अनुच्छेद 29—

अनुच्छेद 29: अल्पसंख्यकों के हितों का संरक्षण

(a)) भारत के राज्यक्षेत्र या उसके किसी भाग के निवासी नागरिकों के किसी अनुभाग को, जिसकी अपनी विशेष भाषा, लिपि या संस्कृति है, उसे बनाए रखने का अधिकार है।

(b)) राज्य द्वारा पोषित या राज्य-निधि से सहायता पाने वाली किसी शिक्षा संस्था में प्रवेश से किसी भी नागरिक को केवल धर्म, मूलवंश, जाति, भाषा या इनमें से किसी के आधार पर वंचित नहीं किया जाएगा।

भारत के संविधान में अनुच्छेद 30—

अनुच्छेद 30: शैक्षणिक संस्थानों की स्थापना और प्रशासन के लिए अल्पसंख्यकों का अधिकार

(a)) धर्म या भाषा पर आधारित सभी अल्पसंख्यक-वर्गों को अपनी रुचि की शिक्षा संस्थाओं की स्थापना और प्रशासन का अधिकार होगा।

(b) शिक्षा संस्थाओं को सहायता देने में राज्य किसी शिक्षा संस्था के विरुद्ध इस आधार पर विभेद नहीं करेगा कि वह धर्म या भाषा पर आधारित किसी अल्पसंख्यक-वर्ग के प्रबंध में है।

अनुच्छेद 350 A—

प्रत्येक राज्य और राज्य के भीतर प्रत्येक स्थानीय प्राधिकारी भाषाई अल्पसंख्यक-वर्गों के बालकों को शिक्षा के प्राथमिक स्तर पर मातृभाषा में शिक्षा की पर्याप्त सुविधाओं की व्यवस्था करने का प्रयास करेगा और राष्ट्रपति किसी राज्य को ऐसे निर्देश दे सकेगा, जो वह ऐसी सुविधाओं का उपबंध सुनिश्चित कराने के लिए आवश्यक या उचित समझता है।

अभ्यासार्थ प्रश्न

1."वंचित समूहों के विद्यार्थियों को सामान्य विद्यार्थियों के साथ-साथ पढ़ाना चाहिए।" इसका अभिप्राय है—
(a) समावेशी शिक्षा
(b) विशेष शिक्षा
(c) एकीकृत शिक्षा
(d) अपवर्जक शिक्षा

2."सभी के लिए विद्यालयों में सभी की शिक्षा" निम्नलिखित में से किसके लिए प्रचार वाक्य हो सकता है?
(a) संसक्तिशील शिक्षा
(b) समावेशी शिक्षा
(c) सहयोगात्मक शिक्षा
(d) पृथकू शिक्षा

3.निम्नलिखित में से क्या सर्वाधिक प्रभावकारी विधि हो सकती है, जो आपकी इस अपेक्षा को पूरी कर सके कि वंचित विद्यार्थी अपनी भागीदारिता द्वारा सफल हो सकें?
(a) आप उनकी सफलता हेतु उनकी क्षमता में विश्वास को अभिव्यक्त करें
(b) पढ़ाए जाने वाले विषय में आप अपनी रुचि विकसित कर सकें
(c) अपने लक्ष्य को महसूस करने के लिए बच्चों की अन्य बच्चों से प्राय: तुलना करते रहना
(d) इस बात पर बल देना कि आपको उनसे उच्च अपेक्षाएँ हैं

4.विद्यालयों में समावेशन मुख्यतः केन्द्रित होता है—
(a) विशिष्ट श्रेणी वाले बच्चों के लिए सूक्ष्मातिसूक्ष्म प्रावधानों के निर्माण पर
(b) केवल निर्योग्य छात्रों की आवश्यकताओं को पूर्ण करने पर
(c) सम्पूर्ण कक्षा की कीमत पर निर्योग्य बच्चों की आवश्यकताओं को पूरा करना पर
(d) विद्यालचों में निरक्षर अभिभावकों की शैक्षिक आवश्यकताओं पर

5.एक समावेशी विधालय—
(a) शिक्षार्थियों की निर्योग्यता के अनुसार उनकी सीखने की आवश्यकताओं को निर्धारित करता है
(b) शिक्षार्थियों की क्षमताओं की परवाह किए बिना सभी के अधिगम-परिणामों को सुधारने के लिए प्रतिबद्ध होत है
(c) शिक्षार्थियों के मध्य अंतर करता है और विशेष रूप से सक्षम बच्चों के लिए कम चुनौतीपूर्ण उपलब्धि लक्ष्य निर्धारित करता है
(d) विशेष रूप से योग्य शिक्षार्थियों के अधिगम-परिणामों को सुधारने के लिए विशिष्ट रूप से प्रतिबद्ध होता है

6.अधिगम निर्योग्यता—
(a) समुचित निवेश के साथ सुधार योग्य नहीं होती
(b) एक स्थिर अवस्था है
(c) एक चर अवस्था है

(d) जरूरी नहीं कि कार्य-पद्धति की हानि करे

7.एक समावेशी विद्यालय ______ के अतिरिक्त निम्नलिखित सभी प्रश्नों पर मनन करता है।

(a) क्या हम यह विश्वास करते हैं कि सभी शिक्षार्थी सीख सकते हैं?

(b) क्या हम अधिगमयोग्य परिवेश की योजना बनाने और उसे प्रदान करने के लिए समूह में कार्य करते हैं?

(c) क्या हम विशेष बालक को बेहतर देखभाल उपलब्ध कराने के लिए उचित तरीके से उन्हें सामान्य से अलग करते हैं?

(d) क्या हम शिक्षार्थियों की विविध आवश्यकताओं को पूरा करने के लिए युक्तियाँ अपनाते हैं?

8.एकल अभिभावक वाले बच्चे को पढ़ाते समय शिक्षक को—

(a) इस प्रकार के बच्चे के साथ भिन्न प्रकार से व्यवहार करना चाहिए

(b) ऐसे बच्चे को कम गृहकार्य देना

(c) स्थिर और एकरूप वातावरण उपलब्ध कराना चाहिए

(d) ऐसे तथ्य को अनदेखा करना चाहिए और ऐसे बच्चे के साथ अन्य बच्चों के समान व्यवहार करना चाहिए

9.एक शिक्षक अपने लोकतान्त्रिक स्वभाव के कारण विद्यार्थियों को पूरी कक्षा में कहीं भी बैठने की अनुमति देता है। कुछ शिक्षार्थी एकसाथ बैठते हैं और चर्चा करते हैं या सामूहिक पठन करते हैं। कुछ चुपचाप बैठकर अपने-आप पढ़ते हैं। एक अभिभावक को यह पसन्द नहीं आता। इस स्थिति से निबटने का निम्न में से कौनसा तरीका सबसे बेहतर हो सकता है?

(a) अभिभावकों को प्रधानाचार्य से शिक्षक की शिकायत करनी चाहिए

(b) अभिभावकों को प्रधानाचार्य से अनुरोध करना चाहिए कि वे उनके बच्चे का अनुभाग बदल दें

(c) अभिभावकों को शिक्षक पर विश्वास व्यक्त करना चाहिए और शिक्षक के साथ समस्या पर चर्चा करनी चाहिए।

(d) अभिभावकों को उस विद्यालय से अपने बच्चे को निकाल लेना चाहिए

10.भारतीय समाज की बहुभाषिक विशेषता को ______ देखा जाना चाहिए।

(a) विद्यालयी जीवन को समृद्ध बनाने के संसाधन के रूप में

(b) विद्यार्थियों को सीखने के लिए अभिप्रेरित करने हेतु शिक्षक-योग्यता की चुनौती के रूप में

(c) शिक्षार्थियों के लिए विद्यालयी जीवन को एक जटिल अनुभव के रूप में बनाने के एक कारक के रूप में

(d) शिक्षण-अधिगम प्रक्रिया में बाधा के रूप में

उत्तर

1.(a), 2.(b), 3.(a), 4.(a), 5.(b), 6.(b), 7.(c), 8.(d), 9.(c), 10.(c)

इकाई 15: बच्चों की आवश्यकताओं का संबोधन

पिछले दो या तीन दशकों में, दुनिया भर की सरकारों ने (भारत सहित) शिक्षा के सभी क्षेत्रों में लिंग संबंधी और सामाजिक पक्षपातों को संबोधित करने के लिए अपनी प्रतिबद्धता की घोषणा की है। इस अवधि में गुणवत्तापूर्ण शिक्षा में और उसे शिक्षकों द्वारा कैसे प्रदान किया जा सकता है उसमें आमूल–चूल परिवर्तन हुए हैं। बदलते रुझानों को निम्न प्रकार से संक्षेप में सारांशित किया जा सकता है—

- असमताओं को दूर करने पर अधिक जोर
- सभी के लिए न्यायोचित शिक्षा
- बच्चे पर केंद्रित, जरूरत पर आधारित शिक्षा
- सीखने की प्रक्रिया में हर बच्चे की प्रतिभागिता को अधिकाधिक करना।

ये रुझान प्रमुख भारतीय नीति दस्तावेजों में प्रतिबिंबित हैं, जिनमें शिक्षा पर राष्ट्रीय नीति (एनपीई, 1986), द नेशनल करिकुलम फॉर एलीमेंटरी एंड सेकंडरी एजुकेशन (1988), और द रिवाइज्ड एनपीई एंड प्रोग्राम फॉर एक्शन (1992) इत्यादि शामिल हैं।

अभी हाल ही में, 2005 के राष्ट्रीय पाठ्यचर्या की रूपरेखा (एनसीएफ) ने एक व्यापक दृष्टिकोण प्रदान किया है, जिसमें सभी बच्चों को गुणवत्तापूर्ण समावेशी शिक्षा प्रदान करने के तरीके शामिल किए गए हैं। वह शिक्षकों द्वारा निम्नलिखित कामों को करने की जरूरत को स्पष्ट करती है—

- हर बच्चे की अनोखी जरूरतों के प्रति संवेदनशील होना
- बच्चे पर केंद्रित, सामाजिक रूप से प्रासंगिक और न्यायोचित पढ़ाने/सीखने की प्रक्रिया प्रदान करना
- उनके सामाजिक और सांस्कृतिक संदर्भों में विविधता को समझना।

आज कोई भी शिक्षक छात्रों द्वारा अपने साथ विद्यालयों में लाई जा रही असख्य माँगों और अपेक्षाओं की समझ या उनके प्रति संवेदी हुए बिना व्यावसायिक रूप से सफल नहीं हो सकता है। उन्हें, वर्ग, जाति, धर्म, लिंग और निःशक्तता पर ध्यान दिए बिना सभी छात्रों को संलग्न करने और सीखने के सार्थक अवसर प्रदान करने में सक्षम होना चाहिए। शिक्षा का अधिकार कानून 2009 (RtE) लिंग और सामाजिक श्रेणी पर ध्यान दिए बिना सभी छात्रों के लिए गुणवत्तापूर्ण शिक्षा उपलब्ध कराने के इस निर्णय को अधिक मजबूत और सुदृढ़ करता है, जिसके लिए उसमें शारीरिक और सीखने के पर्यावरणों, पाठ्यचर्या, और अध्यापन प्रथाओं से संबंधित विस्तृत स्वीकार योग्य नियम निर्धारित किए गए हैं।

उल्लेखनीय परिमाण में शोध द्वारा पुष्टि की गई है कि शिक्षकों के कौशल, रवैये और प्रोत्साहन सुविधाहीन और अधिकारहीन समुदायों के बच्चों की संलिप्तता, प्रतिभागिता और उपलब्धि उल्लेखनीय ढंग से बढ़ा सकते हैं। समावेशी विद्यालय कक्षा में शिक्षकों द्वारा न्यायोचित शिक्षा प्रदान करने में विद्यालय नेता की भूमिका बड़ी महत्वपूर्ण होती है। सबसे पहले, यह आवश्यक है कि विद्यालय नेता—

- को विश्वास हो कि नतीजे न्यायोचित हो सकते हैं, उनके छात्रों के व्यक्तिगत प्रारंभिक बिंदु चाहे कुछ भी हों
- स्टाफ और छात्रों को सभी छात्रों की उपलब्धि को ऊपर उठाने के लिए प्रोत्साहित करता है
- छात्रों की सफलता को उनकी शैक्षणिक उपलब्धि से अधिक आधार पर मापता है।

विद्यालयी शिक्षा और उसके परिसर में समावेशी शिक्षा के कुछ तरीके निम्न हो सकते हैं —

• **स्कूल के वातावरण में सुधार :** स्कूल का वातावरण किसी भी प्रकार की शिक्षा में बड़ा ही महत्व रखता है। यह कई चीजों की शिक्षा बच्चों को बिना सिखाएं भी दे देता है। अतः समावेशी शिक्षा हेतु सर्वप्रथम उचित तथा मनमोहक स्कूल भवन का प्रबंध जरूरी है। इसके अलावे स्कूलों में आवश्यक साज-सामान तथा शैक्षिक सहायताओं का भी समुचित प्रबंध जरूरी है। बिना इसके विद्यालय में समावेशी माहौल बनाना थोड़ा कठिन होगा।

• **दाखिले की नीति में परिवर्तन:** समाज में किसी भी बालक को विद्यालय में प्रवेश से नहीं रोका जा सकता। समावेशी शिक्षा के मुख्य उद्देश्यों को आम जन तक पहुँचाने हेतु विद्यालय के दाखिले की नीति में भी परिवर्तन किया जाना चाहिए।

• **रुचिपूर्ण एवं विभिन्न पाठ्यक्रम का निर्धारण:** किसी विद्वान ने सच हीं कहा है कि— "बच्चों को शिक्षित करने का सबसे असरदार ढंग है कि उन्हें प्यारी चीजों के बीच खेलने दिया जाए।" अतः सभी विद्यालयी बच्चों में समावेशी शिक्षा की ज्योति जलाने हेतु इस बात की भी नितांत आवश्यकता है कि उन्हें रुचियों के अनुसार संगठित किया जाए और पाठ्यक्रम का निर्माण उनकी अभिवृतियों, मनोवृतियों, आकांक्षाओं तथा क्षमताओं के अनुकूल किया जाए। इसके संबंध में विभिन्न शिक्षा आयोगों के सुझावों को भी प्रमुखता से लेने की आवश्यकता है जो इस बात पर जोर देता है कि पाठ्यक्रम में विभिन्नता हो तथा वह पर्याप्त लचीला हो ताकि उसे छात्रों की आवश्यकताओं, क्षमताओं तथा रुचियों के अनुकूल किया जा सके, छात्रों में विभिन्न योग्यताओं, क्षमताओं का विकास हो सके, पाठ्यक्रम का संबंध सामाजिक जीवन से हो, छात्रों को कार्य करने तथा समय का सदुपयोग करने की शिक्षा प्राप्त हो सके।

• **प्रावैगिक विधियों का प्रयोग:** शिक्षा को लेकर स्वतंत्र भारत के लगभग सभी शिक्षा आयोगों ने शिक्षण में प्रावैगिक विधियों के अधिकाधिक प्रयोग की सिफारिश की है, परन्तु इसका वास्तविक प्रयोग न के बराबर हुआ है। इसके जबर्दस्त परिणाम इस रुप में सामने आ रहे हैं कि दिन-ब-दिन

विद्यालयों का स्तर गिरता हीं जा रहा है। अतः आज आवश्यकता इस बात की है कि समावेशी शिक्षा हेतु शिक्षकों को इसकी नवीन विधियों का ज्ञान करवाया जाए तथा उनके प्रयोग पर बल दिया जाए।

समावेशी शिक्षा के लिए विद्यालय के शिक्षकों को समय-समय पर विशेष प्रशिक्षण-विद्यालयों में भी भेजे जाने की नितांत आवश्यकता है।

• **स्कूलों को सामुदायिक जीवन का केन्द्र बनाया जाए:** समावेशी शिक्षा हेतु यह प्रयास भी किया जाना चाहिए कि स्कूलों को सामुदायिक जीवन का केन्द्र बनाया जाए ताकि वहाँ छात्र की सामुदायिक जीवन् की भावना को बल मिले, जिससे वे सफल एवं योग्यतम सामजिक जीवन-यापन कर सकें। इस उद्देश्य की प्राप्ति हेतु समय-समय पर विद्यालयों में वाद-विवाद, खेल-कूद तथा देशाटन जैसे मनोरंजक कार्यक्रमों का आयोजन किया जाना चाहिए।

• **विद्यालयी शिक्षा में नई तकनीक का प्रयोग:** समावेशी शिक्षा के सफल क्रियान्वयन व प्रचार-प्रसार हेतु शिक्षा में नई तकनीक को भी तरजीह देने की अति आवश्यकता है। इनमें शिक्षाप्रद फ़िल्में, टी.वी कार्यक्रम, व्याख्यान, वी.सी.आर और कंप्यूटर जैसे उपकरणों को प्राथमिकता के आधार पर विद्यालय में उपलब्धता और प्रयोग में लाए जाने के क्रांति की आवश्यकता है। इससे भी विद्यालय में समावेशी शिक्षा को लागू करने में मदद मिलेगी।

• **मार्गदर्शन एवं समुपदेशन की व्यवस्था:** भारतीय विद्यालयों में समावेशी शिक्षा के पूर्णतया लागू न होने के कई कारणों में से एक कारण विद्यालय में मार्गदर्शन एवं समुपदेशन की व्यवस्था का न होना भी है। इसके अभाव में विद्यालय में समावेशी वातावरण का निर्माण नहीं हो पाता है। अतः समावेशी शिक्षा देने के तरीकों में यह भी होना चाहिए कि विद्यालय में पढ़ने वाले छात्रों और उनके अभिभावकों हेतु आदि से अंत तक सुप्रशिक्षित, योग्य एवं अनुभवी व्यक्तियों द्वारा मार्गदर्शन एवं परामर्श प्रदान करने की व्यवस्था होनी चाहिए।

अतः, समावेशी शिक्षा का उद्देश्य सभी छात्रों के ज्ञान, कौशल में आत्मनिर्भर बनाते हुए उन्हें भारतीय समुदायों और कार्यस्थलों में योगदान करने के लिए तैयार करना होना चाहिए। किन्तु

भारतीय स्कूलों की विविध पृष्ठभूमि और क्षमताओं के साथ छात्रों को शिक्षा की मुख्यधारा में जोड़ने के रूप में समावेशी शिक्षा केंद्रीय उद्देश्य अधिक चुनौतीपूर्ण हो जाता है। लेकिन हम इन चुनौतियों का मुकाबला शिक्षकों के सहयोग, माता पिता के प्रयास, और समुदाय से मिलकर करने हेतु प्रयत्नशील है।

विकलांगता और विशेष बच्चे की शिक्षा के प्रकार

दृष्टिबाधितों के लिए शिक्षा

- उन्हें कक्षा में आगे की सीट देना सुनिश्चित करें
- कक्षा में रोशनी की उचित व्यवस्था होनी चाहिए
- कम दृष्टि वाले छात्रों के लिए पुस्तक के फ़ॉन्ट बोल्ड और डार्क होने चाहिए
- छात्रों को आवर्धक काँच प्रदान किया जा सकता है
- अंधे छात्रों को पढ़ाने के लिए ब्रेल लिपि का इस्तेमाल किया जाना चाहिए

श्रवण दोष - जब कोई व्यक्ति सामान्य ध्वनि को सुनने में और सक्षम पाया जाता है तो उसे हम अक्षम कह सकते हैं और इस अवस्था को श्रवण क्षतिग्रस्त आ कहा जाता है। हमारे देश में इस प्रकार की समस्या से ग्रसित प्रायः हर आयु वर्ग के लोग पाए जाते हैं जिसके अनेकों कारण हैं। इसका सबसे बड़ा कारण ध्वनि प्रदूषण एवं अनेक प्रकार की बीमारियां हैं।

पूरी तरह से बहरा - इन छात्रों के सुनने की क्षति का स्तर 90 डेसिबल है या इससे अधिक। ऐसे बच्चे बिना उपकरण का उपयोग किए कुछ भी नहीं सुन सकते हैं।

संवेद तंत्रकीय बधिरता- सुनवाई हानि का सबसे सामान्य प्रकार संवेद तंत्रकीय बधिरता के रूप में जाना जाता है। यह एक स्थायी सुनवाई हानि है जो तब होती है जब आंतरिक कान या श्रवण तंत्रिका के छोटे बाल जैसी कोशिकाओं को नुकसान होता है, जो मस्तिष्क को तंत्रिका संकेतों के हस्तांतरण को रोकता या कमजोर करता है। ये अवरुद्ध तंत्रिका संकेत ध्वनियों की उच्चता और स्पष्टता के बारे में जानकारी रखते हैं।

श्रवण बाधित के लिए शिक्षा

• श्रवण यंत्र बच्चे के लिए उपलब्ध सहायक श्रवण की प्रक्रिया को सरल बनाने के लिए तैयार किए गए हैं।

• हमें साइन लैंग्वेज का उपयोग करके उन्हें सिखाना चाहिए।

• बच्चे को लिप रीडिंग करने के लिए आकर्षित करना चाहिए।

• बच्चे के साथ संवाद करने के लिए विभिन्न शारीरिक गतिविधियां की जा सकती हैं।

• दृश्य-श्रव्य सामग्री का उपयोग किया जा सकता है।

मानसिक मंदता -

मानव की एक विशिष्ट विशेषता बौद्धिक क्षमता है जब उसकी बौद्धिक शक्तियां सामान्य रूप से काम नहीं कर रही होती हैं, तो स्थिति को मानसिक मंदता बौद्धिक्ता कहा जाता है। जिसे IQ (बुद्धिमान भागफल) स्तर के रूप में मापा जाता है।

बच्चों की शिक्षा -

• गंभीर रूप से मंद बच्चों को पढ़ाया जाता है— दैनिक गतिविधियाँ शौचालय, ब्रश करना, कंघी करना, कपड़े पहनना आदि।

• सामाजिक कौशल भी होना चाहिए। हमें उन्हें सिखाना चाहिए कि हाथ कैसे हिलाएं, बड़ों का अभिवादन करें और त्योहारों का जश्न मनाएं।

• अवकाश के समय की गतिविधियों जैसे— संगीत सुनना, खेल खेलना, किताबें पढ़ना, टीवी देखना और सिक्कों का संग्रह सिखाया जा सकता है।

• उन्हें गणितीय कौशल भी सिखाए जाते हैं जैसे— गिनती, जोड़ना, घटाना आदि।

• हमें सामान्य बच्चे की तुलना में विशेष बच्चे को पढ़ाने के लिए पूरी तरह से अलग-अलग शिक्षण विधियों का उपयोग करना चाहिए।

लोको मोटर विकलांगता -

हड्डियों, संयुक्त या मांसपेशियों की अक्षमता जो अंगों या मस्तिष्क पक्षाघात के एक सामान्य रूप के लिए प्रतिबंध है। लोको मोटर विकलांगता को जन्म देने वाली कुछ सामान्य स्थितियां पोलियोमाइलाइटिस, सेरेब्रल पाल्सी, विच्छेदन, रीढ़ की चोट, सिर, कोमल ऊतकों, फ्रैक्चर, मांसपेशियों की डिस्ट्रोफी आदि हो सकती हैं।

लोकोमोटर विकलांगता के प्रकार—

1. न्यूरो- तार्किक क्षति
2. मांसपेशियों और हड्डी से संबंधित क्षति
3. जन्मजात विकृति - एक सामान्य कमी, दवा और विष प्रभाव, दवा, आदि के करण होने वाली क्षति।

बच्चों की शिक्षा -

• उन्हें सामान्य बच्चों के साथ नियमित कक्षाओं में होना चाहिए

• इन बच्चों के लिए विभिन्न सहायक उपकरण व्हीलचेयर के रूप में बहुत सहायक हैं

• शिक्षक को सामाजिक, भावनात्मक और शारीरिक कौशल त्रिकसित करने पर भी ध्यान देना चाहिए

• उन्हें मोटर कौशल के लिए प्रशिक्षित किया जाना चाहिए

अभ्यासार्थ प्रश्न

1.एक बच्चे की कॉपी में लिखने में विपरीत छवियाँ, दर्पण छवि आदि जैसी गलतियाँ मिलती हैं। इस प्रकार का बच्चा लक्षण प्रदर्शित कर रहा है—

(a) अधिगम में असुविधा के

(b) अधिगम में अशक्तता के

(c) अधिगम में कठिनाई के

(d) अधिगम में समस्या के

2.गणित में अधिगम नियॉरयता का आकलन निम्न में से किस परीक्षण द्वारा सर्वाधिक उचित तरीके से किया जा सकता है?

(a) अभिक्षमता परीक्षण

(b) निदानात्मक परीक्षण

(c) स्क्रीनिंग परीक्षण

(d) उपलब्धि परीक्षण

3.निम्नलिखित में से कौनसा विकासात्मक विकार का उदाहरण नहीं है?

(a) आत्मविमोह (Autism)

(b) प्रमस्तिष्क घात (Cerebral palsy)

(c) पर-अभिघातज तनाव (Post-traumati(c)stress)

(d) न्यून अवधान सक्रिय विकार (Attention deficit hyperactivity disorder)

4.एक शिक्षिका की कक्षा में कुछ शारीरिक विकलांगता वाले बच्चे हैं। निम्नलिखित में से उसके लिए क्या कहना सबसे उचित होगा?

(a) पोलियोग्रस्त बच्चे अब एक गाना प्रस्तुत करेंगे

(b) पहिया-कुर्सी वाले बच्चे हॉल में जाने के लिए अपने समवयस्क साथी बच्चों से मदद ले सकते हैं

(c) शारीरिक रूप से असुविधाग्रस्त बच्चे कक्षा में ही कोई वैकल्पिक गतिविधि कर सकते हैं

(d) मोहन खेल के मैदान में जाने के लिए आप अपनी बैसाखियों का प्रयोग क्यों नहीं करते?

5.सीखने सम्बन्धी नियोग्यताएँ सामान्यतः—

(a) लड़कियों की तुलना में अधिकतम लड़कों में पायी जाती हैं

(b) अधिकतम उन बच्चों में पाई जाती है, जो शहरी क्षेत्रों की अपेक्षा ग्रामीण क्षेत्रों से संबंध रखते है

(c) उन बच्चों में पायी जाती हैं विशेषतः, जिनके पौत्रिक अभिभावक इस प्रकार की समस्याओं से ग्रसित होते हैं

(d) औसत से श्रेष्ठ बुद्धि-लब्धि वाले बच्चों में पायी जाती है

6.कक्षा में तीन बच्चे पोलियोग्रस्त हैं। खेल के कालांश में उन्हें—

(a) एक कोने में बैठना चाहिए ताकि वे खेल का आनन्द ले सकें

(b) अन्य बच्चों के साथ उचित खेलों में हिस्सा लेने के लिए प्रोत्साहित करना चाहिए

(c) केवल आंतरिक खेलों में हिस्सा लेने की अनुमति देनी चाहिए

(d) कक्षा के सभी विद्यार्थियों के साथ खेलने के लिए जोर डालना चाहिए

7.श्रवण ह्रास से ग्रसित बच्चे कक्षा में किस सबसे मुख्य नैराश्य (कुण्ठा) का सामना करते है?

(a) दूसरो के साथ सम्प्रेषण करने तथा सूचनाओं को बाँटने में अक्षमता

(b) दूसरे विद्यार्थियों के साथ परीक्षा देने में अक्षमता

(c) प्रस्तावित पाठ्य-पुस्तक को पढ़ने की अक्षमता

(d) खेल-कूद में भागीदारिता निभाने में अक्षमता

8.जब एक शिक्षिका दृष्टिबाधित शिक्षार्थी को कक्षा के अन्य शिक्षार्थियों के साथ सामूहिक गतिविधियों में शामिल करती है, तो वह

(a) कक्षा के लिए सीखने हेतु बाधाएँ उत्पन्न कर रही है

(b) समावेशी शिक्षा की भावना के अनुसार कार्य कर रही है

(c) सभी शिक्षार्थियों में दृष्टिबाधित शिक्षार्थी के प्रति सहानुभूति विकसित करने में मदद कर रही है

(d) दृष्टिबाधित शिक्षार्थी पर संभवतः तनाव बढ़ा रही है

9.विशेष आवश्यकता वाले बच्चों को शिक्षा उपलब्ध करायी जानी चाहिए—

(a) अन्य सामान्य बच्चों के साथ

(b) विशेष विद्यालयों मे विशेष बच्चों के लिए विकसित पद्धतियों द्वारा

(c) विशेष विद्यालयों में

(d) विशेष विद्यालयों नें विशेष शिक्षकों द्वारा

10."डिस्लेक्सिया" किससे संबंधित है?

(a) मानसिक विकार

(b) गणितीय विकार

(c) पठन विकार

(d) व्यवहार-संबंधि विकार

11.पाँचवीं कक्षा के "दृष्टिबाधित" विद्यार्थी—

(a) को निचले स्तर के कार्य करने की छूट मिलनी चाहिए

(b) के माता-पिता और मित्रों द्वारा उसे दैनिक कार्यो को करने नें सहायता की जानी चाहिए

(c) के साथ कक्षा में सामान्य रूप से व्यवहार किया जाना चाहिए और श्रव्य सी डी. के माध्यम से सहायता उपलब्ध करायी जानी चाहिए

(d) के साथ कक्षा में विशेष व्यवहार किया जाना चाहिए

12.विशेष रूप से प्राथमिक स्तर पर विद्यार्थियों की सीखने सम्बन्धी समस्याओं को सम्बोधित करने का सबसे बेहतर तरीका है—

(a) अक्षमता के अनुरूप विभिन्न शिक्षण पद्धतियों का प्रयोग करना

(b) महँगी और चमकदार सहायक सामग्री का प्रयोग करना

(c) सरल और रोचक पाठ्य-पुस्तकों का प्रयोग करना

(d) कहानी कथन पद्धति का प्रयोग करना

13.निःशक्त बच्चों के लिए समेकित शिक्षा की केन्द्रीय प्रायोजित योजना का उद्देश्य है ________ में निःशक्त बच्चों को शैक्षिक अवसर उपलब्ध कराना।

(a) विशेष विद्यालयों

(b) मुक्त विद्यालयों

(c) "ब्लाइण्ड रिलीफ एसोसिएशन" के विद्यालयों

(d) नियमित विद्यालयों

14.कक्षा पाँच के न्यून दृष्टि वाले बच्चे को—

(a) निम्न स्तर के कार्य के लिए माफ करना उचित है

(b) उसके दैनिक कार्य में उसके माता-पिता तथा मित्रों को सहायता करनी चाहिए

(c) कक्षा में सामान्य रूप से बर्ताव करना चाहिए एवं ऑडियो सी.डी. के जरिए सहायता प्रदान करनी चाहिए

(d) कक्षा में विशेष बर्ताव करना चाहिए

15.“डिस्थीमिया” है—

(a) गंभीर तनाव की अवस्था

(b) पठन विकार

(c) शब्द "जबलिंग" विकार

(d) लेखन विकार

उत्तर

1.(b), 2.(b), 3.(c), 4.(c), 5.(d), 6.(b), 7.(a), 8.(b), 9.(a), 10.(c), 11.(c), 12.(a), 13.(d), 14.(c), 15.(a)

इकाई 16: विशेष रूप से विकलांग शिक्षार्थियों का संबोधन

अधिगम संबंधी कठिनाई श्रवण, दृष्टि, स्वास्थ्य, वाक् एवं संवेग आदि से संबंधित अस्थायी समस्याओं से जुड़ी होती है। समस्या का समाधान होते ही अधिगम संबंधी वह कठिनाई समाप्त हो जाती है। इसके विपरीत अधिगम अक्षमता उस स्थिति को कहते हैं जहाँ व्यक्ति की योग्यता एवं उपलब्धि में एक स्पष्ट अंतर हो। यह अंतर संभवत: स्नायूजनित होता है तथा यह व्यक्ति विशेष में आजीवन उपस्थित रहता है।

चूंकि, अधिगम अक्षमता को कानूनी मान्यता प्राप्त नहीं है और जनगणना में अधिगम अक्षमता को आधार नहीं बनाया जाता है। इसलिए देश में मौजूद अधिगम अक्षम बालकों के संबंध में ठीक – ठीक आंकड़ा प्रदान करना तो अति मुश्किल है। लेकिन एक अनुमान के अनुसार यह कहा जा सकता है कि देश में इस प्रकार के बालकों की संख्या अन्य प्रकार के विकलांग बालकों की संख्या से कहीं ज्यादा है। यह संख्या, देश में उपलब्ध कुल स्कूली जनसंख्या की 1-42 प्रतिशत तक हो सकता है। वर्ष 2012 में चेन्नई में समावेशी शिक्षा एवं व्यवसायिक विकल्प विषय पर सम्पन्न हुए एक अंतरराष्ट्रीय सम्मेलन लर्न 2012 में विशेषज्ञों ने कहा कि भारत में लगभग 10% बालक अधिगम अक्षम हैं। (टाइम्स ऑफ़ इंडिया, जनवरी 27, 2012)

अधिगम अक्षमता का वर्गीकरण

अधिगम अक्षमता को वृहत प्रकार से कई आधारों पर विभेदीकृत किया गया है। ये सारे विभेदीकरण अपने उद्देश्यों के अनुकूल हैं। इसका प्रमुख विभेदीकरण ब्रिटिश कोलंबिया (201) एवं ब्रिटेन के शिक्षा मंत्रालय द्वारा प्रकाशित पुस्तक सपोर्टिंग स्टूडेंट्स विद लर्निंग डिएबलिटी ए गाइड फॉर टीचर्स में दिया गया है, जो निम्नलिखित है —

1. डिस्लेक्सिया (पढ़ने संबंधी विकार)
2. डिस्ग्राफिया (लेखन संबंधी विकार)
3. डिस्कैलकूलिया (गणितीय कौशल संबंधी विकार)
4. डिस्फैसिया (वाक् क्षमता संबंधी विकार)
5. डिस्प्रैक्सिया (लेखन एवं चित्रांकन संबंधी विकार)
6. डिसऑर्थोग्राफ़िय (वर्तनी संबंधी विकार)
7. ऑडीटरी प्रोसेसिंग डिसआर्डर (श्रवण संबंधी विकार)
8. विजुअल परसेप्शन डिसआर्डर (दृश्य प्रत्यक्षण क्षमता संबंधी विकार)

9. सेंसरी इंटीग्रेशन ऑर प्रोसेसिंग डिसआर्डर (इन्द्रिय समन्वयन क्षमता संबंधी विकार)

10. ऑर्गेनाइजेशनल लर्निंग डिसआर्डर (संगठनात्मक पठन संबंधी विकार)

डिस्लेक्सिया

डिस्लेक्सिया शब्द ग्रीक भाषा के दो शब्द "डस और लेक्सिस" से मिलकर बना है जिसका शाब्दिक अर्थ है— कठिन भाषा (डिफिकल्ट स्पीच)। वर्ष 1887 में एक जर्मन नेत्र रोग विशेषज्ञ रूडोल्बर्लिन द्वारा खोजे गए इस शब्द को अंधता भी कहा जाता है। डिस्लेक्सिया को भाषायी और संकेतिक कोडों भाषा के ध्वनियों का प्रतिनिधित्व करने वाले वर्णमाला के अक्षरों या संख्याओं का प्रतिनिधित्व कर रहे अंकों के संसाधन में होने वाली कठिनाई के रूप में परिभाषित किया जाता है। यह भाषा के लिखित रूप, मौखिक रूप एवं भाषायी दक्षता को प्रभावित करता है। यह अधिगम अक्षमता का सबसे सामान्य प्रकार है।

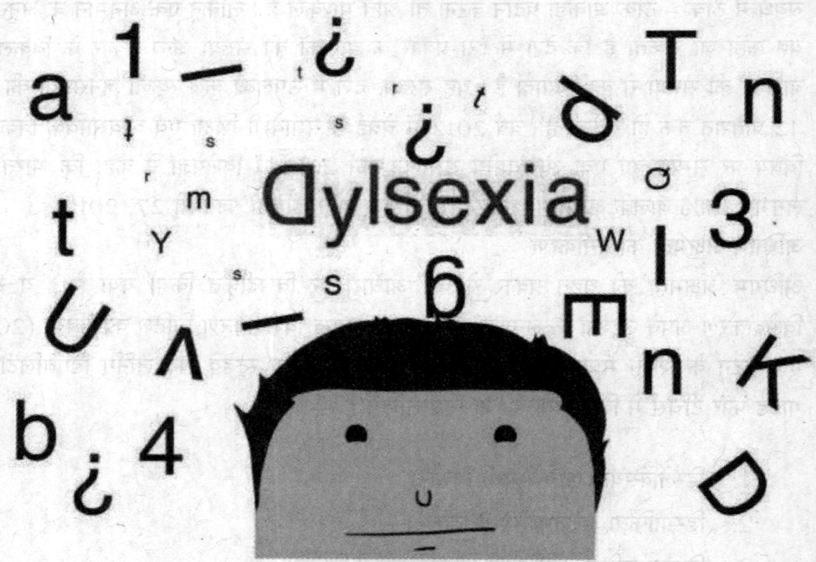

डिस्लेक्सिया के लक्षण –

इसके निम्नलिखित लक्षण है —

1. वर्णमाला अधिगम में कठिनाई
2. अक्षरों की ध्वनियों को सीखने में कठिनाई

3. एकाग्रता में कठिनाई
4. पढ़ते समय स्वर वर्णों का लोप होना
5. शब्दों को उल्टा या अक्षरों का क्रम इधर–उधर कर पढ़ा जाना, जैसे— नाम को मान या शावक को शक पढ़ा जाना
6. वर्तनी दोष से पीड़ित होना
7. समान उच्चारण वाले ध्वनियों को न पहचान पाना
8. शब्दकोष का अभाव
9. भाषा का अर्थपूर्ण प्रयोग का अभाव तथा
10. क्षीण स्मरण शक्ति

डिस्लेक्सिया की पहचान —

उपर्युक्त लक्षण हालाँकि डिस्लेक्सिया की पहचान करने में उपयोगी होते हैं लेकिन इस लक्षणों के आधार पर पूर्णत: विश्वास के साथ किसी भी व्यक्ति को डिस्लेक्सिया घोषित नहीं किया जा सकता है। डिस्लेक्सिया की पहचान करने के लिए 1973 में अमेरिकन फिजिशियन एलेना बोडर ने बोड टेस्ट ऑफ़ रीडिंग स्पेलिंग पैटर्न नामक एक परीक्षण का विकास किया। भारत में इसके लिए डिस्लेक्सिया अर्ली स्क्रीनिंग टेस्ट और डिस्लेक्सिया स्क्रीनिंग टेस्ट का प्रयोग किया जाता है।

डिस्लेक्सिया का उपचार —

डिस्लेक्सिया पूर्ण उपचार अंसभव है लेकिन इसको उचित शिक्षण-अधिगम पद्धति के द्वारा निम्नतम स्तर पर लाया जा सकता है।

डिस्ग्रफिया

डिस्ग्रफिया अधिगम अक्षमता का वो प्रकार है जो लेखन क्षमता को प्रभावित करता है। यह वर्तनी संबंधी कठिनाई, ख़राब हस्तलेखन एवं अपने विचारों को लिप्विद्ध करने में कठिनाई के रूप में जाना जाता है। (नेशनल सेंटर फॉर लर्निंग डिसबलिटिज्म, 2006)।

डिस्ग्रफिया के लक्षण

इसके निम्नलिखित लक्षण है —

1. लिखते समय स्वयं से बातें करना।
2. अशुद्ध वर्तनी एवं अनियमित रूप और आकार वाले अक्षर को लिखना
3. पठनीय होने पर भी शब्दों को देखकर लिखने में अत्यधिक श्रम का प्रयोग करना
4. लेखन सामग्री पर कमजोर पकड़ या लेखन सामग्री को कागज के बहुत नजदीक पकड़ना

5. अपठनीय हस्तलेखन
6. लाइनों का ऊपर–नीचे लिया जाना एवं शब्दों के बीच अनियमित स्थान छोड़ना तथा
7. अपूर्ण अक्षर या शब्द लिखना

उपचार कार्यक्रम—

चूंकि यह एक लेखन संबंधी विकार है, अत: इसके उपचार के लिए यह आवश्यक है कि इस अधिगम अक्षमता से ग्रसित व्यक्ति को लेखन का ज्यादा से ज्यादा अभ्यास कराया जाय।

डिस्कैलकुलिया

यह एक व्यापक पद है जिसका प्रयोग गणितीय कौशल अक्षमता के लिए किया जाता है। इसके अंतर्गत अंकों, संख्याओं के अर्थ समझने की अयोग्यता से लेकर अंकगणितीय समस्याओं के समाधान में सूत्रों एवं सिद्धांतों के प्रयोग की अयोग्यता तथा सभी प्रकार के गणितीय अक्षमता शामिल है।

डिस्कैलकुलिया के लक्षण

इसके निम्नलिखित लक्षण है—

1. नाम एवं चेहरा पहचानने में कठिनाई
2. अंकगणितीय संक्रियाओं के चिह्नों को समझने में कठिनाई
3. अंकगणितीय संक्रियाओं के अशुद्ध परिणाम मिलना
4. गिनने के लिए उँगलियों का प्रयोग
5. वित्तीय योजना या बजट बनाने में कठिनाई
6. चेकबुक के प्रयोग में कठिनाई
7. दिशा ज्ञान का अभाव या अल्प समझ
8. नकद अंतरण या भुगतान से डर
9. समय की अनुपयुक्त समझ के कारण समय-सारणी बनाने में कठिनाई का अनुभव करना।

डिस्कैलकुलिया के कारण—

बच्चे के जन्म के समय दिमाग का सामान्य से कम वजन होने के कारण भी इस तरह के विकार होने की संभावना होती है। अनुवांशिक रूप से बच्चे में पायी जाने वाली बीमारियों के कारण भी इस तरह के विकार देखने को मिलते हैं। जिसमें प्रमुख रूप से टर्नर सिंड्रोम, वेलोकार्डियोफ़ोसिअल सिंड्रोम मुख्य रूप से शामिल हैं। कई बार कुछ महिलायें गर्भावस्था के समय शराब आदि नशीली

चीजों का सेवन करना नहीं छोड़ती है, जिससे बच्चे के दिमाग पर इस तरह की समस्या देखने को मिलती है।

डिस्कैलकुलिया का उपचार—

उचित शिक्षण-अधिगम रणनीति अपनाकर डिस्कैलकुलिया को कम किया जा सकता है।

कुछ प्रमुख रणनीतियां निम्नलिखित हैं—

1. जीवन की वास्तविक परिस्थितियों से संबंधी उदाहरण प्रस्तुत करना
2. गणितीय तथ्यों को याद करने के लिए अतिरिक्त समय प्रदान करना
3. फ्लैश कार्ड्स और कम्प्यूटर गेम्स का प्रयोग करना, तथा
4. गणित को सरल करना और यह बताना कि यह एक कौशल है जिसे अर्जित किया जा सकता है।

डिस्फैसिया

ग्रीक भाषा के दो शब्दों "डिस और फासिया" से मिलकर डिस्फैसिया बना है। जिसका शाब्दिक अर्थ होता है— अक्षमता एवं वाक्। शब्द डिस्फैसिया का शाब्दिक अर्थ वाक् अक्षमता से है। यह एक भाषा एवं वाक् संबंधी विकृति है जिससे ग्रसित बच्चे विचार की अभिव्यक्ति व्याख्यान के समय कठिनाई महसूस करते हैं। इस अक्षमता के लिए मुख्य रूप से मस्तिष्क क्षति (ब्रेन डैमेज) को उत्तरदायी माना जाता है।

डीस्प्रैक्सिया

यह मुख्य रूप से चित्रांकन संबंधी अक्षमता की ओर संकेत करता है। इससे ग्रसित बच्चे लिखने एवं चित्र बनाने में कठिनाई महसूस करते हैं।

अधिगम अक्षमता और मानसिक मंदता

अधिगम अक्षमता और मानसिक मंदता पद एक सामान्य आदमी भाषा में एक दूसरे के पर्याय हैं और भ्रमवश वे दोनों पदों का एक ही अर्थ में प्रयोग करते हैं। यह सवर्था गलत है। अधिगम अक्षमता और मानसिक मंदता में स्पष्ट अंतर है जिन्हें आप उनकी परिभाषाओं के माध्यम से समझ सकेंगे।

अधिगम अक्षमता को लिखित या मौखिक भाषा के प्रयोग में शामिल किसी एक या अधिक मनोवैज्ञानिक प्रक्रियाओं में कार्यविरूपता के रूप में परिभाषित किया जा सकता है, जबकी मानसिक मंदता को मानसिक विकास की ऐसी अवस्था के रूप में परिभाषित किया जा सकता है जिसमें बच्चों का बौद्धिक विकास औसत बुद्धि वाले बालकों से कम होता है।

अधिगम अक्षमता से होने वाली समस्या:

1. बच्चे को ध्यान केंद्रित करने में कठिनाई होती है
2. संवेगात्मक अस्थिरता
3. सामाजिक समस्याएं जैसे— दूसरे बच्चों के साथ ताल-मेल बनाने में कठिनाई

अधिगम अक्षमता से प्रभावित बच्चों की पहचान - लक्षण

आप इन बच्चों को स्कूल के सामान्य कक्षा कक्ष में आसानी से पहचान लेंगे। ये बच्चे लेखन कौशल के आधारभूत सिद्धांतों को नहीं सीख पाते हैं। इन बच्चों में कोई भी शारीरिक विकलांगता नहीं पाई जाती है। इसके बावजूद इन बच्चों का बौद्धिक स्तर दूसरे बच्चों से तुलनात्मक रूप से औसत से कम होता है।

अधिगम अक्षमता क्यों होता है?

दुनिया भर में अधिगम अक्षमता (Learning Disabilities) पर हुए शोध में यह पाया गया है कि इसकी मुख्य वजह है— तंत्रिका तंत्र में विसंगति। लेकिन इसके अलावा बच्चों में अधिगम अक्षमता के और भी बहुत से कारण हो सकते हैं। उदहारण के लिए— केंद्रीय स्नायु प्रणाली की अक्रियाशीलता, या अनुवांशिकता के परिणाम स्वरूप। अधिगम अक्षमता बच्चे में जन्म के समय या जन्म से पूर्व भी हो सकता है। बच्चों में अधिगम अक्षमता होने के ये तीन कारक होते हैं—

- **अनुवांशिक कारक** - जिनके माता-पिता भी अधिगम अक्षमता से पीड़ित होते हैं, प्रायः उनके बच्चों में भी यह गुण देखने को मिलता है।
- **तंत्रकीय कारक** - बच्चे में इस समस्या से भी अध्ययन असमर्थता उत्पन्न होती है।
- **जन्म से पूर्व के कारण** - गर्भावस्था के दौरान कभी-कभी कुछ कारक भ्रूण को भी प्रभावित करते हैं और बच्चों में तंत्रकीय कमी उत्पन्न हो सकती है। जैसे—
    - माँ द्वारा अत्यधिक दवाओं का सेवन।
    - माँ के मदिरा-पान करने से।
    - माँ के कुपोषण से ग्रसित होने से।
    - गर्भवती महिला को गंभीर बीमारी से ग्रसित होने की दशा में।
- **जन्म के समय के कारण** - ऐसे अनेक कारक हैं जो अधिगम अक्षमता को प्रभावित करते हैं। जैसे—
    - जन्म के समय बच्चे को पर्याप्त ऑक्सीजन न मिल पाने के कारण।

- जन्म के समय किसी घटना से मस्तिष्क में लग्ने वाले चोट के कारण।
- औजार से प्रसव कराने के वजह से मस्तिष्क की कोशिकाओ में चोट लगाने के कारण, इत्यादि।

- **जन्म के पश्चात् के कारण** - जन्म के पश्चात् के कारणो में जैव रासायनिक कारक ,वातावरणीय कारक हैं। जैसे—

  - दुर्घटना द्वारा मस्तिष्क में लगे चोट से।
  - रंग इत्यादि हानिकारक तत्वों के शरीर में जाने से।
  - अधिगम अक्षमता में बच्चे के मस्तिष्क का विकास देर से या धीमी गति से होता हैं। इसके कारण सुनने, बोलने, पढ़ने तथा लिखने के कौशलों का विकास प्रायः धीमा होता है।

अधिगम अक्षमता का इलाज

ऐसे देखा जाये तो अधिगम अक्षमता का कोई इलाज उपलब्ध नहीं है। मगर जानकारी और प्रयास से बच्चे के सीखने की क्षमता को बढाया जा सकता है।

इससे बच्चे का आत्मविश्वास भी बढता है। अधिगम अक्षमता से त्रभावित बच्चों को इस तरह मदद प्रदान किया जा सकता है—

- सबसे पहले माँ-बाप और अध्यापकों को अधिगम अक्षमता से संबंधित जानकारी इकट्ठी करनी चाहिए।

- बच्चों को प्यार से कक्षा में प्राथमिकता के आधार पर लक्ष्य चुनना सिखाएं। हो सकता है कि आपको बच्चे को बार-बार यह सिखाना पड़े, लेकिन बिना निराश हुए और संयम के साथ बच्चे को कार्य की प्राथमिकता करना सिखाएं।
- बच्चों को निर्देशों का पालन करने के लिए प्रोत्साहित करें। अगर बच्चे निर्देशों का पालन न करें तो उन्हें डांटे नहीं। ये बच्चे जानबूझ कर ऐसा नहीं करते हैं। हमारे लिए और आप के लिए यह समझ पाना बहुत कठिन है कि ये बच्चे निर्देशों का पालन क्यों नहीं करते हैं। बस इतना समझ लीजिये कि प्यार ज्यादा कर और लगातार प्रयास से आप अपने बच्चे को निर्देशों का पालन करना सिखा लेंगे।
- इन बच्चों को प्रशिक्षण देते समय अपने प्रशिक्षण विधि में इस तरह परिवर्तन की जाए कि अधिगम अक्षमता से प्रभावित बच्चा आसानी से समझ सके।

अधिगम अक्षमता से बचाव

- गर्भावस्था के दौरान अत्यधिक दवाओं का सेवन न करें।
- धूम्रपान न करें और नशीली दवाओं का सेवन न करें। शराब न पियें। ये सभी कार्य गर्भ में बच्चे के दिमागी विकास को प्रभावित करते हैं।
- माँ को गर्भावस्था में खान-पान का विशेष ध्यान रखने की आवश्यकता है। सबसे ज्यादा आवश्यकता है कुपोषण से बचने की।
- गर्भावस्था में माँ को कोई भी ऐसी गतिविधि से बचना चाहिए जिससे उसके शरीर में ऑक्सीजन की कमी हो। उदहारण के लिए— तेज़ चलना या दौड़ना या बहुत मेहनत वाला काम करना जिससे तेज़ी से साँस लेने की आवश्यकता पड़े।
- जन्म के समय यह सुनुश्चित करना कि बच्चे को पर्याप्त ऑक्सीजन मिल सके।
- प्रसव के दौरान बच्चे को किसी भी चोट से बचाना, विशेष कर मस्तिष्क पर लगने वाले चोट से।
- रंग जैसे तत्व बच्चे के शरीर में न जाएँ।

अभ्यासार्थ प्रश्न

1.एक बच्चा जो _____ से ग्रस्त है, वह 'saw' और 'was' 'nuclear' और 'unclear' में अंतर नहीं कर सकता।
(a) शब्द "जबलिंग विकार"
(b) डिस्लेक्सिमिया
(c) दिस्मोरफिया
(d) डिस्लेक्सिया

2.शारीरिक रूप से अक्षम बच्चों को सामान्यतः _____ होता है।
(a) डिस्कैल्कुलिया
(b) डिस्लेकिया
(c) डिस्ग्राफिया
(d) डिस्थीमिया

3.भाषा-अवबोधन से सम्बद्ध विकार है—
(a) चलाघात (apraxia)
(b) पठन-वैकल्य (dyslexia)
(c) वाक्-सम्बन्द्ध रोग (aspeechxia)
(d) भाषाघात (aphasia)

4.विकृत लिखावट से संबंधित लिखने की योग्यता में कमी किसका एक लक्षण है?
(a) डिस्ग्राफिया
(b) दिस्ग्रैक्सिया
(c) दिस्कैल्कुलिया
(d) डिस्लेक्सिया

5.शब्दों में अक्षरों के क्रम को पढ़ने में कठिनाई का अनुभव करना और अक्सर चाक्षुष स्मृति का ह्रास _____ से संबंधित है।
(a) डिस्लेक्सिया
(b) डिस्केल्कुलिया
(c) डिस्ग्राफिया
(d) डिस्प्राक्सिया

6.वाइगोत्स्की के सिद्धांत में, विकास के निम्नलिखित में से कौनसे पहलू की उपेक्षा होती है?
(a) सामाजिक
(b) सांस्कृतिक
(c) जैविक
(d) भाषायी

7.अध्यापक के दृष्टिकोण से प्रतिभाशीलता किसका संयोजन है?
(a) उच्च योग्यता-उच्च सृजनात्मकता-उच्च वचनबद्धता
(b) उच्च प्रेरणा-उच्च वचनबद्धता-उच्च क्षमता
(c) उच्च योग्यता-उच्च क्षमता-उच्च वचनबद्धता
(d) उच्च दैतमत्ता-उच्च सृजनात्मकता-उच्च स्मरण शक्ति

8.प्रतिभाशाली शिक्षार्थियों को _____ से जुड़े प्रश्नों पर अधिक समय देने के लिए कहा जा सकता है।
(a) स्मरण
(b) समझ
(c) सर्जन
(d) विश्लेषण

9.निम्नलिखित में से प्रतिभाशाली अधिगमकर्ताओं के लिए क्या समुचित है?

(a) वे अन्यों को भी कुशल-प्रभावी बनाते हैं तथा सहयोगी अधिगम के लिए आवश्यक हैं

(b) वे सदैव अन्यों का नेतृत्व करते हैं और कक्षा में अतिरिक्त उत्तरदायित्व ग्रहण करते हैं

(c) अपनी उच्चस्तरीय संवेदनात्मकता के कारण वे भी निम्न श्रेणी पा सकते हैं

(d) बुनियादी तौर पर उनकी मस्तिष्कीय शक्ति के कारण ही उनका महत्व है

10.______ के अतिरिक्त निम्नलिखित सभी के कारण अधिगम अक्षमता उत्पन्न हो सकती है।

(a) सांस्कृतिक कारक

(b) सेरेब्रल डिस्फंक्शन

(c) संवेगात्मक विघ्न

(d) व्यवहारगत विघ्न

11.प्रतिभाशाली शिक्षार्थी (को) —

(a) अधिगम-निर्योग्य नहीं कर सकते

(b) ऐसे सहयोग की आवश्यकता होती है जो सामान्यतः विद्यालयों द्वारा उपलब्ध नहीं कराए जाते

(c) शिक्षक के बिना अपने अध्ययन को व्यवस्थित कर लेते हैं

(d) अन्य शिक्षार्थियों के लिए अच्छे मॉडल बन सकते हैं

12.गतिक कौशलों में अधिगम नियॉग्यता ______ कहलाती है।

(a) डिस्फ्रेजिया

(b) डिस्प्रेक्सिया

(c) डिस्कैलकुलिया

(d) डिस्लेक्सिया

13.प्रतिभाशाली विद्यार्थी—

(a) स्वभाव के अन्तर्मुखी होते हैं

(b) अपनी आवश्यकताओं को दृढ़तापूर्वक नहीं कह पाते

(c) अपने निर्णयों में आत्मनिर्भर होते हैं

(d) शिक्षकों से स्वतंत्र होते हैं

14.प्रतिभाशाली बच्चों के सन्दर्भ में संवर्द्धन का अर्थ है—

(a) शैक्षणिक गतिविधियों के सम्पादन में संवर्द्धन करना

(b) सह-शैक्षणिक गतिविधियों के सम्पादन की गति को बढ़ाना

(c) ऐसे विद्यार्थियों को वर्तमान स्तर/ग्रेड को छोड़कर अगले उच्च स्तर/ग्रेड में प्रोन्नत करना

(d) आकलन की प्रक्रिया का संवर्धन करना

प्रतिभाशाली विद्यार्थियों के लिए 15.निम्नलिखित में से कौनसी गतिविधि सर्वाधिक उपयुक्त है?

(a) पाँच पाठों के अंत में दिए गए अभ्यासों को एक बार में हल करना

(b) शिक्षक दिवस पर कक्षा को पढ़ाना

(c) अभी हाल ही में हुए स्कूल मैच का प्रतिवेदन लिखना

(d) दी गई संकल्पनाओं के आधार पर मौलिक नाटक लिखना

उत्तर

1.(d), 2.(c), 3.(d), 4.(a), 5.(a), 6.(c), 7.(a), 8.(c), 9.(c), 10.(a), 11.(b), 12.(b), 13.(b), 14.(c), 15.(d)

खण्ड -3 :
अधिगम और शिक्षाशास्त्र

इकाई 17: बच्चे कैसे सोचते और सीखते हैं

यह कहना बहुत अनुचित है कि एक बच्चा केवल स्कूल के माहौल से ही सीखता है। बल्कि तथ्य यह है कि एक बच्चा प्रत्येक और हर चीज से सीखता है, जिसमें वह बातचीत कर सकता है। बच्चा उस समय से सीखता है जब उसने जन्म लिया है। उसकी बातचीत उस समय से बाहरी दुनिया में शुरू होती है। वह उसी समय से विभिन्न भावना, अंगों के माध्यम से चीजों को पकड़ना शुरू कर देता है और उसके बाद वह धीरे-धीरे चीजों को पहचानना शुरू कर देता है।

सोचना अथवा चिंतन एक उच्च प्रकार की ज्ञानात्मक प्रक्रिया है, जो ज्ञान को संगठित करने में मुख्य भूमिका निभाती है। चिंतन अवधारणाओं, संकल्पनाओं, निर्णयों तथा सिद्धांतो आदि में वस्तुगत जगत को परावर्तित करने वाली संक्रिया है जो विभिन्न समस्याओं के समाधान से जुड़ी हुई है। चिंतन विशेष रूप से संगठित भूतद्रव्य-मस्तिष्क की उच्चतम उपज है।

इसी प्रकार बालक समस्याओं, वस्तूओं, दृश्य-परिदृश्यों आदि के विषय में चिंतन करता रहता है। यह चिंतन अनुभवजन्य होता है। बालक अपनी स्वभाविक प्रवृत्ति के अनुसार वस्तुओं को छूकर या देखकर उनके बारे में अनुभव प्राप्त करता है। धीरे-धीरे बालक में प्रत्यय निर्माण होने लगता है और किशोरावस्था तक अमूर्त चिंतन करने लगता है।

बालको में चिंतन की प्रक्रिया का विकास एक निश्चित क्रम में होता है। उसका संक्षिप्त विवरण इस प्रकार है—

1. प्रत्यक्षीकरण के आधार पर सोचना

2. कल्पना के आधार पर सोचना
3. प्रत्ययों के आधार पर सोचना
4. तर्क के आधार पर सोचना
5. अनुभव के आधार पर सोचना
6. रुचि और जिज्ञासा के आधार पर सोचना
7. अनुकरण के आधार पर सोचना

सीखना या अधिगम का अर्थ:

थार्नडायक के सीखने के मुख्य नियम एवं सीखने में उनका महत्व

अधिगम के नियम पशु, पक्षी, पौधे, मानव-सभी प्रकृति के नियमों के अनुसार जीवन व्यतीत करते हैं। इसी प्रकार सीखने के भी कुछ नियम हैं। सीखने की प्रक्रिया इन्हीं नियमों के अनुसार चलती है।

ई0 एल0 थार्नडाइक (E.L.Thorndike) ने सीखने के कुछ नियम बताएं हैं जिनको प्रयोग से अध्ययन-अध्यापन प्रक्रिया को और अधिक प्रभावशाली बनाया जा सकता है। उन्होंने सीखने के तीन मुख्य नियम एवं पाँच गौण नियम प्रतिपादित किए हैं—

1. सीखने के मुख्य नियम (Primary Laws of Learning)

- तत्परता का नियम (Law of Readiness)
- अभ्यास का नियम (Law of Exercise)
- परिणाम का नियम (Law of Effect) /प्रभाव का नियम/संतोष का नियम (Law of Satisfaction)

Edward thorndike

तत्परता का नियम– जब हम किसी कार्य को सीखने के लिए तैयार या तत्पर होते हैं, तो हम उसे शीघ्र सीख लेते हैं। किसी समस्या को हल करने के लिए प्रयत्नशील होना तत्परता कहलाता है। यदि बच्चे में गणित के प्रश्न हल करने की इच्छा है, तो तत्परता के कारण वह उनको अधिक शीघ्रता और कुशलता से करता है। काम करने में आनंद एवं संतोष का अनुभव करेगा। इसके विपरीत सीखने के लिए तैयार नहीं होने की स्थिति में बच्चे को सीखने की क्रिया से असन्तोष मिलता है।

अभ्यास का नियम- इस नियम का तात्पर्य— "अभ्यास कुशल बनाता है" (Practice makes (a)man perfect) यदि हम किसी कार्य का अभ्यास करते हैं तो हम उसे सरलतापूर्वक करना सीख जाते हैं और उसमें कुशल हो जाते हैं। हम बिना अभ्यास किए साइकिल पर चढ़ने में या कोई खेल खेलनें में कुशल नहीं हो सकते हैं।

यदि हम किसी सीखे हुए कार्य का अभ्यास नहीं करते हैं, तो उसे हम भूल जाते हैं। अभ्यास से सीखना स्थायी होता है। इसे थार्नडाइक ने "उपयोग का नियम" (Law of use) बताया है। बिना अभ्यास से ज्ञान विस्मृत हो जाता है, इसे "अनुपयोग का नियम" (Law of Disuse) कहा है।

प्रभाव का नियम- प्रायः हम उस कार्य को ज्यादा अच्छे से करना चाहते है जिसका परिणाम हमारे लिए हितकर होता है, जिसे करन से हमें सुख एवं संतोष की प्राप्ति होती है। यदि हमें किसी कार्य को करने या सीखने में कष्ट होता है तो हम उस क्रिया को नहीं दोहराते हैं। थार्नडाइक के अनुसार, जिस कार्य से हमें संतोष मिलता है उससे उद्दीपन अनुक्रिया संबंध दृढ़ होता है और वही दूसरी तरफ हमें जिस कार्य को करने से असंतोष होता है उससे यह संबंध कमजोर होता है।

2. सीखने के सहायक या गौण नियम (Secondary Laws of Learning)

थार्नडाइक ने सीखने के पाँच गौण नियमों का प्रतिपादन किया है। इन नियमों का महत्व मुख्य नियम से कम है, इसलिए ये गौण नियम है—

- मनोवृत्ति का नियम (Law of Disposition)
- बहु अनुक्रिया का नियम (Law of Multiple Response)
- आंशिक क्रिया का नियम (Law of Partial Activity)
- अनुरूपता का नियम (Law of Analogy)
- संबंधित परिवर्तन का नियम (Law of Associative shifting)

मनोवृत्ति का नियम- जिस कार्य के प्रति हमारी अभिवृत्ति या मनोवृत्ति रहती है, उसी अनुपात में हम उसको सीखते हैं। अनुकूल मनोवृत्ति होने पर बालक शीघ्र सीखता है तथा प्रतिकूल मनोवृत्ति होने पर बालक के सीखने में बाधाएँ आती है।

बहु-अनुक्रिया का नियम- इस नियम के अनुसार जब हम कोई नया कार्य करना सीखते हैं, तब हम उसके प्रति विभिन्न प्रकार की अनुक्रियाएँ करते हैं। इनमें से कुछ अनुक्रियाएँ लक्ष्य प्राप्ति में

सहायक नहीं होती हैं, उन्हें हम छोड़ देते हैं, और फिर भूल जाते हैं। हम उन्हीं अनुक्रियाओं का चयन करते हैं, जो लक्ष्य प्राप्ति में सहायक होती है, इसे ही सीखना कहते हैं। कक्षा-कक्ष परिस्थिति में इस नियम के अनुसार बच्चों को स्वयं करके सीखने के लिए प्रेरित करना चाहिए।

आंशिक क्रिया का नियम- थार्नडाइक का मानना है कि यदि बच्चों के सामने किसी समस्या को छोटे-छोटे भागों में विभाजित कर प्रस्तुत किया जाए और एक-एक भाग का समाधान किया जाए, तो बच्चे पूरी समस्या को शीघ्रता एवं सुगमता से समझकर सम्पूर्ण कार्य को पूरा कर सकते हैं। शिक्षक को भी चाहिए कि वे बच्चों के समक्ष समस्या प्रस्तुत करते समय उनके विभिन्न अंगों के विषय में बताएं और उन्हें अलग-अलग हलकर सम्पूर्ण समस्या का समाधान करने के लिए प्रेरित करे। बच्चों को अंश से पूर्ण की ओर बढ़ने के अवसर प्रदान करना चाहिए।

अनुरूपता का नियम- जब व्यक्ति के सामने कोई नई समस्या आती है तो वह अपने पूर्व के अनुभवों एवं प्रयत्नों को स्मरण करता है और उनसे तुलना करता है। उसके अनुसार क्रिया कर समस्या का समाधान खोजने का प्रयत्न करता है।

शिक्षक को चाहिए कि कक्षा-कक्ष स्थिति में वे बच्चों को ऐसे अवसर प्रदान करें जिससे वे अपने पूर्व ज्ञान का स्मरण एवं प्रयोग कर सकें।

संबंधित परिवर्तन का नियम- इस नियम को "साहचर्य परिवर्तन का नियम" भी कहते हैं। इसके अनुसार, कोई भी अनुक्रिया जिसे करने की क्षमता व्यक्ति में होती है, उसे एक नए उद्दीपन के द्वारा भी उत्पन्न की जा सकती है। इसमें क्रिया का स्वरूप वहीं रहता है पर परिस्थिति में परिवर्तन हो जाता है।

शिक्षक को कक्षा में अच्छी आदतों एवं सकारात्मक अभिरुचि को उत्पन्न करना चाहिए ताकि छात्र उनका उपयोग अन्य परिस्थितियों में भी कर सकें।

सीखने के नियमों का शैक्षिक महत्व (Educational Importance of Laws of Learning) अधिगम प्रक्रिया में सीखने के नियमों का विशेष महत्व है। सीखने की तत्परता, सतत अभ्यास, संतोषप्रद परिणाम से इच्छित फल की प्राप्ति होती हैं। इसलिए शिक्षक को चाहिए कि वे कार्यक्रम निश्चित करते समय इस बात का ध्यान रखें कि वह बच्चों के लिए संतोषप्रद हो और उनमें तत्परता की स्थिति पैदा की जाय। ऐसा न होने से प्रयत्न व परिश्रम व्यर्थ होगा।

विद्वानों ने सीखने की क्षमता को बढ़ावा देने के लिए सीखने के नियमों का शैक्षिक महत्व माना है। जो निम्नवत है—

1. **उद्देश्यों की स्पष्टता (Clarity of Aims)-** शिक्षा के क्षेत्र में ज्ञान का उद्देश्य निश्चित, स्पष्ट एवं जीवनपयोगी होना चाहिए। जब बच्चे उसे सीख लेगें तो स्वतः ही सीखने के क्षेत्र में अपने ध्यान को एकाग्र कर सकेंगे। वे सुख देने वाला कार्य, कष्ट देने वाले कार्य की अपेक्षा शीघ्र करते एवं सीखते हैं।

2. **उपयुक्त ज्ञान एवं क्रिया का चयन (Selection of Action an(d)Appropriate Knowledge)**- बच्चे की शारीरिक एवं मानसिक क्षमता का मूल्यांकन करने के बाद ही सीखने वाले को उपयुक्त ज्ञान एवं क्रिया और विधि का चुनाव करना चाहिए। इससे उसे स्थानान्तरण एवं अभ्यास में सरलता होती है।
3. **अभ्यास जागृत करना (To Awake Exercise)**- शिक्षक को विषय अथवा पाठ बार-बार दोहराकर अभ्यास करना चाहिए। शिक्षक द्वारा छात्रों को यह बतलाना कि बार-बार अभ्यास करने से सीखा गया ज्ञान स्थाई रहता है तथा बिना अभ्यास के वह विस्मृत हो जाता है।
4. **तत्परता जागृत करना (To Awake Readiness)**- बच्चा/छात्र अपने कार्य को तभी सीख सकते है जब वह सीखने के लिए तैयार होगें। तत्परता बच्चों की रुचि, उत्साह, शारीरिक, मानसिक स्वास्थ्य आदि पर निर्भर करता है। अतः शिक्षक को चाहिए कि वह बच्चों को सिखाने से पहले तैयार कर लें, ताकि वे ज्ञान को ठीक तरीके से ग्रहण कर सकें ।
5. **स्वक्रिया पर बल (Stress on self Action)**- अधिगमकर्ता को स्वयं हाथों से कार्य को करके सीखना चाहिए। इससे उसका अनुभव मजबूत एवं स्थायी होता है। इससे स्वनिर्भरता का विकास होता है।
6. **अनुभव स्थानान्तरण (Experience Transfer)**- सीखने के नियमों से यह स्पष्ट होता है कि मानवीय अनुभव का विशेष महत्व होता है। शिक्षक को चाहिए कि वे छात्रों को अधिक से अधिक अनुभव एकत्रित करने का अवसर दें। इसके पश्चात् वे छात्रों को अनुभवों की नवीन समस्या या कार्य के सीखने में उपयोगिता बताएँ। इस प्रकार बार-बार अभ्यास और प्रयोग से छात्र स्वतः ही अनुभवों का प्रयोग करना सीख जायेंगे।
7. **प्रेरकों का प्रयोग (Use of Motives)**- सीखने के नियमों ने यह स्पष्ट कर दिया है कि सीखने के लिए उचित वातावरण एवं प्रेरकों का प्रयोग आवश्यक है। जब हम बच्चों को पुरस्कार, प्रोत्साहन, प्रशंसा के द्वारा सीखने के लिए तैयार करते हैं तो वे सीखने के प्रति उत्साह एवं रुचि को प्रकट करते हैं। शिक्षकों को चाहिए कि वे पठन-पाठन के बीच-बीच में बच्चों को उत्साहित करते रहें। इससे वे प्रसन्न रहते हैं तथा शिक्षक को भी परिश्रम कम करना पड़ता है। इस प्रकार थार्नडाइक के सीखने के नियम शिक्षा के क्षेत्र में लाभप्रद रहे हैं। सीखने के प्रति छात्रों को उत्साहित बनाना शिक्षक का प्रथम कर्तव्य होना चाहिए।

बालक, विद्यालय प्रदर्शन में सफलता प्राप्त करने में कैसे और क्यों 'असफल' होते हैं?

शिक्षण एवं अध्ययन, एक ऐसी प्रक्रिया है जिसमें बहुत से कारक शामिल होते हैं। सीखने वाला जिस तरीके से अपने लक्ष्यों की ओर बढ़ते हुए नया ज्ञान, आचार और कौशल को समाहित करता है, ताकि उसके सीखने के अनुभवों में विस्तार हो सके। वैसे ही ये सारे कारक आपस में संवाद की स्थिति में आते रहते हैं।

पिछली सदी के दौरान शिक्षण पर विभिन्न किस्म के दृष्टिकोण उभरे हैं। इनमें एक है— ज्ञानात्मक शिक्षण, जो शिक्षण को मस्तिष्क की एक क्रिया के रूप में देखता है। दूसरा है— रचनात्मक शिक्षण, जो ज्ञान को सीखने की प्रक्रिया में की गई रचना के रूप में देखता है। इन सिद्धांतों को अलग-अलग देखने के बजाय इन्हें संभावनाओं की एक ऐसी श्रृंखला के रूप में देखा जाना चाहिए जिन्हें शिक्षण के अनुभवों में पिरोया जा सके। एकीकरण की इस प्रक्रिया में अन्य कारकों को भी संज्ञान में लेना जरूरी हो जाता है— ज्ञानात्मक शैली, शिक्षण की शैली, हमारी मेधा का एकाधिक स्वरूप और ऐसा शिक्षण जो उन लोगों के काम आ सके। जिन्हें इसकी विशेष जरूरत है और जो विभिन्न सांस्कृतिक पृष्ठभूमि से आते हैं।

शिक्षण का अर्थ - शिक्षा के क्षेत्र में शिक्षण सबसे प्रमुख हैं। शिक्षण एक सामाजिक प्रक्रिया हैं। शिक्षण शब्द शिक्षा से बना हैं जिसका अर्थ हैं— शिक्षा प्रदान करना। शिक्षण की प्रक्रिया मानव व्यवहार को परिवर्तित करने की तकनीक हैं अर्थात् शिक्षण का उद्देश्य व्यवहार परिवर्तन हैं।

शिक्षण का संकुचित अर्थ - संकुचित अर्थ में शिक्षण का तात्पर्य बालक को कक्षा में निश्चित समय, निश्चित विधियों, निश्चित स्थान पर पूर्वनियोजित ढंग से शिक्षण देना इस प्रक्रिया में शिक्षक का स्थान प्रमुख तथा बालक का स्थान गौण हो जाता हैं।

शिक्षण का व्यापक अर्थ - वस्तुतः शिक्षण मनुष्य के जीवन में निरंतर चलने वाली प्रक्रिया हैं। उसे अपने पर्यावरण से किसी न किसी रूप में शिक्षण प्राप्त होता रहता हैं।

शिक्षण एक द्विमुखी प्रक्रिया - 'एडम्स' ने शिक्षा को एक द्विमुखी प्रक्रिया माना हैं। इस प्रक्रिया में शिक्षक का स्थान प्रमुख तथा शिक्षार्थी का स्थान गौण हैं। अर्थात् शिक्षण शिक्षक केन्द्रित हो गया।

शिक्षण एक त्रिमुखी प्रक्रिया - 'जान डीवी' के अनुसार, शिक्षा की प्रक्रिया त्रिमुखी हैं रॉयबर्न ने भी शिक्षण की प्रक्रिया को त्रिमुखी बताया हैं।

रायबर्न के अनुसार, शिक्षा में तीन केन्द्र बिन्दु हैं— शिक्षक, शिक्षार्थी और विषयवस्तु। 'शिक्षण' इन तीनो में स्थापित किया जाने वाला संबंध हैं।

बच्चों में विचार प्रक्रिया का आधार:

• **अभिव्यक्ति:** मान लीजिए कि एक बच्चा अपने भौतिक और मनोवैज्ञानिक वातावरण में किसी वस्तु और स्थिति को मानता है, तो इन वस्तुओं के माध्यम से एक बच्चा अपने ज्ञान को बढ़ाता है और अपनी सोच को भी विकसित करता है।

• **अवधारणा:** अवधारणा में, एक बच्चा विभिन्न अवधारणाओं, जैसे— वजन, समय, दूरी, संख्या आदि के बारे में अपनी अवधारणाओं को विकसित करता है।

• **अच्छे या बुरे अनुभव:** एक बच्चा अपने अनुभवों से बहुत कुछ सीखता है। वह अपने विभिन्न अच्छे या बुरे अनुभवों के बारे में निष्कर्ष निकालता है।

• **जिज्ञासा:** इस बच्चे के तहत उसकी रुचि और इच्छाओं के कारण सोचने के नए तरीके विकसित होते हैं। इसलिए, अपने सीखने वाले परिवार को गति देने के लिए उसे प्रोत्साहित करना चाहिए।

• **नकल:** इस तत्व के तहत, बच्चे दूसरों की कार्यवाही की नकल करना सीखते हैं।

• **तर्क:** तर्क उच्चतम स्तर की सोच है और बच्चे की भाषा के ज्ञान के अनुसार विकसित होती है।

अभ्यासार्थ प्रश्न

1. "अधिगम अनुभवों को इस प्रकार से आयोजित किया जाना चाहिए जिससे अधिगम को सार्थक बनाया जा सके।" नीचे दिए गए अधिगम अनुभवों में से कौनसा बच्चों के लिए सार्थक अधिगम को सुगम नहीं बनाता है?

(a) विषय-वस्तु की केवल याद करने के आधार पर पुनरावृति
(b) विषय-वस्तु पर प्रश्न बनाना
(c) प्रकरण पर परिचर्चा और वाद-विवाद
(d) प्रकरण पर प्रस्तुतीकरण

2. प्रचलित योजनाओं में नई जानकारी जोड़ने को किस नाम से जाना जाता है?

(a) समायोजन
(b) साम्यधारण
(c) आत्मसात्करण
(d) संगठन

3. निम्न में से कौन-सा सीखने की शैली का एक उदाहरण है?

(a) चाक्षुष
(b) संग्रहण
(c) तथ्यात्मक
(d) स्पर्श संबंधी

4. निगमनात्मक तर्कणा में शामिल है/हैं—

(a) सामान्य से विशिष्ट की ओर तर्कणा
(b) विशिष्ट से सामान्य की ओर तर्कणा
(c) ज्ञान का सक्रिय निर्माण और पुनर्निर्माण
(d) अन्वेषणपरक सीखना और स्वतः खोजपूरक संबंधी पद्धतियाँ

5. निम्नलिखित में से कौनसा कारक अधिगम को सकारात्मक प्रकार से प्रभावित करता है?

(a) अनुतीर्ण हो जाने का भय
(b) सहपाठियों से प्रतियोगिता
(c) अर्थपूर्ण संबंध
(d) माता-पिता की ओर से दबाव

6. बच्चों में सीखी गई निस्सहायता का कारण है—

(a) इस व्यवहार को अर्जित कर लेना कि वे सफल नहीं हो सकते
(b) कक्षा गतिविधियों के प्रति कठोर निर्णय
(c) अपने अभिभावकों की अपेक्षाओं के साथ तालमेल न बना पाना
(d) अध्ययन को गम्भीरतापूर्वक न लेने हेतु नैतिक निर्णय

7. यदि एक विद्यार्थी विद्यालय में लगातार निम्नतर श्रेगी प्राप्त करता है, तो उसके अभिभावक को उसकी सहायता हेतु परामर्श दिया जा सकता है कि—

(a) वह अध्यापकों की घनिष्ठ संगति में कार्य करें
(b) मोबाइल फोन, चलचित्र, कॉमिक्स, खेल हेतु अतिरिक्त काल पर रोक लगाएँ
(c) जो भली-भाँति शिक्षा नहीं ले पाए उनकी जीवन-संबंधी कठिनाइयों का वर्णन करें
(d) घर पर उसको परिश्रमपूर्वक कार्य करने पर बल दें

8.निम्नलिखित में से कौनसा तत्व कक्षा में अधिगम हेतु सहायक हो सकता है?

(a) बच्चों को अधिगम हेतु प्रेरित करने के लिए परीक्षणों की संख्या को बढ़ा देना

(b) अध्यापकों द्वारा बच्चों की स्वायत्तता को बढ़ावा व सहायता देना

(c) समानता बनाए रखने के लिए किसी एक अनुदेशन पद्धति पर टिके रहना

(d) कालांश की अवधि को 40 मिनट से 50 मिनट तक बढ़ा देना

9.परिपक्व विद्यार्थी—

(a) इस बात से विश्वास करते हैं कि उनके अध्ययन में भावनाओं का कोई स्थान नहीं है

(b) अपनी बौद्धिकता के साथ अपने सभी प्रकार के द्वन्द्वों का शीघ्र समाधान कर लेते हैं

(c) अपने अध्ययन में कभी-कभी भावनाओं की सहायता चाहते हैं

(d) कठिन परिस्थितियों में भी अध्ययन से विचलित नहीं होते

10.दिए गए वाक्य को पूरा करने के लिए निम्नलिखित में से कौनसा युग्म सर्वाधिक उचित विकल्प होगा?

"जब बच्चे उन गतिविधियों में शामिल होते हैं जो ______ होती हैं, तब वे जल्दी ______ करते हैं।"

(a) कक्षा-कक्ष में उपयोगी; विस्मरण

(b) केवल उनके कक्षा-कार्य से संबंधित; प्रत्यास्मरण

(c) सांस्कृतिक रूप से निष्पक्षीय; स्मरण

(d) वास्तविक जीवन में उपयोगी; सीखा

उत्तर

1.(a), 2.(c), 3.(a), 4.(a), 5.(c), 6.(a), 7.(a), 8.(b), 9.(c), 10.(d)

इकाई 18: स्कूल प्रदर्शन में प्राप्त सफलता तथा असफलता

प्रत्येक बच्चा एक अलग गति से **विकसित** होता है और उसका चीजों के प्राते अलग-अलग दृष्टिकोण होता है। हालांकि, अधिकतर बच्चे उनकी पुस्तकों में चित्रों को देखकर कहानियां सुनाने की प्रवृत्ति रखते हैं। ये विभिन्नताएं एक बच्चे को विरासत में **मिली प्रवृत्तियों, अवसरों या अनुभवों** की वजह से हो सकती हैं। उनकी शिक्षा में भाषा की **भूमिका बहुत महत्वपूर्ण** है। यह बच्चों को उनके विचारों और तथ्यों को व्यवस्थित करने में मदद करता है और धीरे-धीरे अपने विचारों को विकसित करने के बदले में उनकी समस्या को सुलझाने के कौशल को विकसित करता है।

"बच्चे स्कूल के प्रदर्शन में क्यों और कैसे सफलता प्राप्त करने में असफल होते हैं?"

कुछ मूलभूत कारक हैं:

1. कार्य को पूरा करने की असमर्थता - छात्रों को उनके कार्यों को पूरा करने के लिए **प्रोत्साहित करते रहना चाहिए**, जब तक कि वह पूरा न हो जाये, चाहे वह कितना ही मुश्किल क्यों न हो।

2. 'विलंब' या ख़राब समय प्रबंधन - शिक्षकों को चाहिए कि वह अपने विद्यार्थियों को कम उम्र से ही अच्छे गृहकार्य और अध्ययन की आदतों को प्रोत्साहित करें। क्योंकि कुछ विद्यार्थियों को कार्य को पूरा करने के अंतिम क्षण या अंतिम दिन पर कार्य करने की आदत होती है।

3. आत्मविश्वास की कमी - आत्मविश्वास की कमी या विफलता का डर एक छात्र को अपने कौशल और ताकत के गठन से रोक सकता है। हर नए कौशल में महारत हासिल करने से पूर्व धैर्य की आवश्यकता होती है।

4. दूसरों पर विश्वसनीयता - प्रत्येक बच्चे को उसके स्कूल में प्रवेश करने के पहले ही दिन से यह सिखाया जाना चाहिए कि अपनी पढ़ाई के लिए, अपने गृहकार्य और अन्य कार्यों को पूरा करने के लिए अपने सह-साथियों या दूसरों पर निर्भर रहने की बजाय केवल वही उसके लिए पूरी तरह से जिम्मेदार है।

5. इच्छा और प्रेरणा की कमी - कुछ विद्यार्थी सफलता पाने में असफल होते हैं, जबकि कुछ सफल होने में सक्षम हैं। दोनों ही स्थितियों में, वे अपने कार्यों को पूरा करने और अन्य गतिविधियों में कोई दिलचस्पी नहीं दिखाते हैं। इसके अलावा, प्रेरणा की कमी के कारण, वे किसी भी काम में आनंद नहीं ले पाते हैं।

6. पढ़ने और समझने की ख़राब स्थिति - यदि एक बच्चा सामान्यतया पढ़ने और अपनी पढ़ाई में प्रयोग होने वाली भाषा को समझने में असमर्थ है, तो हम उससे तेज दिमाग होने के बावजूद उच्च उत्कृष्टता प्राप्त करने की उम्मीद नहीं कर सकते हैं।

7. माता पिता की भागीदारी में कमी - अपनी कम उम्र के दौरान एक बच्चे की दुनिया ज्यादातर अपने माता पिता के आसपास घूमती है और इसलिए एक प्रेरित कारक के रूप में बच्चे के माता-पिता एक बहुत ही महत्वपूर्ण भूमिका निभाते हैं। हालांकि, कुछ बच्चे उनके माता-पिता की मदद के बिना भी अच्छा कर सकते हैं, लेकिन अधिकांश मामलों में माता-पिता की भागीदारी एक बच्चे के अध्ययन पर बड़ा प्रभाव डालती है।

8. अनुचित संगठनात्मक कौशल - कुप्रबंधन और अनुचित संगठनात्मक कौशल न केवल एक बच्चे की सीखने की गति को कम या अव्यवस्थित करते हैं, बल्कि उसके आगे भी सीखने की प्रक्रिया में बाधा साबित होते हैं। भूख, प्यास, नींद की कमी, शारीरिक बीमारियां या अन्य भौतिक कारण भी कभी-कभी बच्चे की कम समझ के कारण हो सकते हैं।

9. अन्य कारक - कुछ अन्य कारक, जैसे— आत्मविश्वास के स्तर में कमी, साथियों के दबाव, अति-संरक्षण और माता-पिता की बड़ी उम्मीदें, सामाजिक और संवादी कौशल की कमी भी स्कूल स्तर पर एक बच्चे की उपलब्धियों के साथ हस्तक्षेप करते हैं।

शिक्षा को प्रभावित करने वाले पर्यावरणीय कारक:

A. **शिक्षकों, साथियों और माता-पिता के साथ सम्बन्ध** - इन सभी स्तरों पर एक अच्छे संबंध एक बच्चे को तनाव मुक्त वातावरण और उसके विकास की सुविधा प्रदान करता है।

B. **परिवेश (प्राकृतिक, सामाजिक और सांस्कृतिक)**- ये सभी स्थितियां शिक्षा को सीधे प्रभावित करती हैं। तो, वे एक बच्चे के विकास के अनुसार और अनुकूल होनी चाहिए।

C. **मीडिया प्रभाव** - इसे जानकारी के आदान-प्रदान के रूप में एक महत्वपूर्ण स्रोत माना जाता है।

बच्चों में सोच सुधारने के लिए सुझाव:

माता-पिता और शिक्षकों द्वारा बच्चों की सोच कौशल विकसित करने के लिए निम्नलिखित सुझाव दिए गए हैं—

1. बच्चों को उनकी पसंद के अनुसार उनके हितों को विकसित करने की अनुमति है और माता-पिता को उन्हें प्रोत्साहित करना चाहिए।

2. बच्चों को उनकी जिम्मेदारी संभालने के लिए उनकी क्षमता के अनुसार कुछ काम दिया जाना चाहिए।

3. यदि बच्चे किसी समस्या को हल करने में असमर्थ हैं, तो उन्हें अपने माता-पिता और शिक्षकों के साथ चर्चा करना सिखाया जाना चाहिए।

4. बच्चों के सीखने के कौशल को बढ़ाने के लिए माता-पिता और शिक्षकों को बच्चों के लिए सीखने का माहौल बनाना चाहिए।

5. माता-पिता और शिक्षकों द्वारा बच्चों की सोच और उनकी शक्तियों को बढ़ाने के लिए प्रेरित किया जाता है।

जैसा कि हम सभी जानते हैं कि हर बच्चा अपनी क्षमताओं के अनुसार अलग-अलग होता है और कुछ स्कूलों में असफल होने के कई कारणों से डरते हैं, ऊब जाते हैं, भ्रमित होते हैं। जबकि कुछ शिक्षकों द्वारा इस्तेमाल किए गए खराब और अप्रभावी तरीकों के कारण विफल होते हैं। विफलता के कुछ भाव और उनके कारण इस प्रकार हैं—

असफलता की अभिव्यक्तियाँ: प्रत्येक बच्चा अपने स्कूल की शुरुआत पूरे जोश के साथ करता है लेकिन परीक्षा में उसका ग्रेड खराब हो जाता है, वह कक्षा से अलग-थलग महसूस करता है और सभी छात्रों से पिछड़ जाता है। छात्र के प्रदर्शन में यह गिरावट अगर समय पर जाँच नहीं की जाती है तो वह स्कूल से बाहर हो जाता है। छात्रों की विफलता के कारणों में से कुछ हैं—

1. **डर:** कई बार ऐसा देखा जाता है कि बच्चों को विभिन्न प्रकार के कार्यों और परीक्षण से गुजरते वक्त उसके मूल्यांकन तथा आकलन के बाद असफलता मिलने पर माता-पिता और शिक्षकों से मिलने वाली विपरीत प्रतिक्रिया का बच्चों को डर रहता है, जो कालांतर में बच्चों की विफलता का कारण बनता है।

2. **बोरियत:** यदि बच्चे की रुचि शिक्षकों द्वारा सौंपे गए कार्य के साथ मेल नहीं खाती है और शिक्षक एक बच्चे से एक ही कार्य को दोहराव से करना चाहता है, तो बच्चा स्कूल जीवन से ऊब महसूस करता है और किसी भी तरह से इससे बचना चाहता है।

3. **भ्रम:** एक बच्चा इस शर्त का सामना करता है कि वह स्कूल में क्या सीखता है और वह घर पर क्या सीखता है। और बच्चा उत्तरों के साथ भ्रमित हो जाता है और शिक्षक से एक ही सवाल पूछने की कोशिश करता है और शिक्षक अक्सर अपने माता-पिता के विपरीत, उसे संतुष्ट नहीं करते हैं। कुछ समय बाद, बच्चा स्कूल में अपनी शंका का समाधान करने के लिए सवाल पूछना बंद कर सकता है। इस तरह के भ्रमों के कारण यह स्थिति उसे खराब प्रदर्शन की ओर ले जाती है।

4. **प्रेरणा की कमी:** प्रेरणा की कमी विभिन्न कारणों से हो सकती है। जैसे— स्कूल में बच्चों की अनुपस्थिति, शिक्षकों के साथ संवाद की कमी, प्रतिकूल कक्षा का माहौल, शिक्षाविदों में असावधानी आदि।

5. **कमजोर शिक्षण रणनीतियाँ:** यदि शिक्षण रणनीति बच्चे की रुचि और क्षमताओं से मेल नहीं खाती है और ये रणनीतियाँ अपमान का डर पैदा करती हैं तो बच्चा एक रक्षा तंत्र विकसित करता है, जिसके परिणामस्वरूप छात्रों द्वारा शिक्षकों के सवालों से बचने के तरीके खोजे जाते हैं। यह समस्या बच्चों को स्कूल के प्रति आकर्षण कम करती है।

विफलता से बचने के तरीके:

1. अभिभावक स्कूल और पारिवारिक वातावरण दोनों मामलों में अपनी भागीदारी बनाते हैं। माता-पिता को अपने बच्चों के लिए एक स्थिर वातावरण बनाने की कोशिश करनी चाहिए। स्कूलों

और अन्य मामलों में सिखाई गई नई अवधारणाओं को समझाने में, होमवर्क में उनकी मदद करने की कोशिश करें।

2. माता-पिता और शिक्षक दोनों को बच्चे के पढ़ने, लिखने, गणितीय, सामाजिक आदि जैसे विभिन्न कौशल विकसित करने में मदद करनी चाहिए, जिससे बच्चे स्कूली जीवन में भविष्य की चुनौतियों का सामना आसानी से कर सके।

3. माता-पिता और शिक्षक दोनों को निरंतर प्रतिक्रिया प्रदान करके बच्चे को प्रेरित करना चाहिए। उन्हें सिखाया जाना चाहिए कि सभी अपनी विफलता से सीखते हैं और निरंतर अभ्यास और दोहराव के माध्यम से चीजों पर महारत हासिल की जा सकती है।

एक शिक्षक को छात्रों के प्रदर्शन की पूरी जानकारी होती है। अगर कोई छात्र आयोजित परियोजना या निबंध में उत्साह नहीं रखता है या दिए गए कार्यों को उत्साह से जल्द से जल्द करने के बजाए उसे पूरा करने के लिए अंतिम समय तक प्रतीक्षा करता है, तो एक शिक्षक को ऐसे शिक्षार्थियों पर ध्यान देने की आवश्यकता है।

कार्यों को पूरा करने में असमर्थता -

छात्रों को हर कार्य में पूरी तरह से प्रोत्साहित किया जाना चाहिए और कार्य पूरा होने तक नहीं छोड़ना चाहिए। अपने बच्चे को कमजोर पक्षों की पहचान करने में मदद करें। जो छात्रों को आगे बढ़ने में बाधा होती है और विद्यालय के विभिन्न कार्यों तथा क्रियाकलापों में विद्यार्थियों को भाग लेने से रोकती है।

एक शिक्षक होने के नाते आप बच्चों को इस बात की जानकारी जरूर दें कि हर कठिन काम की शुरुआत छोटे-छोटे कामों से ही होती है और बच्चों को विद्यालय के विभिन्न छोटे-छोटे क्रियाकलापों में संलग्न करें। उन्हें आगे बढ़ने के लिए प्रोत्साहित करें ताकि भविष्य में बच्चे बड़े कामों को भी सफलतापूर्वक पूरा कर सकें।

शिथिलता भी तनाव और चिंता का कारण बन सकती है, जिससे कार्य को पूरा करना असंभव हो जाता है। एक नया कौशल या एक नया विषय सीखना हमेशा आसान नहीं हो सकता है। इसके लिए विभिन्न परिस्थितियों में अपने मस्तिष्क को खुला रखने की और सीखने की प्रवृत्ति की आवश्यकता है।

असफलता का डर और आत्मविश्वास की कमी-

आत्म-सम्मान या आत्मविश्वास की कमी एक छात्र को उसकी ताकत के आधार पर निर्माण करने से रोक सकती है। बहुत अधिक आत्मविश्वास भी एक छात्र की कमजोरियों को स्वीकार करने और सुधारने से रोक सकता है। कुछ सफलता नहीं प्राप्त करने के कारण आगे और प्रयास करने से हिचक जाते हैं या उनकी हिम्मत टूट जाती है।

कम उम्र से ही, बच्चों को पता होना चाहिए कि हम सभी अपनी विफलताओं से सीखते हैं और फिर आगे बढ़ते हैं। सभी नए कौशल में महारत हासिल करने से पहले अभ्यास और पुनरावृत्ति की आवश्यकता होती है।

दूसरों पर निर्भरता -

अपने बच्चे को स्कूल में प्रवेश करने के क्षण से शैक्षणिक स्वतंत्रता और जवाबदेही विकसित करने के लिए प्रोत्साहित करें। प्रत्येक बच्चे को पता होना चाहिए कि वह स्वयं सीखने के लिए जिम्मेदार है। जैसे—

1. सभी कार्यों और असाइनमेंट को पूरा करना;
2. हर वर्ग के लिए सही किताबें और उपकरण लाना;
3. हर दिन गृहकार्य के लिए आत्मनिर्भरता

प्रारंभिक स्तर पर सशक्त दिनचर्या और अच्छी अध्ययन की आदतों को स्थापित करना, अधिकांश छात्रों के लिए एक स्व-निर्देशित शिक्षार्थी के रूप में विकसित होने का मार्ग प्रशस्त करेगा। अभिभावकों को बच्चे के शिक्षक से बात करते रहना चाहिए और यह सुनिश्चित करना चाहिए कि बच्चे किसी भी क्षेत्र में मानसिक रूप से संघर्ष न कर रहे हो। और अगर बच्चों को किसी भी प्रकार की परेशानी है तो उसका हल ढूंढने की कोशिश करनी चाहिए।

इच्छा का अभाव-

कई छात्र सफलता प्राप्त नहीं कर सकते हैं। इसका अर्थ है कि उनके पास सफल होने के लिए पहल या प्रेरणा की कमी है। ऐसे भी छात्र हैं जो काम कर सकते हैं, अत्यधिक बुद्धिमान हैं, लेकिन उन्होंने तय किया है कि इसके अलावा दूसरी अन्य चीजें उनके लिए अधिक महत्वपूर्ण हैं और वह इस वजह से अध्ययन को प्राथमिकता नहीं देते हैं।

कई मामलों में वे बाहर के कारकों, भावनात्मक मुद्दों से विचलित होते हैं, या उन्हें पर इसके लिए स्कूल में उन्हें पर्याप्त निर्देश और सहयोग नहीं मिलता है। इसके लिए एक शिक्षक का योगदान काफी महत्वपूर्ण है कि बच्चों के विभिन्न पहलुओं पर नज़र रखें और उन्हें आगे बढ़ने में मदद करें। छात्रों को सफलता मिलने के बाद उन्हें उनके शैक्षणिक उपलब्धि पर पुरस्कृत करना, उनके आत्मविश्वास और कार्य करने की उत्सुकता को बढ़ाता है और ज़िन्दगी में और भी बेहतर उपलब्धि पाने की प्रेरणा देता है।

इसलिए कई स्थितियों में आपको बच्चों को चुनौतियों का सामना करने देना होगा। ताकि बच्चे विभिन्न परिस्थितियों में अपनी बुद्धि और रचनात्मकता से उन चुनौतियों का सामना करके जीवन पथ पर अग्रसर हो। कई परिस्थितियों में यह भी देखा जाता है कि किसी भी क्रियाकलाप या परियोजना को करने के लिए बच्चे अंतिम चेतावनी या अंतिम समय तक का इंतजार करते हैं। इससे यह प्रतीत होता है कि बच्चों में उत्सुकता की कमी है। यहां पर एक शिक्षक को जिम्मेदारी

के साथ पूरी नज़र रखने की जरूरत है कि बच्चा दिए गए कार्यों को उचित समय के साथ शुरुआत करें और उसमें बच्चों की उत्सुकता बनी रहे।

कभी-कभी किसी कार्य को पूरा करने के लिए या परीक्षण में हिस्सा लेने के लिए या पाठ्यक्रम की समाप्ति के लिए नियमित समय के अलावा भी विद्यार्थियों की उपस्थिति अनिवार्य होती है। लेकिन कुछ शिक्षार्थी अतिरिक्त सत्र में भाग नहीं लेना चाहते हैं, जहां पर एक शिक्षक की यह जिम्मेदारी है कि वह उन शिक्षार्थियों से बात करके उनकी परेशानियों को समझें और यह सुनिश्चित करें कि बच्चे हर तरह के क्रियाकलापों और पाठ्यक्रमों को पूरी तरीके से समझते हैं और आगे बढ़ते हैं।

माता-पिता की भागीदारी का अभाव

एक छोटे बच्चे के लिए, उसकी पूरी दुनिया उसके माता-पिता के चारों ओर घूमती है। और इस तरह उनके माता-पिता और उनकी अकादमिक सफलता में उनकी भागीदारी एक विशाल प्रेरक कारक के रूप में काम करती है। हां, हमारे पास इस मामले में कुछ अपवाद हैं। कुछ छात्र अपने अध्ययन में अपने माता-पिता की भागीदारी की कमी के बावजूद बहुत अच्छे ग्रेड स्कोर करते हैं, लेकिन अधिकांश मामलों में माता-पिता की भागीदारी स्कूल में एक बच्चे के प्रदर्शन पर बहुत अधिक प्रभाव डालती है। कुछ माता-पिता परीक्षा में अच्छे अंक प्राप्त करने के लिए युक्तियों पर सर्वोत्तम संदर्भ पुस्तकें प्राप्त करते हैं। लेकिन अपने बच्चे की पठन-पाठन प्रक्रिया में कोई व्यक्तिगत समय और सक्रिय भागीदारी प्रदान करने में विफल रहते हैं। प्रत्येक माता-पिता को अपने बच्चे के जीवन में सक्रिय रूप से शामिल होना चाहिए। खासकर उनके बढ़ते शैक्षणिक समय के दौरान।

संगठनात्मक कौशल का अभाव

प्रत्येक छात्र को कक्षा में शामिल पाठ्यक्रम के साथ तालमेल रखने के लिए और बिना किसी परेशानी के अपने अध्ययन सामग्री और असाइनमेंट का पता लगाने के लिए, अपने व्यक्तिगत संगठनात्मक कौशल को विकसित करने की आवश्यकता है। कुप्रबंधन और खराब संगठनात्मक कौशल न केवल उसके अध्ययन की गति को कम करते हैं, बल्कि उसकी सक्रिय सीखने की प्रक्रिया में भी बाधा उत्पन्न करते हैं।

उत्तेजना की कमी

स्कूल में एक छात्र के खराब प्रदर्शन का एक और मूल कारण "प्रेरक बल" की कमी है, जो आमतौर पर उन्हें आगे बढ़ाता रहता है। प्रेरणा की कमी के कारण किसी भी लक्ष्य को प्राप्त करने में उन्हें खुशी नहीं मिलती है।

कम आत्म सम्मान

कुछ छात्र यह मानने लगते हैं कि वे किसी विशेष विषय में अच्छे नहीं हैं या वे कक्षा के बाकी छात्रों की तुलना में सामाजिक या आर्थिक रूप से पिछड़े हैं। यह नकारात्मक भावना किसी विशेष या सभी विषय क्षेत्रों में उनकी उपलब्धियों में बाधा बनती है। चिंता का एक और मुद्दा कम

आत्मसम्मान वाले बच्चों में सेल्फ टॉक की आदत है, जहां वे अपने आप से या अपने मस्तिष्क में कुछ काल्पनिक चरित्रों के साथ बात करना शुरू करते हैं। यह आदत आमतौर पर हानिरहित होती है। लेकिन कभी-कभी गंभीर स्थिति में एक मनोवैज्ञानिक बीमारी बन सकती है। इसलिए अपने बच्चे के लिए उपलब्ध होने की कोशिश करें और उनकी बातें सुनें। छात्रों में कम आत्मसम्मान का एक अन्य कारण हमारे समाज का सामाजिक स्तरीकरण है, जो विभिन्न सामाजिक और आर्थिक कारकों के आधार पर बच्चों को एक ही कक्षा में विभाजित करता है।

भाषा की समझ -

किसी भी विषय में बड़ी उपलब्धि हासिल करने के लिए भाषा सबसे महत्वपूर्ण उपकरण है। यदि कोई बच्चा पढ़ाई में इस्तेमाल की जाने वाली भाषा को पढ़ने और समझने में कमजोर है, तो हम उससे बहुत तेज दिमाग होने पर भी उच्च स्थान प्राप्त करने की उम्मीद नहीं कर सकते।

भूख, प्यास, नींद की कमी और अन्य शारीरिक कारण

कभी-कभी बच्चे का सफल नहीं हो पाना मानसिक या स्मृति मुद्दा नहीं होता है। बल्कि भूख, नींद की कमी और शरीर की बीमारियां इत्यादि भी बच्चे की सफलता नें रुकावट डालते हैं।

अन्य कारक

स्कूल में एक छात्र की उपलब्धियों में हस्तक्षेप करने वाले कुछ अन्य कारक हैं— सहकर्मी दबाव, सामाजिक अभाव, माता-पिता की सुरक्षा, माता-पिता की उच्च अपेक्षाएं और संवादी कौशल और अनुपस्थिति। माता-पिता को यह जानने की जरूरत है कि उन्हें अपने बच्चे की सुरक्षा और नियंत्रण करना कितना जरूरी है और बच्चों को दोस्तों के साथ नाइट-आउट की अनुमति कब देनी है और कब उन्हें 'नहीं' कहना है। ये नाजुक मुद्दे हैं जिन्हें देखभाल और अत्यंत सावधानी के साथ संभालना पड़ता है, ताकि यह सब बच्चे के लिए प्रेरक और सहायक शक्ति के रूप में काम करे, न कि एक सीमित कारक के रूप में।

अभ्यासार्थ प्रश्न

1.शिक्षार्थी फैशन शो को देखकर मॉडल्स का अनुकरण करने की कोशिश करते हैं। इस प्रकार के अनुकरण को ______ कहा जा सकता है।

(a) प्राथमिक अनुकरण

(b) गौण अनुकरण

(c) सामाजिक अधिगम

(d) सामान्यीकरण

2.________ के अतिरिक्त निम्नलिखित कुछ तकनीकें हैं जो परीक्षा के कारण होने वाली चिन्ता को दूर करती हैं।

(a) प्रश्न-पत्र की संरचना (पैटर्न) से परिचित कराना

(b) परिणाम के बारे में बहुत अधिक सोचना

(c) समर्थन प्राप्त करना

(d) विशिष्टताओं पर बल देना

3.________ के द्वारा निपुणता अभिविन्यास को प्रोत्साहित किया जा सकता है।

(a) शिक्षार्थियों के व्यक्तिगत प्रयासों पर ध्यान केन्द्रित करने

(b) शिक्षार्थियों के सफलता की परस्पर तुलना करने

(c) गृहकार्य के रूप में बहुत अधिक अभ्यास सामग्री देकर

(d) अनपेक्षित परीक्षा लेकर

4.'सीखने की तत्परता' ________ की ओर संकेत करती है।

(a) थॉर्नडाइक का तत्परता का नियम

(b) शिक्षार्थियों का सामान्य योग्यता स्तर

(c) सीखने के सातत्यक में शिक्षार्थियों का वर्तमान संज्ञानात्मक स्तर

(d) सीखने के कार्य की प्रकृति को संतुष्ट करने

5.बच्चों में सीखने और सुनने के लिए अधिगम-योग्य वातावरण के लिए निम्नलिखित में से कौन उपयुक्त है?

(a) शिक्षार्थियों को यह छूट देना कि क्या सीखना है और कैसे सीखना है?

(b) एक लम्बे समय के लिए निष्क्रिय रूप से सुनना

(c) निरंतर गृहकार्य देते रहना

(d) सीखने वाले द्वारा व्यक्तिगत कार्य करना

6."एक बच्चा अतीत की समान परिस्थिति में की गई अनुक्रियाओं के आधार पर नई स्थिति के प्रति अनुक्रिया करता है।" यह किससे संबंधित है?

(a) सीखने का 'सादृश्यता नियम'

(b) सीखने का 'प्रभाव नियम'

(c) सीखने की प्रक्रिया का 'अभिवृति नियम'

(d) सीखने का 'तत्परता नियम'

7.सीखना समृद्ध हो सकता है यदि—

(a) वास्तविक दुनिया से उदाहरणों को कक्षा में लाया जाए, जिसमें विद्यार्थी एक-दूसरे से अन्त:क्रिया करें और शिक्षक उस प्रक्रिया को सुगम बनाए

(b) कक्षा में अधिक से अधिक शिक्षण सामग्री का प्रयोग किया जाए
(c) शिक्षक विभिन्न प्रकार के व्याख्यान और स्पष्टीकरण का प्रयोग करें
(d) कक्षा में आवधिक परीक्षाओं पर अपेक्षित ध्यान दिया जाए

8.निम्न में से कौनसे कथन को सीखने की प्रक्रिया की विशेषता नहीं मानना चाहिए?
(a) शैक्षिक संस्थान ही एकमात्र स्थान है जहाँ अधिगम प्राप्त होता है
(b) सीखना एक व्यापक प्रक्रिया है
(c) सीखना लक्ष्योन्मुखी होता है
(d) अन-अधिगम भी सीखने की प्रक्रिया है

9.निम्नलिखित में से किस कथन को "सीखने" के लक्षण के रूप में नहीं माना जा सकता?
(a) सीखना एक ऐसी चीज है जो कुछ अनुभवों के परिणामस्वरूप घटित होती है
(b) व्यवहार का अध्ययन सीखना है
(c) अन-अधिगम भी सीखने का एक हिस्सा है
(d) सीखना एक प्रक्रिया है जो व्यवहार में मध्यस्थता करती है

10.निम्नलिखित में से कौनसा कथन "सीखने" के बारे में सही है?
(a) सीखना उस वातावरण में प्रभावी होता है, जो संवेगात्मक रूप से सकारात्मक हो और शिक्षार्थियों को संतुष्ट करने वाला हो
(b) सीखने के किसी भी चरण पर सीखना संवेगात्मक कारकों से प्रभावित नहीं होता
(c) सीखना मूल रूप से मानसिक क्रिया है
(d) बच्चों द्वारा की गई त्रुटियाँ यह संकेत करती हैं कि किसी तरह का सीखना नहीं हुआ

उत्तर

1.(c), 2.(b), 3.(a), 4.(c), 5.(a), 6.(a), 7.(a), 8.(a), 9.(b), 10.(a)

इकाई 19: शिक्षण और सीखने की बुनियादी प्रक्रिया

सीखना या अधिगम, एक व्यापक, सतत एवं जीवन पर्यन्त चलने वाली प्रक्रिया है। मनुष्य, जन्म के उपरांत ही सीखना प्रारंभ कर देता है और जीवन भर कुछ न कुछ सीखता ही रहता है। धीरे-धीरे वह अपने को वातावरण से समायोजित करने का प्रयत्न करता है। इस समायोजन के दौरान वह अपने अनुभवों से अधिक लाभ उठाने का प्रयास करता है। इस प्रक्रिया को मनोविज्ञान में “सीखना” कहते हैं। जिस व्यक्ति में सीखने की जितनी अधिक शक्ति होती है, उतना ही उसके जीवन का विकास होता है। सीखने की प्रक्रिया में व्यक्ति अनेक क्रियाएें एवं उपक्रियाएें करता है। अतः सीखना किसी स्थिति के प्रति सक्रिय प्रतिक्रिया है।

शिक्षण एक ऐसी प्रक्रिया है जिसमें एक बच्चा शिक्षक की मदद से अपने व्यवहार में वांछित परिवर्तन लाता है। यह कक्षा के निर्देशों में उपयोग किए जाने वाले सामान्य सिद्धांतों, शिक्षण और प्रबंधन दृष्टिकोण की एक विधि है। शिक्षण छात्रों की भावना, सोच और कार्य को संशोधित करता है।

क्लार्क के अनुसार, "शिक्षण से अभिप्राय उन गतिविधियों से है जो छात्र व्यवहार में परिवर्तन उत्पन्न करने के लिए निष्पादित की जाती हैं।"

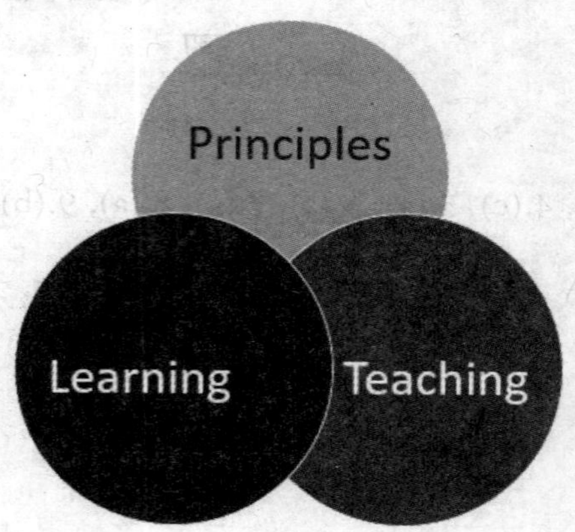

शिक्षण और सीखने के तरीके:

शिक्षक की विषय वस्तु और चातुर्य के अनुसार शिक्षण की विधियों का पालन किया जाना चाहिए। शिक्षण की चार विधियाँ हैं जो विषय को प्रस्तुत करती हैं—

विधि बताने का तरीका: शिक्षण पद्धति, शिक्षण के सभी पहलुओं को शामिल करती है जो शिक्षण अधिगम प्रक्रिया के दौरान छात्रों को मौखिक रूप से दिए जाते हैं। इस विधि में व्याख्यान विधि, चर्चा विधि, कहानी कहने की विधि आदि शामिल हैं।

प्रोजेक्ट विधि: यह विधि शिक्षण अधिगम प्रक्रिया में विषय वस्तु के पहलुओं को सीखते हुए कवर करती है। यह विधि परियोजना विधि, समस्या को सुलझाने की विधि, पाठ्यपुस्तक विधि आदि को कवर करती है।

दृश्य विधि: यह विधि शिक्षण सीखने की प्रक्रिया में विषय वस्तु के देखने के पहलू को कवर करती है। इसमें प्रदर्शन विधि, पर्यवेक्षण अध्ययन विधि आदि शामिल होते हैं।

मानसिक विधि: यह विधि, विषय वस्तु के संज्ञानात्मक पहलुओं को शामिल करती है। शिक्षण की आगमन, निगमन इत्यादि विधियों के तरीके मानसिक विधि के अंदर शामिल होते हैं।

शिक्षण की रणनीतियाँ:

शिक्षण रणनीति छात्रों को सामग्री के वांछित पाठ्यक्रम को सीखने में मदद करती है और ये ऐसी विधि है जिसके द्वारा कक्षा में शिक्षण का उद्देश्य जारी किया जाता है।

शिक्षण रणनीतियों के प्रकार:

शिक्षण रणनीतियाँ दो प्रकार की होती हैं—

1. एकतंत्रीय शिक्षण रणनीति, और
2. लोकतांत्रिक शिक्षण रणनीति।

(a) एकतंत्रीय शिक्षण रणनीति:

यह रणनीति शिक्षण के पारंपरिक तरीकों का उपयोग करती है। इस पद्धति में शिक्षक का शिक्षण पर पूर्ण नियंत्रण होता है और छात्र को स्वतंत्र रूप से कार्य करने की अनुमति नहीं होती है। यह रणनीति चार प्रकार की है—

कहानी कहने की विधि- इस पद्धति के तहत शिक्षक कहानी को छात्रो तक पहुँचाते हैं। यह विधि छात्र की शब्दावली को बढ़ाती है। यह पद्धति भाषाओं और सामाजिक अध्ययनों को सिखाने में उपयोगी है।

व्याख्यान विधि- व्याख्यान विधि शिक्षण की सबसे पुरानी और एकतरफा संचार विधि है, जो बच्चे के संज्ञानात्मक और भावात्मक डोमेन के विकास में सहायक है। यह विधि नए पाठ को प्रस्तुत करने में उपयुक्त है और प्रस्तुति पर जोर देती है।

प्रदर्शन विधि- यह विधि व्यावहारिक विषय को पढ़ाने में उपयोगी है, जहाँ सामग्री को केवल दिखा कर समझा जा सकता है।

ट्यूटोरियल विधि- इस पद्धति के तहत एक वर्ग को छात्रों की क्षमता के अनुसार समूहों में विभाजित किया जाता है। प्रत्येक समूह को विभिन्न शिक्षकों द्वारा नियंत्रित किया जाता है। इस पद्धति में छात्रों के पिछले ज्ञान की अनुपस्थिति को कवर किया जाना चाहिए और प्रत्येक बच्चे को

व्यक्तिगत रूप से खुद को व्यक्त करने का मौका मिलता है। यह विधि एक प्रकार का उपचारात्मक शिक्षण है और प्राकृतिक विज्ञान और गणित विषयों को पढ़ाने में अनुकूल हो सकता है।

(b) लोकतांत्रिक शिक्षण रणनीति:

इस रणनीति के तहत एक बच्चा शिक्षक के सामने अपने विचार व्यक्त करने के लिए स्वतंत्र होता है। यहां शिक्षक एक मार्गदर्शक या प्रशिक्षक के रूप में काम करते हैं। यह शिक्षार्थियों के सर्वांगीण विकास में मदद करता है और संज्ञानात्मक विकास के साथ-साथ उन्हें विभिन्न पक्षों में रचनात्मक खोज के लिए आगे बढ़ाता है। इस शिक्षण रणनीति के तहत छह प्रकार के तरीके शामिल हैं—

चर्चा विधि- इस पद्धति के तहत छात्रों और शिक्षकों के बीच किसी विषय पर मौखिक बातचीत होती है। चर्चा पद्धति से सोच और संचार शक्ति का विकास होता है, जिसके परिणामस्वरूप उच्च स्तर के संज्ञानात्मक और भावात्मक डोमेन का विकास होता है। गणित, कला, संगीत और नृत्य को छोड़कर सभी विषय शिक्षण के लिए उपयुक्त है।

विधर्मी विधि- इस पद्धति के तहत एक शिक्षक, छात्र के सामने एक समस्या खड़ी करता है और उसका मार्गदर्शन भी करता है। फिर छात्रों को जांच और अनुसंधान के माध्यम से योगिनी-अध्ययन, आत्म-शिक्षा के माध्यम से ज्ञान प्राप्त करने के बाद समस्या का समाधान करता है।

डिस्कवरी विधि- इस पद्धति के तहत छात्र अपनी समस्याओं का हल अपने आसपास के वातावरण से ढूंढता है और अपने पूर्व ज्ञान का इस्तेमाल करता है। यह एक पूछताछ आधारित शिक्षा है।

प्रोजेक्ट विधि: इस पद्धति के तहत छात्रों को समूह बनाकर वास्तविक जीवन के अनुभवों से संबंधित एक प्रोजेक्ट सौंपा जाता है। छात्र वास्तविक जीवन की समस्याओं को एक दूसरे के सहयोग से सीखते हैं और हल करते हैं।

भूमिका-निभाने की विधि: इस पद्धति के तहत छात्रों को भूमिकाएँ सौंपी जाती हैं और छात्र को उन भूमिकाओं को निभाने की अनुमति होती है। यह तकनीक छात्रों को उलझाने के लिए एक उत्कृष्ट उपकरण है और छात्रों में उच्च क्रम की सोच विकसित करता है।

मस्तिष्क-तूफान: यह शिक्षण का एक रचनात्मक तरीका है जिसके तहत एक विशिष्ट समस्या के समाधान के लिए कई विचार उत्पन्न किए जाते हैं। इस पद्धति से समस्या का सामना करने के लिए दिमाग का प्रभावी ढंग से उपयोग किया जाता है।

शिक्षण और अधिगम की मुलभुत प्रक्रियाएं:

1. अनुभव, क्रिया-प्रतिक्रिया, निर्देश आदि प्राणी के व्यवहार में परिवर्तन लाते रहते है। यह अधिगम का व्यापक अर्थ है।

2. सामान्य अर्थ— व्यवहार में परिवर्तन होना, सीखना।

3. गिल्फोर्ड— "व्यवहार के कारण में परिवर्तन होना अधिगम है" (अधिगम स्वयं व्यवहार में परिवर्तन का कारण है)

4. स्किनर— "व्यवहार के अर्जन में उन्नति की प्रक्रिया ही अधिगम है"।

5. काल्विन— "पहले से निर्मित व्यवहार में अनुभव द्वारा परिवर्तन ही अधिगम है"।

6. अधिगम की पूरक प्रक्रिया विभेदीकरण या विशिष्टीकरण भी मानी गई है। जैसे— खिलौने के सभी घटकों को अलग कर फिर से जोड़ना।

7. अधिगम सदैव लक्ष्य-निर्दिष्ट व सप्रयोजन होता है। यदि अधिगम के लक्ष्यों को स्पष्ट और निश्चित कथन में दिया जाये तो अधिगमकर्ता के लिए अधिगम अर्थपूर्ण तथा सप्रयोजन होगा।

8. अधिगम एक निरंतर चलने वाली प्रक्रिया है, जैसे— विकास।

9. अधिगम व्यक्तिगत होता है, अर्थात् प्रत्येक अधिगमकर्ता अपनी गति से, रूचि, आकांक्षा, समस्या, संवेग, शारीरिक-मानसिक स्वास्थ्य आदि के आधार पर सीखता है। इसमें अभिप्रेरणात्मक भी करना होता है।

10. अधिगम सृजनात्मक होता है। अर्थात् अधिगम ज्ञान व अनुभवों का सृजनात्मक संश्लेषण है।

11. क्रो एवं क्रो के अनुसार— "समीक्षात्मक चिंतन/क्रिटिकल थिंकिंग में जिस प्रकार निम्नलिखित मानसिक क्रियाएं होती है, उसी प्रकार यह अधिगम से गहरे स्तर पर संबंधित है— दिशा, व्याख्या, चयन, अंतर्दृष्टि, सृजन, समालोचना।

12. अधिगम को प्रभावित करने वाले कारक—

बालक के लिए कारक :

- सीखने की इच्छा
- शैक्षिक प्रष्ठभूमि
- शारीरिक व मानसिक स्वास्थ्य
- परिपक्वता
- अभिप्रेरणा
- अधिगमकर्ता की अभिवृति
- सीखने का समय व अवधि
- बुद्धि

अधिगम प्रक्रिया के कारक :

- अध्यापक का विषय ज्ञान
- शिक्षक का व्यवहार
- शिक्षक को मनोविज्ञान का ज्ञान
- शिक्षण विधि
- व्यक्तिगत भेदों का ज्ञान

- शिक्षक का व्यक्तित्व
- पाठ्य-सहगामी क्रियाएं
- अनुशासन की स्थिति

13. अधिगम उत्तरोत्तर सामंजस्य की प्रक्रिया है।

14. वुद्वर्थ— "नवीन ज्ञान और नवीन प्रतिक्रियाओं को प्राप्त करने की प्रक्रिया सीखने की प्रक्रिया है"।

15. शिक्षण और अधिगम में संबंध— यह समान प्रक्रियाएं है, शिक्षण में शिक्षक, बालक व पाठ्यक्रम है। शिक्षा में शिक्षण, अधिगम और अनुभव है।

16. शिक्षक जिस प्रकार से पाठ्यक्रम को पढाता है वह प्रक्रिया शिक्षण है। इसमें सिखाना भी निहित होना चाहिए। अतः शिक्षण-अधिगम मिलकर ही पूर्णता होती है।

17. अधिगम के नियम— पावलाव, स्किनर आदि ने जिस प्रकार अधिगम सिद्धांतवादों का प्रतिपादन किया, उसी प्रकार थार्नडायिक ने अधिगम के नियमो का प्रतिपादन किया है—

- **तत्परता का नियम:** जब तक कोई अधिगमकर्ता सीखने के लिए अपने मन से तत्पर नहीं है, तब तक अधिगम कठिन है।
- **अभ्यास का नियम :** क्योंकि शिक्षा, शिक्षण और अधिगम का मूल उद्देश्य, विद्यार्थियों में व्यवहारगत परिवर्तन लाना है। अतः विद्यार्थी, शिक्षण में निरंतर अभ्यास न होने पर उसे भूल जाते है। इसलिए, अभ्यास अधिगम में बहुत महत्वपूर्ण है। (प्रयत्न एवं भूल का सिद्धांत)।
- **प्रभाव का नियम :** जिस बात की जीवन उपयोगिता जितनी अधिक होगी, बालक सीखने के लिए उतना ही अधिक उत्तेजित होगा। साथ ही पूर्वज्ञान के प्रभाव में भी वह नए ज्ञान का अधिगम करता है।

18. **अधिगम के सिद्धांत** :

साहचर्यवादी-

- **अनुकरण सिद्धांत** - अनुकरण का सिद्धांत प्लेटो और अरस्तु की उपज है। इसके अनुसार अधिगम की प्रक्रिया में सुनी हुई बातों की अपेक्षा, देखी हुई या किसी परिस्थिति में घटित हुई बातों का प्रभाव अधिक होता है। इसी कारण विद्यार्थी शिक्षक का अनुकरण (नकल) करते है।
- **प्रयत्न एवं भूल का सिद्धांत** – थार्नडायिक, इस सिद्धांत के प्रणेता है। उनके अनुसार अधिगम, परिस्थिति और उसके परिणामों के बीच पारस्परिक संबंधो का परिणाम है। किसी कार्य को करने का प्रयत्न तो कोई भी कर सकता है किन्तु उसमें सुधार करना मस्तिस्क की विशेष प्रक्रिया है। मस्तिस्क विकसित होता जाता है और जीरो-इरर की

स्थिति आदर्श होती है। नए प्रयोग और नई खोज आदि के लिए यह सिद्धांत अत्यंत उपयोगी है।

व्यवहारवादी-

- **पावलाव का सिद्धांत** - इसे पावलाव का अनुकूलित अनुक्रिया सिद्धांत/क्लासिकी अनुबंध/शास्त्रीय अनुबंध सिद्धांत भी कहते है। यह एक व्यवहारवादी सिद्धांत है। इसको मानने वालों में पावलाव, स्किनर, वाटसन आदि है। पावलाव ने कुत्तों पर, स्किनर ने चूहों पर, और वाटसन ने खरगोश के बच्चों पर इसका प्रयोग किया था। इस सिद्धांत में स्वाभाविक उद्दीपक के साथ कृत्रिम उद्दीपक को इस प्रकार अनुबंधित किया जाता है कि अनुक्रिया अंत में कृत्रिम उद्दीपक से ही अनुबंधित रह जाती है। इसलिए इसे उद्दीपन-अनुक्रिया सिद्धांत भी कहते है। अधिगम की दृष्टि से देखें तो बालक को लोरी सुनाना, प्रशंसा करना आदि इसमें निहित हैं। उद्दीपक से धीरे-धीरे जो अनुक्रिया होती है वह अंततः आदत बन जाती है। अर्थात् उत्तेजक द्वारा उत्प्रेरण का इस सिद्धांत में बड़ा महत्त्व है।

  नोट - कुत्ते की लार का प्रयोग पावलाव ने इसी सिद्धांत में किया था।

- **स्किनर का सिद्धांत** - इसे क्रियाप्रसूत अनुबंधन का सिद्धांत भी कहते है। यह एक अधिगम प्रक्रिया है जिसके द्वारा अधिगम अनुक्रिया को अधिक संभाव्य और द्रुत बनाया जाता सकता है। स्किनर की मान्यता है कि मानव का समग्र व्यवहार क्रियाप्रसूत पुनर्बलन है। जब कोई बात किसी व्यवहार के किसी रूप को पुनर्बलित करती है तो उस व्यवहार की आवृति अधिक होती है। प्रबलन जितना अधिक शक्तिशाली होगा, व्यवहार की आवृति उतनी ही अधिक होगी। प्राकृतिक प्रबलन सबसे अधिक शक्तिशाली होते हैं। अभिवृतिया, जीवन-मूल्य आदि कृत्रिम है परन्तु स्थाई प्रबलन है।

  विशेष -

  - सर्कस में पशु-पक्षियों के प्रशिक्षण को समझने में स्किनर का प्रयोग सफल हुआ है।
  - स्किनर से पहले, उद्दीपन-अनुक्रिया सिद्धांत पर वाटसन और थार्न डायिक ने भी प्रयोग किये थे।
  - थार्न डायिक ने उद्दीपक भोजन रखकर बिल्ली को संदूक का दरवाजा खोलना सिखा दिया।

गेस्टाल्टवादी -

सूझ का सिद्धांत - व्यवहारवादी वैज्ञानिकों ने पशु-पक्षियों पर प्रयोग निष्कर्ष, मानव के अधिगम से जोड़े जो अधिगमकर्तायों को स्वीकार नहीं था। इन वैज्ञानिकों का मानना है कि कुछ सभ्यता तो हो सकती है लेकिन मानव का अधिगम पूरी तरह पशु-पक्षियों के अधिगम की भांति

नहीं हो सकता। अधिगम सदैव प्रयोजनपूर्ण होता है। और पशु पक्षियों पर किये जाने वाले कई प्रयोग पूरी तरह कृत्रिम वातावरण पर आधारित होते हैं। यह सिद्धांत ज्ञान के उद्देश्यपूर्ती पर बल अधिक नहीं देता है बल्कि कौशल के विकास पर अधिक बल देता है। सूझ द्वारा अधिगम सिद्धांत के लिए कोहलर ने प्रयोग किये है।

विशेष-

गेस्टाल्टवाद एक जर्मन शब्द है, जिसका अर्थ होता है रूप— आकार। मनोविज्ञान की यह शाखा मानती है कि मनुष्य सहज परिस्थितियों में चीजों को समझते हुए उसका एक रूपाकार अपने मस्तिस्क में स्थापित कर लेता है।

अभ्यासार्थ प्रश्न

1.एक प्रभावशाली अध्यापिका होने के लिए यह महत्वपूर्ण है—
(a) पुस्तक से उत्तरों को लिखाने पर बल देना
(b) समूह गतिविधि के बजाय वैयक्तिक अधिगम पर ध्यान देना
(c) विद्यार्थियों के द्वारा प्रश्न पूछने के कारण उत्पन्न व्यवधान की अनदेखी करना
(d) प्रत्येक बच्चे के सम्पर्क में रहना

2.बच्चों के अधिगम को सुगम बनाने के लिए अध्यापकों को एक अच्छे कक्षायी परिवेश का सृजन करने की आवश्यकता होती है। इस प्रकार के अधिगम परिवेश का सृजन करने के लिए नीचे दिए गए कथनों में से कौनसा सही नहीं है?
(a) बच्चे के प्रयासों को स्वीकृति
(b) अध्यापकों के अनुसार कार्य करना
(c) बच्चे को स्वीकार करना
(d) अध्यापक का सकारात्मक रुख

3.शिक्षण में अध्यापकों के द्वारा विद्यार्थियों का आकलन इस अन्तर्दृष्टि को विकसित करने के लिए किया जा सकता है—
(a) उन विद्यार्थियों की पहचान करना जिन्हें उच्चतर कक्षा में प्रोन्नत करना है
(b) उन विद्यार्थियों को प्रोन्नत न करना जो विद्यालय के स्तर के अनुकूल नहीं हैं
(c) शिक्षार्थियों की आवश्यकता के अनुसार शिक्षण उपागम में परिवर्तन करना
(d) कक्षा में 'प्रतिभाशाली' तथा 'कमजोर' विद्यार्थियों का समूह बनाना

4.बच्चों को शाब्दिक या गैर-शाब्दिक दण्ड देने का परिणाम होता है—
(a) उन्हें कार्य करने के लिए प्रेरित करना
(b) बच्चे की छवि की सुरक्षा करना
(c) उनके अंकों में सुधार करना
(d) उनके स्वयं के प्रति अवधारणा को नष्ट करना

5.बहुशिक्षण-शास्त्रीय तकनीकें, वर्गीकृत अधिगम सामग्री, बहु-आकलन तकनीकें तथा परिवर्तनीय जटिलता एवं सामग्री का स्वरूप निम्नलिखित में से किससे सम्बद्ध हैं?
(a) सार्वभौमिक अधिगम प्रारूप
(b) उपचारात्मक शिक्षण
(c) विभेदित अनुदेशन
(d) पारस्परिक शिक्षण

6.एक शिक्षिका पाठ को पूर्वपठित पाठ से जोड़ते हुए बच्चों को सारांश लिखना सिखा रही है। वह क्या कर रही है?
(a) वह बच्चों को पाठ समझने की स्वशैली विकसित करने में सहायता कर रही है
(b) वह बच्चों को सम्पूर्ण पाठ्य-वस्तु को पूर्णरूप से न पढ़ने की आवश्यकता का संकेत दे रही है
(c) वह आकलन के दृष्टिकोण से पाठ्य-वस्तु के महत्व को पुनर्बलित कर रही है
(d) वह विद्यार्थियों को सामर्थ्यानुकूल स्मरण करने को प्रेरित कर रही है

7.एक अध्यापक उस बच्चे के साथ परामर्श करते हैं जिसकी निष्पत्यात्मक प्रगति एक दुर्घटना के पश्चात् अनुकूल नहीं है।

निम्नलिखित में से कौनसी प्रक्रिया विद्यालय में परामर्श के लिए सबसे बेहतर हो सकती है?

(a) यह एक उपशामक उपाय है ताकि लोग अपने को आरामदायक महसूस कर

(b) वह अपने विचारों द्वारा खोज करने हेतु लोगों में आत्मविश्वास का निर्माण करता है

(c) विद्यार्थियों को भविष्य के विकल्पों को चुनने हेतु यह एक अच्छा सम्भावित परामर्श है

(d) इस कार्य को केवल अनुभवी कुशल व्यावसायिक विशेषज्ञ से कराया जा सकता है

8.एक पी टी (खेल) शिक्षक क्रिकेट के खेल में अपने शिक्षार्थियों के क्षेत्ररक्षण को सुधारना चाहता है। निम्न में से कौनसी युक्ति शिक्षार्थियों को अपना लक्ष्य प्राप्त करने में सर्वाधिक सहायक है?

(a) शिक्षार्थियों को क्षेत्ररक्षण का अधिक अभ्यास करवाना

(b) शिक्षार्थियों को यह बताना कि क्षेत्ररक्षण सीखना उनके लिए किस प्रकार महत्वपूर्ण है

(c) बेहतर क्षेत्ररक्षण और सफलता की दर के पीछे के तर्क को स्पष्ट करना

(d) क्षेत्ररक्षण को प्रदर्शित करना और शिक्षार्थी अवलोकन करेंगे

9.एक शिक्षक (को) —

(a) व्याख्यान पर अधिक ध्यान देना चाहिए और ज्ञान के लिए आधार उपलब्ध कराना चाहिए

(b) शिक्षार्थियों द्वारा की गई त्रुटियों को एक भयंकर भूल के रूप में लेना चाहिए और प्रत्येक त्रुटि के लिए गम्भीर टिप्पणी देनी चाहिए

(c) शिक्षार्थी कितनी बार गलती करने से बचता है इसे सफलता के माप के रूप में लेना चाहिए

(d) जब शिक्षार्थी विचारों को सम्प्रेषित करने की कोशिश कर रहे हों, तो उन्हें ठीक नहीं करना चाहिए

10.अंतरपरक अनुदेशन है—

(a) शिक्षार्थियों की आवश्यकताओं को पूरा करने के लिए समूहीकरण के विविध रूपों का प्रयोग करना

(b) कक्षा में प्रत्येक शिक्षार्थी के लिए कुछ अलग करना

(c) अव्यवस्थित अथवा स्वच्छन्द शिक्षार्थी गतिविधियाँ

(d) ऐसे समूहों का प्रयोग जो कभी नहीं बदलते

उत्तर

1.(d), 2.(b), 3.(c), 4.(d), 5.(c), 6.(a), 7.(b), 8.(a), 9.(d), 10.(a)

इकाई 20: वैज्ञानिक अन्वेषण

ज्ञान प्राप्त करने की प्रक्रिया और एक शिक्षक द्वारा अपने विद्यार्थियों को उनके ज्ञान और सीखने की प्रक्रिया में वैज्ञानिक कौशल प्रसारित करने की तकनीक ही वैज्ञानिक अन्वेषण है

वाल्टेयर और स्पांसर के अनुसार, हर विधि में कुछ अच्छाई है, शिक्षार्थियों को जितना संभव हो उतना कम बताया जाना चाहिए और जितना संभव हो उतना खोजने के लिए प्रेरित किया जाना चाहिए।

स्कूली जीवन में एक बच्चे के समक्ष अनेक समस्याएं आती है तथा उसका समाधान भी उसे ही ढूँढना होता है। बच्चो को इस स्तर के योग्य बनाने के लिय आवश्यक है की उसका व्यक्तिगत विकास किया जाये ताकि वह सभी प्रकार की स्थितियों का सही ढंग से सामना कर सके। बच्चो को समस्या समाधान करने के गुणों का विकास करने के लिए निम्नलिखित तथ्यों को विकसित करने की आवश्यकता है-

- बच्चो में आत्मपहचान का गुण विकसित करना
- अपनी कमी को स्वीकारना और दूर करना
- बच्चो को स्वावलम्बी बनने लिए प्रोत्साहित करना
- बच्चो में भाषा का विकास करना
- बच्चो को बार बार प्रयास करना

विज्ञान पढ़ाने के कुछ तरीके हैं:

व्याख्यान विधि:

यह हमारे स्कूलों में पढ़ाने का सबसे लोकप्रिय और सबसे पुराना तरीका है। इस विधि में शिक्षक पाठ को व्याख्या करते हैं इसमें छात्रों का क्लास के दौरान बहुत कम योगदान रहता है|

व्याख्यान विधि के गुण:

• यदि शिक्षक को व्यवस्थित और तार्किक तरीके से कार्य करना हो तो यह अत्यधिक कारगर है।

• यह सुविधाजनक और आरामदायक है, और इसमें एक शिक्षक अपने शिक्षण की शैली विकसित करने के लिए स्वतंत्र है।

• छात्र व्याख्या को सुनकर नोट्स तैयार कर सकते है, इससे समय और ऊर्जा की बचत होती है।

व्याख्यान की विधि:

• इसमें अधिकांश समय छात्र निष्क्रिय होते हैं।

• इसमें छात्रों की भागीदारी कम है।

प्रदर्शन विधि

प्रदर्शन का मतलब है 'दिखाना'। प्रयोगों का प्रदर्शन छात्रों को ठोस अनुभव प्रदान करता है। इसमें फिल्मों, स्लाइड, प्रोजेक्टर का उपयोग शामिल है। इस पद्धति में, शिक्षक एक सैद्धांतिक जांच करता है और कक्षा में तथ्यों को विस्तार से समझाता है ।

प्रदर्शन विधि के गुण:

• इस पद्धति में शिक्षक और छात्र दोनों सक्रिय हैं।

• यह किफायती और कम समय लेने वाला है।

• छात्रों में अवलोकन, तर्क और सोच की शक्ति विकसित होती है।

• यह विधि सभी छात्रों को प्रयोग करने का मौका प्रदान नहीं करती है।

• यह "करके सीखने" के सिद्धांत पर आधारित नहीं है।

• यह बच्चों में एक विश्लेषणात्मक दृष्टिकोण विकसित नहीं करता है।

प्रयोगशाला विधि - इसे प्रायोगिक विधि के रूप में भी जाना जाता है। विज्ञान के शिक्षण को सार्थक, प्रभावी, रोचक और स्पष्ट बनाने के लिए केवल पढ़ाना ही पर्याप्त नहीं है, बल्कि सीखने का अवसर प्रदान करना है। यह करने के द्वारा सीखने के सिद्धांत पर आधारित है। छात्रों को प्रयोगशाला में सभी आवश्यक सामग्रियों और उपकरणों के साथ-साथ उनकी पहल और प्रयासों के साथ उनके प्रयोगों को पूरा करने के लिए उचित उपकरण दिया जाता है, फिर वे प्रयोग को पूरा करते हैं और अवलोकन रिकॉर्ड करते हैं और परिणाम प्राप्त करते हैं। जहां जरूरत हो वहां शिक्षक उनका मार्गदर्शन करते हैं।

प्रयोगशाला पद्धति के गुण:

• छात्र वैज्ञानिक तंत्र और उपकरण को संभालने में व्यावहारिक कौशल और प्रवीणता सीखते हैं।

• यह सोचने, तर्क करने और समस्या को सुलझाने की आदत विकसित करने में मदद करता है।

• यह एक बाल केंद्रित दृष्टिकोण है।

• यह वैज्ञानिक दृष्टिकोण, वैज्ञानिक समझ और वैज्ञानिक स्वभाव को मजबूत करने में मदद करता है।

• यह वैज्ञानिक तथ्यों और सिद्धांतों के अन्वेषण, प्रयोग और सत्यापन का मार्ग प्रशस्त करता है।

प्रयोगशाला पद्धति के लाभ:

• हर बच्चे के लिए उपकरण उपलब्ध कराना काफी महंगा है।

• यह बहुत समय लेने वाली है।

• प्रत्येक शिक्षक इस पद्धति का प्रभावी ढंग से उपयोग करने में सक्षम नहीं है।

• इस पद्धति द्वारा प्रत्येक अवधारणा को पढ़ाया नहीं जा सकता है।

ह्यूरिस्टिक विधि - ह्यूरिस्टिक शब्द ग्रीक शब्द 'ह्यूरिस्को' से लिया गया है जिसका अर्थ है 'खोज करना'। इस विधि में बच्चे खुद से विभिन्न क्रियाकलाप करके नई-नई जानकारी खोजने की कोशिश

करते हैं| यह विधि मांग करती है कि छात्रों को आगे के प्रयोगों के लिए संशोधनों को रोकने और सोचने, चर्चा करने और सुझाव देने की अनुमति दी जानी चाहिए।इस विधि में छात्र एक दूसरे की सहायता करते हैं और समस्या का हल निकालने के लिए निरंतर निरीक्षण करते रहते हैं। यहां, शिक्षक की भूमिका एक मार्गदर्शक, सूत्रधार के रूप में है। शिक्षक बच्चे को केवल तब मदद करते है जब वह अपने प्रयासों से अपनी कठिनाइयों को दूर करने में विफल रहा हो।

ह्यूरिस्टिक विधि के गुण:

• यह छात्रों में जांच की भावना विकसित करता है।

• इसमें छात्र सीखने की प्रक्रिया में एक सक्रिय भागीदार बन जाता है।

• यह स्वाध्याय, आत्म निर्भरता आदि की आदत को बढ़ावा देता है।

• इससे प्राप्त ज्ञान अधिक स्थिर है।

• इससे छात्र कि अवलोकन क्षमता विकसित होता है

हेयुरिस्टिक विधि के अवगुण:

• इस पद्धति के माध्यम से कम आयु के छात्रों को पढ़ाना मुश्किल है।

• यह शिक्षक से असाधारण श्रम और विशेष तैयारी की मांग करता है।

• यह बहुत समय लेने वाली और महंगी है।

• यह विधि अधिक संख्या में छात्र होने वाली कक्षा के लिए उपयुक्त नहीं है, क्योंकि यह एक शिक्षक द्वारा सभी छात्रों पर व्यक्तिगत ध्यान देने की माँग करता है।

अवलोकन विधि

अवलोकन विधि में, छात्र चीजों को देखकर या निरीक्षण करके उस पर ज्ञान अर्जित करते हैं |इस विधि में छात्र अपने आस-पास की प्रकृति को देखते हैं और उसके विभिन्न तथ्यों पर विचार करते हैं|

अवलोकन विधि के गुण:

- • छात्र स्पष्ट रूप और कुशलता से वस्तुओं की समानता और भिन्नता का निरीक्षण करते हैं और समझते हैं।
- • छात्र आत्म निर्भर, आत्मनिर्भर और आत्मविश्वासी बनते हैं।

अवलोकन विधि के लाभ:

- • यह व्यावहारिक नहीं है, अर्थात इसका व्यावहारिक हिस्सा अविकसित है।
- • सांस्कृतिक और भाषा अवरोध शामिल हो सकते हैं।
- • डेटा संग्रह काफी मुश्किल है।

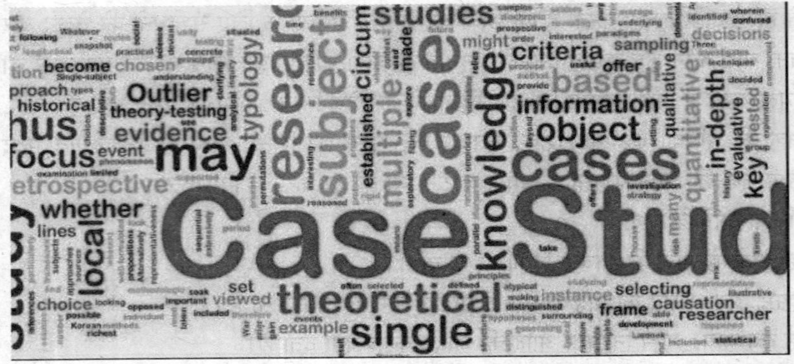

परियोजना विधि - परियोजना पद्धति में जांच, खोज और अलग अलग तथ्यों से छात्र विभिन्न प्रकार की समस्याओं के समाधान का पता लगाते हैं। यहां छात्र सबसे पहले यह तय करते हैं कि क्या इस कार्य के लिए प्रयोग आवश्यक है, अगर हां तो उसे कैसे पूरा किया जाना चाहिए| इस विधि में छात्र एक वैज्ञानिक की तरह काम करता है जहां पर कि छात्रों को समस्या दी जाती है और छात्र उस समस्याओं का हल निकालते हैं|

परियोजना पद्धति के गुण:

- • छात्र परियोजना के निष्पादन के दौरान सक्रिय रहते हैं।
- • उनमें धैर्य, संतोष और संतुष्टि के गुण विकसित होते हैं।
- • यह करके सीखने के सिद्धांत पर आधारित है।
- • वे विभिन्न विषयों के बीच एक संबंध बनाने में सक्षम होंगे।

परियोजना विधि के हानि :

- • यह बहुत समय लेने वाली है।
- • यह महंगा है।
- • इस पद्धति के माध्यम से पूरे पाठ्यक्रम को पढ़ाया नहीं जा सकता है।
- • इस पद्धति में, शिक्षण और सीखना अव्यवस्थित, अनियमित और असंतोषजनक हो जाता है।

समस्या-समाधान विधि -कहते हैं आवश्यकता ही आविष्कार की जननी है, और इसी रूप में समस्या का समाधान विभिन्न प्रकार के कार्यों तथा उसके बीच आने वाले चुनौतियों से निपटने के लिए आवश्यक है| समस्या को स्पष्ट शब्दों में छात्रों के सामने रखा जाना चाहिए जो छात्रों के समझ अनुभवों के अनुसार होना चाहिए। छात्रों को शिक्षक की सहायता से समस्या का विश्लेषण और संश्लेषण करने के लिए कहा जाना चाहिए और समाधान खोजने का प्रयास किया जाना चाहिए|

समस्या को सुलझाने की विधि के गुण:

- • छात्र अपनी समस्याओं का हल स्वयं खोजना सीखते हैं।
- • वे अवलोकन और तर्क की शक्ति विकसित करते हैं।
- • उन्हें डेटा मूल्यांकन और आरेखण के संग्रह की प्रक्रिया को जानने के अवसर मिलते हैं।

समस्या को हल करने की विधि के दोष :

• यह एक समय और ऊर्जा की खपत करने वाली विधि है।

• यह निम्न वर्गों के लिए उपयुक्त नहीं है।

• यह विधि अत्यधिक प्रतिभाशाली छात्रों और शिक्षकों के लिए आदर्श है।

अभ्यासार्थ प्रश्न

1.अध्यापिका ने ध्यान दिया कि पुष्पा अपने-आप किसी एक समस्या का समाधान नहीं कर सकती है। फिर भी वह एक वयस्क या साथी के मार्गदर्शन की उपस्थिति में ऐसा करती है। इस मार्गदर्शन को कहते हैं

(a) पार्श्वकरण

(b) पूर्व-क्रियात्मक चिन्तन

(c) समीपस्थ विकास का क्षेत्र

(d) सहारा देना

2.सिद्धांत चित्र ...... के द्वारा नवीन अवधारणाओं की समझ बढ़ाते हैं।

(a) विषय-क्षेत्रों के बीच ज्ञान के स्थानान्तरण

(b) विशिष्ट विवरण पर एकाग्रता केन्द्रित करने

(c) अध्ययन के लिए शैक्षणिक विषय-वस्तु की प्राथमिकता तय करने

(d) तर्कपूर्ण ढंग से सूचनाओं को व्यवस्थित करने की योग्यता को बढ़ाने

3.निम्नलिखित में से समस्या-समाधान को क्या बाधित नहीं करता?

(a) अंतर्द्रष्टि (Insight)

(b) मानसिक प्रारुपता (Mental sets)

(c) मोर्चाबन्दी (Entrenchment)

(d) निर्धारण (Fixation)

4.सीता ने हाथ से दाल और चावल खाना सीख लिया है। जब उसे दाल और चावल दिए जाते हैं तो वह दाल-चावल मिलाकर खाने लगती है। उसने चीजों को करने के लिए अपने स्कीमा में दाल और चावल खाने को .... कर लिया है।

(a) अंगीकार

(b) समायोजित

(c) अनुकूलित

(d) समुचितता

5......... के अतिरिक्त निम्नलिखित समस्या समाधान की प्रक्रिया के चरण हैं

(a) परिणामों की आशा करना

(b) समस्या की पहचान

(c) समस्या को छोटे हिस्सों में बाँटना

(d) सम्भावित युक्तियों को खोजना

6.बच्चों द्वारा की जाने वाली त्रुटियों के सम्बन्ध में निम्नलिखित में से कौन-सा कथन सत्य है?

(a) एक शिक्षक को प्रत्येक त्रुटि पर ध्यान नहीं देना चाहिए अन्यथा पाठ्यक्रम पूरा नहीं होगा।

(b) प्रत्येक त्रुटि को सुधारने में बहुत अधिक समय लगेगा तथा एक शिक्षक के लिए थकान वाला होगा।

(c) स्वयं बच्चों द्वारा त्रुटियों को सुधारा जा सकता है इसलिए शिक्षक को उन्हें तुरन्त ही नहीं सुधारना चाहिए।

(d) यदि एक शिक्षक कक्षा-कक्ष में सभी बच्चों की त्रुटियों को सुधारने योग्य नहीं है तो यह संकेत करता है कि शिक्षक-शिक्षा की व्यवस्था असफल है।

7.अधिगमकर्ता का स्व-नियमन का क्या अर्थ है?

(a) स्व-अनुशासन और नियंत्रण

(b) अपने सीखने का स्वयं अनुवीक्षण करने की योग्यता

(c) विद्यार्थी निकाय द्वारा बनाए गए नियम एवं विनियम

(d) विद्यार्थियों के व्यवहार के लिए विनियमों का निर्माण करना

8.शिक्षकों को अपने विद्यार्थियों की त्रुटियों का अध्ययन करना चाहिए कयोंकि वे प्रायः .... की ओर संकेत करती हैं।

(a) योग्यताओं के अनुसार समूह बनाने हेतु दिशा-निर्देश

(b) भिन्न प्रकार की पाठ्यचर्या की आवश्यकता

(c) उनके ज्ञान की सीमा

(d) आवश्यक उपचारात्मक युक्तियों

9.एक शिक्षिका अपने शिक्षार्थियों को सदैव इस रूप में सहायता करती है कि वे एक विषय-क्षेत्र से प्राप्त ज्ञान को दूसरे विषय-क्षेत्रों के ज्ञान के साथ जोड़ सकें। इससे .... को बढ़ावा मिलता है।

(a) पुनर्बलन

(b) ज्ञान के सह-सम्बन्ध एवं अंतरण

(c) वैयक्तिक भिन्नताओं

(d) शिक्षार्थी-स्वायत्तता

10.शिक्षार्थियों का 'आत्म-नियमन' .... की ओर संकेत करत है।

(a) विद्यार्थियों के व्यवहार के लिए विनियम बनाना

(b) विद्यार्थी-निकाय द्वारा बनाए गए नियम-विनियम

(c) स्व-अनुशासन और नियंत्रण

(d) अपने सीखने का स्वयं पर्यवेक्षण करने की उनकी योग्यता

11.सीखने का वह सिद्धांत जो पूर्ण रूप से और केवल 'अवलोकनीय व्यवहार' पर आधारित है, सीखने के .... सिद्धांत से सम्बद्ध है।

(a) विकासवादी

(b) व्यवहारवादी

(c) रचनावादी

(d) संज्ञानवादी

उत्तर

1.(d), 2.(d), 3.(a), 4.(c), 5.(c), 6.(d), 7.(b), 8.(d), 9.(b), 10.(d), 11.(b)

इकाई 21: बच्चों में सीखने की वैकल्पिक धारणाएं

शिक्षण, घटनाओं की एक श्रृंखला है जिसके माध्यम से एक शिक्षक छात्रों के व्यवहार में वांछित परिवर्तन लाने का प्रयास करता है। इससे छात्रों की सोच, भावना और क्रिया में बदलाव आता है। यह उन्हें अपने पर्यावरण के अनुकूल बनाने में मदद करता है।

शिक्षा के शब्दकोश में, शिक्षण को इस प्रकार परिभाषित किया गया है—

1. शिक्षण, एक शिक्षण संस्थान में निर्देश देने का कार्य है।
2. शिक्षण- सीखने की स्थितियों के प्रशिक्षक द्वारा प्रबंधन है:
   - शिक्षक और शिक्षार्थियों के बीच सीधी बातचीत
   - शिक्षण- सीखने के लिए सामग्री की योजना, डिजाइन और तैयार करने की सक्रिय निर्णय लेने की प्रक्रिया
   - पोस्ट-सक्रिय पुनर्निर्देशन- (मूल्यांकन, पुनर्निर्देशन और प्रसार)
3. सामूहिक रूप से जो सिखाया जाता है, जैसे- "एक धार्मिक नेता का शिक्षण।"
   - शिक्षण की प्रकृति को समझने के कई तरीकों में से एक, शिक्षण की परिभाषाओं का विश्लेषण करना है।
   - "शिक्षण एक इंटरैक्टिव प्रक्रिया है, मुख्य रूप से कक्षा की बातचीत जो शिक्षक और विद्यार्थियों के बीच होती है और कुछ निश्चित गतिविधियों के दौरान होती है।"
   - "शिक्षण एक अधिक परिपक्व व्यक्तित्व और एक कम परिपक्व व्यक्ति के बीच एक अंतरंग संपर्क है, जिसे बाद की शिक्षा को आगे बढ़ाने के लिए डिज़ाइन किया गया है।"
   - "शिक्षण उन गतिविधियों को संदर्भित करता है जो उत्पादन के लिए डिज़ाइन और निष्पादित की जाती हैं।

शिक्षण के सिद्धांत

शिक्षण के सामान्य सिद्धांत हैं—

- गतिविधि का सिद्धांत
- वास्तविक जीवन से जुड़ने का सिद्धांत
- योजना का सिद्धांत
- विभाजन का सिद्धांत
- निश्चित उद्देश्यों का सिद्धांत
- सहसंबंध का सिद्धांत

- व्यक्तिगत अंतर का सिद्धांत
- सहकारिता का सिद्धांत
- संशोधन का सिद्धांत
- उपचारात्मक शिक्षण का सिद्धांत
- स्वस्थ वातावरण और उचित नियंत्रण का सिद्धांत
- शिक्षण के मनोवैज्ञानिक सिद्धांत
- प्रेरणा का सिद्धांत
- सुदृढीकरण का सिद्धांत
- इंद्रियों के प्रशिक्षण का सिद्धांत
- स्वचालित अध्ययन का सिद्धांत
- परिवर्तन, आराम और मनोरंजन का सिद्धांत
- अभ्यास और व्यायाम का सिद्धांत
- समूह की गतिशीलता का सिद्धांत
- सहानुभूति और सहयोग का सिद्धांत
- उपचारात्मक शिक्षण का सिद्धांत
- उत्तेजना का सिद्धांत

रचनात्मकता और आत्म-अभिव्यक्ति को बढ़ावा देने का सिद्धांत

- पाठ्यक्रम,
- अवधारणा,
- प्रकृति,
- वर्णव्यवस्था,
- प्रक्रिया

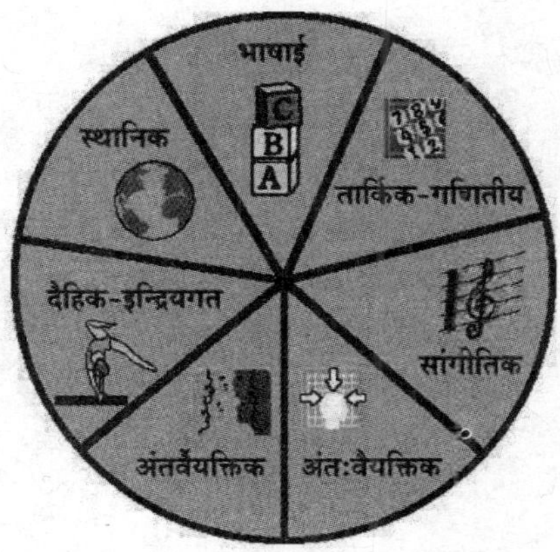

शिक्षण और अधिगम की महत्वपूर्ण विशेषताएं

हमें बच्चों के विकास की जरूरतों पर विचार करना चाहिए। कुछ बच्चों को दूसरों की तुलना में प्रगति के लिए अधिक समय की आवश्यकता होगी।

हमें अपने शिक्षकों की विशिष्ट विशेषताओं को सीखने और पहचानने की सुविधाएं होनी चाहिए।

सीखने के माहौल को सभी शिक्षार्थियों का समर्थन करना चाहिए।

छात्रों को अपने शिक्षक और एक-दूसरे के साथ गतिविधियों के दौरान बात करने की आवश्यकता होती है, जो व्यक्तिगत और टीम-उन्मुख दोनों हैं।

हमें ऐसी गतिविधियों की योजना बनाने की आवश्यकता है जो सभी बच्चों को एक टीम के रूप में काम करने के लिए प्रोत्साहित करें, जैसे कि— प्रासंगिक कार्यों में जोड़ना या छोटे समूहों में काम करना।

छात्रों को उनके लिए उपयोगी पाठ्यक्रम खोजने में सक्षम होना चाहिए। सवाल पूछने और जानकारी पर विचार करने के लिए प्रोत्साहित किया जाना चाहिए और विषय की अपनी समझ का निर्माण करने में सक्षम होना चाहिए।

हमें छात्रों को अपने विचारों की व्याख्या करने के लिए अच्छे प्रश्न पूछने की आवश्यकता है। केवल "हां" या "नहीं" उत्तर की आवश्यकता वाले प्रश्नों को पूछने के बजाय, हमें बच्चों से उनके विचारों और विचारों को व्यक्त करने की अनुमति देने के लिए खुले अंत वाले प्रश्न पूछने की आवश्यकता है। उदाहरण के लिए, हम उन प्रश्नों को पूछ सकते हैं जो "तुम क्या सोचते हो?" के साथ समाप्त होते हैं।

शिक्षक द्वारा पूछे गए महत्वपूर्ण प्रश्न और छात्रों के बीच सक्रिय चर्चा जानकारी की खोज करने के लिए प्रेरित करेगी। दूसरों के साथ बातचीत करना, नई जानकारी प्राप्त करना और विचारों को प्रतिबिंबित करना बच्चों को नए ज्ञान के निर्माण में मदद करता है।

अभ्यासार्थ प्रश्न

1.“जब बच्चे एक अवधारणा को सीखते हैं और उसका प्रयोग करते हैं, तो अभ्यास उनके द्वारा की जाने वाली त्रुटियों को कम करने में मदद करता है।" यह विचार ______ के द्वारा दिया गया।

(a) ई एल थॉर्नडाइक

(b) जीन पियाजे

(c) जे बी वॉटसन

(d) लेव वाइगोत्स्की

2.प्रतिक्रिया का विलोप होना निम्नलिखित में से किसके बाद अधिक कठिन है?

(a) आंशिक पुनर्बलन

(b) निरंतर पुनर्बलन

(c) दण्ड

(d) मौखिक भर्त्सना

3.सिद्धांतों के सन्दर्भ में ‘स्कैफोल्डिग’ ______ की ओर संकेत करता है।

(a) अनुरूपित शिक्षक

(b) पूर्व अधिगम की पुनरावृति

(c) सीखने में व्यस्कों द्वारा अस्थायी सहयोग

(d) विद्यार्थियों द्वारा की गई गलतियों के कारणों का पता लगाना

4.सीखने की प्रक्रिया में निम्नलिखित में से कौनसा सबसे ज्यादा महत्वपूर्ण है—

(a) बच्चे की आनुवंशिकता

(b) सीखने की शैली

(c) बच्चों का परीक्षा-परिणाम

(d) बच्चे की आर्थिक स्थिति

5.पुनर्बलन का सिद्धांत ______ से संबंधित है।

(a) पावलॉब

(b) थॉर्नडाइक

(c) कोह्बर्ग

(d) स्किनर

6.जब पूर्व का अधिगम नई स्थितियों के सीखने को बिल्कुल प्रभावित नहीं करता, तो यह ______ कहलाता है।

(a) अधिगम का शून्य स्थानान्तरण

(b) अधिगम का निरपेक्ष स्थानान्तरण

(c) अधिगम का सकारात्मक स्थानान्तरण

(d) अधिगम का नकारात्मक स्थानान्तरण

7.व्यवहार का ‘करना’ पक्ष ______ में आता है।

(a) सीखने के गतिक (कोनेटिव) क्षेत्र

(b) सीखने के मनोवैज्ञानिक क्षेत्र

(c) सीखने के संज्ञानात्मक क्षेत्र

(d) सीखने के भावात्मक क्षेत्र

8.‘सीखने के अन्तःदृष्टि सिद्धांत’ को किसने बढ़ावा दिया?

(a) गेस्टाल्ट सिद्धांतवादी

(b) पावलॉव

(c) जीन पियाजे

(d) वाइगोत्स्की

9.निम्नलिखित में से कौनसा सीखने का क्षेत्र है?

(a) व्यावसायिक

(b) आनुभविक

(c) भावात्मक

(d) आध्यात्मिक

उत्तर

1.(a), 2.(a), 3.(c), 4.(b), 5.(d), 6.(a), 7.(c), 8.(a), 9.(b)

इकाई 22: अनुभूति और भावना

अनुभूति (Feeling) किसी एहसास को कहते हैं। यह शारीरिक रूप से स्पर्श, दृष्टि, सुनने या गन्ध सूंघने से हो सकती है या फिर विचारों से पैदा होने वाली भावनाओं से उत्पन्न हो सकती है।

अनुभूति शब्द का उपयोग मानव के लिए सूचना के प्रसंस्करण, ज्ञान को लागू करने और वरीयताओं को बदलने के लिए संकाय से संबंधित कई शिथिल तरीकों से किया जाता है। अनुभूति या संज्ञानात्मक प्रक्रियाएं, प्राकृतिक और कृत्रिम और सचेत नहीं हो सकती हैं। इसलिए, उन्हें विभिन्न दृष्टिकोणों और विभिन्न संदर्भों में, संज्ञाहरण, न्यूरोलॉजी, मनोविज्ञान, दर्शन, प्रणाली और कंप्यूटर विज्ञान में विश्लेषण किया जाता है।

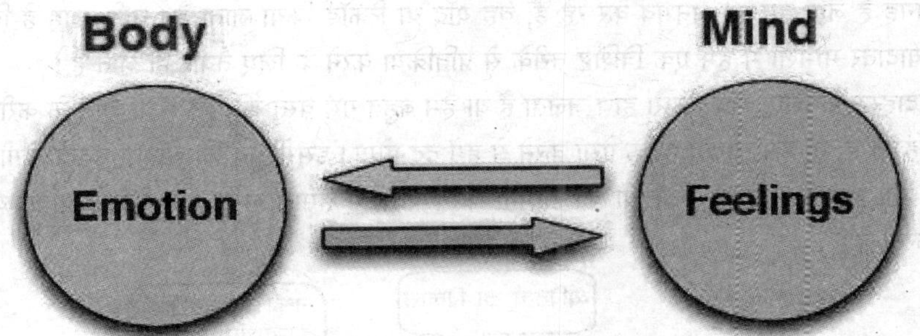

अनुभूति की अवधारणा मन, तर्क, धारणा, बुद्धिमत्ता, शिक्षण और कई अन्य जैसे अमूर्त अवधारणाओं से निकटता से संबंधित है, जो मानव मन की कई क्षमताओं और कृत्रिम या सिंथेटिक बुद्धिमत्ता के अपेक्षित गुणों का वर्णन करते हैं।

अनुभूति उन्नत जीवित जीवों की एक अमूर्त संपत्ति है। इसलिए, यह मस्तिष्क के प्रत्यक्ष गुण या उप-मनोहारी और प्रतीकात्मक स्तरों पर एक अमूर्त मस्तिष्क के रूप में अध्ययन किया जाता है।

मनोविज्ञान और कृत्रिम बुद्धिमत्ता में इसका उपयोग मानसिक कर्यों, मानसिक प्रक्रियाओं और बुद्धिमान संस्थाओं की स्थितियों (मानव, मानव संगठन, अत्यधिक स्वायत्त रोबोट) को संदर्भित करने के लिए किया जाता है। विशेष रूप से इस तरह की मानसिक प्रक्रियाओं के अध्ययन की ओर ध्यान देने के साथ, समझ, हीनता , निर्णय लेने, योजना और सीखने की आवश्यकता है।

हाल ही में, उन्नत संज्ञानात्मक शोधकर्ताओं ने अमूर्तता, सामान्यीकरण, संगोष्ठी/विशेषज्ञता और मेटा-तर्क की क्षमताओं पर विशेष रूप से ध्यान केंद्रित किया है। जिसमें विवरणों में बुद्धिमान व्यक्तियों/वस्तुओं/एजेंटों/प्रणालियों के विश्वास, ज्ञान, इच्छाओं, वरीयताओं और इरादों के रूप में ऐसी अवधारणाएं शामिल हैं।

"अनुभूति" शब्द का उपयोग व्यापक अर्थों में जानने या ज्ञान के कार्य के लिए किया जाता है और एक सामाजिक या सांस्कृतिक अर्थ में एक समूह के भीतर ज्ञान और अवधारणाओं के उद्भव विकास का वर्णन करने के लिए व्याख्या की जा सकती है, जो विचार और क्रिया दोनों में परिणत होती है।

भावना -

भावना एक रासायनिक प्रतिक्रिया है जो हमारे मस्तिष्क में एक उत्तेजना की प्रतिक्रिया से उत्पन्न होती है और इसके परिणामस्वरूप हमारे शरीर में एक परिवर्तन होता है।

हमारे मस्तिष्क का क्षेत्र जो एक भावना का कारण बनता है, वह है— लिम्बिक सिस्टम। यह वह जगह है जहाँ हम जो अनुभव कर रहे हैं, वह याद या रिकॉर्ड किया जाता है। यही वजह है कि ज्यादातर मामलों में हम एक विशिष्ट तरीके से प्रतिक्रिया करने के लिए तैयार हो जाते हैं।

उदाहरण के लिए, जब हमारा हाथ जलता हैं या हम बहुत गर्म वस्तु को छूते हैं या आग के करीब पहुंचते हैं, तो हम सीखते हैं कि ऐसा करने से हमें दर्द होगा। इससे भय की भावना उत्पन्न होगी। विशेष रूप से उत्तेजित स्थितियों का सामना करने के लिए हमारा शरीर एक निश्चित प्रतिक्रिया करता है।

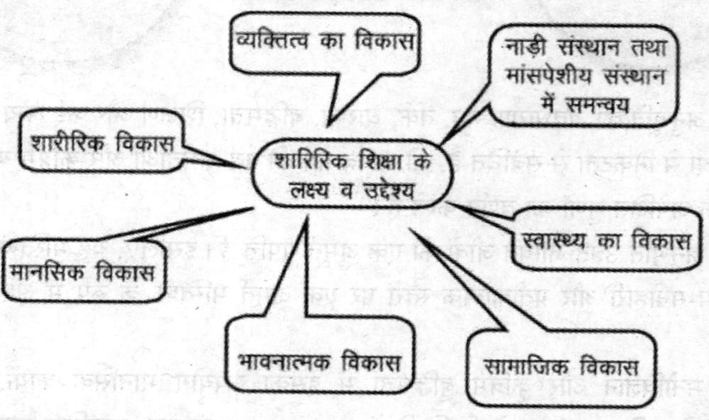

भावनाओं का उदाहरण

भावनाएं क्या हैं, इसके कुछ उदाहरण निम्नलिखित हैं—

- जब आपको आपके काम में आर्थिक रूप से बढ़ावा मिलता है या प्रशंसा की जाती है तो आप उस समय काफी खुश और उत्तेजित होते हैं। लेकिन यह उत्तेजना अधिक समय तक के लिए नहीं रहती है।
- जब आप प्यार में होते हैं, आप एक असमान ऊर्जा को अपने साथ महसूस करते हैं। यहां तक कि आप बहुत सारे भावनात्मक उतार-चढ़ाव महसूस करते हैं और आप फिर स्थिर हो जाते हैं।
- आप ड्रिंक करने बाहर जाने के लिए अपने सबसे अच्छे दोस्त के लिए रुके थे। आपने पहले से ही इस आउटिंग की योजना बनाई है क्योंकि आपके पास बहुत काम है। आप उससे मिलने के लिए कई गतिविधियों को रद्द कर देते हैं और घंटों बाद वह आपको बताती है कि वह नहीं जा सकती हैं। शुरुआत में आप नाराज महसूस करेंगे और कुछ घंटों या दिनों के बाद भावनाएं सामान्य हो जाएगी।

प्रत्येक भावना के तीन बुनियादी पहलू होते हैं:

(i) **संज्ञानात्मक पहलू:** इसमें विचारों, विश्वासों और अपेक्षाओं को शामिल किया जाता है, जिससे हम भावनाओं का अनुभव करते हैं। उदाहरण के लिए — आपके मित्र को, लोगों और स्थानों के विवरणों में समृद्ध तथ्य मिल सकता है जबकि आपको यह अवास्तविक लग सकता है।

(ii) **शारीरिक पहलू:** इसमें शारीरिक सक्रियता शामिल है। जब आप भय या क्रोध जैसी भावनाओं का अनुभव करते हैं, तो आप पल्स रेट, रक्तचाप और श्वसन में वृद्धि का अनुभव करते हैं। आपको पसीना भी आ सकता है।

(iii) **व्यवहार संबंधी पहलू:** इसमें भावनात्मक अभिव्यक्तियों के विभिन्न रूप शामिल हैं। यदि आप क्रोध और खुशी के दौरान अपने पिता या माता का निरीक्षण करते हैं, तो आप देखेंगे कि चेहरे के भाव, शारीरिक मुद्राएं और आवाज का स्वर क्रोध, खुशी और अन्य भावनाओं से भिन्न होता है।

भावनाओं और विचारों का विकास

विभिन्न संस्कृतियों में किए गए हाल के अध्ययनों से पता चला है कि भावनाओं को दो आयामों के साथ रखा जा सकता है। इस प्रकार किसी में उच्च या निम्न डिग्री का कामोत्तेजना और सकारात्मक या नकारात्मक (जैसे— सुखद बनाम अप्रिय) भावनात्मक अनुभव हो सकता है।

यद्यपि भावनात्मक रूप से प्रतिक्रिया करने की सामान्य क्षमता जन्म के समय से मौजूद रहती है, भावनात्मक विकास परिपक्वता और सीखने के कारण होता है। शिशु रोने, मुस्कुराने आदि की तरह भावनात्मक प्रतिक्रियाएँ दिखाते हैं। बच्चों में विभिन्न प्रकार की कल्पनाओं में वृद्धि होती है और बच्चे में अजनबी का डर, परिवार से अलग होने का डर विकसित होता है।

भावनात्मक विकास

बच्चे अपने माता-पिता, भाई-बहन और परिवार के अन्य सदस्यों की नकल करके अपनी भावनाओं को व्यक्त करना सीखते हैं। उदाहरण के लिए, क्रोध और खुशी के भाव अक्सर सामाजिक संबंधों में देखे जाते हैं और एक बच्चा उन्हें व्यक्त करना शुरू कर देता है। भावनात्मक विकास में सीखने की भूमिका स्पष्ट हो जाती है, यदि हम कुछ संस्कृतियों में भावनात्मक अभिव्यक्तियों को अजीबोगरीब मानते हैं। उदाहरण के लिए, भारतीय संस्कृति में एक पिता बच्चों के प्रति अपना स्नेह खुले तौर पर नहीं दिखाते हैं जबकि पश्चिमी संस्कृति में इस तरह के बात नहीं हैं। सुख-शांति हासिल करने और सफल व सार्थक जीवन जीने के लिए भावनात्मक विकास के लक्ष्य पर ध्यान देना जरूरी है। ताकि हर व्यक्ति अपनी भावनाओं पर नियंत्रण कर सके। आपके व्यवहार में आपकी भावनाएं, जैसे— क्रोध, ईर्ष्या, उल्लास, खुशी, निराशा, पीड़ा कैसे अभिव्यक्त होती हैं, इसका सीधा प्रभाव मनुष्य के अवचेतन मन पर पड़ता है।

भावनाओं की कुछ महत्वपूर्ण विशेषताएं

(i) जब आपकी कोई बुनियादी आवश्यकता संतुष्ट नहीं होगी तो आप एक भावना का अनुभव करेंगे। आप एक आवश्यकता की संतुष्टि पर भी सकारात्मक भावना का अनुभव करते हैं।

(ii) भावना के प्रभाव में आप शारीरिक बदलाव का अनुभव करते हैं जैसे— चेहरे के भाव, हाव-भाव, दिल की धड़कन की लय में बदलाव, रक्तचाप और सांस लेने का पैटर्न।

(iii) आपकी सोच, तर्क, स्मृति और अन्य मनोवैज्ञानिक कार्य भावनाओं से प्रभावित होते हैं।

(iii) भावनात्मक अवस्था के दौरान जबरदस्त ऊर्जा जारी होती है जो महत्वपूर्ण परिस्थितियों का सामना करने में मदद करती है। उदाहरण के लिए, यदि कोई कुत्ता आपके पीछे दौड़ता है, तो आप सामान्य गति से बहुत अधिक गति से दौड़ते हैं।

(iv) परिपक्वता और सीखना दोनों ही भावनाओं के विकास और अभिव्यक्ति में महत्वपूर्ण भूमिका निभाते हैं।

(v) जब आपके पास सुखद भावनात्मक अनुभव होते हैं तो आप खुश, अच्छे या सकारात्मक मूड में होंगे। इसके विपरीत, अप्रिय भावनात्मक अनुभवों से दुखी या नकारात्मक मनोदशा पैदा होती है।

(vi) भावना का अनुभव सबसे पहले आपके प्रदर्शन को कुछ हद तक बढ़ा सकता है, लेकिन अगर ऊंचा और लंबे समय तक यह प्रदर्शन के स्तर को कम करेगा।

शैक्षणिक प्रक्रियाओं में अधिगम का मुख्य केन्द्र संज्ञानात्मक क्षेत्र होता है। इस क्षेत्र में अधिगम उन मानसिक क्रियाओं से जुड़ी होती है। जिनमें पर्यावरण से सूचना प्राप्त की जाती है। इस प्रकार इस क्षेत्र में अनेक क्रियाएँ होती हैं जो सूचना प्राप्ति से प्रारम्भ होकर शिक्षार्थी के मस्तिष्क तक चलती रहती हैं। ये सूचनाएं दृश्य रूप में होती हैं या सुनने या देखने के रूप में होती हैं।

संज्ञान में मुख्यत्— ज्ञान, समग्रता, अनुप्रयोग विश्लेषण तथा मूल्यांकन पक्ष सम्मिलित होते हैं।

ज्ञान: ज्ञान का सम्बन्ध सूचना के उच्च चिन्तन से होता है। किसी विषय क्षेत्र में विशिष्ट तत्वों का पुनर्स्मरण या पुनर्पहचान अर्थात् स्मरण स्तर की क्रियाएँ इसके द्वारा होती हैं।

समग्रता: सूचना तब तक महत्वपूर्ण नहीं होती, जब तक उसे समझा नहीं जाता। इस स्तर पर तथ्यों, सम्प्रत्ययों, सिद्धांतों एवं सामान्यीकरण का बोध होता है।

अनुप्रयोग: सूचना उस समय और महत्वपूर्ण हो जाती है जब इसे नई परिस्थिति में प्रयोग किया जाता है। इस स्तर पर मानसिक क्रियाओं में सम्प्रत्यय, सिद्धांतों, सत्य सिद्धांत आदि का प्रयोग होता है। सामान्यीकरण का प्रयोग समस्या को हल करने के लिया किया जाता है। उत्तरों को मापने के लिए पूर्ण ज्ञान का प्रयोग किया जा सकता है, अर्थात् छात्रों ने वास्तविक जीवन में जो कुछ सीखा है उसका वे प्रयोग करते हैं।

विश्लेषण: सृजनात्मक चिन्तन एवं समस्या-समाधान विश्लेषण चिन्तन से आरंभ होते हैं। अब सूचना प्राप्त होती है तो इनकों विभिन्न अवयव तत्वों में विभाजित किया जाता है, जिससे विभिन्न भागों का आपसी संबंध किया जाता है। इस प्रक्रिया को सूचना का विश्लेषण कर सकता है।

संश्लेषण: इसके अंतर्गत सम्प्रत्ययों, सिद्धांतों या सामान्यीकरण के अवयवों या भागों को एकसाथ मिलाया जाता है, जिससे यह पूर्ण रूप बन जाए।

मूल्यांकन: इस स्तर पर निर्णयों के लिए मानसिक क्रियाएँ होती हैं जो स्थायित्व या तर्क के क्षेत्र पर आधारित हो सकती हैं या मानक या प्रमापों में तुलना हो सकती है। निर्णय करना अधिगम के स्तर का सर्वाधिक जटिल कार्य है।

संवेग (Emotion): संवेग का अंग्रेजी शब्द है— इमोशन। इस शब्द की उत्पत्ति लैटिन भाषा के 'इमोवेयर' से हुई है, जिसका अर्थ है— 'उत्तेजित होना'। इस प्रकार 'संवेग' को व्यक्ति की 'उत्तेजित दशा' कहते है।

मनुष्य अपनी रोजाना की जिन्दगी मे सुख, दुख, भय, क्रोध, प्रेम, घृणा आदि का अनुभव करता है। वह ऐसा व्यवहार किसी उत्तेजनावश करता है। यही अवस्था सवेग कहलाती है।

- वुडवर्थ के अनुसार, संवेग व्यक्ति की उत्तेजित दशा है।
- ड्रेवर के अनुसार, संवेग प्राणी की एक जटिल दशा है जिसमें शारीरिक परिवर्तन प्रबल भावना के कारण उत्तेजित दशा और एक निश्चित प्रकार का व्यवहार करने की प्रवृत्ति निहित रहती है।
- जे.एस.रॉस के अनुसार, संवेग चेतना की वह अवस्था है, जिसमें रागात्मक तत्व की प्रधानता रहती है।
- जरसील्ड के अनुसार, किसी भी प्रकार के आवेश आने, भड़क उठने तथा उतेजित हो जाने की अवस्था को संवेग कहते हैं।

संवेग के प्रकार Types of Emotion

संवेगो का संबंध मूल प्रवृत्तियों से होता है। चौदह मूल प्रवृत्तियों के चौदह संवेग होते है, जो इस प्रकार हैं—

1. भय
2. वात्यल्य
3. घृणा
4. कामुकता
5. करूणा व दुःख
6. आत्महीनता
7. क्रोध
8. आत्माभिमान
9. अधिकार भावना
10. भूख
11. आमोद
12. कृतिभाव
13. आश्चर्य
14. एकाकीपन

संवेगों की प्रकृति

- हममें से प्रत्येक व्यक्ति अपने अच्छे और बुरे अनुभवों के प्रति दृढ़ भावनाओं का अनुभव करते हैं।
- संवेगों के उदाहरण हैं— खुश होना, शर्मिन्दा होना, दुःखी होना, उदास होना आदि।
- संवेग हमारे प्रतिदिन के जीवन को प्रभावित करते हैं।

संवेगों की प्रमुख विशेषताएं

1. संवेग परिवर्तनशील प्रवृत्ति के होते हैं।
2. संवेग में दुःख, भय, क्रोध, प्रेरणा, ईर्ष्या, घृणा की भावना निहित होती है।
3. संवेगों में तीव्रता का गुण पाया जाता है।
4. संवेग मानव व्यवहार में परिवर्तन हेतु उत्तरदायी हैं।
5. संवेग क्षणिक होते हैं।
6. संवेगों में अस्थाई प्रवृत्ति का गुण पाया जाता है।
7. संवेग सार्वभौमिक हैं।

संवेगों के घटक- जब एक व्यक्ति किसी संवेग का अनुभव करता है तब उसके शरीर में कुछ परिवर्तन होते हैं। जैसे— हृदय गति और रक्त चाप बढ़ जाना, पुतली का बड़ा हो जाना, साँस तेज होना, मुँह का रूखा हो जाना या पसीना निकलना आदि। सोचिए जब आप किसी परीक्षा केन्द्र गए थे और परीक्षा दी थी या जब आप अपने छोटे भाई से नाराज हुए थे, तब शायद आपने ये शारीरिक परिवर्तन अनुभव किए होंगे।

व्यवहार में बदलाव और संवेगात्मक अभिव्यक्ति- इसका तात्पर्य बाहरी और ध्यान देने योग्य चिह्नों से है, जो एक व्यक्ति अनुभव कर रहा है। इसमें चेहरे के हाव-भाव, शारीरिक स्थिति, हाथ के द्वारा संकेत करना, भाग जाना, मुस्कुराना, क्रोध करना एवं कुर्सी पर धम्म से बैठना सम्मिलित हैं। चेहरे की अभिव्यक्ति के छः मूल संवेग विश्वभर के लोगों में आसानी से पहचाने जा सकते हैं।

संवेगात्मक भावनाएँ- संवेग उन भावनाओं को भी सम्मिलित करता है जो व्यक्तिगत हो। इस संवेग को वर्गीकृत कर सकते हैं, जैसे— प्रसन्न, दुःख, क्रोध, घृणा आदि। हमारे पूर्व अनुभव और संस्कृति जिससे हम जुड़े हुए हैं हमारी भावनाओं को आकृति प्रदान करते हैं। जब हम किसी व्यक्ति के हाथ में छड़ी देखते है, तो हम भाग सकते हैं या अपने आपकों लड़ाई के लिए तैयार कर लेते हैं। जब यदि एक प्रसिद्ध गायक आपके पड़ोस में रहता है, तो आप उसके पास अपने प्रिय गीत सुनने के लिए चले जाएँगे।

संवेगों का शिक्षा में महत्व -

- शिक्षक, बालकों के संवेगों को जाग्रत करके, पाठ में उनकी रूचि उत्पन्न कर सकता है।
- शिक्षक, बालकों के संवेगों का ज्ञान प्राप्त करके, उपयुक्त पाठ्यक्रम का निर्माण करने में सफलता प्राप्त कर सकता है।
- शिक्षक, बालकों में उपयुक्त संवोगों को जाग्रत करके, उनकों महान कार्यों को करने की प्रेरण दे सकता है।
- शिक्षक, बालकों की मानसिक शक्तियों के मार्ग को प्रशस्त करके, उन्हें अपने अध्ययन में अधिक क्रियाशील बनने की प्रेरणा प्रदान कर सकता है।
- शिक्षक, बालकों के संवेगों को परिष्कृत करके समाज के अनुकूतल अनुकूल व्यवहार करने की क्षमता प्रदान कर सकता है।
- शिक्षक, बालकों को अपने संवेगों पर नियंत्रण करने की विधियाँ बताकर, उनकों शिष्ट और सभ्य बना सकता है।
- शिक्षक, बालकों के संवेगों का विकास करके, उनमें उत्तर विचारों, आदर्शों, गुणों और रूचियों का निर्माण कर सकता है।

अभ्यासार्थ प्रश्न

1.“कोई भी नाराज हो सकता है – यह आसान है, परन्तु एक सही व्यक्ति के ऊपर सही मात्रा में, सही समय पर, सही उद्देश्य के लिए तथा सही तरीके से नाराज होना आसान नहीं है।” यह संबंधित है—

(a) संवेगात्मक विकास से

(b) सामाजिक विकास से

(c) संज्ञानात्मक विकास से

(d) शारीरिक विकास से

2.“परीक्षा में तनाव-निष्पति को प्रभावित करता है।" यह तथ्य निम्नलिखित में से किस प्रकार के सम्बन्ध को स्पष्ट करता है?

(a) संज्ञान-भावना

(b) तनाव-विलोपन

(c) निष्पत्ति-चिन्ता

(d) संज्ञान-प्रतियोगिता

3.निम्नलिखित में से क्या अधिगम को अधिकतम करने के लिए सर्वाधिक उचित है?

(a) शिक्षिक को अपनी संज्ञानात्मक शैली के साथ-साथ अपने शिक्षार्थियों की संज्ञानात्मक शैली की पहचान करनी चाहिए

(b) शिक्षार्थियों में वैयक्तिक भिन्नता को सहज बनाने के लिए समान शिक्षार्थियों के जोड़ बनाए जा सकते हैं

(c) अधिकतम परिणाम लाने के लिए शिक्षक केवल एक अधिगम शैली पर ध्यान केन्द्रित करता है

(d) समान सांस्कृतिक पृष्ठभूमि वाले शिक्षार्थियों को एक कक्षा में रखना चाहिए ताकि मत वैभिन्य से बचा जा सके

4.अतिरिक्त निम्नलिखित सभी तथ्य संकेत करते हैं कि बच्चा कक्षा में संवेगात्मक और सामाजिक रूप से समायोजित है।

(a) हमउम्र साथियों के साथ मधुर संबंधों का विकास

(b) चुनौतीपूर्ण कार्यों पर ध्यान केन्द्रित करना और उन्हें दृढ़तापूर्वक करता है

(c) क्रोध तथा हर्ष दोनों को प्रभावी रूप से प्रबंधित करना

(d) हमउम्र साथियो के साथ प्रतियोगिता पर दृढ़तापूर्वक ध्यान केन्द्रित करना

5.“सीमा, परीक्षा में (a)ग्रेड प्राप्त करने के लिए अति इच्छुक है। जब वह परीक्षा भवन में दाखिल होती है तथा परीक्षा प्रारम्भ होती है, वह अत्यधिक नर्वस हो जाती है। उसके पाँव ठण्डे पड़ जाते हैं, उसके हृदय की धड़कन बहुत तेज हो जाती है और वह उचित तरीके से उत्तर नहीं दे पाती।" इसका मुख्य कारण हो सकता है—

(a) शायद वह अकस्मात् संवेगात्मक आवेग का सामना नहीं कर सकती

(b) शायद वह अपनी तैयारी के बारे में बहुत आत्मविश्वासी नहीं है

(c) शायद वह इस परीक्षा के परिणाम के बारे में बहुत अधिक सोचती है

(d) निरीक्षक शिक्षिक जो ड्यूटी पर है, वह उसकी कक्षा अध्यापिका हो सकती है और वह स्वभाव में बहुत कठोर है

6.किशोरों के सन्दर्भ में निम्नलिखित में से कौनसा कथन सर्वाधिक उचित है?

(a) संवेगात्मक प्रोत्थान की घटना बढ़ जाती है

(b) पढ़ाई के प्रति लापरवाह रवैया

(c) चिन्तन का मूर्त क्रियाओं में प्रदर्शित होना

(d) बुद्धि लब्धांक में अकस्मात वृद्धि

7.पियाजे के संज्ञानात्मक विकास के चरणों के अनुसार, इन्द्रिय गामक (संवेदी-प्रेरक) अवस्था किसके साथ संबंधित है?

(a) सामाजिक मुद्दों से सरोकार

(b) अनुकरण, स्मृति और मानसिक निरूपण

(c) तार्किक रूप से समस्या-समाधान की योग्यता

(d) विकल्पों के निर्वचन और विश्लेषण करने की योग्यता

8.जब बच्चे की दादी उसे उसकी माँ की गोद से लेती है, तो बच्चा रोने लगता है। बच्चा _______ के कारण रोता है।

(a) वियोग दुश्चिंता

(b) सामाजिक्र दुश्चिंता

(c) संवेगात्मक्र दुश्चिंता

(d) अजनबी दुश्चिंता

9.व्यवहार का 'करना' पक्ष _______ में आता है।

(a) सीखने के गतिक (कोनेटिव) क्षेत्र

(b) सीखने के मनौवैज्ञानिक क्षेत्र

(c) सीखने के संज्ञात्मक क्षेत्र

(d) सीखने के भावात्मक क्षेत्र

उत्तर

1.(a), 2.(a), 3.(a), 4.(d), 5.(a), 6.(a), 7.(b), 8.(c), 9.(c)

इकाई 23: प्रेरणा और सीख

प्रेरणा एक ऐसी चीज है जो किसी विशेष कार्य को प्राप्त करने के लिए एक जीव को सक्रिय करती है। उदाहरण के लिए— यदि किसी व्यक्ति का कोई लक्ष्य है और उस लक्ष्य को प्राप्त करने के लिए वह अपना सारा प्रयास करता है। और उस विशेष कार्य को करने के लिए किसी व्यक्ति को सक्रिय करने वाली प्रेरणा शक्ति, प्रेरणा के रूप में जानी जाती है। इस प्रकार हम कह सकते हैं कि प्रेरणा, किसी विशेष लक्ष्य के प्रति व्यवहार को सक्रिय बनाए रखने और निर्देशित करने की प्रक्रिया है। लक्ष्य यहां होना चाहिए।

प्रेरणा के लक्षण:

1. प्रेरणा तब उत्पन्न होती है जब आवश्यकता होती है।
2. प्रेरणा एक लक्ष्य-उन्मुख प्रक्रिया है।
3. प्रेरणा गतिशील प्रक्रिया है।
4. प्रेरणा से बच्चे की कार्यक्षमता बढ़ती है।
5. प्रेरणा सकारात्मक या नकारात्मक हो सकती है
6. यह बाहरी या आंतरिक भी हो सकता है।

प्रेरणा के प्रकार:

प्रेरणा दो प्रकार की होती है—

• **आंतरिक प्रेरणा:** आंतरिक प्रेरणा व्यक्ति के आंतरिक व्यवहार के भीतर उत्पन्न होती है। एक आंतरिक रूप से प्रेरित व्यक्ति को किसी विशेष लक्ष्य को प्राप्त करने के लिए, उसके प्रोत्साहन के लिए कोई पुरस्कार नहीं चाहिए।

• **बाहरी प्रेरणा:** किसी व्यक्ति का व्यवहार जब बाहरी पुरस्कारों, जैसे— पैसा, प्रसिद्धि, ग्रेड, प्रोत्साहन आदि द्वारा संचालित होता है, तो उसे बाहरी प्रेरणा के रूप में जाना जाता है।

प्रेरणा का सहज सिद्धांत: इस सिद्धांत के अनुसार, सभी जीवों में कुछ जन्मजात प्रणाली होती है जो किसी जीव को जीवित रहने में मदद करती है। ये प्रणाली केवल उनके व्यवहार के लिए ड्राइव होती है। उदाहरण के लिए— नवजात शिशुओं में चूसने की प्रवृत्ति, जो उन्हें माताओं के स्तन से पोषण प्राप्त करने में मदद करती है।

प्रोत्साहन सिद्धांत: यह सिद्धांत बताता है कि लोग बाहरी पुरस्कारों के कारण चीजों को करने के लिए प्रेरित होते हैं। उदाहरण के लिए— एक व्यक्ति काम के लिए कार्यालय जाता है क्योंकि बदले में उसे प्रत्येक दिन के काम के लिए मौद्रिक इनाम मिलता है।

ड्राइव सिद्धांत: यह सिद्धांत बताता है कि एक जीव जो कुछ मनोवैज्ञानिक आवश्यकताओं के साथ पैदा हुआ है और यदि ये आवश्यकताएं संतुष्ट नहीं हैं, तो वे एक जीव में कुछ तनाव पैदा करते हैं। और एक बार जब इन जरूरतों को पूरा कर लेते हैं तो ड्राइव कम हो जाती है और जीव विश्राम मोड में लौट आता है।

प्रेरणा का उत्तेजना सिद्धांत: इस सिद्धांत के अनुसार, प्रत्येक व्यक्ति के पास उत्तेजना का अपना स्तर होता है जो उनके लिए सही होता है। जब यह उत्तेजना का स्तर व्यक्तिगत इष्टतम स्तर से कम हो जाता है तो हम उन्हें बढ़ाने के लिए कुछ प्रकार के कार्य की खोज करते हैं।

प्रेरणा का मानवतावादी सिद्धांत: यह सिद्धांत अब्राहम मास्लो द्वारा प्रतिपादित है। यह सिद्धांत बताता है कि प्रत्येक व्यक्ति में आवश्यकताओं का एक पदानुक्रम है।

ये पांच हैं—

1. शारीरिक आवश्यकताएं: मनोवैज्ञानिक आवश्यकताएं किसी व्यक्ति के जीवन की मूलभूत आवश्यकताएं हैं। जैसे— हवा, पानी, भोजन, कपड़े और आश्रय।

2. सुरक्षा की जरूरत: सुरक्षा जरूरतों को नुकसान से सुरक्षित रखने की जरूरत है। इन जरूरतों में शारीरिक, पर्यावरण और भावनात्मक सुरक्षा और सुरक्षा शामिल हैं।

3. सामाजिक जरूरतें: सामाजिक जरूरतें प्यार, स्नेह, देखभाल, अपनेपन और दोस्ती आदि की जरूरतें हैं।

4. सम्मान की जरूरत: सम्मान की जरूरतें दो तरह की होती हैं—

- आंतरिक सम्मान की जरूरत होती है। जैसे— सम्मान, आत्मविश्वास, योग्यता, उपलब्धि और स्वतंत्रता, और
- बाहरी सम्मान को मान्यता, शक्ति, स्थिति, ध्यान और प्रशंसा जैसी जरूरतें होती है।

5. आत्म-बोध की आवश्यकता: आत्म-बोध की आवश्यकता व्यक्ति की इच्छा है जो वह बनने में सक्षम है। इन जरूरतों में वृद्धि, विकास और संभावित आत्म-पूर्ति के उपयोग की आवश्यकता शामिल है।

प्रत्याशा सिद्धांत: यह सिद्धांत विक्टर व्रूम द्वारा विकसित किया गया है। यह सिद्धांत बताता है कि किसी व्यक्ति द्वारा किए गए कोई भी व्यवहार के लिए प्रेरणा, परिणाम की वांछनीयता पर निर्भर करती है। उदाहरण के लिए— एक क्रिकेट खिलाड़ी विश्व कप में जीतना चाहता है क्योंकि उसका उद्देश्य उसे जीतना है।

सीखना :

सीखना व्यवहार का संशोधन है। यह एक सतत प्रक्रिया और एक स्थायी परिवर्तन है और अभ्यास के माध्यम से प्राप्त किया जाता है। इसमें बीमारी, ऊब, थकान, परिपक्वता आदि के कारण बदलाव शामिल नहीं है।

सीखने की प्रकृति:

1. सीखना एक लक्ष्य-उन्मुख गतिविधि है।
2. सीखना एक सतत प्रक्रिया है और अभ्यास के माध्यम से प्राप्त किया जाता है।
3. सीखना व्यवहार में कुछ संशोधन लाता है।
4. सीखना परिवर्तन का समायोजन है।
5. सीखना अनुभवों का सुधार और आयोजन है।

सीखने में प्रेरणा के सिद्धांत:

1. सभी सीखने और प्रेरणा के लिए एक उद्देश्य या लक्ष्य होना चाहिए।
2. सीखना बाह्य और साथ ही आंतरिक पुरस्कारों की एक रचना है।
3. सीखना उन गतिविधियों को प्रस्तुत करता है जिसमें उच्च-क्रम की सोच शामिल होती है।
4. जिज्ञासा सीखने के महत्वपूर्ण तत्वों में से एक है।
5. सीखने में प्रेरणा के कारण विद्यार्थी किसी विशेष लक्ष्य को प्राप्त करने के लिए कड़ी मेहनत करते हैं।
6. सीखने के दौरान प्रशंसा और प्रोत्साहन एक बच्चे को प्रेरित करने के लिए सही उपकरण हैं।
7. सीखना छात्र को विशिष्ट दिशा का मार्गदर्शन करता है जो छात्रों के आत्मविश्वास को बढ़ाता है

प्रेरणा और सीखना:

सीखने के छात्रों पर प्रेरणा का बहुत प्रभाव पड़ता है। वे इस प्रकार हैं—

1. प्रेरणा व्यक्ति के व्यवहार को किसी विशेष लक्ष्य के लिए निर्देशित करती है।
2. प्रेरणा सीखने में छात्र के प्रदर्शन को बढ़ाती है।
3. प्रेरणा सीखने में संज्ञानात्मक प्रक्रियाओं को प्रभावित करती है।
4. प्रेरणा एक शिक्षार्थी को यह समझने में मदद करती है कि कौन से परिणाम मजबूत हो रहे हैं और कौन से दंडनीय हैं। इस प्रकार, प्रेरणा बेहतर परिणाम के लिए दोनों परिणामों में एक बच्चे को प्रेरित करने में मदद करती है।
5. प्रेरणा एक बच्चे को समय में किसी विशेष लक्ष्य को प्राप्त करने के लिए दक्षता बढ़ाने में मदद करती है।

प्रेरणा शब्द के मनोवैज्ञानिक अर्थ को अधिक स्पष्ट करने के लिए कुछ परिभाषाएँ निम्नलिखित है—

1. गुड के अनुसार, प्रेरणा कार्य को आरम्भ करने, जारी रखने और नियमित करने की प्रक्रिया है।

2. ब्लेयर, जोन्स व सिम्पसन के अनुसार, प्रेरणा एक प्रक्रिया है, जिसमें सीखने वाले की आंतरिक शक्तियाँ या आवश्यकताएँ उसके वातावरण में विभिन्न लक्ष्यों की ओर निर्देशित होती है।
3. पी. टी. यंग के अनुसार, प्रेरणा व्यवहार को जाग्रत करके क्रिया के विकास क पोषण करने तथा उसकी विधियों को नियमित करने की प्रक्रिया है।

प्रेरणा के प्रकार

प्रेरणा दो प्रकार की होती हैं—

- सकारात्मक और
- नकारात्मक।

1. **सकारात्मक प्रेरणा** - इस प्रेरणा में बालक किसी कार्य को अपनी स्वयं की इच्छा से करता है। इस कार्य को करने से उसे सुख और संतोष प्राप्त होता है। इस प्रेरणा को आंतरिक प्रेरणा भी कहते हैं।

2. **नकारात्मक प्रेरणा** - इस प्रेरणा में बालक किसी कार्य को अपनी स्वयं की इच्छा से न करके, किसी दूसरे की इच्छा या बाह्य प्रभाव के कारण करता है। इस कार्य को करने से उसे किसी वांछनीय या निश्चित लक्ष्य की प्राप्ति होती है। इस प्रेरणा को बाह्य प्रेरणा भी कहते हैं।

प्रेरणा के स्रोत

प्रेरणा के निम्नलिखित 4 स्रोत हैं—

- आवश्यकताएँ
- चालक
- उद्दीपन
- प्रेरक

1. आवश्यकताएँ - प्रत्येक प्राणी की कुछ आधारभीत आवश्यकताएँ होती हैं, जिनके अभाव में उसका अस्तित्व असम्भव है। जैसे— जल, वायु, भोजन आदि। यदि उसकी कोई आवश्यकता पूर्ण नहीं होती है तो उसके शरीर में तनाव और असन्तुलन उत्पन्न हो जाता है, जिसके फलस्वरूप उसका क्रियाशील होना अनिवार्य हो जाता है। उदाहरण के लिए— जब प्राणी को भूख लगती है, तब उसमें तनाव उत्पन्न हो जाता है, जिसके फलस्वरूप वह भोजन की खोज करने के लिए क्रियाशील हो जाता है। जब उसे भोजन मिल जाता है, तब उसकी क्रियाशीलता और उसके साथ ही उसके शारीरिक तनाव का अंत हो जाता है।

   अत: हम बोरिंग, लैंगफील्ड एवं वील्ड के शब्दों में कह सकते हैं कि—आवश्यकता, शरीर की कोई जरूरत या अभाव है, जिसके कारण शारीरिक असन्तुलन या तनाव

उत्पन्न हो जाता है। इस तनाव में ऐसा व्यवहार उत्पन्न करने की प्रवृत्ति होती है जिससे आवश्यकता के फलस्वरूप उत्पन्न होने वाला असन्तुलन समाप्त हो जाता है।

इसी बात को वे और अधिक स्प्ष्ट करते हैं— आवश्यकताएँ प्राणियों के भीतर का तनाव है जो कछ उद्दीपनों (प्रोत्साहनों) या लक्ष्यों के सम्बन्ध में प्राणी के क्षेत्र को व्यवस्थित करने में प्रस्तुत करती हैं, जो लक्ष्य प्राप्ति हेतु निर्देशित क्रिया को उत्तेजित करता है।

2. चालक - प्राणी की आवश्यकताएँ उसमें संबंधित चालकों को जन्म देती हैं। उदाहरण के लिए— भोजन प्राणी की आवश्यकता है। यह आवश्यकता उसमें भूख चालक को जन्म देती है। इसी प्रकार पानी की आवश्यकता, प्यास चालक की उत्पत्ति का कारण होता है। चालक उस प्राणी को एक निश्चित प्रकार के कई व्यहार करने के लिए प्रेरित करता है। उदाहरण के लिए— भूख चालक उसे भोजन करने के लिए प्रेरित करता है। अत: हम बोरिंग, लैंगफील्ड एवं बील्ड के शब्दों में कह सकते हैं कि, "चालक, शरीर की एक आंतरिक क्रिया या दशा है, जो एक विशेष प्रकार के व्यवहार के लिए प्रेरणा प्रदान करती है। प्रेरकों को अन्तर्नोद अथवा चालक भी कहते हैं। प्रेरक क्रिया करने की शक्त या ऊर्जा है।"

डेशियल के अनुसार, "प्रेरक, शक्ति का मूल स्त्रोत है जो मानव को क्रियाशील बनाता है।"

3. **उद्दीपन** - किसी वस्तु की आवश्यकता उत्पन्न होने पर उसको पूर्ण करने के लिए चालक उत्पन्न होता है। जिस वस्तु से यह आवश्यकता पूर्ण होती है, उसे उददीपन कहते हैं। उदाहरण के लिए— भूख एक चालक है, और भूख चालक को भोजन संतुष्ट करता है। अत: भूख चालक के लिए भोजन उद्दीपन है। इसी प्रकार, काम चालक का उद्दीपन है दूसरे लिंग का व्यक्ति, क्योंकि उसी से यह चालक संतुष्ट होता है।

अत: हम उद्दीपन की परिभाषा कह सकते हैं कि, "यह उस वस्तु स्थिति या क्रिया के रूप में की जा सकती है, जो व्यवहार को उद्दीप्त, उत्साहित और निर्देशित करता है।"

4. **प्रेरक** -यह अति व्यापक शब्द है। इसके अंतर्गत उद्दीपन के अतिरिक्त चालक, तनाव आवश्यकता सभी आ जाते है। गेट्स व अन्य के अनुसार, "प्रेरकों के विभिन्न स्वरूप हैं और इनकों विभिन्न नामों से पुकारा जाता है। जैसे— आवश्यकताएँ, इच्छाएँ, तनाव, स्वाभाविक स्थितियाँ, निर्धारित प्रवृत्तियाँ, अभिवृत्तियाँ, रुचियाँ, उद्दीपन और इसी प्रकार के अन्य नाम। ब्लेयर, जोन्स व सिम्पसन प्रेरक हमारी आधारभूत आवश्यकताओं से उत्पन्न होने वाली वे शक्तियाँ हैं जो व्यवहार को दिशा और उद्देश्य प्रदान करती हैं।

प्रेरणा की विधियाँ -

प्रेरणा यह निश्चित करती है कि लोग कितनी अच्छी तरह से सीख सकते हैं और कितनी देर तक सीखते रहते है। उक्त शब्द इस बात के साक्षी हैं कि बालक प्रेरणा प्राप्त करके ही अपने सीखने के कार्य में पूर्ण रूप से सफल हो सकते है। अत: उनको प्रेरणा प्रदान किया जाना अति आवश्यक है। ऐसा निम्नांकित विधियों का प्रयोग करके किया जा सकता है—

1. **रुचि-** प्रेरणा प्रदान करने की पहली विधि है—- बालकों की पाठ में रुचि उत्पन्न करना। अत: अध्यापक को पढाये जाने वाले पाठ को बालक की रुचियों से संबंधित करना चाहिए। रुचि, छात्रों का ध्यान आकर्षित करने का प्रथम उपाय हैं।
2. **सफलता -** प्रेरणा प्रदान करने की दूसरी विधि है— बालकों को उनके कार्यों में सफल बनाना। अर्थात्, अध्यापक को सदैव यह प्रयास करना चाहिए कि बालकों को सीखने वाले कार्यों में हमेशा सफलता प्राप्त हो। फ्रैंडसन का मत है कि, "सीखने के सफल अनुभव अधिक सीखने की प्रेरणा देते हैं।"
3. **प्रतिद्वन्द्विता -** प्रेरणा की यह तीसरी विधि है। शिक्षाशास्त्र के सम्पूर्ण इतिहास में प्रतिद्वन्द्विता को प्रेरणा प्रदान करने के लिए प्रयोग किया गया है।
4. **सामूहिक कार्य -** यह प्रेरणा प्रदान करने की चौथी विधि है। जिसमे बालकों को सामूहिक कार्यों में भाग लेने के लिए प्रोत्साहित किया जाता है।
5. **प्रशंसा -** प्रेरणा प्रदान करने की यह पाँचवी विधि है। उचित समय और स्थान पर प्रयोग किए जाने पर प्रशंसा, प्रेरणा का एक महत्वपूर्ण कारक है।
6. **आवश्यकता का ज्ञान-** प्रेरणा प्रदान करने की यह छठी विधि है। हरलॉक के शब्दों में, "बालकों की मुख्य आवश्यकताएँ उसके सीखने मे उद्दीपनों का कार्य करती है।"
7. **परिणाम का ज्ञान -** प्रेरणा प्रदान करने की यह सातवीं विधि है। वुडवर्थ ने लिखा है, "प्रेरणा, परिणामों के तात्कालिक ज्ञान से प्राप्त होती है।"
8. **खेल -** प्रेरणा प्रदान करने की आठवीं विधि है— बालकों को शिक्षा देने के लिए खेल विधि का प्रयोग करना। अत: शिक्षक को खेल विधि का प्रयोग करके बालकों को शिक्षा देना चाहिए।
9. **सामाजिक कार्यों में भाग -** प्रेरणा प्रदान करने की यह नवमी विधि है। फ्रैंडसन के अनुसार, "बालकों और युवकों को प्रेरणा देने के लिए सबसे प्रभावशाली विधि है उनकों उन अर्थपूर्ण सामाजिक कार्यक्रमों में रचनात्मक कार्य करने के अवसर देना, जिनकों व्यक्ति और समाज दोनों महत्वपूर्ण समझते हैं।"
10. **कक्षा का वातावरण-** प्रेरणा प्रदान करने की यह दसवीं और अंतिम विधि है। फ्रैंडसन ने ठीक ही लिखा है कि, "अच्छा शिक्षक प्रभावशाली प्रेरणा के लिए शिक्षण सामग्री

से सम्पन्न, अर्थपूर्ण और निरंतर परिवर्तनशील कक्षा-कक्ष के वातावरण पर निर्भर रहता है।"

प्रेरणा देने वाले घटक -

जॉन पी. डिसेको ने अभिप्रेरणा देने वाले चार घटकों की विवेचना की है—

1. उत्तेजन
2. आकांक्षा
3. प्रोत्साहन
4. दण्ड

उत्तेजना - उत्तेजना किसी प्राणी के उत्तेजित होने की सामान्य अवस्था है। डोनाल्ड हैब के अनुसार, "उत्तेजना अथवा जागरूकता शक्ति प्रदान करती है, लेकिन दिशा निर्देश प्रदान नहीं करती। यह एक इंजन के समान है लेकिन उसका मार्ग परिवर्तित करने वाले साधन नहीं।"

उत्तेजना व्यक्ति की सक्रियाता के लिए आवश्यक घटक माना जाता है। इसके तीन स्तर होते है— उच्च, मध्य तथा निम्न। व्यक्ति को यह उत्तेजना दो स्त्रोतों से मिलती है—

1. आंतरिक उत्तेजना स्त्रोत
2. बाह्य उत्तेजना स्त्रोत

आकांक्षा - आकांक्षा का उत्तेजना स्तर से सीधा सम्बन्ध है। हम उस स्थिति में उत्तेजित हो उठते हैं जब हम देखते कुछ है और देखाना कुछ चाहते हैं। जो हम देख रहे होते हैं वह Perception हैं और जो हम देखना चाहते हैं वह Expectancy है। जब इन दोनों के मध्य अंतर (Discrepancy) हो जाता है तो हम उत्तेजित हो उठते हैं।

मेक्लेलैण्ड लिखते है कि, "पी तथा ई में discrepancy अधिक होने पर हमें दुःख होता है और अंतर कम होने पर सुख प्राप्त होता है। इसलिए Discrepancy का एक निश्चित स्तर घटना तथा आशाओं के बीच रखना चाहिए। पूर्व अनुमानित सन्तोष को हम Valance कहते हैं तथा वास्तविक सन्तोष को Value। इस प्रकार कोई व्यक्ति जिस बल से कार्य करता है वह Expectancy और Valance का गुणनफल होता है।"

अर्थात् F = E x V

प्रोत्साहन - प्रोत्साहन लक्ष्य तक पहुँचने के साधन होते हैं। इनका स्वरूप पुरस्कार के रूप में भी हो सकता है और संकेत के रूप में भी। जब ये किसी ऐसे उद्दीपक से जुड़ जाते हैं जो इनकी उपस्थिति बताता है, तो ये प्राणी को उत्तेजित कर देते हैं। अर्थात् व्यक्ति के व्यवहार को उभारते हैं और उसे गति प्रदान करते हैं। यूँ तो प्राणी का व्यवहार मूलतः चालक द्वारा ही संचालित होता है लेकिन कभी-कभी आत्मप्रोत्साहन प्रेरणा का काम करते हैं।

स्किनर कहते हैं कि, "पुनर्बलन ही प्रोत्साहन है।"

अर्थात् धनात्मक तथा ऋणात्मक पुनर्बलन ही प्रोत्साहन का काम करते हैं। धनात्मक पुनर्बलन, धनात्मक पुरस्कार होता है तथा ऋणात्मक पुनर्बलन ऋणात्मक पुरस्कार।

दण्ड - सोलोमन कहते है कि, "दण्ड एक उद्दीपन के समान है, जिससे व्यक्ति बचने का प्रयास करता है अथवा उससे दूर भागना चाहता है।"

बोम्पस स्मिथ लिखते हैं कि, "स्कूली दण्ड, प्रतिरोध नहीं होता है। इसका उद्देश्य प्रशिक्षण है। सर्वप्रथम अपराधी का प्रशिक्षण। दूसरा, उसके अवलोकन से अन्य बालकों का प्रशिक्षण। साथ ही, उसे तथा दूसरों को पुनः अपराध करने से बचाना है।"

अभ्यासार्थ प्रश्न

1.विद्यार्थियों को स्वच्छता के लिए प्रेरित करने हेतु उन्हें स्वच्छता समिति का सदस्य बनाना, प्रतिबिम्बित करता है—

(a) प्रेरणा की सामाजिक-सांस्कृतिक संकल्पनाएँ

(b) प्रेरणा का व्यवहारवादी उपागम

(c) प्रेरणा का मानवतावादी उपागम

(d) प्रेरणा का संज्ञानात्मक उपागम

2.एक आंतरिक बल जो प्रोत्साहित करता है और व्यवहारपरक प्रतिक्रिया के लिए बाध्य करता है एवं उस प्रतिक्रिया को विशिष्ट दिशा उपलब्ध कराता है—

(a) अभिप्रेरण

(b) अध्यवसाय

(c) संवेग

(d) वचनबद्धता

3.बालक में वैज्ञानिंक अन्वेषक के गुणों का विकास क्यों किया जाना चाहिए?

(a) पुरस्कार (प्रेरक)

(b) संवेग

(c) आवश्यकता

(d) उत्प्रेरणा

4.निम्न में से कौनसी शब्दावली प्राय: अभिप्रेरणा के साथ अन्त: बदलाव के साथ इस्तेमाल की जाती है?

(a) पुरस्कार (प्रेरक)

(b) संवेग

(c) आवश्यकता

(d) उत्प्रेरणा

5.______ प्रेरणाएँ अनुभूतियों के सन्तुष्टिकरण की अवस्थाओं तक पहुँचने और वैयक्तिक लक्ष्यों को प्राप्त करने की आवश्यकता को सम्बोधित करती हैं।

(a) प्रभावी

(b) भावात्मक

(c) संरक्षण-उन्मुखी

(d) सुरक्षा-उन्मुखी

6.एक विद्यार्थी उच्चस्तरीय सृजनशील रंगमंचीय कलाकार बनना चाहता है। उसके लिए निम्नलिखित में से कौनसा उपाय सबसे कम प्रेरक होगा?

(a) राज्यस्तरीय प्रतियोगिताओं को जीतने का प्रयास करना ताकि छात्रवृत्ति पायी जा सके

(b) अपने रंगमंचीय कलाकार साथियों के साथ समानुभूतिपूर्ण, स्नेही तथा सहयोगी संबंध विकसित करना

(c) उन रंगमंचीय कौशलों को अधिक समय देना जिनसे वह प्रफुल्लित होता है

(d) संसार के श्रेष्ठ रंगमंचीय कलाकारों की निष्पति से सम्बद्ध साहित्य पढ़ने के लिए तथा उससे सीखने के प्रयास के लिए कहना

7.राजेश, अति लोलुप पाठक है। वह अपने कोर्स की पुस्तकें पढ़ने के अतिरिक्त प्रायः पुस्तकालय जाता है और भिन्न प्रकरणों पर पुस्तकें पढ़ता है। इतना ही नहीं राजेश भोजन अवकाश में अपने परियोजना कार्य करता है। उसे परीक्षाओं के लिए पढ़ने के लिए अपने शिक्षकों अथवा अभिभावकों

द्वारा कभी भी कहने की जरूरत नहीं है और वह वास्तव में सीखने का आनन्द लेता नज़र आता है। उसे ______ के रूप में सर्वाधिक बेहतर रूप में वर्णित किया जा सकता है।

(a) आंतरिक रूप से अभिप्रेरित शिक्षार्थी

(b) तथ्य आधारित शिक्षार्थी

(c) शिक्षक अभिप्रेरित शिक्षार्थी

(d) मापन आधारित शिक्षार्थी

8.छायांकित क्षेत्र सामान्य वितरण में उन शिक्षार्थियों को प्रदर्शित करता है जो ________ में आते हैं।

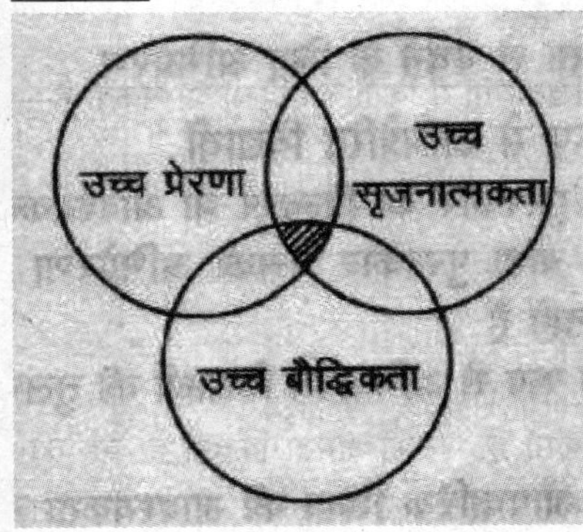

(a) $\sigma = 0$ पर

(b) 2σ-3σ के बीच

(c) 3σ के बाद

(d) σ-2σ के बीच 3

9.सीखने की प्रक्रिया में, अभिप्रेरणा—

(a) शिक्षार्थियों की स्मरण-शक्ति को पैना बनाती है

(b) पिछले सीखे हुए को नये अधिगम से अलग करती है

(c) शिक्षार्थियों को एक दिशा में सोचने के योग्य बनाती है

(d) शिक्षार्थियों में सीखने के प्रति रुचि का विकास करती है

10.________ को एक अभिप्रेरित शिक्षक का संकेतक माना जाता है।

(a) कक्षा में अधिकतम उपस्थिति

(b) शिक्षक द्वारा दिए गए उपचारात्मक कार्य

(c) विद्यार्थियों द्वारा प्रश्न पूछना

(d) कक्षा में एकदम खामोशी

उत्तर

1.(a), 2.(a), 3.(c), 4.(c), 5.(b), 6.(a), 7.(a), 8.(c), 9.(d), 10.(c)

इकाई 24: सीखने में योगदान देने वाले कारक

सीखने की प्रक्रिया विभिन्न प्रकार के व्यक्तिगत कारकों से प्रभावित होती है। इन कारकों का गहन ज्ञान शिक्षकों और अभिभावकों के लिए उनके बच्चों के सीखने को समझने और मार्गदर्शन करने में बहुत मददगार साबित होगा। सीखने की प्रक्रिया को प्रभावित करने वाले कुछ व्यक्तिगत कारकों को अंडर सेंसेशन और धारणा, थकान, परिपक्वता, भावनात्मक स्थिति, जरूरतों, रुचियों, प्रेरणा के रूप में वर्गीकृत किया जा सकता है।

सांस्कृतिक मांग और सामाजिक अपेक्षाएँ भी सीखने को प्रभावित करती हैं। संस्कृति की भावना उसके सामाजिक और शैक्षणिक संस्थानों में परिलक्षित होती है। इसलिए, बच्चों की शिक्षा, उनकी संस्कृति की माँगों और अपेक्षाओं से बहुत अधिक निर्धारित होती है।

अधिगम को प्रभावित करने वाले कारकों को निम्नलिखित वर्गों में विभाजित किया जा सकता है—

1. अधिगमकर्ता से संबंधित कारक
2. अध्यापक से संबंधित कारक
3. विषय वस्तु से संबंधित कारक
4. प्रक्रिया से संबंधित कारक

आधिगमकर्ता से संबंधित कारक

आधिगमकर्ता का शारीरिक एवं मानसिक स्वास्थ्य कैसा है, उसकी क्षमता कितनी है, वह क्या हासिल करना चाहता है, उसके जीवन का उद्देश्य क्या है, इन बातों पर उसके सीखने की गति, इच्छा एवं रुचि निर्भर करती है।

अध्यापक से संबंधित कारक

अधिगम की प्रक्रिया को प्रभावित करने में शिक्षक की भूमिका महत्वपूर्ण होती है। अध्यापक का विषय पर कितना अधिकार है, वह शिक्षक कला में कितना योग्य है, उसका व्यक्तित्व एवं व्यवहार कैसा है, इन सबका प्रभाव बालक के अधिगम, इसकी मात्रा एवं इसकी गति पर पड़ता है। अध्यापक के शारीरिक एवं मानसिक स्वास्थ्य का भी बालक के अधिगम से सीधा संबंध होता है। एक स्वस्थ शिक्षक ही सही ढंग से बच्चों को पढ़ा सकता है।

विषय वस्तु से संबंधित कारक

अधिगम की प्रक्रिया में अध्यापक एवं छात्रों द्वारा विषय वस्तु को प्रयोग में लाया जाता है। यदि विषय उनके अनुकूल न हो तो इसका अधिगम पर भी प्रभाव पड़ता है। विषय वस्तु बालक की रूचि के अनुकूल है या नहीं, उसकी प्रस्तुति किस प्रकार की है, इन सब बातों का प्रभाव बालक

के अधिगम पर पड़ता है। यदि विषय वस्तु बालक की रुचि के अनुरूप नहीं हैं, तो वह इसे सीखना नहीं चाहता।

क्रिया से संबंधित कारक

विषय वस्तु को यदि गलत तरीके से प्रस्तुत किया जाए, तो भी बालक को इसे समझने में मुश्किल होती है। अभ्यास कार्य एवं बार-बार दोहराकर किसी विषय वस्तु पर प्रगाढ़ता हासिल की जा सकती है, किन्तु इस कार्य में यह भी महत्वपूर्ण है कि विद्यालय का वातावरण कैसा है। शिक्षण अधिगम संबंधी उपयुक्त परिस्थितियाँ एवं वातावरण बालक को ज्ञान प्राप्त करने के लिए प्रेरित करता है एवं वह अपने-आपको ऐसे वातावरण में सहज पाता है, जिससे उसके अधिगम की गति स्वत: बढ़ जाती है।

संवेदना और समझ

छात्रों के सामान्य स्वास्थ्य के अलावा, संवेदना और धारणा मनोवैज्ञानिक कारक हैं जो सीखने में मदद करते हैं। अनुभूति के मूल में संवेदना है। पाँच इन्द्रियाँ हैं, अर्थात् त्वचा, कान, जीभ, आँखें और नाक।

ये भावना अंग ज्ञान के द्वार हैं और पर्यावरण में विभिन्न उत्तेजनाओं की धारणा में मदद करते हैं। किसी भी इंद्री में कोई भी दोष सीखने को प्रभावित करेगा और इसलिए ज्ञान का अधिग्रहण होगा।

आयु और परिपक्वता

नम्र होना उम्र और परिपक्वता पर निर्भर करता है। कोई भी सीख तब तक नहीं हो सकती जब तक कि व्यक्ति सीखने के लिए पर्याप्त परिपक्व न हो। कुछ बच्चे पहले की उम्र में बेहतर सीख सकते हैं जबकि अन्य उसी सामग्री को सीखने में अधिक समय लेते हैं।

भावनात्मक स्थितियां

वांछनीय भावनात्मक स्थिति सीखने की गुणवत्ता और गति को बढ़ाती है। किसी भी प्रकार की सीख के लिए खुशी और संतुष्टि हमेशा अनुकूल होती है। दूसरी ओर भावनात्मक स्थिति, सीखने में बाधा। कई अध्ययनों ने इस तथ्य को स्थापित किया है कि भावनात्मक तनाव, गड़बड़ी, आदि गुणवत्तापूर्ण भावनात्मक स्थिति के प्रतिकूल होती है।

आवश्यकता

आवश्यकता एक ऐसी किसी चीज की कमी है, जो अगर प्रदान की जाती है, तो बच्चे के सामान्य व्यवहार की सुविधा होगी। किसी चीज की कमी बच्चे को अनुभव होती है। बच्चा तब उस गतिविधि को करने की कोशिश करता है, जिसका समापन आवश्यकता की संतुष्टि में होता है। इस प्रकार, आवश्यकताएं लक्ष्यों से जुड़ी होती हैं। मनुष्य के बीच, आवश्यकताएं अपेक्षाकृत स्थायी प्रवृत्तियां हैं जो कुछ विशिष्ट लक्ष्यों को प्राप्त करने में संतुष्टि की तलाश करती हैं। जब इन लक्ष्यों को प्राप्त कर लिया जाता है, तो समय के लिए विशेष आवश्यकता पूरी हो जाती है, लेकिनं यह जल्दी या बाद में पुनरावृत्ति करता है और आगे की गतिविधि को सक्रिय करता है।

रूचियाँ

छात्रों के विभिन्न प्रकार के हितों का उनके सीखने के लिए दोहन किया जा सकता है। प्रारंभिक शैशवावस्था के दौरान बच्चों की दिलचस्पी ज्यादातर सीमित और अल्पकालिक होती है। जैसे-जैसे बच्चा बड़ा होता जाता है, उसकी रुचियां बढ़ती जाती हैं और स्थिर होती जाती हैं। एक स्कूल शिक्षक को, बच्चों के हितों की पूरी जानकारी होनी चाहिए। यदि आप अपने निर्देश को जीवंत और प्रेरक बनाते हैं और उसमें छात्रों की रुचि जगाते हैं, तो आप स्कूल के काम से बहुत अधिक अशिष्टता, एकरसता और ऊब को खत्म करते हैं।

एक बार जब छात्रों की रुचि एक गतिविधि में पैदा हो जाती है, तो आपको उस पर अधिक प्रयास करना चाहिए। इस पर प्रयास के उचित खर्च के बिना सीखने को प्राप्त किया जा सकता है।

प्रेरणा

प्रेरणा सीखने की प्रक्रिया का दिल है। यह कुछ करने के लिए एक व्यक्ति में इच्छाशक्ति उत्पन्न करता है। पर्याप्त प्रेरणा न केवल छात्र को एक गतिविधि में संलग्न करती है, जिसका परिणाम सीखने में होता है, बल्कि सीखने को भी निर्देशित करता है। प्रेरणा के दो प्रकार आमतौर पर पहचाने जाते हैं। ये हैं— आंतरिक और बाहरी प्रेरणा।

आंतरिक प्रेरणा- आंतरिक प्रेरणा तब उत्पन्न होती है जब तनाव का समाधान सीखने के कार्य को स्वयं करने में पाया जाता है। सीखी गई सामग्री अपना प्रतिफल प्रदान करती है। उदाहरण के लिए, जो छात्र मॉडल हवाई जहाज के निर्माण का अध्ययन पूरी लगन से करता है ताकि वह एक मॉडल बना सके। एक प्रकार की आंतरिक प्रेरणा का अनुभव कर रहा है।

बाहरी प्रेरणा- बाहरी प्रेरणा तब होती है जब कोई छात्र सीखने के कार्य का अनुसरण करता है, लेकिन ऐसे कारणों के लिए जो बाह्य रूप से आकर्षित होता है। यदि कोई छात्र मॉडल हवाई जहाज के निर्माण में संलग्न होता है क्योंकि वह सोचता है कि यह उसके पिता को खुश करेगा, जो आंतरिक प्रेरणा के बजाय पूर्व पायलट है।

बुद्धि

बुद्धि शब्द प्राचीन काल से व्यक्ति की तत्परता समस्या समाधान की क्षमताओं के सन्दर्भ में प्रयोग होता है। सभी व्यक्ति समान योग्य नहीं होते। बौद्धिक योग्यता ही उनके आसमान होने का प्रमुख कारण है। प्रत्येक मनोवैज्ञानिक का बुद्धि के सन्दर्भ में अलग मत है।

1. वुडवर्थ के मतानुसार, बुद्धि कार्य करने की विधि है।
2. टर्मन के अनुसार, बुद्धि अमूर्त विचारों के बारे में सोचने की योग्यता है।
3. वुडरो के अनुसार, बुद्धि ज्ञान का अर्जन करने की क्षमता है।
4. डियरबॉर्न के अनुसार, बुद्धि सीखने या अनुभव से लाभ उठाने की क्षमता है।
5. हेनमान के अनुसार, ज्ञान में दो तत्व होते है, ज्ञान की क्षमता और निहित ज्ञान।

6. बीने के अनुसार, बुद्धि इन चार शब्दों में निहित है— ज्ञान, आविष्कार, निर्देश और आलोचना।
7. थार्नडाइक के मतानुसार, सत्य या तथ्य के दृष्टिकोण से उत्तम प्रतिक्रियाओं की शक्ति को ही बुद्धि कहते हैं।
8. पिंटनर के अनुसार, नई परिस्थितियों में सामंजस्य बनाने की व्यक्ति की योग्यता को ही बुद्धि कहते हैं।
9. गॉल्टन के मतानुसार, बुद्धि सीखने तथा पहचानने की योग्यता है।
10. बंकिघम के अनुसार, सीखने की योग्यता को बुद्धि कहते हैं।

योग्यता

एक छात्र जो अध्ययन या कौशल के किसी विशेष विषय के लिए उपयुक्त योग्यता रखता है, वह बेहतर सीखेगा और इसे लंबे समय तक बनाए रखेगा। दूसरी ओर उसे उस विषय का अध्ययन करने के लिए अपेक्षाकृत अधिक समय की आवश्यकता होगी। जिसके लिए उसके पास स्वाभाविक योग्यता का अभाव है। वह इसे सीखने के अलावा हर समय ऊब और दुखी महसूस करने के अलावा जल्द ही इसे भूलने के लिए उत्तरदायी है। इसलिए, उनके लिए अध्ययन के निर्धारित पाठ्यक्रमों से पहले छात्रों की योग्यता का विश्लेषण करना बेहद वांछनीय है।

गर्भाधान या गर्भ में बच्चे या मां के समय से पर्यावरणीय प्रभाव शुरू हो जाता है। माँ की मानसिक, शारीरिक और भावनात्मक स्थितियाँ गर्भ में भ्रूण के विकास को प्रभावित करती हैं। बच्चे के जन्म के समय से बाहरी एन्वाइरन्मन्ट (बाहरी वातावरण) शुरू होता है। तात्पर्य घर में व्याप्त परिवेश से है। स्कूल और इलाके। इन स्थानों पर, बच्चा परिवार के सदस्यों, शिक्षकों के साथ बातचीत करता है। सहपाठियों या साथियों और पड़ोसियों और उनके साथ संबंध स्थापित करता है। समाज के सदस्यों और परिवेश के साथ संबंध बच्चे के विकास को प्रभावित कर सकते हैं और उसके सीखने के तरीके को भी।

कुछ पर्यावरणीय कारकों की चर्चा इस प्रकार है—

परिवेश: प्राकृतिक, सामाजिक और सांस्कृतिक - हम यहां प्राकृतिक चर्चा करेंगे। सामाजिक और सांस्कृतिक वातावरण बच्चे के साथ बातचीत करता है और प्रभावित होता है। प्राकृतिक आसपास के जलवायु और वायुमंडलीय स्थिति को कवर करता है। ये स्थितियां सीधे सीखने को प्रभावित करती हैं। यह पाया गया है कि उच्च तापमान और आर्द्रता मानसिक दक्षता को कम करती है। सीमित समय के लिए, आर्द्रता और उच्च तापमान को सहन किया जा सकता है लेकिन लंबे समय तक आर्द्रता और उच्च तापमान असहनीय हो जाता है और मानसिक दक्षता में कमी आती है। सामाजिक परिवेश में विशेष रूप से घर का वातावरण शामिल है। स्कूल और इलाका, छात्र के बौद्धिक सीखने को प्रभावित करते हैं।

शिक्षण सहायक सामग्री: अध्यापक अधिगम की प्रक्रिया को सरल, प्रभावकारी एवं रूचिकर बनाने वाले उपकरणों को शिक्षण सहायक सामग्री कहा जाता है। इन्द्रियों के प्रयोग के आधार पर शिक्षण सामग्री को मोटे तौर पर तीन भागों में विभाजित किया जा सकता है—

1. श्रव्य सामग्री 2. दृश्य सामग्री एवं. 3. दृश्य-श्रव्य सामग्री

दृश्य सहायक सामग्री - दृश्य सहायक सामग्री का तात्पर्य उन साधनों से है जिनमें केवल देखने वाली इन्द्रियों (आँखो) का प्रयोग होता है। इसके अंतर्गत पुस्तक, चित्र, मानचित्र, ग्राफ, चार्ट, पोस्टर, श्यामपटट, बुलेटिन बोर्ड, संग्रहालय, स्लाइड इत्यादि आते है।

वास्तविक कार्य - वास्तविक पदार्थों का तात्पर्य उन वस्तुओं से है, जिन्हें बालक देखकर, छूकर अनुभव कर सकता है। ये बालकों की इन्द्रियों को प्रेरणा देते हैं तथा उन्हें निरीक्षण एवं परीक्षण के अवसर प्रदान करके उनकी अवलोकन शक्ति का विकास करते हैं। वास्तविक पदार्थों के प्रयोग से बालकों को नाना प्रकार के अनुभव प्राप्त होते हैं, जो दूसरों के द्वारा दिए गए अनुभवों की अपेक्षा कहीं बेहतर होते हैं।

नमूने - इन्हें अंग्रेजी में मॉडल कहा जाता है। नमूने वास्तविक पदार्थों अथवां मूल वस्तुओं के छोटे रूप होते हैं। इनका प्रयोग उस समय किया जाता है, जब वास्तविक पदार्थ या तो उपलब्ध न हों अथवा इतने बड़े हों कि उन्हें कक्षा में दिखाना संभव न हो। उदाहरण के तौर पर— रेल, हवाई जहाज इत्यादि के नमूनों का प्रयोग इनके बारे में बताने के लिए किया जाता है

चित्र - चित्रों का प्रयोग उस समय किंया जाता है जब न तो वास्तविक पदार्थ ही उपलब्ध हों और न ही नमूने मिल सकें। चित्रों का प्रयोग लगभग सभी विषयों की कक्षा में किया जाता है।

चित्र के चयन में शिक्षकों को निम्नलिखित बातों का ध्यान रखना चाहिए—

चित्र इतने स्पष्ट, रंगीन तथा आकर्षक होने चाहिए कि प्रत्येक बालक उन्हें देखकर वास्तविक पदार्थों के आकार तथा रंग रूप से परिचित हो जाएँ।

चित्रों में पाठ से संबंधित मुख्य मुख्य बाते ही दिखानी चाहिए अन्यथा प्रमुख बातें छिप जाएँगी और बालक भ्रम में पड़ जाएँगे।

चित्रों का आकार बड़ा होना चाहिए जिससे कक्षा का प्रत्येक बालक उन्हें बिना किसी कठिनाई के स्पष्ट रूप से देखकर आवश्यक लाभ उठा सके।

मानचित्र - मानचित्र का प्रयोग प्रमुख ऐतिहासिक घटनाओं तथा भौगोलिक तथ्यों अथवा स्थानों के अध्ययन करने के लिए अति आवश्यक है। मानचित्रों के प्रयोग के समय शिक्षकों को यह ध्यान रखना चाहिए कि इनके ऊपर इनका नाम, शीर्षक, दिशा तथा संकेत आदि अवश्य लिखा हो।

रेखाचित्र - वास्तविक पदार्थ, नमूने एवं मानचित्र तीनों के अभाव की स्थिति में किसी वस्तु या स्थान के बारे में अध्यापन के लिए उसके रेखाचित्र का प्रयोग किया जाता है।

ग्राफ - ग्राफ के प्रयोग से बालकों को भूगोल, इतिहास, गणित तथा विज्ञान आदि अनेक विषयों का ज्ञान सरलतापूर्वक दिया जा सकता है। भूगोल विषय के अध्यापन में जलवायु, उपज तथा

जनसंख्या आदि का ज्ञान करने के लिए ग्राफ की विशेष सहायता ली जाती है। इसके अतिरिक्त इसका प्रयोग गणित तथा विज्ञान शिक्षण में किया जाता है।

चार्ट - चार्ट के प्रयोग से शिक्षक को शिक्षण का उद्देश्य प्राप्त करने में सहायता मिलती है। चार्टों का प्रयोग भूगोल, इतिहास, अर्थशास्त्र, नागरिकशास्त्र तथा गणित एवं विज्ञान आदि विषय में सफलतापूर्वक किया जा सकता है।

बुलेटिन –बोर्ड आधुनिक शिक्षा प्रणाली का एक उपयोगी उपकरण है। इस पर देश की राजनितिक, आर्थिक तथा सामाजिक समस्याओं के संबंध में चित्र, ग्राफ, आकृति तथा लेख एवं आवश्यक सूचनाओं को प्रदर्शित करके बालकों की जिज्ञासा को इस प्रकार से उकसाया जाता है कि उनके ज्ञान में निरंतर वृद्धि होती रहे। बुलेटिन–बोर्ड को विद्यालय में किसी इतने ऊँचे उपयुक्त स्थान पर रखा जाना चाहिए, जिससे सभी बालक प्रदर्शित की गई सामग्री से लाभन्वित हो सकें। ये बालकों के आकर्षण के केन्द्र होते हैं। इस पर बालकों को भी अपनी एकत्रित की गई सामग्री को प्रदर्शित करने के अवसर मिलने चाहिए।

फ्लेनेल बोर्ड - फ्लेनेल बोर्ड बनाने के लिए फ्लाइवुड अथवा हार्ड-बोर्ड के टुकड़े पर फ्लेनेल के कपड़े को खीचकर बाँध दिया जाता है। इसके बाद इस पर विभिन्न विषयों से संब्रंधित चित्र, मानचित्र, रेखाचित्र तथा ग्राफ आदि को प्रदर्शित किया जाता है।

संग्रहालय - संग्रहालय भी शिक्षी का एक महत्वपूर्ण उपकरण है। इसमें सभी वस्तुओं को एकत्रित करके रखा जाता है। इन वस्तुओं की सहायता से पाठ रोचक तथा सजीव बन जाता है। संग्रहालय में एकत्रित वस्तुओं का प्रयोग भूगोल, इतिहास तथा विज्ञान आदि विषयों के शिक्षण में सरलता से किया जा सकता है।

ब्लैकबोर्ड - कक्षा अध्यापन में दृश्य साधन के रूप में ब्लैकबोर्ड (श्यामपट) का प्रयोग सर्वाधिक होता है इसका उचित एवं विधिपूर्वक उपयोग पाठ को प्रभावशाली बनाने में बहुत सहायक होता है।

मैजिक लैंटर्न - मैजिक लैंटर्न एक चित्र प्रदर्शक यन्त्र है। इसकी मदद से स्लाइड़ों द्वारा विविध चित्रों अथवा पाठ का प्रदर्शन किसी पर्दे या दीवार पर किया जाता है।

विस्तारक यन्त्र (एपिडियास्कोप) - विस्तारक यन्त्र पाठ को अधिक स्पष्ट और रोचक बनाने के लिए एक प्रभावशाली यन्त्र है। यह मैजिक लैनटर्न से भी प्रभावकारी यन्त्र है। क्योंकि मैजिक लैनटर्न में चित्रों या पाठ को प्रदर्शित करने के लिए पहले उसके स्लाइड बनाने की आवश्यकता होती है, जबकि एपिडियास्कोप में छोटे छोटे चित्रों, मानचित्रों, पोस्टरों तथा पुस्तक के पृष्ठों को कमरे में अंधेरा करके चित्रपट अथवा पर्दे पर बिना स्लाइडें बने हुए ही बड़ा करके दिखाया जा सकता है।

स्लाइडें, फिल्म पट्टियाँ **तथा प्रोजेक्टर** - स्लाइडें एवं स्लिडों की फिल्म पट्टियों का प्रयोग शिक्षण में सहायक सामग्री के तौर पर किया जाता है। इसके लिए प्रोजेक्टर की सहायता ली जाती है। प्रोजेक्टर एडियास्कोप से बेहतर साबित होते हैं, क्योंकि एडियास्कोप द्वारा बालकों को चित्र या

पाठ एक एक कर दिखाया जा सकता है, जबकि प्रोजेक्चटर द्वारा चित्रों की स्लाइडों अथवा फिल्म पट्टियों को क्रम में दिखाया जा सकता है।

श्रव्य सहायक सामग्री - श्रव्य सामग्री से तात्पर्य उन साधनों से है, जिनमें केवल श्रव्य इन्द्रियों (कानों) का प्रयोग होता है। श्रव्य सामग्री के अंतर्गत रेडियो, टेलीफोन, ग्रामोफोन, टेलीकॉन्फ्रेंसिग, टेप-रिकॉर्डर इत्यादि आते हैं।

रेडियो - रेडियो द्वारा दूरस्थ बालकों को भी एक साथ नवीनतम घटनाओं एवं सूचनाओं की जानकारी प्राप्त होती है। इसके द्वारा बालकों को उच्च कोटि के शिक्षा शास्त्रियों से राष्ट्रीय तथा अंतरराष्ट्रीय समस्याओं के विषय में अनेक वार्ताएँ तथा भाषण सुनने को मिलते हैं। रेडियो पर विभिन्न कक्षा के विभिन्न विषयों के अध्यापन संबंधी प्रोग्राम भी सुनाए जाते हैं। रेडियो पाठ का उपयोग शिक्षण की प्रभावोत्पदकता में वृद्धि करने के किया जाता है।

दृश्य- श्रव्य सहायक सामग्री -

दृश्य श्रव्य सामग्री का तात्पर्य शिक्षण के उन साधनों से है जिनके प्रयोग से बालकों की देखने और सुनने वाली ज्ञानेन्द्रियाँ सक्रिय हो जाती है और वे पाठ के सूक्ष्म से सूक्ष्म तथा कठिन से कठिन भावों को सरलतापूर्वक समझ जाते हैं।

चल चित्र - चल चित्र अथवा सिनेमा के अनेक लाभ है, इसके द्वारा प्राप्त किया हुआ ज्ञान अन्य उपकरणों की अपेक्षा अधिक स्थायी होता है, क्योंकि इसमें देखने तथा सुनने की दो इन्द्रियाँ सक्रिय रहती हैं। इसके द्वारा बालकों को विभिन्न देशों, स्थानों अथवा घटनाओं का ज्ञान सरलतापूर्वक कराया जा सकता है। इससे बालकों की कल्पनाशक्ति का विकास होता है।

टेलीविजन - चल चित्र से होने वाले सभी लाभ टेलीविजन से भी प्राप्त होते है। किन्तु सिनेमा की अपेक्षा इसका दायरा अत्यन्त विस्तृत होता है। आजकल टेलीविजन पर कई मनोरंजन कार्यक्रमों के अतिरिक्त कई प्रकार के शैक्षिक कार्यक्रमों का भी प्रसारण किया जाता है। जिससे बच्चों के ज्ञान में वृद्धि होती है। इग्नों एवं यूजीसी के अतिरिक्त कुछ विश्वविद्यालयों द्वारा भी उपग्रहों की मदद से विभिन्न प्रकार के शैक्षिक कार्यक्रमों का प्रसारण किया जाता है।

कम्प्यूटर - कम्प्यूटर एक ऐसा आधुनिक इलेक्ट्रिनिक उपकरण है, जिनका प्रयोग जीवन के विविध क्षेत्र में किया जाता है। शिक्षा के क्षेत्र में भी इसका व्यापक उपयोग होने लगा है।

शिक्षा के क्षेत्र में कम्प्यूटर से निम्नलिखित लाभ हैं—

- इससे छात्रों में पाठों के प्रति रूचि का विकास होता है।
- ये चित्रों, चलचित्रों के माध्यम से पाठ को अत्यंत जीवन्त एवं मनोरंजक बना देता है।
- इससे छात्रों को उच्च कोटि का पुनर्बलन प्राप्त होता है।
- कम्प्यूटर के जरिए इन्टरनेट का प्रयोग विविध प्रकार की जानकारी प्राप्त करने के लिए किया जा सकता है।

- इसके द्वारा पाठों का प्रस्तुतीकरण तैयार किया जा सकता है, जिससे पाठ अधिक सरल एवं रुचिकर हो सकते हैं।

शिक्षक, माता-पिता और साथियों के साथ संबंध

अनुदेशात्मक प्रक्रिया में शिक्षक एक महत्वपूर्ण घटक है। वह छात्रों के व्यवहार को आकार देने में महत्वपूर्ण भूमिका निभाता है। वह जिस तरह से छात्रों को पढ़ाता है और उनका प्रबंधन करता है, उसका उनके सीखने पर प्रभाव पड़ता है।

माता-पिता के साथ संबंध छात्र की सीखने की प्रक्रिया में एक महत्वपूर्ण भूमिका निभाता है। यदि बालक माता-पिता का संबंध पारस्परिक सम्मान और विश्वास पर आधारित है, तो यह बच्चे को एक जन्मजात माहौल प्रदान कर सकता है जो बदले में उसकी/उसके सीखने की सुविधा प्रदान कर सकता है। एक ओर विकृत और अस्वास्थ्यकर वातावरण, दूसरी ओर छात्र के सीखने पर प्रतिकूल प्रभाव डालता है।

एक स्वस्थ सहकर्मी समूह संबंध भी सीखने में महत्वपूर्ण भूमिका निभाता है। कक्षा, स्कूल, समाज आदि में छात्र-छात्र संबंध, एक विशेष प्रकार की भावनात्मक वातावरण का निर्माण करता है। वातावरण पूरी तरह से उनके रिश्तों पर निर्भर करती है। एक ध्वनि संबंध छात्र को अधिक सीखने और कक्षा में प्रतिस्पर्धा करने के लिए तनाव मुक्त वातावरण प्रदान करता है। यदि साथियों के बीच संबंध अच्छे नहीं हैं, तो यह उनके सीखने पर प्रतिकूल प्रभाव डालता है।

मीडिया का शैक्षणिक उद्देश्यों पर प्रभाव -

मीडिया को सूचना प्रसारित करने का एक महत्वपूर्ण घटक माना गया है। मीडिया को दो व्यापक श्रेणियों — प्रिंट और गैर-प्रिंट मीडिया में विभाजित किया जा सकता है। प्रिंट मीडिया ग्रंथों या मुद्रित सामग्री को संदर्भित करता है। यह किफायती है और पारंपरिक रूप से शैक्षणिक उद्देश्यों के लिए इस्तेमाल किया गया है।

अभ्यासार्थ प्रश्न

1.सी.बी.एस.ई. शिक्षार्थियों के लिए व्यक्तिगत गतिविधियों के स्थान पर सामूहिक गतिविधियों की संस्तुति करती है। ऐसा करने के पीछे विचार हो सकता है—

(a) व्यक्तिगत प्रतिस्पर्धा के प्रति नकारात्मक संवेगात्मक प्रतिक्रियाओं से उबारना जो सम्पूर्ण अधिगम पर सामान्यीकृत हो सकती हैं

(b) प्रत्येक शिक्षार्थी के स्थान पर समूह में अवलोकन द्वारा शिक्षक के कार्य सरल बनाने के लिए

(c) विद्यालयों के पास उपलब्ध समय को प्रासंगिक बनाना जबकि उनमें से अधिकांश के पास व्यक्तिगत गतिविधियों के लिए पर्याप्त समय नहीं होता

(d) गतिविधि की ढाँचागत लागत को कम करना

2.अ, ब, स तीन शिक्षार्थी हैं जो अंग्रेजी पढ़ते हैं। 'अ' को यह विषय रोचक लगता है और वह सोचता है कि यह उसके भविष्य में सहायक होगा। 'ब' अंग्रेजी इसलिए पढ़ती है, क्योंकि वह कक्षा में पहला स्थान प्राप्त करना चाहती है। 'स' अंग्रेजी विषय इसलिए पढ़ता है, क्योंकि उसका प्राथमिक सरोकार उतीर्ण होने वाले ग्रेड्स प्राप्त करना है। अ, ब, और स के उद्देश्य क्रमशः _______ हैं।

(a) निपुणता, निष्पादन, निष्पादन-उपेक्षा

(b) निष्पादन, निष्पादन-उपेक्षा, निपुणता

(c) निष्पादन-उपेक्षा, निपुणता, निष्पादन

(d) निपुणता, निष्पादन-उपेक्षा, निष्पादन

3.सीखना समृद्ध हो सकता है यदि—

(a) वास्तविक दुनिया से उदाहरणों को कक्षा में लाया जाए जिसमें विद्यार्थी एक दूसरे से अन्त:क्रिया करें और शिक्षक उस प्रक्रिया को सुगम बनाए

(b) कक्षा में अधिक-से-अधिक शिक्षण सामग्री का प्रयोग किया जाए

(c) शिक्षक विभिन्न प्रकार के व्याख्यान और स्पष्टीकरण का प्रयोग करें

(d) कक्षा में आवधिक परीक्षाओं पर अपेक्षित ध्यान दिया जाए

4.निम्न में से किसका मिलान उचित है?

(a) शारीरिक विकास - वातावरण

(b) संज्ञानात्मक विकास - परिपक्वता

(c) सामाजिक -वातावरण

(d) संवेगात्मक विकास - परिपक्वता

5.एक शिक्षक अपने लोकतान्त्रिक स्वभाव के कारण विद्यार्थियों को पूरी कक्षा में कहीं भी बैठने की अनुमति देता है। कुछ शिक्षार्थी एकसाथ बैठते हैं और चर्चा करते हैं या सामूहिक पठन करते हैं। कुछ चुपचाप बैठकर अपने-आप पढ़ते हैं। एक अभिभावक को यह पसन्द नहीं आता। इस स्थिति से निबटने का निम्न में से कौनसा तरीका सबसे बेहतर हो सकता है?

(a) अभिभावकों को प्रधानाचार्य से शिक्षक की शिकायत करनी चाहिए

(b) अभिभावकों को प्रधानाचार्य से अनुरोध करना चाहिए कि वे उनके बच्चे का अनुभाग बदल दें

(c) अभिभावकों को शिक्षक पर विश्वास व्यक्त करना चाहिए और शिक्षक के साथ समस्या पर चर्चा करनी चाहिए।

(d) अभिभावकों को उस विद्यालय से अपने बच्चे को निकाल लेना चाहिए

6.निम्नलिखित में से कौनसा कथन "सीखने" के बारे में सही है?

(a) सीखना उस वातावरण में प्रभावी होता है जो संवेगात्मक रूप से सकारात्मक हो और शिक्षार्थियों को संतुष्ट करने वाला हो

(b) सीखने के किसी भी चरण पर सीखना संवेगात्मक कारकों से प्रभावित नहीं होता है

(c) सीखना मूल रूप से मानसिक क्रिया है

(d) बच्चों द्वारा की गई त्रुटियाँ यह संकेत करती हैं कि किसी तरह का सीखना नहीं हुआ

7.शिक्षार्थी जो पहले सीख चुके हैं उसकी पुनरावृति और प्रत्यास्मरण में शिक्षार्थियों की मदद करना महत्वपूर्ण है क्योंकि—

(a) नई जानकारी को पूर्व जानकारी से जोड़ना सीखने को समृद्ध बनाता है

(b) पूर्व पाठों को दोहराने का यह एक प्रभावी तरीका है

(c) यह शिक्षार्थियों की स्मृति को बढ़ाता है जिससे सीखना सुदृढ़ होता है

(d) यह किसी भी कक्षा-अनुदेशन के लिए एक सुविधाजनक शुरुआत है

8.निम्नलिखित में से कौनसा शिक्षक से संबंधित अधिगम को प्रभावित करने वाला कारक है?

(a) विषय-वस्तु में प्रवीणता

(b) बैठने की उचित व्यवस्था

(c) शिक्षण-अधिगम संसाधनों की उपलब्धता

(d) विषय-वस्तु या अधिगम-अनुभवों की प्रकृति

9.एक शिक्षिका अपने शिक्षार्थियों को अनेक तरह की सामूहिक गतिविधियों में व्यस्त रखती है, जैसे-समूह-चर्चा, समूह-परियोजनाएँ, भूमिका निर्वाह आदि। यह सीखने के किस आयाम को उजागर करता है?

(a) सामाजिक गतिविधि के रूप में अधिगम

(b) मनोरंजन द्वारा अधिगम

(c) भाषा-निर्देशित अधिगम

(d) प्रतियोगिता-आधारित अधिगम

10.'जल-शुद्धि' प्रकरण को स्पष्ट करने का सबसे उचित तरीका है—

(a) चार्ट की सहायता से प्रक्रिया को प्रदर्शित करना

(b) विद्यार्थियों को शुद्धिकरण प्लान्ट का मॉडल बनाने के लिए कहना

(c) विद्यार्थियों को उस प्लान्ट पर ले जाना जहाँ जल-शुद्धि की जाती है

(d) पाठ्य पुस्तक से पढ़ना

उत्तर

1.(a), 2.(a), 3.(a), 4.(c), 5.(c), 6.(a), 7.(a), 8.(a), 9 (a), 10.(c)

CTET/TETs 20 महत्वपूर्ण प्रैक्टिस सेट

प्रैक्टिस सेट- 1

1.किशोरों में द्वन्द्व उभरने का प्रमुख कारण है ---
(a)पीढ़ियों का अन्तर
(b)अवसरों की प्रतिकूलता
(c)निराशा तथा निस्सहायता
(d)किशोरवस्था में स्वप्न दर्शन

2.पाठ्यचर्चा है ----
(a)शिक्षण पद्धति एवं पढ़ाई जाने वाली विषय - वस्तु
(b)विधालय का सम्पूर्ण कार्यक्रम
(c)मूल्यांकन प्रक्रिया
(d)कक्षा में प्रयुक्त पाठ्य-सामग्री

3.डिस्लेक्सिया संबंधित है ---
(a)मानसिक विकार
(b)गणितीय विकार
(c)पठन विकार
(d)व्यवहार संबंधी विकार

4.टर्मन के अनुसार बुद्धि-लब्धि होती हैं ---
(a)120 - 140
(b)110 - 135
(c)90 - 110
(d)80 - 90

5.जब बच्चें को कोई नियम या सिद्धांत सिखाना हो तो अध्यापक प्रयोग करेगा ---
(a)आगमन विधि
(b)निगमन विधि
(c)विश्लेषण विधि
(d)कहानी कथन विधि

6.श्यामपट्ट पर लिखते समय सबसे महत्वपूर्ण हैं -
(a)अच्छा लेख
(b)लिखने में स्पष्टता
(c)बड़े अक्षर
(d)छोटे अक्षर

7.भूल भुलैया परीक्षण के लिए उपयुक्त आयु है ---
(a)10 से 16 वर्ष
(b)6 से 14 वर्ष
(c)1 से 3 वर्ष
(d)5 से 10 वर्ष

8.समायोजन की प्रकिया है ---
(a)स्थिर
(b)गतिशील
(c)स्थानापन्न
(d)अवरोधी

9.शिक्षा मनोविज्ञान अध्ययन करता है ---
(a)प्रेरणा व पुनर्बलन के प्रभाव का अध्ययन
(b)वंशानुक्रम व वातावरण का अध्ययन
(c)ध्यान वंश रूचि का अध्ययन
(d)वैयक्तिक भेदों का अध्ययन

10.छोटी कक्षाओं में शिक्षक की सबसे महत्त्वपूर्ण विशेषता है ---
(a)पढ़ाने की उत्सुकता
(b)धैर्य व दृढ़ता
(c)शिक्षा विधियों का ज्ञान
(d)मानक भाषा का ज्ञान

11."बालक में सामाजिक भावना का विकास जन्मजात होता है।" आप इस कथन से ---
(a)पूर्णत:सहमत है
(b)सम्भवत: सहमत है
(c)असहमत है
(d)कुछ सीमा तक सहमत है

12.छात्रों में परस्पर सहयोग की भावना विकसित करने के लिए आप---

(a)इसके लाभ बनायेंगे

(b)अन्य शिक्षकों के साथ मिलकर काम करेंगे

(c)सहयोग भावना की कहानी सुनाएंगे

(d)सहयोग न करने वाले को दण्डित करेंगे

13.बच्चों की वृद्धि के अनुरूप, उनकी रुचियाँ ---

(a)बहुमुखी हो जाती है

(b)सुदृढ व सीमित हो जाती है

(c)अनियमित दिशा मे चली जाती है

(d)पहले जैसी रहती है

14.शिक्षा का सबसे बड़ा उदेश्य हैं ---

(a)छात्र धन कमा सके

(b)ज्ञानार्जन कर सके

(c)बेहतर जीवन जिए

(d)सम्मान पा सके

15.एक बालक को संतुलन, सुधरेपन और स्वच्छता का अनुपालन करता है, तो यह सूचक है ---

(a)रूचि का

(b)अभिवृति का

(c)प्रशंसा का

(d)मूल्य का

16.स्वभाव और प्रकृति से छोटे बच्चे होते हैं --

(a)डरपोक तथा संकोची

(b)निर्भीक तथा स्वंतत्र

(c)शांत तथा सक्रिय

(d)सक्रिय तथा जिज्ञासु

17.छात्र उस शिक्षक को पसंद करते हैं जो ---

(a)समस्याएं सुनता है

(b)नाराज नही होता है

(c)समय का पाबंद है

(d)सुन्दर है

18.प्रौढ़ शिक्षा के लिए आयु वर्ग है ---

(a)6 -16 वर्ष

(b)12 -18 वर्ष

(c)18- 50 वर्ष

(d)15 - 35 वर्ष

19.समाज की उन्नति का मूल है ---

(a)बाल - बालिका शिक्षा एकसमान हो

(b)बालिका शिक्षा को कम महत्व मिलें

(c)बालिका शिक्षा अलग विधालय में हो

(d)केवल महिला अध्यापक हो

20.छोटे बच्चे की ज्ञानेंद्रियों को क्रियाशील व सक्षम बनाने हेतु

(a)उनके समक्ष सामग्री रखकर निरिक्षण करवाएंगे

(b)वस्तु उठाने - रखने का काम सौंपेंगे

(c)उनको क्रियाशील रखेंगे

(d)कक्षा-कक्षमें शांत बैटने के लिए कहेंगे

21.कक्षा में श्रेष्ठ अनुशासन की कसौटी है ---

(a)शान्ति में आवेष्टित कक्षा

(b)कक्षा में शान्तिपूर्ण शिक्षण प्रकिया

(c)कक्षा में अपेक्षित सहभागिता

(d)शिक्षक - छात्रों का आक्रमक व्यवहार

22.अनौपचारिक शिक्षा की व्यवस्था की गई है ---

(a)6 - 11 आयु वर्ग

(b)9 - 14 आयु वर्ग

(c)15 - 35 आयु वर्ग

(d)कोई आयु सीमा नहीं है

23.छात्रों मे सामाजिक चेतना विकसित की जा सकती है ---

(a)अध्यापक के भाषण से

(b)उनके साथ विचार विमर्श करने से

(c)पसंदीदा पुस्तक पढ़ाने से

(d)समाचार - पत्रिका पढ़ाने से

24.लम्बे और कठिन शब्दों का उच्चारण करवाने के लिए आप ---
(a)ऐसे शब्द बार - बार बुलवाएंगे
(b)शब्दों को खण्डों में बाँटकर बुलवाएंगे
(c)मिलते-जुलते उच्चारण वाले शब्द पहले बुलवाएंगे
(d)(a)व (b)दोनों

25.राष्ट्रीय साक्षरता मिशन की देन है ----
(a)कोठारी कमेटी
(b)राधाकृष्णन आयोग
(c)राष्ट्रीय शिक्षा नीति
(d)मुदालियार आयोग

26.कोई छात्र आपके प्रश्नों के उत्तर नही देता तो आप ---
(a)स्वयं बता देंगे
(b)सहायक पुस्तक से मदद लेने को कहेंगे
(c)अन्य बच्चो से मदद लेने को कहेंगे
(d)उत्तर न देने का कारण जानेंगे

27.माध्यमिक छात्रों के लिए स्वकेन्द्र परीक्षा प्रणाली उपयुक्त है क्योंकि ---
(a)विधालय से दूर नही जाना पड़ता
(b)नकल में सुविधा होती है
(c)अपने केन्द्र पर अनुशासित रहते है
(d)दूसरे परीक्षा केन्द्र परी छात्र निराश हो जाते है

28.कक्षा में अध्यापक को अधिकाधिक प्रश्न पूछने चाहिये क्योंकि ---
(a)प्रधानाचार्य प्रसन्न होते हैं
(b)कक्षा-कक्ष में अनुशासन रहता है
(c)छात्रों को अभिव्यक्ति का अवसर मिलता है
(d)शिक्षक को अभिव्यक्ति का अवसर मिलता है

29.जो प्रेरक वातावरण के संपर्क में आने से विकसित होते हैं, वे है ---
(a)जन्मजात प्रेरक
(b)प्राकृतिक प्रेरक
(c)अर्जित प्रेरक
(d)उपरोक्त सभी

30.व्याख्यान देते समय कोई उदण्ड छात्र बाधा उत्पन्न करता है तो आप ---
(a)उसे दण्ड देंगे
(b)कक्षा से बाहर निकाल देंगे
(c)चुप रहने के लिए कहेंगे
(d)धैर्यपूर्ण उसकी बात सुनेंगे

1. उत्तर

1.(b), 2.(b), 3.(c), 4.(c), 5.(a), 6.(a), 7.(d), 8.(b), 9.(b), 10.(b), 11.(c), 12.(b), 13.(a), 14.(b), 15.(c), 16.(d), 17.(a), 18.(d), 19.(a), 20.(c), 21.(b), 22.(d), 23.(d), 24.(d), 25.(c), 26.(c), 27.(a), 28.(c), 29.(d), 30.(d)

प्रैक्टिस सेट- 2

1.बच्चों में व्यक्तिगत शैक्षिक विभिन्नता का प्रमुख कारण है ---
(a)वंशानुक्रम
(b)वातावरण
(c)बुद्धि का अन्तर
(d)वंशानुक्रम तथा वातावरण

2.अध्यापक कक्षा में प्रवेश करते ही छोटे - छोटे प्रश्न पूछता है, वह बच्चों का कौनसा परीक्षण कर रहे है ---
(a)मौखिक
(b)लिखित
(c)प्रायोगिक
(d)क्रियात्मक

3.अध्यापक छात्रों के व्यक्तिगत विभेद किस प्रकार सर्वोत्तम ढंग से जान सकता है ---
(a)निबंध लिखवाकर
(b)वाद - विवाद प्रतियोगिता से
(c)परीक्षा परिणाम से
(d)मनोवैज्ञानिक परीक्षण से

4.किस विधि में अध्ययनकर्ता, बच्चों या माता-पिता या अध्यापक से मिलकर विविध प्रश्न पुछता है ---
(a)साक्षात्कार विधि
(b)वैयक्तिक विधि
(c)निरीक्षण विधि
(d)प्रयोगात्मक विधि

5.कम्प्यूटर शिक्षा की सिफारिश किस आयोग ने की ---
(a)नई शिक्षा नीति
(b)कोठारी कमेटी
(c)बेसिक शिक्षा समिति
(d)यशपाल समिति

6.आपका स्थानांतरण ऐसे क्षेत्र मे होता है जहां की भाषा आप समझ नही सकते, तो आप ---
(a)स्थानांतरण का प्रयास करेंगे
(b)जो होगा देखा जाएगा
(c)भाषा सीखने का प्रयास करेंगे
(d)अधिकाधिक मौन रहेंगे

7.शिक्षण कार्य में दैनिक जीवन की घटनाओं कराया समावेश करने से ---
(a)छात्र प्रसन्न रहते है
(b)अध्यापक को ज्यादा परिश्रम नही करना पड़ता
(c)शिक्षण रूचिकर, सरल तथा उपयोगी बनता है
(d)कक्षा में शान्ति बनी रहती है

8.आजकल छोटे बच्चों पर पुस्तकों का बोझ अधिक होता है इसके हानिकारक होने के संबंध में आपकी राय है ---
(a)छात्र प्रत्येक का अध्ययन नही कर सकते
(b)अधिक भार से मानसिक विकास अवरुद्ध होता है
(c)अध्ययन के प्रति अरुचि उत्पन होती है
(d)कंधे की हड्डी पर कुप्रभाव पड़ता है

9.छात्रों में श्रम के महत्व के विकास हेतु ---
(a)शिक्षक को स्वयं श्रम करना चाहिए
(b)भाषण देना चाहिए
(c)छात्रों को अवसर देना चाहिए
(d)श्रमजीवी लोगोके उदाहरण देने चाहिए

10.परीक्षा समीप आने पर पाठ्यक्रम पूरा न होने की दशा मे अध्यापक को चाहिए कि ---
(a)छात्रों को स्वयं पाठ्यक्रम पूरा करने को कहेंगे
(b)कुछ चुनिंदा प्रश्न करवा देंगे
(c)घर बुलाकर पाठ्यक्रम पूरा करेंगे
(d)अतिरिक्त समय देकर पाठ्यक्रम पूरा करेंगे

11.निम्न में से कौन-सी छात्रों को प्रेरित करने वाली विधि है?
(a)प्रशंसा.
(b)दण्ड
(c)डाँटना
(d)ज्यादा अंक देना
12.'शिक्षा' शब्द समानार्थी है-
(a)निर्देश क
(b)विद्यालयीकरण का
(c)प्रशिक्षण का
(d)उपरोक्त सभी
13.स्वतंत्र भारत के प्रथम शिक्षा मंत्री कौन थे?
(a)जवाहरलाल नेहरू
(b)हुमायूँ कबीर
(c)मौलाना अबुल कलाम आज़ाद
(d)सरोजिनी नायडू
14.कक्षा में छात्रों की संख्या कम क्यों होनी चाहिए?
(a)छात्र पर शिक्षक के व्यक्तिगत ध्यानाकर्षण हेतु।
(b)भीड़ कम करने हेतु
(c)अधिक फीस प्राप्त करने हेतु।
(d)इनमें से सभी।
15.प्रतिभाशाली बालक की क्या विशेषता होती है?
(a)अध्ययन में अरुचि
(b)सेवाभाव
(c)मानसिक प्रक्रिया की तीव्रता
(d)पर्यटन में रूचि
16.भारत के संविधान में किस धारा के अंतगर्त प्राथमिक शिक्षा को नि:शुल्क एवं अनिवार्य बनाने का प्रावधान है?
(a)धारा 33
(b)धारा 24
(c)धारा 45
(d)धारा 13
17.निम्नलिखित में से कौन-सा प्रत्यय पर्यावरण से प्रभावित होता है?
(a)बुद्धि
(b)शारीरिक वृद्धि
(c)स्वभाव
(d)उपरोक्त सभी
18.निम्नलिखित में से किस कारण से बालक में कुण्ठा जन्म लेती है?
(a)व्यक्तिगत अक्षमता के फलस्वरूप
(b)प्रोत्साहन के अभाव के परिणामस्वरूप
(c)अभिप्रेरकों के संघर्ष के फलस्वरूप
(d)इनमें से कोई नहीं
19.निम्न में से कौन-सा एक राष्ट्रीय एकता में बाधक तत्त्व नहीं है?
(a)भाषावाद
(b)प्रकृतिवाद
(c)जातिवाद
(d)सम्प्रदायवाद
20.किस परीक्षण में विश्वसनीयता अधिक होती है?
(a)निबन्धात्मक
(b)संक्षिप्त प्रश्न परीक्षण
(c)वस्तुनिष्ठ परीक्षण
(d)इनमें से कोई नहीं
21.'परिवार' शिक्षा का किस प्रकार का साधन है?
(a)औपचारिक साधन
(b)अनौपचारिक साधन
(c)औपचारिकेत्तर साधन
(d)इनमें से कोई नहीं
22.विद्यालय का कार्य होता है-
(a)संस्कृति का संरक्षण
(b)संस्कृति का परिष्करण
(c)संस्कृति के नये प्रतिरुपों का निर्माण

(d)इनमें से सभी

23.किसी वर्ग का मान जिसकी आवृति सबसे अधिक होती है, उसे क्या कहते हैं?

(a)मध्यमान

(b)बहुलांक

(c)माध्य

(d)मध्यांक

24.निरौपचारिक शिक्षा का साधन नहीं है-

(a)सिनेमाघर

(b)कक्षा शिक्षण

(c)टी.वी

(d)परिवार

25.निम्नलिखित में से कौन-सी विधि प्रक्षेपण विधि के अंतर्गत आती है?

(a)मूल्यांकन विधि

(b)कथाबोध विधि

(c)साक्षात्कार विधि

(d)उपरोक्त सभी

26.नारी शिक्षा के क्षेत्र में क्या समस्या है?

(a)सहशिक्षा की समस्या

(b)स्त्री शिक्षा में अपव्यय

(c)शिक्षिकाओं की समस्या

(d)उपरोक्त सभी

27.सर्वप्रथम खुला विश्वविद्यालय की स्थापना कब की गई थी?

(a)1972 - भारत में

(b)1969 - अमेरिका में

(c)1970 - इंग्लैण्ड में

(d)1969 - रूस में

28."ऑपरेशन ब्लैक बोर्ड' में किस स्तर की शिक्षा के साधन उपलब्ध कराने की बात कही गयी है?

(a)प्राथमिक शिक्षा

(b)माध्यमिक शिक्षा

(c)उच्च शिक्षा

(d)उपरोक्त सभी

29.शैक्षिक अवसरों की समानता के लिए किस आयोग ने संस्तुति की थी?

(a)माध्यामिक शिक्षा आयोग, 1952

(b)भारतीय शिक्षा आयोग, 1964

(c)यशपाल सामिति 1992

(d)नई शिक्षा नीति 1986

30.बालक को सामाजिक व्यवहार की शिक्षा दी जा सकती है-

(a)पाठ्यक्रम द्वारा

(b)विद्यालय में सामाजिक और सांस्कृतिक गतिविधियों द्वारा

(c)अनुशासन प्रक्रिया द्वारा

(d)कक्षा शिक्षण द्वारा

2. उत्तर

1.(d), 2.(a), 3.(d), 4.(a), 5.(a), 6.(c), 7.(c), 8.(b), 9.(c), 10.(d), 11.(a), 12.(d), 13.(c), 14.(a), 15.(c), 16.(c), 17.(c), 18.(a),19.(b), 20.(c), 21.(b), 22.(d),23.(a), 24.(b), 25.(d), 26.(d), 27.(c), 28.(a), 29.(b), 30(b)

प्रैक्टिस सेट- 3

1.राष्ट्रीय शिक्षा नीति, 1986 में शिक्षा का निम्नलिखित में से कौन-सा स्वरूप वर्णित है?
(a)10+2
(b)10+2+3
(c)10+3+2
(d)10+1+4

2.विद्यालय के संचालन के लिए आवश्यक है-
(a)विद्यालय संगठन
(b)विद्यालय प्रबन्धन
(c)विद्यालय प्रशासन
(d)उपरोक्त सभी

3.भारत में राष्ट्रीय शिक्षा पाठ्यक्रम में समाहित किया गया है ...
(a)स्वतंत्रता आंदोलन का इतिहास
(b)सांविधानिक दायित्व
(c)पर्यावरण संरक्षण
(d)उपरोक्त सभी

4.3-5 आयु वर्ग के बच्चों को शिक्षा प्रदान की जाती हैं ...
(a)औपचारिक
(b)निरौपचारिक
(c)अनौपचारिक
(d)तीनों

5.विधालय नियम संहिता का प्राथमिक उदेश्य हैं ...
(a)छात्रों को विधालय संबंधित जानकारी देना
(b)नवीन विधालय में समायोजन की क्षमता विकसित करना
(c)अपराधी बालकों को उचित दण्ड प्रदान करना
(d)छात्रों को स्कूली परम्पराका ज्ञान देना

6.भाषा को उपयुक्त तरीके से परिभाषित किया जा सकता है ...
(a)जैविक विकास का परिणाम है
(b)उत्तम समस्या समाधान की दिशा में एक कदम है
(c)अनुभवों को प्रकट करने का माध्यम है
(d)आत्म उन्नति का माध्यम है

7.कक्षा नियंत्रण की सबसे महत्त्वपूर्ण विधि हैं ...
(a)प्रजातंत्रिक उपागम
(b)प्रभुत्वादी उपागम
(c)छात्रों के दुर्व्यवहार को कम करने के उपाय
(d)निष्पक्ष रूप से विधालय नियमों के अनुपालन की बाध्यता

8.'सामान्य शिक्षा' के पाठ्यक्रम के संदर्भ में निम्नलिखित तर्क दिया जाता है ...
(a)छात्रों को आवश्यक ज्ञान उचित रूप से दिया जाए
(b)छात्र को उसके चयनित कार्य के लिए तैयार किया जाए
(c)नागरिकता और सामाजिक कुशलता प्रशिक्षण दिया जाए
(d)भारतीय सांस्कृतिक धरोहर की ओर उन्मुख किया जाए

9.एक अध्यापक का सबसे महत्वपूर्ण कार्य है
(a)शिक्षण करना
(b)बच्चों का सामाजिक विकास करना
(c)बच्चों को अनुशासित करना
(d)छात्र संख्या में वृद्धि करना

10.स्कूल से भागने वाले बालकों को आप
(a)समझ - बुझा कर स्कूल में रहने के लिए प्रेरित करेंगे
(b)मिड डे मील खिला कर रोकेंगे
(c)कारण जानकर उन्हें दूर करने का प्रयास करेंगे
(d)कोई ध्यान नहीं देंगे

11.कक्षा में छात्रों के बैठने का प्रयाप्त साधन नही है, ऐसी स्थिति में आप
(a)छुट्टी के लिए कहेंगे
(b)समायोजन काल प्रयास करेंगे
(c)संस्था प्रबंधन की आलोचना करेंगे
(d)प्रधानाचार्य को प्रबंध करने को कहेंगी

12.आपकी राय में जीवन का प्रमुख सिद्धांत होना चाहिए
(a)प्रतिष्ठित पद व शक्ति
(b)कठिन श्रम व धनवान बनना
(c)गरीबों की मदद
(d)प्रत्येक वस्तु की प्रशंसा

13.विधालय में कक्षा प्रबंध ठीक नही होना धोतक है
(a)समुदाय में फैली अव्यवस्था का
(b)छात्रों के कुंठित होने का
(c)शिक्षक की अकुशलता का
(d)छात्रों की मानसिक योग्यता

14.शिक्षकों को अच्छे कार्य करने के लिए सबसे अच्छे प्रोत्साहक उपाय निम्न में से क्या है
(a)धन व प्रशंसा पत्र देना
(b)ऊँचा वेतनमान
(c)प्रशंसकों द्वारा प्रशंसा
(d)ऊँचा वृत्तिक स्तर

15.शिक्षा का स्तर गिरने का प्रमुख कारण है
(a)गैर जिम्मेदार शिक्षक
(b)अभिभावकों का असहयोग
(c)छात्रों की अधिकता
(d)भौतिक सुविधाओं की कमी

16.शिक्षण व्यवसाय में जाने का प्रमुख उद्देश्य
(a)ज्ञानार्जन करना
(b)जीविकोपार्जन करना
(c)भावी पीढ़ी का निर्माण करना
(d)सामाजिक प्रतिष्ठा प्राप्त करना

17.शिक्षक को अपनी विषय - वस्तु में निरन्तर नये ज्ञान का समावेश करना चाहिए क्योंकि
(a)छात्रों को नवीनतम ज्ञान दें सके
(b)छात्र कक्षा में शान्त रह सके
(c)छात्र शिक्षक की योग्यता का लोहा माने
(d)अध्यापक की योग्यता का ज्ञान बढ़े

18.शिक्षा एक त्रिकोणीय प्रकिया है, जो है
(a)छात्र, शिक्षक, सामाजिक परिवेश
(b)छात्र, शिक्षक, पाठशाला
(c)छात्र, शिक्षक, ज्ञानार्जन
(d)छात्र, शिक्षक, ज्ञान

19.मातृभाषा शिक्षण प्राथमिक स्वर पर पढ़ाना बेहतर क्यों हैं
(a)बच्चों का आत्मविश्वास विकस्ति होता है
(b)अधिगम सरल हो जाता है
(c)बौद्धिक विकास में सहायक है
(d)बच्चों को स्वाभाविक वातावरण में सीखने में सहायता मिलती है

20.अध्यापक छात्रों में सामाजिक व नैतिक मूल्य सम्प्रेषण कर सकता है
(a)मूल्यों पर भाषण देकर
(b)दृश्य-श्रव्य कार्यक्रम दिखा कर
(c)पाठ्य सहगामी क्रियाओं की अधिकता से
(d)धार्मिक बातें बताकर

21.प्राथमिक विद्यालय के बालकों के लिए बेहतर है --
(a)विडियो अनुरूपण
(b)प्रदर्शन
(c)स्वयं के द्वारा किया गया अनुभव
(d)इनमें से सभी

22.गेस्टाल्ट का अर्थ है ---
(a)पूर्णाकार
(b)संज्ञान
(c)अनुमान
(d)अनुबंध

23.विकास की प्रक्रिया है ---
(a)निरन्तर
(b)वर्तालुकार
(c)बहुआयामी
(d)इनमें से सभी

24.जन्म से मृत्यु तक चलने वाली प्रक्रिया है ---
(a)वृद्धि
(b)विकास
(c)परिपक्वता
(d)इनमें से कोई नहीं

25.थार्नडाइक ने दिया है --
(a)तत्परता का नियम
(b)शास्त्रीय अनुबंधन
(c)संक्रिया अनुबंधन
(d)अंतदृष्टि अनुबंधन

26.अच्छे चरित्र निर्माण का कारक नही है ---
(a)मूल प्रवृत्तियां
(b)संवेग
(c)भय
(d)आदतें

27.करके सिखना किस अवस्था के लिए उपयुक्त है --
(a)शैशवावस्था
(b)बाल्यकाल
(c)किशोरावस्था
(d)उपरोक्त सभी

28.प्राथमिक शिक्षा होनी चाहिए ---
(a)मूर्त
(b)जीवन से संबंधित
(c)रोचक
(d)उपरोक्त सभी

29.पियाजे के अनुसार जनात्मवाद लक्षण है --
(a)संवेदी प्रेरक काल
(b)औपचारिक संक्रियाकाल
(c)पूर्व संक्रियाकाल
(d)इनमें से कोई नहीं

30.पुनर्बलन का सिद्धांत दिया ---
(a)इवान पैवलाव
(b)थार्नडाइक
(c)वाटसन
(d)स्कीनर

3. उत्तर

1(b),2(d),3(d),4(b),5(c),6(c),7(a),8(d),9(a),10(c),11(b),12(c),13(c),14(a),15(a),16(c),17(a),18(a),19(c),20(c),21(c),22(a),23(d),24(b),25(a),26(c),27(d),28(d),29(c),30(d)

प्रैक्टिस सेट- 4

1.किशोरावस्था की समय सीमा है --
(a)0 - 2 ye(a)rs
(b)5 - 8 ye(a)rs
(c)7 - 11 ye(a)rs
(d)12 - 18 ye(a)rs
2.इनमें से प्रभावशाली पुनर्बलन शैली है ---
(a)निरन्तर
(b)अनिरन्तर
(c)दोनों
(d)दोनों में से कोई नहीं
3.अंतदृष्टि है ----
(a)व्यवहार में बदलाव
(b)चरित्र निर्माण
(c)शिक्षण प्रक्रिया
(d)समाधान का पूर्वानुमान
4.बच्चा कौन-सी अवस्था में सामुहिक एकलाप शुरू करता है --
(a)बाल्यावस्था
(b)किशोरावस्था
(c)प्रौढ़ावस्था
(d)शैशवावस्था
5.नैचर - नर्चर' विवाद में नर्चर क्या है ----
(a)हमारा विकास
(b)हमारा वातावरण
(c)हमारी आनुवंशिकता
(d)हमारी वृद्धि
6.'दण्ड को पुनर्बलन भी कहा जा सकता है' यह कथन है ---
(a)सही है
(b)गलत है
(c)दोनों है
(d)निर्भर करता है
7.स्कीनर के सिद्धांत को कहा जाता है --
(a)S - R
(b)R - S
(c)S - S
(d)R - R
8.शर्मीले बच्चें को कैसे सिखाया जा सकता है ---
(a)पृथक करके
(b)दण्ड देकर
(c)अनुबंध द्वारा
(d)उपरोक्त में से कोई नहीं
9.आवेगशीलता लक्षण है ---
(a)शारीरिक विकलांगता
(b)साधारण रोग
(c)अधिगम अशक्तता
(d)उपरोक्त सभी
10.एक प्रकार की अवस्था में वही समान प्रतिक्रिया ---- है --
(a)संसक्ति
(b)स्वाभाविक पुनः प्राप्ति
(c)उपरोक्त दोनों
(d)उद्दीपक सामान्यीकरण
11.संतोषजनक प्रतिक्रिया किस अधिगम नियम का एक अंग है ---
(a)वृद्धि का नियम
(b)तत्परता का नियम
(c)प्रभाव का नियम
(d)प्रतिक्रिया का नियम
12.वृद्धि सामान्यतः रूक जाती है ---
(a)विकास के साथ
(b)परिपक्वता के साथ
(c)जन्म के साथ
(d)बाल्यात्रस्था के साथ
13.बच्चों के बौद्धिक विकास के चार सुस्पष्ट स्तरों को पहचाना गया था ---
(a)कोलबर्ग ने

(b)एरिक्सन ने
(c)स्कीनर ने
(d)पियाजे ने

14.एक शिक्षक के लिए सबसे महत्वपूर्ण क्या है ---
(a)अनुशासन बनाए रखना
(b)मूल्यांकन करना
(c)विधार्थियों की कठिनाई दूर करना
(d)इनमें से कोई नहीं

15.निम्नलिखित में से कौन शिक्षण कौशल से संबंधित है ---
(a)श्यामपट्ट पर लिखना
(b)प्रश्न को हल करना
(c)प्रश्न पुछना
(d)उपरोक्त सभी

16.निम्न में से किसका प्रभाव बच्चों पर पड़ता है --
(a)परिवार
(b)समाज
(c)विधालय
(d)उपरोक्त सभी

17.वस्तु स्थायित्व पियाजे के बौद्धिक स्तरों में से किस स्तर का लक्षण है ---
(a)पूर्व संक्रियाकाल
(b)संवेदी प्रेरक काल
(c)औपचारिक संक्रियाकाल
(d)मूर्त संक्रियाकाल

18.वृद्धि - विकास ________ से ही शुरू हो जाती है --
(a)प्रौढ़ावस्था
(b)गर्भावस्था
(c)शैशवावस्था
(d)परिपक्वता

19.निम्नलिखित में से बाल्यावस्था में बालक की रूचि किसमें होती है ----
(a)अपने नाम में
(b)अपने वस्त्र में
(c)विधालय में
(d)इन सभी में

20.'नैचर - नर्चर' किसी मनुष्य के विकास को किस प्रकार प्रभावित करता है ----
(a)नैचर = नर्चर
(b)नैचर > नर्चर
(c)नैचर < नर्चर
(d)इनमें से कोई नहीं

21.जो एक बच्चे की गुणवत्ता या चरित्र में परिवर्तन इंगित करता है?
(a)बृद्धि
(b)विकास
(c)सीखना
(d)पर्यावरण

22.एक व्यक्ति की मात्रात्मक क्षमताओं के विस्तार की प्रक्रिया, के रूप में कहा जाना चाहिए:
(a)विकास
(b)बृद्धि
(c)संतुलन
(d)परिपक्वता

23.प्राथमिक शिक्षा में मदद करता है ... ...
(a)बच्चे के समाजीकरण
(b)बच्चे का लोकतंत्रीकरण
(c)पाठ्यक्रम समझ में
(d)उपरोक्त सभी

24.एक दूसरे से अलग और हर एक एक अद्वितीय व्यक्ति बनाने के बीच मतभेद से चिह्नित हैंशब्द ... ...
(a)व्यक्तिगत अंतर
(b)आनुवंशिकता
(c)पर्यावरण

(d)व्यक्तित्व

25.शिक्षार्थी के कार्डिनल सिद्धांतों शिक्षा केंद्रित कर रहे हैं ... ...

(a) करके सीखना

(b) जीवन द्वारा सीखना

(c) दोनों

(d) इनमें से कोई नहीं

26.जो सामाजिक (c)onstru(c)tivism के दर्शन के लिए और अधिक बल देता है?

(a)Pi(a)get

(b)Kohl(b)erg

(c)Vygotsky

(d)डेवी

27.जो आनुवंशिक epistemology के पिता है?

(a)Pi(a)get

(b) ब्रूनर

(c)Vygotsky

(d) डेवी

28.एक 12 साल के लिए सामाजिक विकास के लिए सबसे अच्छी जगह का बच्चा है ... .

(a)पड़ोस

(b)परिवार

(c)खेल का मैदान

(d)स्कूल

29.जो निम्न चरणों में से एक में बच्चे के आत्म केन्द्रित लग रहा है?

(a)शैशव

(b)बचपन

(c)किशोरावस्था

(d)वयस्कता

30.Piget का संवेदी मोटर अनुकूलन की अवधि है ... .

(a)0-2 वर्षों

(b)1-3 साल

(c)3-5 वर्षों

(d)4-6 साल

4 उत्तर

1(c),2(b),3(d),4(a),5(b),6(b),7(b),8(c),9(c),10(d),11(c),12(b),13(d),14(c),15(d),16(d),17(b),18(b),19(d),20(a),21(b),22(b),23(d),24(a),25(c),26(c),27(a),28(c),29(d),30(a)

प्रैक्टिस सेट- 5

1..... ... ... के लिए अधिग्रहण और ज्ञान लागू क्षमता है.

(a)व्यक्तित्व

(b)बुद्धि

(c)योग्यता

(d)दृष्टिकोण

2.. ... ... कालानुक्रमिक 100 से गुणा उम्र के लिए मानसिक उम्र का अनुपात है.

(a)भावनात्मक भागफल

(b)बुद्दि लब्धि

(c)दोनों

(d)इनमें से कोई नहीं

3.बुद्धि की एकल कारक सिद्धांत द्वारा दिया गया था ... ...

(a)अल्फ्रेड बिनेट

(b)थार्नडाइक

(c)फ्रीमैन

(d)इनमें से कोई नहीं

4.गैर मौखिक जांच के लिए उपयुक्त है ... ...

(a)बहरा और गूंगा

(b)निरक्षरों

(c)पिछड़े बच्चों को

(d)इन सब के सब

5."Theory of Multiple Intelligen(c)e" के जनक कौन थे?

(a)गार्डनर

(b)वाइगोत्सकी

(c)ब्रूनर

(d) जीन पियाजे

6.निम्न में ले कौन-सा उदाहरण अधिगम को प्रदर्शित करता है ?

(a)स्वादिष्ट भोजन देख कर मुंह से लार का आना

(b) चढ़ना, भागना, एवं फेंकना तीन ले पाँच वर्ष की अवस्था में

(c) हाथ जोड़ कर अध्यापक का अभिवादन करना ।

(d) उपर्युक्त सभी ।

7.ज्ञानात्मक विकास के साथ निम्न में से किसका नाम जुड़ा है ?

(a) पेस्तालोजी

(b) मिलर

(c) प्याज़े

(d) उपरोक्त सभी

8.वर्ष के बालक की नैतिक तर्कना आधारित होती है –

(a) कोई कार्य सही होना ईस बात पर निर्भर करता है की उससे व्यक्ति की अपनी आवश्यकता पूर्ति होती है ।

(b) नियमों को पालन करने के बदले में कुछ लाभ मिलना चाहिए ।

(c) किसी कार्य के भौतिक परिणाम उसकी अच्छाई या बुराई को निर्धारित करते है।

(d) सही कार्य वह है जो उस व्यक्ति के द्वारा किया जाए जो अन्य व्यक्तियों को अपने व्यवहार से प्रभावित करता है।

9.खिलौनो की आयु कहा जाता है –

(a) उतर बाल्यावस्था को

(b) शैशवावस्था को

(c) पूर्व बाल्यावस्था को

(d) इन सभी को

10.निम्न में से क्या एक प्रभावी प्रशंसा के रूप में अध्यापक के लिए कार्य करेगा ?

(a) विद्यार्थियों को उनकी योग्यताओं अथवा कार्य निष्पादन के महत्व की सूचना देता है ।

(b) विद्यार्थियों के अवधान को उनके कार्य से संबन्धित व्यवहार पर केन्द्रित करता है ।

(c) विद्यार्थियों के वर्तमान कार्य निष्पादन को उनके समूह के अन्य साथियों के संदर्भ वर्णित करता है ।

(d) तब विद्यार्थी अपने व्यवहार को नियंत्रित नहीं कर पाते तो उन्हें सकारात्मक व्यवहारात्मक समर्थन प्रदान करता है ।

11.जीन प्याज़े की वैचारिक क्रिया अवस्था कौन-सी है ?

(a)0 से 7 वर्ष तक

(b)7 से 10 वर्ष तक

(c)9 से 12 वर्ष तक

(d) 12 से 18 वर्ष तक

12.बाल्यावस्था में बच्चा सबसे अधिक रूचि किस्में रखता है ?

(A), लेख

(b) कहानी

(c) निबंध

(d)नाटक

13.मनोविज्ञान की सबसे प्राचीनतम विधि कौन-सी है ?

(a) बहिर्दर्शन विधि

(b) प्रश्नावली विधि

(c) व्यक्ति इतिहास विधि

(d) प्रायोगिक विधि

14.विकास है –

(A)एकात्मक

(b)भौतिक

(c)सामान्य मापनी

(d)गुणात्मक

15.निम्न में से कौन सी पूर्व बाल्यावस्था की विशेषता नहीं है ?

(a)खेलने की अवस्था

(b)दल/समूह में रहने की अवस्था

(c)अनुकरण करने की अवस्था

(d)प्रश्न करने की अवस्था

16.ई० बी० हरलाक के अनुसार बाल्यवस्था का काल है ?

(a)6 से 12 वर्ष तक

(b)5 से 13 वर्ष तक

(c)3 से 12 वर्ष तक

(d)2 से 6 वर्ष तक

17.सामाजिक अध्ययन ‘ अध्ययन करता है

(a)व्यक्ति के आर्थिक सम्बन्धों का

(b)व्यक्ति के राजनीतिक सम्बन्धों का

(c)व्यक्ति के सामाजिक सम्बन्धों का

(d)व्यक्ति के सामाजिक – भौगोलिक सम्बन्धों का

18.सामाजिक अध्ययन के क्षेत्र के अंतर्गत निम्न में से किस तथ्य का अध्ययन किया जाता है

(a)समाज सम्बन्धी अध्ययन

(b)मानवीय सम्बन्धों का अध्ययन

(c)नागरिकता की शिक्षा

(d)उपर्युक्त सभी

19.सामाजिक अध्ययन के अध्यापक से ज्ञान देते समय निम्न में से किन-किन तथ्यों की अपेक्षा रखना स्वाभाविक है

(a)विशिष्ट बातों तथा वस्तु के सम्बन्ध में स्पष्ट विचार

(b)सामान्य पदों तथा गुणों की अवधारणा

(c)तथ्य,नियम,परिभाषा,विधा और प्रविधि की स्थापना

(d)उपर्युक्त सभी

20.कक्षा कक्ष में सामाजिक अध्ययन को पढ़ाते समय निर्धारित कालांश समय का कितना भाग स्वयं के कथन निर्देशन पर लगाना चाहिए?

(a)40 प्रतिशत

(b)60 प्रतिशत

(c)50 प्रतिशत

(d)20 प्रतिशत

21.मूल्यांकन की प्रक्रिया है

(a)उद्देश्यों की उपलब्धि के विस्तार का निर्धारण

(b)परिणामों की गुणवत्ता व मूल्यों का निश्चय करना

(c)अनुदेशन के परिणामों की तुलना करना

(d)उपर्युक्त सभी

22.सामाजिक अध्ययन शिक्षण में शिक्षण अधिगम सामग्री का प्रयोग –

(a)पाठ को लम्बा करता है

(b)छात्र उबने लगते हैं

(c)उपर्युक्त दोनों कथन असत्य है

(d)उपर्युक्त दोनों कथन (a) और (b) सत्य है

23.प्रोजेक्ट विधि को सर्वप्रथम किस वैज्ञानिक ने शिक्षा प्रणाली का व्यावहारिक रूप दिया ?

(a)ड्यूवी

(b)डॉ. डब्ल्यू.एच. किलपैट्रिक

(c)स्टीवेन्सन

(d)उपर्युक्त में से कोई नहीं

24.लिखित में से कौन बुद्धि की परिभाषा नहीं है?

(a).बुद्धि , कार्य करने की एक विधि है

(b)बुद्धि, ज्ञान अर्जन करने की क्षमता है

(c)जीवन की अपेक्षाकृत नवीन परस्थितियों स अपना सामंजस्य करने की व्यक्ति की योग्यता ही बुद्धि है

(d)राजनीतिक, आर्थिक एवं सामाजिक शक्ति प्राप्त करने के लिए प्रयुक्त उचित बुद्धि है

25.अनुकरण दूसरे व्यक्ति के बाह्य व्यवहार की नकल है कथन किसका है?

(b)रेबर्न

(c)डमविल

(c)रॉस

(d)मैक्डूगल

26.आप अपनी कक्षाके बच्चों के बौद्धिक विकास में परिपक्वता लाना चाहते हैं इसके लिए आप निम्न में से किसका चुनाव करेंगे?

(a)बच्चों के समक्ष आने वाली समस्याओं को सुलझाने में उनकी मदद करेंगे

(b)बच्चों को खूब गृहकार्य देंगे

(c)बच्चों को कक्षा कक्ष में चुपचाप बैठने को कहेंगे

(d)उपरोक्त सभी

27.आपकी कक्षा का एक छात्र कक्षा में काफी बात करता है। आप उसके विषय़ में पता करते हैं तथा पाते हैं कि वही (a)छात्र अपने घर पर बहुत ही कम बात करता है, तो आप उस छात्र के विषय़ पर निम्न में से क्या विचार देंगे?

(b)विद्यालय प्रत्येक समय बच्चों को खूब बातें करने का अवसर देता है

(c)शिक्षकों की यह माँग है कि बच्चे विद्यालय में खूब बात करें

(d)उस बच्चे को उसका घर पसन्द नहीं है

28.उस बच्चे के विचारों को विद्यालय में मान्यता मिलती है

(a) प्राकृतिक पर्यावरण का प्रभाव अधिगम की दशा को प्रत्यक्ष रूप से प्रभावित करता है। से तात्पर्य है

जलवायु तथा वायुमण्डलीय दशाओं का योग बालक की बौद्धिक निष्पत्ति तथा सृजनशीलता पर गहरा प्रभाव डालते हैं

(b)अधिक ताप तथा आर्द्रता बालकों की मानसिक क्षमता के विकास का घोतक है

(c)जलवायु तथा वायुमण्डल दशाओं के योग का प्रभाव बालकों की मानसिक क्षमता को प्रभावित नहीं करता है

(d)उपरोक्त में से कोई नहीं

29.आप अपनी कक्षा के एक पिछड़े छात्र में अधिगम की गति को तीव्र करना चाहते हैं जिससे कि वह सामान्य छात्रों की श्रेणी में आ सके, इसके लिए आप निम्न में से क्या उपाय अपनाएँगे?
(a)उत्तर शिक्षण विधियों का प्रयोग करते हुए उसे सही दिशा में प्रेरित करेंगे
(b)उसके माता पिता से शिकायत करेंगे
(c)उसकों पूरी कक्षा के समक्ष
(d)उपरोक्त सभी

30.किसी बालक में संवेग आवश्यक हैं क्योंकि संवेग
(a)बालक की संवेगात्मक अनुक्रिया है
(b) बालक की उददीप्त अवस्था है जो किसी उददीपन के सन्दर्भ में अनुक्रिया द्वारा व्यक्त की जाती है
(c)बालक द्वारा किसी विशेष दशा में दिया गया प्रत्युत्तर है
(d)बालक के असंगठित व्यवहार को प्रदर्शित करता है

5. उत्तर

1(b),2(b),3(a),4(d),5(a),6(c),7(c),8(c),9(a),10(a),11(c),12(b),13(a),14(d),15(a),16(c),17(d),18(d),19(d),20(b),21(d),22(c),23(b),24(d),25(a),26(a),27(d),28(a),29(a),30(c)

प्रैक्टिस सेट- 6

1.एक अध्यापक को अपनी शैक्षिक क्रियाओं के अभियोजन के समय जातीय भेद भाव के सन्दर्भ में अपनी शिक्षण प्रक्रिया में क्या अपनाना चाहिए?
(a)कठोरता
(b)लचीलापन
(c)न कठोरता न ही लचीलापन
(d)कठोरता व लचीलापन दोनों

2.आपकी कक्षा में कुछ बच्चे शारीरिक रूप से नि:शक्त, कुछ बच्चे मानसिक रूप से नि:शक्त तथा बाकी बच्चे सामान्य हैं। अपके अनुसार उन्हें कक्षा – कक्ष में बैठाने की निम्न में से कौन- सी व्यवस्था सर्वाधिक उपयुक्त होगी?
(a)बच्चों को कक्षा से कहीं भी बैठने की सुविधा प्रधन की जाए
(b)शारीरिक रूप से नि:शक्त बच्चों को सबसे आगे बैठाय जाए
(c)मानसिक रूप से नि:शक्त बच्चों को सबसे आगे बैठाया जाए
(d)सामान्य बच्चों को सबसे आगे बैठाया जाए

3.बुद्धि के प्रतिदर्श सिद्धान्त का प्रतिपादन निम्न में से किसने किया था?
(a)थॉमसन
(b)स्पीयरमैन
(c)थॉर्नडाइक
(d)बिने

4.वर्तमान समय में सतत् एवं व्यापक मूल्यांकन के अन्तर्गत ग्रेड़ों में अंकों का वितरण किया जाता है। इस प्रणाली में कितने प्रतिशत अंक प्राप्त करने वाले छात्र को बुहत अच्छा या बी ग्रेड के अन्तर्गत रखा जाता है?
(a)90% – 100%
(b)56% – 74 %

(c)75% – 89%
(d)35%- 55%

5.मूल्यांकन की प्रक्रिया के दौरान शिक्षकों को काफी सावधानी बरतने की आवश्यकता होती है। स दौरान शिक्षकों को निम्नलिखित में से कौन सा कार्य नहीं करना चाहिए?
(a)प्रत्येक विद्यार्थी की अनुक्रिया के बारे मे संवेदनशील होना
(b)बच्चों की प्रगति के बारे में सूचना एकत्र करते रहना
(c)शिक्षार्थियों को विभिन्न वर्गों में विभाजित कर, उनके बीच तुलना करना
(d)बच्चों की विभिन्न प्रकार की सूचनाओं को अभिलेखबद्ध करना

6.आप अपनी कक्षा में अपने शिक्षण के दौरान कड़ी मेहनत करते हैं फिर भी आपकी कक्षा में काफी शैक्षिक विभिन्नता दिखाई देती है इसका कारण क्या हो सकता है?
(a)आपकी कक्षा के कुछ छात्र कक्षा में सो जाते हैं
(b)आपकी कक्षा में छात्र आपको पसन्द नहीं करते हैं
(c)भिन्न भिन्न छात्रों में वैयक्तिक गुण भिन्न भिन्न होते हैं
(d)इनमें से कोई नहीं

7.आपकी कक्षा की एक बालिका मीरा विद्यालय में होने वाली प्रत्येक क्रिया के विषय में जानने के लिए बससे अधिक उत्सुक रहती है। आपकी उसकी इस प्रक्रिया पर प्रतिक्रिया होगी
(a)मीरा एक पिछड़ी बालिका है
(b)मीरा एक सृजनशील बालिका है
(c)मीरा का मन पढ़ाई में नही लगता है
(d)मीरा को खेलना पसन्द है

8.आपकी कक्षा का एक छात्र मोहन बोलते समय हकलाता है। आप उसकी शिक्षा के प्रबन्ध हेतु क्या आवश्यक कदम उठाएँगे?
(a)उसमें अध्ययन की गलत आदतों पर नियन्त्रण कराएँगे
(b)प्रधानचार्य से उसकी शिकायत करेंगे
(c)उसकों कक्षा से बाहर जाकर पढ़ने को कहेंगे
(d)विशेष शब्दों के उच्चारण को उससे एक बार में ही पढने को कहेंगे

9.यदि आप अपनी कक्षा के बच्चों में यह भावना जाग्रत करना चाहते हैं कि उन्हें विद्यालयी उपलब्धियों में सफल होना चाहिए तो इसके लिए आप निम्न में से क्या उपाय अपनाएँगे?
(a)बच्चों की बौद्धिक क्षमता का विकास करेंगे
(b)बच्चों का मार्गदर्शन उचित दिशा में करेंगे
(c)अपने शिक्षण ममें उचित विधियों का प्रयोग करेंगे
(d)ये सभी

10.किसी बालक की समस्याओं के विषय में पता लगाने के लिए कम उपयोगी मनोवैज्ञानिक विधि है
(a)प्रयोगत्मक विधि
(b)निरीक्षण विधि
(c)परीक्षण विधि
(d)वैयक्तिक इतिहास विधि

11.पाठ्यक्रम निर्माण में सर्वाधिक महत्व किसकों दिया जाना चाहिए?
(a)वैयक्तित विभिन्नता
(b)शिक्षक का कौशल
(c)विद्यालय की व्यवस्था
(d)बालक की आर्थिक स्थिति

12.अधिगम के सन्दर्भ में शिक्षाशस्त्रियों एवं मनोवैज्ञानिकों ने विविध प्रकार की परिभाषाएँ

दी हैं। इन परिभाषाओं के अनुसार अधिगम ... चलने वाली एक निरन्तर प्रक्रिया है।
(a)जीवन पर्यन्त
(b)किशोरावस्था तक
(c)वृद्धावस्था तक
(d)युवावस्था तक

13.बालक अपने चारों ओर जिन वस्तुओं और परिस्थितियों को देखकर जो चिन्तन करता है, वह होता है
(a)तार्किक चिन्तन
(b)प्रत्ययात्मक चिन्तन
(c)प्रत्यक्षात्मक चिन्तन
(d)कल्पनात्मक चिन्तन

14.आपकी कक्षा में बच्चों के समाजीकरण में आपकी भूमिका है
(a)बच्चों का बौद्धिक विकास करने में
(b)बच्चों का गृह कार्य करने में
(c)बच्चों को दण्ड देने में
(d)इनमें से कोई नहीं

15.बालकों के नैतिक विकास को समझने के लिए जीन पियाजे ने निम्न में से कौन सी विधि को अपनाया?
(a)साक्षात्कार विधि
(b)तार्किक विधि
(c)जाँच पड़ताल विधि
(d)ये सभी

16.मै कौन हूँ क्या हूँ मैं भी कुछ हूँ आदि ऐसी प्रबल भावनाएँ, विकास की किस अवस्था की ओर इंगित होती है?
(a)किशोरावस्था
(b)प्रौढ़ावस्था
(c)पूर्व बाल्यवस्था
(d)बाल्यवस्था

17.बच्चे की आरम्भिक शिक्षा के अन्तर्गत उसे सर्वप्रथम किस विषय की शिक्षा प्रदान की जानी चाहिए?
(a)भाषा
(b)विज्ञान
(c)गणित
(d)धर्म

18.अच्छा शिक्षक का उद्देश्य निम्नलिखित में से क्या होना चाहिए?
(a)सृजनात्मक सक्रियता में विश्वास करना
(b)अपने जीवन को अधिक सुन्दर तथा सुव्यवस्थित बनाना
(c)जीवन के नये मूल्यों, नये विचारों व परिवर्तनों का स्वागत करना
(d)सभी धर्म व जाति वालों से समानता का व्यवहार करना

19.बाल केन्द्रित शिक्षा नें पाठ्यक्रम का स्वरूप नहीं होना चाहिए
(a)लचीला
(b)आर्थिक आवश्यकताओं के अनुसार
(c)पूर्व ज्ञान पर आधारित
(d)वातावरण के अनुकूल

20.कोहलबर्ग के अनुसार, नैतिक विकास का प्रथम चरण है
(a)दण्ड एवं आज्ञा पालन की अभिमुखता
(b)परस्पर एकरूप अनिमुखता
(c)अधिकार संरक्षण अभिमुखवा
(d)सार्वभौमिक नैतिक सिद्धान्त की अभिमुखता

21.आपकी कक्षा में एक शिक्षार्थी TEN को NET तथा S(A)W को W(A)S पढ़ता है, वह ग्रस्त है
(a)डिस्कैल्कुलिया से
(b)अफेज्या से
(c)डिस्लैक्सिया से

(d)अग्रेफिया से

22.आपकी कक्षा में कुछ छात्रों की दृष्टि कमजोर है, परन्तु वे पढ़ने में भी कमजोर है, वे आपसे निवेदन करते हैं कि वे श्यामपटट् पर देख नहीं पाते तो उन्हें आगे बैठने की अनुमति दे दी जाए, तो आप ऐसी स्थिति में क्या करेंगे?

(a)उन्हें डाँट देंगे कि पढ़ने में तो मन नहीं लगता और आगे बैठना चाहते हो

(b)उन्हें चश्मा प्रयोग करने की सलाह देंगे

(c)उनकी इच्छानुसार उन्हें आगे बैठा देंगे जिससे वे श्यामपटट् पर लिखा देख सकें

(d)उनके लिए अलग कक्ष की व्यवस्था का सुझाव देंगे

23.शिक्षा की पाठ्यचर्या बदलती रहनी चाहिए क्योंकि

(a)समाज शिक्षा को इसके लिए विवश करता है

(b)समाज की आवश्यकताएँ बदलती रहती है

(c)इससे ही समाज में परिवर्तन आता है

(d)पाठ्यचर्या सामाजिक निर्देश का पालन करती है

24.'सीखना' विकास की प्रक्रिया है'- कथन है –

(a) वुडवर्थ

(b) क्रो एवं क्रो

(c) मर्फी

(d) मैक्डूगल

25.थार्नडाइक ने अपना प्रसिद्ध प्रयोग किया था –

(a) बिल्ली पर

(b) कुत्ते पर

(c) कबूतर पर

(d) चिम्पैजी पर

26.कोहलर ने अपना प्रसिद्ध प्रयोग किया था –

(a) बन्दर पर

(b) कुत्ते पर

(c) बिल्ली पर

(d) वनमानुष पर

27.सीखने का 'प्रयत्न एवं त्रुटि' सिद्धांत विकसित किया था –

(a) पावलव

(b) टालमैन

(c)हल

(d)थार्नडाइक

28.सही विकल्प चुनिए –

1 थार्नडाइक – (a) प्रबलन सिद्धांत

2 पावलव – (b) सूझ का सिद्धांत

3 हल – (c) सम्बन्धवाद

4 कोहलर – (d) अनुकूलित अनुक्रिया सिद्धांत

(a)1-(a), 2-(b), 3-(c), 4-(d)

(b)1-(c), 2-(d), 3-(b), 4-(a)

(c) 1-(c), 2-(d), 3-(a), 4-(b)

(d) 1-(c), 2-(a), 3-(b), 4-(d)

29.'Psy(c)hology' शब्द की उत्पत्ति किस भाषा से हुई है –

(a) लैटिन भाषा से

(b) फ्रेंच भाषा से

(c) यूनानी भाषा से

(d) जर्मन भाषा से

30.किण्डरगार्टन किस भाषा का शब्द है –

(a) फ्रेंच

(b) जर्मन

(c) स्पेनिश

(d)अंग्रेजी

6. उत्तर

1(c),2(a),3(a),4(b),5(c),6(c),7(b),8(a),9(d),10(c),11(a),12(a),13(c),14(a),15(a),16(a),17(a),18(c),19(b),20(a),21(c),22(c),23(b),24(a),25(a),26(d),27(d),28(c),29(c),30(b)

प्रैक्टिस सेट- 7

1.टरमन का संबंध है –
(a) इंग्लैंड
(b) अमेरिका
(c)फ्रांस
(d) रूस

2.Motivation and Personality पुस्तक के लेखक हैं –
(a) थार्नडाइक्र
(b) ब्रुनर
(c) मैस्लो
(d)पावलव

3.खेल की अवधारणा शिक्षा जगत को दी है –
(a) वाटसन
(b) फ्रोबेल
(c) विलियम
(d) जेम्स

4.कक्षा शिक्षण में पाठ प्रस्तावना सोपान सीखने के किस नियम पर आधारित है ?
(a) प्रभाव का नियम
(b) सादृश्यता नियम
(c) तत्परता का नियम
(d) साहचर्य का नियम

5.मानव में अस्थाई दांतों की संख्या है –
(a)32
(b) 20
(c) 12
(d) 36

6.'एडोलेसेन्स' पुस्तक के लेखक हैं –
(a) फ्रायड
(b) स्टेनले हॉल
(c) बिग्गी
(d) थार्नडाइक

7.'ड्यूको' शब्द का अर्थ है –
(a) भीतर से
(b) बाहर से
(c) ऊपर से
(d) नीचे से
8.मनोविज्ञान किस प्रकार का विज्ञान है –
(a) अशुद्ध विज्ञान
(b) प्राकृतिक विज्ञान
(c) विधायक विज्ञान
(d) सामाजिक विज्ञान
9.वर्तमान में शिक्षा मनोविज्ञान का अध्ययन विषय है –
(a) चेतना
(b) मस्तिष्क
(c) मानव व्यवहार
(d) आत्मा
10.'डिस्लेक्सिया' किससे सम्बन्धित है –
(a) व्यवहार-सम्बन्धी विकार
(b) मानसिक विकार
(c) गणितीय विकार
(d) पठन विकार
11.'पुरुष स्त्रियों की अपेक्षा ज्यादा बुद्धिमान होते हैं ।' यह कथन
(a)सही हो सकता है
(b) लैंगिक पूर्वाग्रह को दर्शाता है
(c)बुद्धि के भिन्न पक्षों के लिए सही है
(d)सही है
12.0-25 बुद्धिलब्धि को कहते हैं –
(a) मूर्ख बालक
(b) जड़ बालक
(c) पिछड़े बालक
(d) मंदबुद्धि बालक
13.अभिप्रेरणा पर किस कारक का प्रभाव नहीं पड़ता –
(a) आवश्यकता
(b) वातारण
(c)भौतिक संरचना
(d) जन्म-जात
14.गिलफोर्ड ने 'अभिसारी चिंतन' पद का प्रयोग किसके समान अर्थ में किया है –
(a) बुद्धि
(b)सृजनात्मक
(c) बुद्धि एवं सृजनात्मक
(d)इनमे से कोई नहीं
15.विकास की दिशा होती है –
(a) सर से पैर की ओर
(b) पैर से सर की ओर
(c)पूर्व से पश्चिम की ओर
(d) पश्चिम से पूर्व की ओर
16.'पर्सोना' शब्द का अर्थ है –
(a)खिलौना
(b)घड़ा
(c)मुखौटा
(d)व्यक्ति
17.व्यक्तित्व का स्याही धब्बा परीक्षण देन है –
(a)फ्रायड
(b)हरमन रोर्शाक
(c)वुडवर्थ
(d)मन
18.हमारे मस्तिष्क का चेतन भाग होता है –
(a) 1/10
(b) 2/10
(c) 3/10
(d) 4/10
19.जन्मजात प्रेरक नहीं है –
(a)भूख
(b).आदत
(c)प्यास
(d)नींद

20.मानसिक मंदता का प्रमुख कारण है –
(a)वातारण
(b) वंशानुक्रम
(c)दोनों
(d) कोई नहीं

21.T.A.T. परीक्षण में कार्ड की संख्या होती है –
(a)10
(b) 20
(c) 30
(d) 40

22.विकास शुरू होता है –
(a) शैशवास्था से
(b)पूर्व-बाल्यावस्था से
(c)उत्तर-बाल्यावस्था से
(d) प्रसवपूर्व अवस्था से

23.'चिडचिडे' व्यक्ति में अधिकता होती है –
(a) पित्त
(b)रक्त
(c) कफ
(c) स्नायु द्रव्य

24.कौन-सा प्रेरक अर्जित प्रेरक नहीं है –
(a) मद व्यसन
(b)आदत की विवशता
(c)आकांक्षा का स्तर
(d) क्रोध

25.बाल अपराधी की आयु होती है –
(a)18 वर्ष से कम
(b)18 वर्ष से अधिक
(c)20 वर्ष
(d)इनमे से कोई नहीं

26.रूचि होती है –
(a)जन्मजात
(b)अर्जित
(c)दोनों
(d)कोई नहीं

27.चिंतन की प्रक्रिया में सबसे कम्म महत्वपूर्ण है –
(a)चित्र
(b)प्रतीक एवं चिह्न
(c)मांसपेशीय क्रियायें
(d)भाषा

28.सृजनात्मकता मुख्य रूप से संबंधित है –
(a) अभिसारी चिंतन
(b)अपसारी चिंतन
(c) मॉडलिंग
(d) अनुकरण

29.बाल अपराध का कारण है –
(a)माता-पिता में अनबन
(b) परिवार के सदस्यों का सहानुभूतिपूर्ण व्यवहार
(c) परिवार में आपस की सहमति से कार्य होना
(d) समृद्ध परिवार

30.प्राथमिक विद्यालयों के बालकों के लिए बेहतर है –
(a) विडियो अनुरूपण
(b) प्रदर्शन
(c) स्वयं के द्वारा किय गया अनुभव
(d) इनमे से सभी

7. उत्तर

1(b),2(c),3(b),4(c),5(b),6(b),7(b),8(c),9(c),10(d),11(b),12(b),13(b),14(b),15(a),16(c),17(b),18(a),19(b),20(c),21(c),22(d),23(a),24(b),25(a),26(c),27(c),28(b),29(a),30(c)

प्रैक्टिस सेट- 8

1.सृजनात्मक उत्तरों के लिए आवश्यक है –
(a) विषय वस्तु आधारित प्रश्न
(b) मुक्त उत्तर वाले प्रश्न
(c) एक अत्यंत अनुशासित कक्षा
(d) प्रत्यक्ष शिक्षण एवं प्रत्यक्ष प्रश्न

2.'मनोविज्ञान व्यवहार का शुद्ध विज्ञान है।' कथन है –
(a)वुडवर्थ का
(b) जेम्स ड्रेवर का
(c)वाटसन का
(d)स्किनर का

3.मानव चिंतन में तर्क का आरम्भ होता है –
(a)शैशवावस्था
(b) बाल्यावस्था
(c)किशोरावस्था
(d) सभी में

4.भाषा विकास का सिद्धांत दिया है –
(a)कोहलर ने
(b) फ्रायड ने
(c) चौमस्की ने
(d) थार्नडाईक ने

5.विद्यालय का वातावरण निर्भर करता है –
(a)मुखिया पर
(b) शिक्षकों पर
(c)छात्रों पर
(d)सभी पर

6.अचेतन मन की तुलना की गई है –
(a) आत्मा से
(b) स्वर्ग से
(c) हिमखण्ड से
(d)किसी से भी नहीं

7.सर्वप्रथम बुद्धि का वैज्ञानिक मापन किया –
(a) बीने
(b)टरमन
(c)एबिन हास
(d) वुंट

8.बुद्धि लब्धि का विचार किसने दिया –
(a) बीने
(b)टरमन
(c)एबिन हास
(d) वुंट

9.Motivation शब्द की उत्पत्ति किस लैटिन शब्द से हुई है –
(a)Move
(b)Motum
(c)Mot
(d)Movie

10.अभिप्रेरणा के सन्दर्भ में 'भोजन' है –
(a)आवश्यकता
(b) प्रोत्साहन
(c) चालक
(d)प्रणोद

11.कक्षा से पलायन करने वाले छात्रों के प्रति आपका व्यवहार होगा –
(a)दमनात्मक
(b) प्रशंसात्मक
(c) सहानुभूति पूर्ण
(d) निदानात्मक

12.रचनात्मक आकलन के लिए उचित उपकरण नहीं है –
(a) मौखिक प्रश्न
(b) सत्र परीक्षा

(c) प्रश्नोतरी
(d)दत्त कार्य

13.किंडरगार्टन किस भाषा का शब्द है ?
(a). फ्रेंच
(b) जर्मन
(c) स्पेनिश
(d) अंग्रेजी

14.'डिस्लेक्सिया' एक समस्या है जो सम्बन्धित है –
(a)बोलने
(b)सुनने
(c)बोलने व सुनने
(d)पढने

15.जन्म के समय शिशु में संवेग होता है –
(a) प्रेम
(b) क्रोध
(c)दया
(d) उत्तेजना

16.भारत में सर्वप्रथम 'बुद्धि परीक्षण' का प्रकाशन किया –
(a)जलोटा
(b)भाटिया
(c)मेहता
(d)डॉ. राईस

17.Principle of Psychology पुस्तक के लेखक हैं –
(a) विलियम जेम्स
(b). विलियम वुंट
(c)विलियम हेनरी
(d) विलियम बागले

18."पहले हम हमारी आदतों का निर्माण करते हैं, फिर हमारी
आदतें हमारा निर्माण करती हैं-" यह कथन किसका है-
(a) रास
(b) गेसल
(c) ड्राईडेन
(d)फ्रायड

19.अभिप्रेरणा पर किस कारक का प्रभाव नहीं पड़ता ?
(a) आवश्यक्ता
(b)भौतिक संरचना
(c) वातावरण
(d) जन्म-जात

20.निम्नलिखित में से समस्या-समाधान को क्या बाधित नहीं करता?
(a)मानसिक प्रारुप्ता
(b) मोर्चाबन्दी
(c)निर्धारण
(d) अन्तर्दृष्टि

21.भाषा-अवबोधन से सम्बद्ध विकार है
(a)पठन-वैकल्य
(b) वाक्-सम्बद्ध रोग
(c)भाषाघात
(d) चलाघात

22.इनमे से कौन-सा सिद्धान्तकार यह मत स्पष्ट करता है कि बच्चे अपनी वृद्धि व विकास हेतु कठोर अध्ययन करते हैं?
(a) मैस्लो
(b) स्किनर
(c) पियाजे
(d) बंडूरा

23.विकासात्मक मनोविज्ञान का जनक है –
(a) फ्रायड
(b)जीन पियाजे
(c)विलिं जेम्स
(d)फ्रोबेल

24.सामाजिक अधिगम सिंद्धांत का प्रतिपादन किया –
(a)वाटसन

(b)जीन पियाजे

(c)अल्बर्ट बन्दुरा

(d) कोहलर

25.'मनोविज्ञान अनुभव और व्यवहार का विज्ञान है' कथन है –

(a)वुडवर्थ का

(b)अरस्तू का अरस्तू का

(c)स्किनर का

(d)वाटसन का

26.'सीखना विकास की प्रक्रिया है', कथन है –

(a)क्रो एंड क्रो

(b). मैंक्डूगल

(c)वुडवर्थ

(d)मर्फी

27.गेस्टाल्टवादियों ने किस पर विशेष बल दिया –

(a)अभ्यास

(b)संवेग

(c)पुरस्कार

(d)प्रत्यक्षीकरण

28.प्रयास एवं त्रुटि का नियम सर्वाधिक प्रयोग होता है –

(a)इतिहास

(b)हिंदी में

(c)अंग्रेजी में

(d)गणित में

29.थार्नडाईक का कौन-सा गौण नियम पूर्व अनुभवों पर बल देता है –

(a)बहु अनुक्रिया का नियम

(b)मानसिक स्थिति का नियम

(c)सादृश्य अनुक्रिया का नियम

(d)आंशिक क्रिया का नियम

30.वह मापनी जिसमे अंतराल मापनी के समस्त गुण के साथ परं शून्य भी हो, कहलाती है -

(a) नामित मापनी

(b) क्रमसूचक मापनी

(c) अंतराल मापनी

(d) अनुपात मापनी

8. उत्तर

1(b),2(c),3(b),4(c),5(b),6(c),7(a), 8(b),9(b),10(b),11(d),12(b),13(b),14(d),15(d),16(d),17(a),18(c),19(c), 20(d),21(c),22(a),23(b),24(c),25(c),26(d),27(d),28(c),29(b),30(d)

प्रैक्टिस सेट- 9

1.काल्सनिक के अनुसार संकल्पना का पुनर्गठन क्या है?
(a)व्यवहार
(b)चिन्तन
(c)शब्द
(d)समस्याएँ

2.क्लासिकी अनुबंधन का दूसरा नाम है –
(a)नैमितिक अनुबंधन
(b)क्रिया प्रसूत अनुबंधन
(c)अनुकूलित अनुबंधन
(d)उपर्युक्त में से कोई नहीं

3.सीखने से क्या तात्पर्य होता है।
(a)मनोवृति में परिवर्तन
(b)व्यवहार में परिवर्तन
(c)व्यवहार में अपेक्षाकृत स्थायी परिवर्तन
(d).अनुभूति में परिवर्तन

4.थ्योरीज ऑफ लर्निंग नामक पुस्तक के लेखक है।
(a)स्किनर
(b)थॉर्नडाइक
(c)हिलगार्ड
(d)फ्रैंडसन

5.सीखना विकास की प्रक्रिया है। यह कथन किसका है।
(a)गेट्स
(b)वुडवर्थ
(c)स्किनर
(d)कोहलर

6.अधिगम का अर्थ है।
(A)बौद्धिक ज्ञान
(b)भाषा का शुद्ध ज्ञान
(c)व्यक्तित्व का सर्वांगीण विकास
(d)बच्चों को पढाना

7.अधिगम के लिए क्या आवश्यक है।
(A)स्वानुभाव
(b)स्वचिन्तन
(c)स्वक्रिया
(d)उपर्युक्त सभी

8.सीखने के लिए अत्यधिक महत्वपूर्ण है।
(a)प्रेरणा का होना
(b)निरर्थक पद
(c)स्मृति मापन उपकरण
(d)तेज गति से पढने की क्षमता

9.सीखने की परिघटना में आवश्यक घटक नही है।
(a)अधिगमकर्ता
(b)आन्तरिक अवस्था
(c)प्रेरक
(d)शिक्षक

10.बालकों में सीखने पर सर्वाधिक प्रभाव पडता है।
(a)प्रेरणा का
.(b)रूचि का
(c)बौद्धिक योग्यता का
(d)शारीरिक संगठन का

11.व्यवहार में होने वाले स्थायी परिवर्तन, जो अभ्यास के कारण होते है।, को कहा जाता है।
(a)सीखना
(b)सोचना
(c)क्रिया करना
(d)कल्पना करना

12.बालक सर्वप्रथम कौनसी क्रिया सीखता है।
(a)भाव प्रदर्शन
(b)पढना
(c)..लिखना
(d)..चलना

13.अनुभव द्वारा व्यवहार में परिवर्तन लाना ही अधिगम है। यह कथन है।

(A)क्रो एवं क्रो का
(b)गेट्स का
(c)स्किनर का
(d)गिलफोर्ड का

14.डीवी सीखने का आधार किसे मानते थे।
(A)क्रियाओं को
(b)आत्मा को
(c)बुद्धि को
(d)ज्ञानेन्द्रियों को

15.अधिगम के विकास में निम्न में से सबसे महत्वपूर्ण क्या है।
(a)व्यस्त विद्यालय कार्यक्रम
(b)अधिक पाठ्य – पुस्तके
(c)अधिगम उत्प्रेरित वातावरण
(d)उत्सुक माता – पिता

16.जब वर्तमान कार्य को करते समय पूर्व में सीखे गये कार्य के द्वारा बाधा उपस्थित की जाती है।, तों इस स्थिति को कहते है।
(a)शून्य स्थानान्तरण
(b)ऋणात्मक स्थानान्तरण
(c)धनात्मक स्थानान्तरण
(d)उपर्युक्त में से कोई नहीं

17.सीखने की असफलताओं का कारण, समक्षने की असफलताएँ है। यह कथन किसका है।
(a)पावलॉव
(b)स्किनर
(c)मर्सेल
(d)वुडवर्थ

18.सीखना किस प्रकार की गतिविधि है।
(a)व्यक्तिगत
(b)सामाजिक
(c)व्यावहारिक
(d)..ये सभी

19.सीखने के सफल अनुभव अधिक सीखने की प्रेरणा देते है। यह कथन किसका है।
(a)प्रेसी का
(b)रॉबिन्सन का
(c)फ्रैंडसन का
(d)हॉरक्स का

20.थार्नडाइक ने अधिगम के कितने गौण नियम बताए है।
(a)पॉच
(b)छः
(c)सात
(d)आठ

21.किसी क्रिया को बार-बार दोहराने से उसका सम्बन्ध दृढ हो जाता है। यह थार्नडाइक के किस नियम पर आधारित है।
(a)तत्परता के नियम पर
(b)प्रभाव के नियम पर
(c)अभ्यास के नियम पर
(d)उपर्युक्त मे से कोई नहीं

22.सीखी गई क्रिया का अन्य समान परिस्थितियों मे उपयोग किया जाना कहलाता है।
(a)अधिगम
(b)अधिगम स्थानान्तरण
(c)परिपक्वता
(d)इनमें से कोई नहीं

23.क्रिया की सफलत से सन्तोष एवंअसफलता से असन्तोष होता है। ये कथन थार्नडाइक के किस नियम को इंगित करता है।
(a)अभ्यास का नियम
(b)प्रभाव का नियम
(c)तत्परता का नियम
(d)उपर्युक्त सभी

24.सीखी गई अनुक्रिया की अभिव्यक्ति जब व्यवहार के रूप मे होती है। तो उसे कहा जाता है।

(a)अभ्यसन

(b)अनुकूलन

(c)निष्पादन

(d)मूलप्रवृति

25.वाइगोत्स्की बच्चों के सीखने मे निम्न में से किस कारक की महत्वपूर्ण भूमिका पर बल देते है।

(a)आनुवंशिक

(b)नैतिक

(c)शारीरिक

(d)सामाजिक

26.श्यामपट्ट को शिक्षण साधन सामग्री के किस समूह मे सम्मिलित किया जा सकता है।

(a)श्रव्य साधन

(b)दृश्य साधन

(c)दृश्य – श्रव्य साधन

(d)इनमे से कोई नहीं

27.कक्षा अध्यापन में दृश्य साधन के रूप में किसका सर्वाधिक प्रयोग होता है।

(a)ग्राफ

(b)चार्ट

(c)ब्लैक बोर्ड

(d)रेखाचित्र

28.घनिष्ट मित्रता की प्रवृति पाई जाती है।

(a)शैशवावस्था में

(b)बाल्यावस्था में

(c)किशोरावस्था में

(d)इनमें से कोइ नहीं

29.शारीरिक विकास का क्षेत्र है।

(a)स्नायुमण्डल

(b)मांसपेशियों की वृद्धि

(c)इण्डोसीन गलैण्डल

(d)ये सभी

30.वीर पूजा की भावना किस अवस्था की विशेषता है।

(a)शैशवावस्था

(b)बाल्यावस्था

(c)किशोरावस्था

(d)इनमें से कोइ नहीं

9. उत्तर

1._,2(c),3(c),4(c),5(b),6(c),7(d),8_,9(d),10(a),11(a),12(a),13(b),14(a),15(d),16(b),17(c),18(b),19(c),20(a),21(c),22(b),23(b),24(c),25(d),26(b),27(a),28(c),29(d),30(c)

प्रैक्टिस सेट- 10

1.विकास की किस अवस्था आंधी और तुफान की अवस्था कहा गया है।
(a)शैशवावस्था को
(b)बाल्यावस्था को
(c)किशोरावस्था को
(d)इनमें से कोई नहीं

2.किशोरावस्था बडे संघर्ष, तनाव तथा विरोध की अवस्था है। यह कथन किसका है।
(a)स्टेनले हॉल
(b)क्लार्क
(c)वेबर
(d)विलियम जेम्स

3.कल्पना मानसिक हस्त व्यापार है किसने कहा है।
(a)रॉस ने
(b)वुडवर्थ ने
(c)मन ने
(d)ऑलपोर्ट ने

4.चिन्तन मानसिक क्रिया का ज्ञानात्मक पक्ष है। यह परिभाषा है।
(a)वुडवर्थ की
(b)रॉस की
(c)हरलॉक की
(d)स्पेन्सर की

5.चिन्तन की दृष्टि से सर्वश्रेष्ठ चिन्तन है।
(a)कल्पनात्मक चिन्तन
(b)प्रत्यात्मक चिन्तन
(c)प्रत्यक्षात्मक चिन्तन
(d)तार्किक चिन्तन

6.प्राणी के समस्त व्यवहार के पीछे निहित कारक है।
(a)चिन्तन
(b)संवेदना
(c)संवेग
(d)अभिप्रेरणा

7.किसी एक ही वस्तु पर चेतना का केन्द्रीयकरण कहलाता है।
(a)रूचि
(b)प्रेरणा
(c)प्रत्यक्षीकरण
(d)अवधान

8.स्मृति प्रक्रिया है।
(a)शारीरिक
(b)मानसिक
(c)चारित्रिक
(d)आध्यात्मिक

9.वास्तविक स्मृति मे याद किया जाता है।
(a)आदत से
(b)यान्त्रिकता से
(c)सक्रिय रूप से
(d)क्रमबद्धता से

10.जब हम सीखीं बातों को कभी नहीं भूलते है तो वह स्मृति है।
(a)आदत स्मृति
(b)स्थायी स्मृति
(c)तार्किक स्मृति
(d)अस्थायी स्मृति

11.निम्न में से कौन सा स्मृति का अंग नहीं है।
(a)अधिगम
(b)चिन्तन
(c)धारण
(d)प्रत्याहन

12.वास्तविक स्मृति में याद किया जाता है।
(a)आदत से
(b)आंशिकता से
(c)क्रमबद्धता से
(d)सक्रिय रूप से

13.चिन्तन में सम्मिलित मानसिक प्रतिक्रिया है।
(a)कल्पना
(b)स्मृति
(c)अनुमान
(d)ये सभी

14.व्यक्ति वंशानुक्रम एवं वातावरण की उपज है। यह कथन किसका है।
(a)क्रो एण्ड क्रो का
(b)डगलस का
(c)वुडवर्थ का
(d)मेकाइवर एवं पेज का

15.सीखने की खेल विधि उपयोगी है।
(a)बाल्यावस्था के लिए
(b)पूर्वकिशोरावस्था के लिए
(c)युवावस्था के लिए
(d)परिपक्व अवस्था के लिए

16.अधिगम का शिक्षा में योगदान है।
(a)व्यवहार परिवर्तन में
(b)नवीन अनुभव प्राप्त करने में
(c)समायोजन में
(d)इन सभी में

17.निम्न में से कौन सा अधिगम स्थानान्तरण का सिद्धांत है।
(a)समरूप तथा सिद्धांत
(b)दो तत्वों का सिद्धांत
(c)गेस्टाल्ट सिद्धांत
(d)ये सभी

18.निम्न में से कौन सा प्राकृतिक अभिप्रेरक है।
(a)सुरक्षा
(b)भूख
(c)प्यास
(d)सामाजिक बंधन

19.प्रेरणा छत्रों में रूचि उत्पन्न करने की कला है। यह कथन है।
(a)थॉमसन
(b)क्रो एण्ड क्रो
(c)गुडविन रॉस
(d)रॉस

20.जन्मजात प्रेरक है।
(a)भूख
(b)जीवन लक्ष्य
(c)रूचि
(d)प्रशंसा

21.जीन पियाजे ने बालक के संज्ञानात्मक विकास की कितनी असस्थाओं का वर्णन किया है।
(a)3
(b)4
(c)5
(d)6

22.किशोरावस्था को किसने उथल पुथल की अवस्था कहा है।
(a)स्टेनले हॉल
(b)क्लार्क
(c)वेबर
(d)विलियम जेम्स

23.स्कीनर के अनुसार बच्चों में भाषा का विकास निम्न का परिणाम है।
(a)व्याकरण में प्रशिक्षण
(b)अनुकरण तथा पुनर्बलन
(c)अंतर्जात योग्यताएं
(d)परिपक्वन

24.व्यक्तिग्त भिन्नता के कारण सदैव ही होते है।
(a)वंशानुगत
(b)सामाजिक व आर्थिक
(c)संवेगात्मक एवं व्यक्तिगत

(d)पर्यावरण एवं वंशागत

25.'विकास की किसी भी अवस्था पर कुछ भी सिखाया जा सकता है ' यह किसका विचार है।

(a)पियाजे

(b)आसुबेल

(c)ब्रूनर

(d)गेने

26.पावलोव व स्किनर निम्न में से किससे संबंधित है।

(a)संरचनावाद

(b)प्रकार्यवाद

(c)व्यवहारवाद

(d)गेस्टाल्ट मनोविज्ञान

27.'' मुझे एक बालक दो में उसे जैसा आप चाहे वेसा बना सकता हूं '' यह कथन किसका है।

(a)गुथरी

(b)पावलोव

(c)स्किनर

(d)वाटसन

28.निम्न में से कौन एक प्रणाली उपागम का पहलू नही है।

(a)उद्देश्य

(b)संरचना

(c)प्रक्रिया

(d)विषयवस्तु

29.थार्नडाइक का सिद्धांत जाना जाता है।

(a)संज्ञानात्मक

(b)समाजवाद

(c)संयोजनवाद

(d)साहचर्यवाद

30.संज्ञानात्मक विकास की निम्न अवस्थाओं में से कौन सी अवस्था का वर्णन ब्रूनर द्वारा नहीं किया गया है।

(a)अधिनियम

(b)प्रतिभापरकता

(c)पराधीनता

(d)सांकेतिकता

10. उत्तर

1.(c),2.(a),3.(c),4.(b),5.(d),6.(d), 7.(d),8.(b),9.(d),10.(b),11.(c),12.(c),13.(d),14.(c),15.(a),16.(d),17.(d), 18.(d),19.(a),20.(a),21.(b),22.(a), 23.(b),24.(d),25.(a),26.(c),27.(d), 28.(b),29.(c),30.(c),

प्रैक्टिस सेट- 11

1.''शिक्षण क्रियाओं की एक विधि है जो सीखने की उत्सुकता जागृत करती है '' यह किसने कहा है।
(a)क्रो व क्रो
(b)बी. ओ. स्मिथ
(c)क्रोनबेक
(d)हिलगार्ड

2.निम्न में से अधिगम के संज्ञानात्मक अनुक्षेत्र से संबंधित क्रिया है।
(a)अनुभूति करना
(b)स्पर्श करना
(c)क्रोधित होना
(d)कल्पना करना

3.निम्न में से कौन सा शिक्षण अधिगम प्रक्रम को प्रभावहीन बनाता है।
(a)उपयुक्त शिक्षण
(b)पाठ्यक्रम पूरा करना
(c)शिक्षण विधि का उपयोग
(d)पारितोषिक तथा दण्ड का अनुचित उपयोग

4.निम्न में से कौन सा कारण बच्चे में अनुशासनहीनता का कारण उत्पन्न करता है।
(a)भय
(b)बीमारी
(c)पीडा

5.निम्न में से कौन सी अवस्था लडकियों में मनोवैज्ञानिक समस्याओं को जन्म देती है।
(a)उत्तर प्रौढता
(b)पूर्व प्रौढता
(c)पूर्व किशोरावस्था
(d)शैशव

6.डेविस आसुबेल ने शिक्षण प्रतिमान को विकसित किया।
(a)अग्रिम व्यवस्था
(b)जांच प्रशिक्षण
(c)सामाजिक अन्त:क्रिया
(d)अभिक्रमित अधिगम

7.शिक्षा – तकनीकी को किसने तीन भागों में बांटा है।
(a)लुमसडेन
(b)गेट्स
(c)कॉलविन
(d)लौंगफील्ड

8.शिक्षण सूत्रों का आधार होता है।
(a)दार्शनिक
(b)मनोवैज्ञानिक
(c)सामाजिक
(d)वैज्ञानिक

9.क्रो व क्रो के अनुसार अधिगन प्राप्त करना है।
(a)मात्र ज्ञान
(b)मात्र अभिवृति
(c)ज्ञान और अभिवृति
(d)अनुभव

10.अधिगम जीवन पर्यन्त प्रक्रिया है जो पूर्ण होती है।
(a)विद्यालय में
(b)समाज में
(c)परिवार में
(d)सभी में

11.परिपक्वता जिसका दूसरा नाम है
(a)क्षमता का विकास
(b)बढती आयु
(c)शारीरिक विकास
(d)अधिगम पूरा होना

12.कक्षा में शिक्षक विद्यार्थियो को सीखने के लिए प्रेरित करता है।
(a)ग्रहकार्य देकर
(b)प्रश्न पूछकर

(c)उदाहरण देकर

(d)ये सभी

13.निम्न मे से कौन सा नकारात्मक संवेग नहीं है।

(a)भय

(b)क्रोध

(c)चिंता

(d)आशा

14.बच्चे में संवेगात्मक संघर्ष उत्पन्न होता है

(a)क्रोध से

(b)पीडा से

(c)भय से

(d)उत्तेजना से

15.बुद्धि की अभिवद्धि का चरमविंदु जिस आयु में होता है।

(a)10 वर्ष

(b)16 वर्ष

(c)25 वर्ष

(d)50 वर्ष

16.'' सीखना व्यक्ति में एक परिवर्तन है, जो उसके वातावरण के परिवर्तनों के अनुसरण में होता है '' यह कथन किसका है।

(a)ई.ए. पील

(b)गेद्व तथा अन्य

(c)बर्नाड

(d)गैरी स्टेनर

17.निम्न मे से कौन सा संवाद का स्त्रोत नहीं है।

(a)वक्ता

(b)संदेश

(c)संवाद स्त्रोत

(d)अनुभव

18.किसकी पुस्तक में '' किशोरावस्था तनाव और संघर्ष का काल '' छपा था।

(a)एरिक्सन

(b)स्टेनले हाल

(c)शिपमैन

(d)स्मिथ

19.कोई बच्चा नवीन व्यवहार को खोजता है।

(a)सीखकर

(b)सुनकर

(c)देखकर

(d)अनुभव करके

20.वह कारक जो व्यवहार में स्थायी परिवर्तन लाता है।

(a)बीमारी

(b)शारीरिक थकावट

(c)परिपक्वन

(d)मानसिक थकावट

21.शिक्षा के क्षेत्र में निम्न में से सबसे महत्वपूर्ण कौन सा है।

(a)शिक्षक

(b)पाठ्यक्रम

(c)अधिगम प्रक्रिया

(d)शिक्षार्थी

22.बीसवी शताब्दी बच्चे की शताब्दी कहलाती है। यह किसने कहा था।

(a)क्रो और क्रो

(b)पियाजे

(c)टॉलमैन

(d)स्किनर

23.अधिगम को प्रभावित करने वाला शिक्षक से संबंधित कारक है।

(a)इच्छाशक्ति

(b)अभ्यास

(c)ज्ञात से अज्ञात की ओर

(d)प्रस्तुतीकरण

24.शिक्षा मनोविज्ञान है।

(a)मानक विज्ञान

(b)अनुप्रयुक्त विज्ञान

(c)विशुद्ध विज्ञान

(d)उपरोक्त में से कोई नहीं

25.शिक्षा मनोविज्ञान संबंधित है।

(a)अधिगम कर्ता से

(b)अधिगम प्रक्रिया से

(c)अधिगम स्थितियों से

(d)उपरोक्त सभी

26.श्रृंखला अधिगम संबंधित है।

(a)टॉलमेन से

(b)गाने से

(c)थार्नडाइक से

(d)ब्रूनर से

27.मनोविज्ञान में व्यवहार वाद का प्रतिपादन करने वाले थे।

(a)जॉन डेवी

(b)विलियम जेम्स

(c)कोहलर

(d)जॉन. बी वाटसन

28.अधिगम का निष्पादन है।

(a)अभिवृति

(b)ज्ञान

(c)कौशल

(d)उपरोक्त सभी

29.निर्मितवाद के अनुसार एक अध्यापक को मुख्य भूमिका निभानी चाहिए।

(a)दार्शनिक की

(b)मित्र की

(c)सहजकर्ता की

(d)अनदेशक की

30.सृजनात्मकता की विशेषता होती है।

(a)मौलिकता

(b)प्रवाहशीलता

(c)लचीलापन

(d)उपरोक्त सभी

11 उत्तर

1.(b),2.(d),3.(d),4.(a),5.(b),6.(a), 7.(a),8.(b),9.(c),10.(d),11.(a),12.(d),13.(d),14.(a),15.(b),16.(a),17.(d), 18.(b),19 (a),20.(c),21.(d),22.(a); 23.(d),24.(d),25.(d),26.(b),27.(d) ,28.(d),29.(c),30.(d)

प्रैक्टिस सेट- 12

1.विद्यार्थियों की तनाव संबंधी समस्या दूर की जा सकती है।
(a)शिक्षण से
(b)नियंत्रण से
(c)निर्देशन एवं परामर्श से
(d)उपरोक्त सभी

2.निम्न में से कौन सी अनुदेशन सामग्री नही है।
(a)छपी सामग्री
(b)ट्रान्सपेरेन्सी
(c)ओवर हेड प्रोजेक्टर
(d)आडियो केसेट

3.किसने सामाजिक निर्मितिवाद के सिद्धांत पर अधिक बल दिया।
(a)पियाजे
(b)कोहलबर्ग
(c)वाइगोत्सकी
(d)कोहलर

4.मनोविश्लेषण सिद्धांत का प्रतिपादन जिन्होने किया
(a)अल्फ्रेड एडलर
(b)सिग्मण्ड फ्रायड
(c)कार्ल जुंग
(d)गार्डनर

5.निम्न में से किसको अधिगम के सिद्धांतों पर अग्रणी कार्य के लिए नोबल पुरस्कार दिया गया।
(a)आर एम गायने
(b)जे एस ब्रूनर
(c)वाईगोत्स्की
(d)पावलोव

6.निम्न में से कौन सा संज्ञानात्मक समाग्रकृति मनोवैज्ञानिक नहीं है।
(a)टालमेन
(b)कर्ट लेविन
(c)कोहलर
(d)वरदीइमर

7.जिस प्रक्रिया में व्यक्ति दूसरों के व्यवहार को देखकर सीखता है न की प्रत्यक्ष अनुभव के, को कहा जाता है।
(a)सामाजिक अधिगम
(b)अनुकूलन अधिगम
(c)प्रयोगिक अधिगम
(d)आकस्मिक अधिगम

8.वह प्रक्रिया जिसमें क्रियाओं की संरचना एवं निष्पादन विद्यार्थी के व्यवहार में परिवर्तन के लिए किया जाता है कहलाती है।
(a)अनुदेशन
(b)शिक्षण
(c)प्रशिक्षण
(d)प्रतिपादन

9.निम्न में से कौन सा कारक थार्नडाइक के अधिगम से सुमेलित नहीं है।
(a)तत्परता
(b)अभ्यास
(c)गुणवत्ता
(d)प्रभाव

10.किस सिद्धांत को क्षेत्रीय सिद्धांत के नाम से भी जाना जाता है।
(a)समग्रवाद
(b)कोहलर का सिद्धांत
(c)थार्नडाइक का सिद्धांत
(d)स्कीनर का सिद्धांत

11."प्रयत्न एवं त्रुटि " सिद्धांत के प्रतिपादक है।
(a)पावलॉव
(b)थार्नडाइक
(c)स्कीनर

(d)कोहलर

12.मानसिक आरोग्य विज्ञान एक विज्ञान है जो कि मानवीय संबंध से संबंध है यह किसने कहा है।

(a)फ्रायड

(b)स्कीनर

(c)क्रो व क्रो

(d)थार्नडाइक

13.आनुवंशिकता और पर्यावरण की भूमिका के बारे में निम्नलिखित में से कौन-सा कथन सत्य है?

(a) विकास के कुछ पहलू आनुवंशिकता और कुछ अन्य पर्यावरण से अधिक प्रभावित होते हैं।

(b) सीखने और प्रदर्शन करने की एक बच्चे की क्षमता जीनों द्वारा पूरी तरह से निर्धारित की जाती है।

(c) अच्छी देखभाल और पौष्टिक आहार बच्चे के किसी भी जन्मजात विकार को दूर कर सकता है।

(d) पर्यावरण केवल बच्चे के भाषा-विकास में महत्त्वपूर्ण भूमिका निभाता है।

14.निम्नलिखित में से कौन-सा कथन पियाजे के सिद्धांत के अनुसार कहा नहीं जा सकता?

(a) विकास गुणात्मक चरणों में होता है।

(b) बच्चे अपनी दुनिया के बारे में ज्ञान का निर्माण और उपयोग करते हैं।

(c) निरंतर अभ्यास से अधिगम होता है।

(d) बच्चे अपने पर्यावरण पर क्रिया करते हैं।

15.निम्नलिखित में से कौन-सी पूर्व-संक्रियात्मक विचार की एक सीमा नहीं है?

(a) ध्यान केंद्रित करने की प्रवृत्ति

(b) प्रतीकात्मक विचार का विकास

(c) अहंमन्यता

(d) अनुत्क्रमणीयता

16._______ के अलावा, निम्नलिखित कारणों से खेल युवा बच्चों के विकास में एक महत्त्वपूर्ण भूमिका निभाता है।

(a) वे अपने शरीर पर निपुणता प्राप्त करते हैं।

(b) यह उनको इंद्रियों को उत्तेजित करता है।

(c) यह समय बिताने का एक सुखद तरीका है।

(d) वे नए कौशल हासिल करते हैं और सीखते हैं कि उन्हें कब उपयोग किया जाए।

17.निम्नलिखित में से कौन-सा प्रश्न बच्चों को गंभीर रूप से सोचने के लिए आमत्रित करता है?

(a) क्या आप इसका उत्तर जानते हैं?

(b) सही जवाब क्या हैं?

(c) क्या आप इसी तरह की स्थिति के बारे में सोच सकते हैं?

(d) विभिन्न तरीकों से हन इसे कैसे हल कर सकते हैं?

18.निम्नलिखित में से कौन-सा विकल्प प्रगतिशील शिक्षा का सबसे अच्छा वर्णन करता है?

(a) कर के सीखना, परियोजना विधि, सहयोग से सीखना

(b) थिमैटिक इकाइयाँ, नियमित इकाई परीक्षण, रैंकिंग

(c) व्यक्तिगत अधिगम, क्षमता समूह बनाना, छात्रों की लेबलिंग

(d) परियोजना विधि, क्षमता समूह बनाना, रैंकिंग

19.प्रगतिशील शिक्षा के बारे में निम्नलिखित में से कौन-सा कथन बताता है—शिक्षा स्वयं ही जीवन है?

(a) स्कूल शिक्षा को यथासंभव लंबे समय तक जारी रखना चाहिए।

(b) स्कूलों की आवश्यकता नहीं है, बच्चे अपने जीवन के अनुभवों से सीख सकते हैं।

(c) स्कूलों में शिक्षा सामाजिक और प्राकृतिक दुनिया को प्रतिबिंबित करे।

(d) जीवन सच्चा शिक्षक है।

कोह्लबर्ग के सिद्धांत के योगदान के रूप

20.निम्नलिखित में से किसे माना जा सकता है?

(a) उनके सिद्धांत ने संज्ञानात्मक परिपक्वता और नैतिक परिपक्वता के बीच एक सहयोग को समर्थन किया है।

(b) इस सिद्धांत में विस्तृत परीक्षण प्रक्रियाएँ हैं।

(c) यह नैतिक तर्क और कार्रवाई के बीच एक स्पष्ट संबंध स्थापित करता है।

(d) उनका विश्वास है कि बच्चे नैतिक दार्शनिक हैं।

21.निकटवर्ती विकास का क्षेत्र संदर्भित करता है

(a) उस चरण को, जब अधिकतम विकास संभव है

(b) उस विकासात्मक चरण को, जब बच्चा सीखने की पूरी ज़िम्मेदारी लेता है।

(c) एक संदर्भ को, जिसमें बच्चे सहयोग के सही स्तर के साथ कोई कार्य लगभग स्वयं कर सकते हैं।

(d) उस सीखने के बिंदु को, जब सहयोग वापस लिया जा सकता है।

22.एक उभयलिंगी व्यक्तित्व –

(a) स्त्री लक्षणों वाले पुरुषों को संदर्भित करता है।

(b) में आमतौर पर माने गए मर्दाना और स्त्री गुणों का समायोजन होता है ।

(c) में दृढ़ और अहंकारी होने की आदत है।

(d) समाज में प्रचलित रूढ़िवादी लिंग भूमिकाओं का पालन करता है।

23.बच्चे _________ को छोड़कर अन्य सभी के द्वारा लिंग भूमिकाएँ ग्रहण करते हैं।

(a) मीडिया

(b) समाजीकरण

(c) संस्कृति

(d) ट्यूशन

24.मानकीकृत परीक्षणों की आलोचनाओं में से एक यह है कि –

(a) वे मुख्य रूप से मुख्यधारा की संस्कृति का प्रतिनिधित्व करते हैं और इसलिए पक्षपाती हैं।

(b) उनकी भाषा को समझना मुश्किल है।

(c) परीक्षण बड़ी आबादी पर लागू नहीं किए जा सकते हैं।

(d) वे बच्चे की क्षमता की स्पष्ट तस्वीर नहीं देते हैं।

25.एकाधिक बुद्धिमानी का सिद्धांत कहता है कि –

(a) बुद्धि तेजी से बढ़ाई जा सकती है।

(b) बुद्धि कई प्रकार की हो सकती है।

(c) पेपर-पेंसिल परीक्षण सहायक नहीं है।

(d) प्रभावी अध्यापन के द्वारा बुद्धि बढ़ाई जा सकती है।

26.शिक्षक सीखने के लिए मूल्यांकन और सीखने के लिए मूल्यांकन दोनों का उपयोग कर सकते हैं –

(a) बच्चों की प्रगति और उपलब्धि स्तर को जानने में

(b) बच्चे की सीखने की जरूरतों को जानने में और तदनुसार शिक्षण रणनीति का चयन करने में

(c) आवधिक अंतरालों पर बच्चे के प्रदर्शन को आकलन करने और उसके प्रदर्शन को प्रमाणित करने में

(d) बच्चों की प्रगति की निगरानी करने और उनके सीखने के अंतराल को भरने के लिए उचित लक्ष्य निर्धारित करने में

27.निम्नलिखित में से कौन-सा सतत और व्यापक मूल्यांकन से संबंधित नहीं है?

(a) इसे भारत के शिक्षा के अधिकार अधिनियम द्वारा अनिवार्य किया गया है।

(b) यह शिक्षण-अधिगम प्रक्रिया का एक अभिन्न अंग है।

(c) यह विभिन्न शिक्षा क्षेत्रों में बच्चे की उपलब्धि पर केंद्रित है।

(d) यह बच्चों को धीमे, खराब या बुद्धिमान के रूप में चिह्नित करने में उपयोगी होता है।

28.बच्चों में प्रतिभाशालता ________ के कारण हो सकती है।

(a) आनुवंशिकता और वातावरण के बीच एक अंतःक्रिया

(b) एक संसाधन-समृद्ध वातावरण

(c) सफल माता-पिता

(d) एक अनुशासित दिनचर्या

29.सामाजिक-आर्थिक रूप से वंचित पृष्ठभूमि से आने वाले बच्चों को कक्षा के माहौल की आवश्यकता होती है, जो –

(a) उन्हें अच्छा व्यवहार सिखाता है।

(b) उनके सांस्कृतिक और भाषाई ज्ञान को महत्त्व देता है तथा उनका उपयोग करता है।

(c) उनकी भाषा के उपयोग को हतोत्साहित करता है ताकि वे मुख्यधारा की भाषा सीख सकें

(d) बच्चों को उनकी क्षमताओं के आधार पर वर्गीकृत करता है।

30.कक्षा में सृजनात्मक और प्रतिभाशाली बच्चों के लिए आवश्यक हस्तक्षेप निर्भर करता है-

(a) शिक्षक द्वारा अनुकूलित और प्रेरक निर्देशन तरीकों के उपयोग पर

(b) उन्हें अतिरिक्त समय दिए जाने पर

(c) उनके प्रति स्नेही होने के नाते पर

(d) उन्हें अन्य बच्चों को पढ़ाने की ज़िम्मेदारी देने पर।

12 उत्तर

1.(c),2.(c),3.(c),4.(b),5.(d),6.(a),7.(a),8.(b),9.(c),10.(a),11.(b),12.(c),13.(a),14.(c),15.(b),16.(c),17.(d),18.(a),19.(c),20.(a),21.(c),22.(b),23.(d),24.(a),25.(b),26.(a),27.(d),28.(a),29.(b),30.(a),

प्रैक्टिस सेट- 13

1.अतिसंवेदनशील बच्चों को सीखने में मदद करने के लिए निम्नलिखित में से कौन-सा तरीका उपयुक्त तरीका नहीं है?
(a) एक कार्य को छोटे, प्रबंधनीय खंडों में तोड़ना
(b) अधिगम के वैकल्पिक तरीकों की पेशकश
(c) उनके दैनिक कार्यक्रम में शारीरिक गतिविधि का समावेश
(d) बेचैन होने पर अक्सर उन्हें फटकार लगाना

2.अलग-अलग सोच वाले पैटर्न उन बच्चों की पहचान करते हैं, जो –
(a) विकलांग हैं।
(b) डिस्लेक्सिक हैं।
(c) सृजनात्मक हैं।
(d)प्रत्यास्थी हैं।

3.निम्नलिखित में से कौन-सा शिक्षक द्वारा कक्षा में बच्चों के लिए समस्या हल करने के तरीके का वर्णन नहीं कर सकता?
(a) किसी विशेष समस्या को हल करने के बारे में अपनी विचार-प्रक्रियाओं पर चर्चा करना
(b) कुछ हल करते समय गलतियों को करने प्रति ईमानदार रहना
(c) सोच, विचार, परीक्षण और विभिन्न उत्तरों जैसी शब्दावली का प्रयोग करना
(d) अभिसरण उत्तरों वाले प्रश्न पूछना

4.निम्नलिखित में से कौन-सा एक संवेग हैं?
(a) स्मृति
(b) डर
(c) ध्यान
(d) उत्तेजना

5.एक तीन साल का बच्चा बताता है कि दूध बूथ पर एक मशीन द्वारा दूध का उत्पादन होता है।
निम्नलिखित में से कौन-सा बच्चे की समझ का सबसे अच्छा स्पष्टीकरण प्रदान करता है?
(a) बच्चे को दुनिया का बहुत सिमित अनावरण/ज्ञान है।
(b) बच्चे का जवाब दूध बूथ से दूध खरीदने के अपने अनुभव पर आधारित है।
(c) बच्चे ने गायों को कभी नहीं देखा है।
(d) बच्चे का परिवार बच्चे को प्रेरक वातावरण प्रदान नहीं करता।

6.निम्नलिखित में से कौन-सा शिक्षक की भूमिका का सबसे अच्छा वर्णन करता है?
(a) कक्षा में शिक्षक की सबसे महत्त्वपूर्ण भूमिका अनुशासन को बनाए रखना है।
(b) एक शिक्षक को निर्धारित पाठ्यपुस्तक का पालन करना चाहिए
(c) पाठ्यक्रम को समय पर पूरा करने के साथ-साथ दोहराने के लिए पर्याप्त समय देना महत्त्वपूर्ण है।
(d) आराम के लिए जगह बनाना, जहाँ बच्चे संवाद और पूछताछ के माध्यम से सीखते हैं।

7.निम्नलिखित में से कौन-सी कक्षा समृद्ध शिक्षा को प्रोत्साहित करती है?
(a) वह कक्षा जिसमें प्रदर्शित विभिन्न प्रकार की सामग्री बच्चों की पहुँच से परे हो ताकि सामग्री लंबे समय तक चलती रहे
(b) वह कक्षा जिसमें खुली गतिविधि कोनें हों और विभिन्न प्रकार के बाल साहित्य खुली ताक (शेल्फ) में रखी हों, जो दिन के किसी भी समय प्राप्त किया जा सके।
(c) अलमारी में अच्छी तरह संगठित सामग्री वाली कक्षा, जहाँ सामग्री को सप्ताह में एक बार मुक्त खेल के लिए बाहर लाया जाता हो।

(d) पाठ्यपुस्तक सामग्री द्वारा संचालित संरचित और योजनाबद्ध अधिगम वाली कक्षा

8.निम्नलिखित में से कौन-सा कक्षा में पाठ्यपुस्तकों की भूमिका का सबसे अच्छा वर्णन करता है?

(a) वे कक्षा में उपलब्ध संसाधन और संदर्भ सामग्री में से एक है।

(b) वे एक राज्य या राष्ट्र में अधिगम में एकरूपता बनाए रखते हैं।

(c) वे अध्ययन के पाठ्यक्रम के बारे में शिक्षकों और माता-पिता को मार्गदर्शन प्रदान करते हैं।

(d) वे संसाधन-रहित संदर्भ में सबसे आवश्यक अधिगम संसाधन बनाते हैं।

9.राष्ट्रीय पाठ्यचर्या फ्रेमवर्क-2005 ने अपनी समझ से प्राप्त की है।

(a) मानवतावाद

(b) व्यवहारवाद

(c) रचनावाद

(d) संज्ञानात्मक सिद्धांत

10.कक्षा में बच्चों को प्रेरित समझा जा सकता है यदि –

(a) वे अच्छी तरह से वर्दी पहने स्कूल में आते हैं।

(b) वे कक्षा में अनुशासन बनाए रखते हैं।

(c) वे सभी उपस्थिति में नियमित हैं।

(d) ने शिक्षक से स्पष्टीकरण प्राप्त करने के लिए प्रश्न पूछते हैं ।

11.निम्नलिखित में से कौन-सा बच्चों में अधिगम में सुधार करने के लिए सबसे अधिक उपयुक्त है?

(a) नियमित मूल्यांकन परीक्षा आयोजित की जानी चाहिए।

(b) शिक्षक को विभिन्न उदाहरण और चित्रों का उपयोग करके विषय की व्याख्या करनी चाहिए।

(c) कक्षा में सभी प्रकार की शिक्षण-सामग्री होनी चाहिए।

(d) शिक्षक को वास्तविक जीवन स्थितियों पर बच्चों को एक-दूसरे के साध बातचीत करने में मदद करनी चाहिए।

12.अनुशासन, जो अधिगम वातावरण में एक महत्वपूर्ण भूमिका निभाता है, किन तरह की मदद करता है?

(a) बच्चों को अपनी शिक्षा को विनियमित और मॉनीटर करने के लिए।

(b) चुप्पी साधे रहने के लिए

(c) शिक्षकों को निर्देश देने में

(d) बच्चों को उनके पाठ रटकर याद करने में

13.किशोरों में द्वंद्व उभरने का प्रमुख कारण है

(a)पीढ़ियों का अन्तर

(b)अवसरों की प्रतिकूलता

(c)निराशा तथा निस्सहायता

(d)किशोरवस्था में स्वप्न दर्शन

14.जब बच्चें को कोई नियम या सिद्धांत सिखाना हो तो अध्यापक प्रयोग करेगा

(a)आगमन विधि

(b)निगमन विधि

(c)विश्लेषण विधि

(d)कहानी कथन विधि

15.छोटी कक्षाओं में शिक्षक की सबसे महत्वपूर्ण विशेषता है

(a)पढ़ाने की उत्सुकता

(b)धैर्य व दृढ़ता

(c)शिक्षा विधियों का ज्ञान

(d)मानक भाषा का ज्ञान

16.एक बालक को संतुलन, सुधरेपन और स्वच्छता का अनुपालन करता है, तो यह सूचक है।
(a)रूचि का
(b)अभिवृति का
(c)प्रशंसा का
(d)मूल्य का

17.स्वभाव और प्रकृति से छोटे बच्चे होते हैं
(a)डरपोक तथा संकोची
(b)निर्धक तथा स्वंतत्र
(c)शांत तथा सक्रिय
(d)सक्रिय तथा जिज्ञास

18.अनौपचारिक शिक्षा की व्यवस्था की गई।
(a) 6 - 11 आयु वर्ग
(b) 9-14 आयु वर्ग
(c) 15 - 35 आयु वर्ग
(d) कोई आयु सीमा नही है।

19.छात्रों ने सामाजिक चेतना विकसित की जा सकती है
(a)अध्यापक के भषण से
(b)उनके साथ विचार विमर्श करने से
(c)पसंदीदा पुस्तक पढ़ाने से
(d)समाचार - पत्रिका पढ़ाने से

20.लम्बे और कठिन शब्दों का उच्चारण करवाने के लिए आप
(a)ऐसे शब्द बार - बार बुलवाएंगे
(b)शब्दों को खण्डों में बाँटकर बुलवाएंगे
(c)मिलतेजुलते उच्चारण वाले शब्द पहले
(d)a व b दोनों

21.राष्ट्रीय साक्षरता मिशन की देन है-
(a)कोठारी कमेटी
(b)राधाकृष्णन आयोग
(c)राष्ट्रीय शिक्षा नीति
(d)मुदालियार आयोग

22.माध्यमिक छात्रों के लिए स्वकेन्द्र परीक्षा प्रणाली उपयुक्त है क्योंकि
(a)विद्यालय से दूर नही जाना पड़ता
(b)नकल में सुविधा होती है।
(c)अपने केन्द्र पर अनुशासित रहते है।
(d)दूसरे परीक्षा केन्द्र पर छात्र निराश हो जाते है।

23.व्याख्यान देते समय कोई उदण्ड छात्र बाधा उत्पन्न करता है तो आप
(a)उसे दण्ड देंगे
(b)कक्षा से बाहर निकाल देंगे
(c)चुप रहने के लिए कहेंगे
(d)धर्यपूर्ण उसकी बात सुनेंगे

24.अध्यापक छात्रों के व्यक्तिगत विभेद को किस प्रकार सर्वोतम ढंग से जान सकता है
(a)निबंध लिखवाकर
(b)वाद - विवाद प्रतियोगिता से
(c)परीक्षा परिणाम से
(d)मनोवैज्ञानिक परीक्षण से

25.किस विधि में अध्ययनकर्ता, बच्चों या माता-पिता या अध्यापक से मिलकर विविध प्रश्न पुछता है-
(a)साक्षात्कार विधि
(b)वैयक्तिक विधि
(c)निरीक्षण विधि
(d)प्रयोगात्मक विधि

26.किस परीक्षण में विश्वसनीयता अधिक होती है?
(a)निबन्धात्मक
(b)संक्षिप्त प्रश्न परीक्षण
(c)वस्तुनिष्ठ परीक्षण
(d)इनमें से कोई नहीं

27.'परिवार' शिक्षा का किस प्रकार का साधन है?
(a)औपचारिक साधन

(b)अनौपचारिक साधन
(c)औपचारिकेत्तर साधन
(d)इनमें से कोई नहीं

28.बालक को सामाजिक व्यवहार की शिक्षा दी जा सकती है
(a)पाठ्यक्रम द्वारा
(b)विद्यालय में सामाजिक और सांस्कृतिक गतिविधियों द्वारा
(c) अनुशासन प्रक्रिया द्वारा
(d)कक्षा शिक्षण द्वारा

29.शिक्षा एक त्रिकोणीय प्रकिया है, जो है
(a)छात्र, शिक्षक, सामाजिक परिवेश
(b)छात्र, शिक्षक, पाठशाला
(c)छात्र, शिक्षक, ज्ञानार्जन
(d)छात्र, शिक्षक, ज्ञान

30.ध्यापक छात्रों में सामाजिक व नैतिक मूल्य सम्प्रेषण कर सकता है
(a)मूल्यों पर भाषण देकर
(b)दृश्य-श्रव्य कार्यक्रम दिखा कर
(c)पाठ्य सहगामी क्रियाओं की अधिकता से
(d)धार्मिक बातें बताकर

14 उत्तर

1.(d),2.(c),3.(d),4.(b),5.(b),6.(d), 7.(b),8.(a),9.(c),10.(d),11.(d),12.(a),13.(b),14.(a),15.(b),16.(c),17.(d), 18.(d),19.(d),20.(d),21.(c),22.(a), 23.(d),24.(d),25.(a),26.(c),27.(b), 28.(b),29.(a),30.(c)

प्रैक्टिस सेट- 14

1.मनोविज्ञान की सबसे प्राचीनतम विधि कौन-सी है?
(a)बहिर्दर्शन विधि
(b)प्रश्नावली विधि
(c)व्यक्ति इतिहास विधि
(d)प्रायोगिक विधि

2.बाल्यावस्थ में बच्चा सबसे अधिक रुचि किस्में रखता है?
(a)लेख
(b)कहानी।
(c)निबंध
(d)नाटक

3.ज्ञानात्मक विकास के साथ निम्ल में से किसका नाम जुड़ा है?
(a)पेस्तालोजी
(b)मिलर
(c) प्याज़े
(d)उपरोक्त सभी

4.निम्न में ले कौन-सा उदाहरण अधिगम को प्रदर्शित करता है?
(a)स्वादिष्ट भोजन देख कर मुंह से लार का आना
(b)चढ़ना, भगनाएवं फेंकना तीन ले पाँच वर्ष की अवस्था में
(c)हाथ जोड़ कर अध्यापक का अभिवादन करना
(d)उपर्युक्त सभी

5."मनोविज्ञान शिक्षा का आधारभूत विज्ञान है।" यह कथन है
(a)स्किनर
(b)क्रो व क्रो
(c)रूसो
(d)मिलर

6.छोटे बच्चों की शिक्षा देना जरूरी है परन्तु उनके ऊपर किस प्रकार का बोझ अपेक्षित नहीं है?

(a)लिखने का बोझ

(b)पढ़ने का बोझ

(c)गृहकार्य का बोझ

(d)विद्यालय जाने का बोझ

7.प्रभावी संप्रेषण संभव हो सकता है?

(a)श्रोता के स्तर को जानकर

(b)आपके उचित शब्द प्रयोग से

(c)आपके विस्तृत ज्ञान से

(d)जोर से बोलकर

8.नैतिक शिक्षा का उत्तरदायित्व होना चाहिए?

(a)स्कूल के ऊपर

(b)समाज के ऊपर

(c)अभिभावक के ऊपर

(d)धर्म गुरु के ऊपर

9.विद्यालय में खेलों का आयोजन का उद्धेश्य होता है

(a) छात्रों को किसी कार्य मे लगाना

(b) शरीर को हष्ट-पुष्ट बनाना

(c) प्रतियोगी खेलों के लिए तैयार करना

(d) बालक का सर्वांगीण विकास करना

10.विद्यालय के सभी कार्यक्रमों में भाग लेना चाहिये, क्योंकि इससे-

(a) सीखने का अवसर मिलता है

(b) व्यक्तित्व का विकास होता है

(c) आत्मविभवास के विकास में सहायता मिलती है

(d) उपरोक्त सभी

11.यह विचार "विकास की किसी भी अवस्था पर कुछ भी सिखाया जा सकता है!" व्यक्त किया है

(a) पियाजे

(b) आसुबेल

(c) ब्रूनर

(d) गैने

12.निम्नलिखित में से किस पर शारीरिक एवं मानसिक विकास के अलावा व्यक्ति का सामाजिक विकास भी निर्भर करता है

(a) सेवा

(b) संगठन

(c) शिक्षा का प्रकार

(d) परिवार

13निम्नलिखित में से कौनसी अवस्था लड़कियों में मनोवैज्ञानिक समस्याओं को जन्म देती है

(a) उत्तर प्रौढ़ता

(b) पूर्व प्रौढ़ता

(c) पूर्व किशोरावस्था

(d) शैशवावस्था

14.तिक मूल्यों का विकास किया जा सकता है, यहि अध्यापक-

(a) बार-बार मूल्यों की बात करे

(b) स्वयं उन पर आचरण करे

(c) महान व्यक्तियों की कहानियां सुनाए

(d) देवी-देवताओं की बात करे

15निम्नलिखित में से कौनसी किशोरावस्था की विशेषता नही है

(a) शारीरिक विकास

(b) मानसिक विकास

(c) समूह का महत्व

(d) तीव्र समायोजन

16.थकावट और बीमारी जैसे कारक मुख्य रुप से प्रभावित करते है

(a) बच्चे के संवेगात्मक विकास पर

(b) बच्चे के शारीरिक विकास में

(c) बच्चे की संकल्प शक्ति का

(d) बच्चे के आत्म विश्वास को

17.आत्म सम्मान की भावना के लक्षण.......... प्रकट करती है

(a) बाल्यवस्था
(b) शैशवावस्था
(c) किशोरावस्था
(d) प्रौढ़ावस्था

18."सामाजिक एवं संवेगात्मक विकास साथ-साथ चलता है।" यह कथन है-
(a) हॉल का
(b) स्किनर का
(c) क्रो एंड क्रो का
(d) स्ट्रिंग का

19.स्किनर के अनुसार शिक्षार्थियों का विकास है-
(a) सतत प्रकिया
(b) क्रमिक प्रक्रिया
(c) द्रुतगामी प्रकिया
(d) इनमे से कोई नही

20.किशोरावस्था आदर्शो की अवस्था है, सिद्धान्तों के निर्माण की अवस्था हैं, साथ ही जीवन का सामान्य समायोजन है। यह कथन किसका है
(a) हैडो रिपोर्ट
(b) जिन पियाजे
(c) फ्रेडरिक ट्रेसी
(d) ई. ए. पील

21.जिस प्रकिया से व्यक्ति मानव कल्याण के लिए परस्पर निर्भर होकर व्यवहार करना सीखता है, वह प्रकिया है
(a) समाजीकरण
(b) भाषा विकास
(c) वैयक्तिक मूल्य
(d) सामाजिक परिपक्वता

22.किशोरावस्था में सामाजिक विकास पर जिनका प्रभाव नही पड़ता, वह निम्न में से कौन-सी है?
(a) रुचियाँ
(b) आवश्यकताएँ
(c) असुरक्षा
(d) अभिवृत्ति

23.किशोराव्स्था की मुख्य विशेषता निम्न में से है
(a) आत्म-गौरव
(b) रचनात्मकता
(c) सामाजिक प्रवृति
(d) आत्म-चेतना

24.निम में से कौनसा उद्देश्य सीखने के संज्ञनात्मक क्षेत्र का नही है
(a) सामार्न्यीकरण
(b) अनुवाद करना
(c) अनुप्रयोग करना
(d) सचित्र विवरण

25.संवेदना ज्ञान की पहली सीढ़ी है।" यह किस प्रकार का विकास है?
(a) मानसिक विकास
(b) शारीरिक विकास
(c) भाषा विकास
(d) सामाजिक विकास

26.बच्चे के विकास के सिद्धांतों को समझना शिक्षक की सहायता करता है-
(a)शिक्षार्थी की आर्थिक पृष्ठभूमि को पहचानने में
(b)शिक्षार्थियों को क्यों पढ़ना चाहिए यह औचित्य स्थापित करने नें
(c)शिक्षार्थियों की भिन्न अधिगन शैलियों को प्रभावी रूप से संबोधित करने में
(d)शिक्षार्थी के सामाजिक स्तर को पहचानने में

27.पुरुष स्त्रियों की अपेक्षा ज्यदा बुद्धिमान होते हैं यह कथन-
(a)सही हो सकता है
(b)लैंगिक पूर्वाग्रह को प्रदर्शित करता है

(c).बुद्धि के भिन्न पक्षों के लिए सही है
(d).सही है

28._____सबसे अधिक गहन और जटिल समाजीकरण काल है-
(a)किशोरावस्था
(b)पूर्व बाल्यावस्था
(c)प्रौढ़ावस्था
(d)व्यक्ति के पूरे जीवन में

29.अवधारणा का विकास मुख्य रुप से ....का हिस्सा है-
(a)बौद्धिक विकास
(b)शारीरिक विकास
(c)सामाजिक विकास
(d)संवेगात्मक विकास

30.बच्चे के उचित विकास को सुनिश्चित करने के लिए उसका स्वस्थ शारीरिक विकास एक महत्वपूर्ण पूर्व आवश्यकता है यह कथन-
(A).गलत हो सकता है ,क्योंकि विकास नितांत व्यक्तिगत मामला है
(b)सही है, क्योंकि विकास क्रम में शारीरिक विकास सबसे पहले स्थान पर आता है
(c).सही है क्योंकि शारीरिक विकास ,विकास के अन्य पक्षो के साथ अंत: संबंधित हैं
(d)गलत है क्योंकि शारीरिक विकास ,विकास के अन्य पक्षों को किसी भी प्रकार से प्रभावित नहीं करता

14 उत्तर

1.(a),2.(b),3.(c),4.(c),5.(a),6.(c),7.(a),8.(a),9.(d),10.(d),11.(a),12.(d),13.(b),14.(b),15.(d),16.(a),17.(c),18.(c),19.(c),20.(b),21.(b),22.(d),23.(d),24.(d),25.(a),26.(c),27.(b),28.(a),29.(a),30.(b)

प्रैक्टिस सेट- 15

1.मानव विकास कुछ विशेष सिद्धांतो पर आधारित है निम्नलिखित में से कौन सा मानव विकास का सिद्धांत नहीं है
(a)अनुक्रमिकता
(b)सामान्य से विशिष्ट
(c)प्रतिवर्ती
(d).निरंतरता

2.मानवीय मूल्यों जो प्रकृति में सार्वत्रिक हैं के विकास का अर्थ है
(a)मतारोपण
(b)अंगीकरण
(c)अनुकरण
(d)अभिव्यक्ति

3.एक प्रसामान्य 12 वर्ष उम्र के बच्चे में सबसे अधिक होना संभव हैं
(a)कुल प्रेरक समन्वय मे कठिनाई
(b)व्यस्कों को खुश करने के बारे में दुश्चिंता की अनुभूति
(c)अब और यहां मे उसकी रुचियों को सीमित करना
(d)समकक्षी के अनुमोदन के लिए बेचैनी

4.बाल विकास की परिभाषा का अध्ययन क्षेत्र हैं जो
(a).मानवीय सामर्थ्यो में परिवर्तन का परीक्षण करता है
(b)जीवन अवधि के दौरान व्यवहार की व्याख्या ढूंढेगा
(c)बच्चों की व्यस्क तथा वरिष्ठ नागरिकों के साथ तुलना करेगा
(d)किसी बच्चे का संज्ञानात्मक , 5.सामाजिक तथा दूसरे सामर्थ्यो का क्रमिक विकास के लिए उत्तरदायी होगा

प्राथमिक शिक्षक के लिए बाल मनोविज्ञान का ज्ञान आवश्यक है क्योंकि
(a)यह बच्चों को अनुशासित बनाने में सहायता करता है
(b)परीक्षा के परिणाम में उन्नति होती हैं
(c)यह बच्चों को अभिप्रेरित करने के लिए सुविधाजनक तरीका बन जाता है
(d)यह बच्चों के व्यवहार को समझने में

6.शिक्षक की सहायता करता है
खिलौनों की आयु कहा जाता है
(a)पूर्व बाल्यावस्था
(b)उत्तर बाल्यावस्था
(c)शैशवावस्था
(d)इनमें से सभी

7.निम्न में से कौन सी पूर्व बाल्यावस्था की विशेषताएं नहीं है
(a)दल /समूह में रहने की अवस्था
(b)अनुकरण करने की अवस्था
(c)प्रश्न करने की अवस्था
(d)खेलने की अवस्था

8.6 से 10 वर्ष की अवस्था में बालक रुचि लेना प्रारंभ करते हैं
(a)धर्म में
(b)मानव शरीर में
(c)यौन संबंधों में
(d)विद्यालय में

9.उत्तर बाल्यावस्था में बालक भौतिक वस्तुओं के किस आवश्यक तत्व में परिवर्तन समझने लगते हैं
(a)द्रव्यमान
(b)द्रव्यमान और संख्या
(c)संख्या
(d)द्रव्यमान संख्या और क्षेत्र

10.बालक अपने व्यवहार की सामाजिक स्वीकृति जिस अवस्था में चाहता हैं वह अवस्था है
(a) किशोरावस्था
(b)बाल्यावस्था
(c)शैशवावस्था
(d)प्रौढ़ावस्था

11.विकास मे व्रद्धि से तात्पर्य है?
(a)ज्ञान मे व्रद्धि
(b) संवेग में व्रद्ध
(c)वजन मे व्रद्धि
(d)आकार सोच समझ। कौशल। मे व्रद्धि

12.विकास कैसा परिवर्तन है?
(a)गुणात्मक
(b) रचनात्मक
(c) गणनात्मक
(d) नकारात्मक

13.बालक का विकास परिणाम है??
(a) वंशानुक्रम का
(b)वातावरण का
(c)वंशानुक्रम और वातावरण की अन्तः क्रिया का
(d)आर्थिक कारको का

14.व्रद्धि और विकास मे क्या संबंध है ?
(a) एक दूसरे के विरोधी है
(b) एक दूसरे के समान है
(c)एक दूसरे के पूरक होते है
(d)उपर्युक्त सभी

15.किस अवस्था को सामाजिक मुस्कान की अवस्था कहते है?
(a)शैशवअवस्था
(b) बाल्यावस्था
(c)पूर्व बाल्यावस्था
(d)किशोरावस्था

16.म्नलिखित में से कौनसी पूर्व बाल्यास्था की विशेषता नही है?
(a)दल/समूह में रहने की अवस्था
(b)अनुकरण करने की अवस्था
(c)प्रश्न करने की अवस्था
(d) खेलने की अवस्था

17.उत्तर बाल्यावस्था में बालक भौतिक वस्तुओ के किस आवस्यक तत्त्वों में परिवर्तन समझने लगते है?
(a)द्रव्यमान
(b)द्रव्यमान और संख्या
(c) संख्या
(d)द्रव्यमान,संख्या व क्षेत्

18.निम्नलिखित में से कोनसा व्यवहार भावात्मक बाधा को प्रदर्शित नही करता है?
(a)बाल अपराध
(b)भगोडापन
(c)कमजोरो को डराने वाला
(d)स्वालीनत

19.एक अध्यापक की दृष्टि में कौनसा कथन सर्वोत्तम है ?
(a) प्रत्येक बच्चा सीख सकता है
(b)कुछ बच्चे सीख सकते हैं
(c)अधिकतर बच्चे सीख सकते है
(d)बहुत कम बच्चे सीख सकते है

20.बालक अपने व्यव्हार की सामाजिक स्वीकृति जिस अवस्था में करता है वह अवस्था है
(a)किशोरावस्था
(b)बाल्यावस्था
(c) शैशवावस्था
(d)प्रौढावस्था

21.निचली कक्षाओ में शिक्षण की खेल पद्धति मूल रूप से आधारित है?
(a) विकास एवं वृद्धि के मनोवैज्ञानिक सिद्धान्तो पर -
(b)विकास एवं व्यवस्थित श्रंखला का अनुगामी है
(c) विकास एक व्यक्तिगत प्रक्रिया है
(d) विकास विशिष्ट से सामान्य की ओर होता है

22.........ने बालक के प्राकृतिक विकास पर बल दिया ?
(a)मॉण्टेसरी
(b) सेगुइन
(c)वर्क
(d)बिनेट

23.बाल अध्ययन का पिता किसे कहा जाता है
(a)स्टेनले हॉल
(b) प्रियर
(c)शिउन
(d)वाटसन

24.बालको में व्यक्ति विभेद के मुख्य कारक है ?
(a)विद्यालयो की गुणवत्ता
(b)माता-पिता की शिक्षा
(c)शारीरिक भिन्नता
(d) मानसिक गुण

25.बचपन में कौन सी आदत अधिक से अधिक पाई जाती है?
(a)अध्ययनं
(b)लड़ाई
(c)नकल करना
(d)इनमें से कोई नहीं

26.बच्चों में सही उच्चारण विकसित करने के लिए शिक्षक:
(a)श्रुतलेख लिखें

(b)शिक्षण के दौरान सही उच्चारण करें ताकि बच्चे उसका अनुसरण कर सकें
(c)पढ़ने के लिए दबाव बनाए
(d)सही उच्चारण पर चर्चा करें

27.वयगोत्स्की ने प्रस्तावित किया कि बाल विकास:
(a)एक संस्कृति के अनुवांशिक घटकों का कारण है
(b)सामाजिक बातचीत का एक उत्पाद है
(c)औपचारिक शिक्षा का एक उत्पाद है
(d)आकलन और आवास का एक उत्पाद है

28.निम्नलिखित में से कौन सी धारणा व्यवहार तकनीक नहीं है?
(a)शिक्षक का व्यवहार सीधे सामाजिक और मनोवैज्ञानिक स्थितियों से प्रभावित होता है
(b)शिक्षक का व्यवहार देखा जा सकता है
(c)शिक्षक का व्यवहार पूर्ण है, यानी सभी शिक्षकों को समान रूप से प्रभावी बनाया जा सकता है
(d)सुदृढ़ीकरण उपकरणों का उपयोग करके और अच्छे मॉडल का अनुकरण करके व्यवहार को संशोधित और उन्नत किया जा सकता है

29.शिक्षण सिद्धांत देता है:
(a)आश्रितों पर स्वतंत्र चर के प्रभावों का अध्ययन करके शिक्षकों को धारणाओं और सिद्धांतों का ज्ञान
ख :शिक्षण के विभिन्न स्तरों और इसके समवर्ती शिक्षण के आदर्शों के बारे में ज्ञान
(c)शिक्षण समस्याओं की जांच कैसे करें और उन्हें हल करने के तरीके के बारे में ज्ञान
(d)ऊपर के सभी

30.वाक्य भाषा में शब्दों से पहले पढ़ाया जाता है। शिक्षण का यह अधिकतम इस आधार पर आधारित है:
(a)गेस्टल्ट प्रयोग
(b)हुल का प्रयोग
(c)सरल से जटिल तक अधिकतन
(d)शिक्षण प्रौद्योगिकी के सिद्धांत

15. उत्तर

1(c),2(d),3(d),4(d),5(d),6(a),7(d), 8(d),9(d),10(a),11(d),12(a),13(c),1 4(c),15(a) 16(a),17(d),18(d),19(a)2 0,(a),21(a),22(a),23(a)24,(d)25,(c),26(b),27(b),28(c),29(b)30(a)

प्रैक्टिस सेट- 16

1.निम्नलिखित में से कौन से, शिक्षण के स्मृति स्तर पर, जोर नहीं दिया जाता है?

(a)शिक्षित सामग्री का रटना

(b)विद्यार्थियों को कम से कम स्वतंत्रता देकर विषय वस्तु प्रस्तुत करना

(c)शिक्षण के साथ परीक्षण आयोजित करना

(d)छात्र को अधिग्रहण ज्ञान को

2.सामान्यीकृत करने में सहायता करना विचार-संबंधी स्तर पर सिखाने के लिए निम्न में से किन विधियों का उपयोग किया जाता है?

(a)संगोष्ठी

(b)समूह चर्चाएं

(c)निबंध प्रकार परीक्षण

(d)ये सभी

3.किसने पहली बार कार्यक्रमबद्ध अनुदेश का विचार दिया?

(a)प्रेस्सेय

(b)स्किनर

(c)रमोंट

(d)किलपैट्रिक

4.स्किनर की मजबूती की अवधारणा यह है कि:

(a)सही प्रतिक्रियाओं पर सुदृढीकरण आगे सही प्रतिक्रियाओं की संभावना को बढ़ाता है

(b)व्यवहार के पूरा होने के बाद सुदृढ़ीकरण दिया जाना है, इससे पहले नहीं

(c)ये दोनों

(d)इनमे से कोई नहीं

5.सच्चाई अंततः प्रत्यक्ष अवलोकनों से प्राप्त की जा सकती है। ई वी एस में इस धारणा को कहा जाता है:

(a)नियतत्ववाद

(b)संदेहवाद

(c)अनुभववाद

(d)मितव्ययिता

6.गणित के शिक्षण में मूल्यांकन कैसे किया जाना चाहिए:

(a)सीखने का अनुभव प्रदान करने के समय

(b)उद्देश्यों के स्पष्टीकरण के समय

(c)उद्देश्यों के स्पष्टीकरण और सीखने के अनुभव प्रदान करने के बाद

(d)सभी उपरोक्त स्तरों पर

7.एक भाषा शिक्षण कक्षा में बोलने के कौशल को किस माध्यम से विकसित किया जा सकता है:

(a)आत्मविश्वास और आक्रामक शिक्षार्थियों के रूप में छोटी वार्ताओं में संगलित होना

(b)भावनात्मक रूप से शिक्षार्थियों से जुड़ना

(c)संवादात्मक क्षमता के लिए वार्तालाप कौशल पर ध्यान केंद्रित करने के साथ गतिविधियों को सक्षम करना

घ :समूह गतिविधियां जहां शिक्षार्थी जो भी भाषा चाहते हैं, उसमें बात करना

किसी बालक द्वारा अर्जित ज्ञान पर पूर्ण

8.अधिकार होने का प्रमाण यह है की

(a)वह ज्ञान का सफलतापूर्वक प्रयोग कर सकता है

(b)वह अपने ज्ञान को भलीभांति समझता है

(c)उसने सैधांतिक रूप से ज्ञान को ग्रहण कर लिया है

(d)उसने ज्ञान को भलीभाँती समझ लिया है

9.बालको की शैक्षिक उपलब्धी को निम्न में से कौन-सा अशोक्षिक कारक सर्वाधिक प्रभावित करता है ?

(a)बालक की प्रेरणाएँ

(b)बालको की संवेगों से मुक्ति

(c)विधालय के बहार बालक के उत्तरदायित्व

(d)स्वाध्याय की आदते

10.किसी क्रिया को बार-बार दोहराने से उसका सम्बन्ध द्रढ़ हो जाता है" थार्नडाईक के किस नियम पर आधारीत है ?

(a)तत्परता के नियम पर

(b)प्रभाव के नियम पर

(c)अभ्यास के नियम पर

(d)इनमे से कोई नही

11.एक बालक ने एक बिजली को डंडे से मारकर भगा दिया ! अब जब भी बिल्ली बालक को देखती है

(a)अनुकरण प्रवृत्ति द्वारा सीखना

(b)सम्बद्ध सहज क्रिया द्वारा सीखना

(c)सूझ द्वारा सीखना

(d)प्रयास एवं त्रुटी द्वारा सीखना

12.वह कारक जो किसी बालक के कार्य करने के उत्साह को बढ़ता या घटाता है, उसे कहते है

(a)अधिगम

(b)स्वधारणा

(c)अभिप्रेरणा

(d)इनमे से कोई नही

13.मंनोविज्ञान की द्रष्टि से सिखने का अर्थ है

(a)विषय-वस्तु का ज्ञान

(b)विषय-वस्तु को रट लेना

(c)व्यवहार में वांछित परिवर्तन आना

(d)व्यवहार में गिरावट

14.यदि स्कूल में पुरे समय तक बच्चो को शिक्षा कार्यक्रमों में पूरी तरह व्यस्त रखा जाये तो आपके अनुसार निम्न में से कौन-सी समस्या पैदा नही होगी ?

(a)गृह कार्य देने की आवश्यकता नही पड़ेगी

(b)छात्रों को स्कूल के बाद ट्यूश न पढने की जरूरत नही होगी

(c)अनुशासनहीनता पैदा नही होगी

(d) छात्रों में पढने के प्रति रूचि में कमी नही अ एगी

15.अन्त्भूर्त अभिप्रेरणा का आशय है की बालक

(a)पुरस्कार पाने की इच्छा से कठिन-परिश्रम करता है

(b)दण्ड से बचने के लिए नित्य पाठशाला आता है

(c)अध्यापक के डर से गृह-कार्य पूरा करता है

(d)ज्ञान को वृद्धि के लिए लगन से पढाई करता है

16.अधिगम का पर्यतन और भूल विधि के सिद्धान्त का प्रयोग निम्नलिखित में से किसने सबसे पहले किया था ?

(a)वाटसन

(b)स्किनर

(c)वर्दाइमर

(d)थौर्नडाइक्र

17.अन्द्रष्टि के सिद्धान्त के अनुसार बालको में अन्द्रष्टि कैसी होती है ?

(a)आकस्मिक

(b)धीरे-धीरे

(c)अनिश्चित

(d)इनमे से कोई नही

18.निम्नलिखित में से कौन-सी अच्छे प्रश्नों की विशेषता नही है ?

(a)प्रश्नों का स्पष्ट होना

(b)प्रश्नों की निश्चितता नही होना

(c)प्रश्नों का विशिस्ट होना

(d)प्रश्नों का सोद्देश्य होना

19.बालको में अधिगम के विकास में निम्न में से सबसे महत्त्वपूर्ण क्या है ?

(a)व्यस्त विधालय कार्यक्रम

(b)अधिक पाठ्य-पुस्तके

(c)अधिगम उत्प्रेरित वातावरण

(d)उत्सुक माता-पिता

20.स्किनर द्वारा प्रतिपादित पुनर्बलन सिद्धान्त की विचारधरा यह है की

(a)सही उत्तर पर पुनर्बल देने से आगे सही उत्तर देने की सम्भावना और बढ़ जाति है

(b)व्यवहार सामने आ जाने के बाद पुनर्बलन दिया जाता है, पहले नही

(c)'(a)' एवं '(b)'

(d)उपरोक्त में से कोई नही

21.नैतिक मूल्यों के प्रति अध्यापक का क्या द्रष्टिकोण होना चाहिये ?

(a)नैतिकता को शिक्षक अति आवश्क चीज समझे

(b)शिक्षक का दायित्व है की वह स्वय को नैतिक बनाये

(c)शिक्षक को नैतिकता की ज्यादा परवाह नही करनी चाहिये

(d)शिक्षक का दायित्व है की वह स्वयं भी नैतिक हो व छात्रों को भी नैतिक बनाये

22.कक्षा-कक्ष में प्रयोग की जाने वाली छात्र-केन्द्रित शिक्षण विधियों में प्राय: शिक्षक की भूमिका रहती है

(a)समस्या उत्पन्न करने वाली प्रस्तिथियो का निर्माण करना

(b)छात्रों के लिए सम्भावित सामग्री एवं संसाधनो को जुटाना

(c)छात्रों की उपकल्पना निर्माण में मदद करना

(d)ये सभी

23.तिरस्कृत बालक की समस्या का प्रमुख कारक क्या होता है ?

(a)परिवार का निम्न आर्थिक स्तर

(b)बालक में झूठ बोलने की आदत

(c)बालक के द्वारा कानून की अवहेलना

(d)माता-पिता की आपसी लड़ाई

24.विशिष्ट बालको के लिए पूर्व प्रथ्क्किकर्ण शिक्षा व्यवस्था के लिए प्रमुख उपाय है

(a)अतिरिक्त कक्षा योजना

(b)विशेष कक्षा योजना

(c)विशेष विधालय योजना

(d)आवासीय विधालय योजना

25.किसी बालक में मानसिक विकास का परिणाम होता है

(a)बालक की याद करने की योग्यताओ में वृद्धि

(b)बालक की सामाजिकता में विकास

(c)बालक के द्वारा स्वानुभावो द्वारा लाभ प्राप्ति की योग्यता

(d)उसकी सामान्य योग्यताओ में वृद्धि

26.किसी बालक में शैक्षिक पिछड़ेपन की पहचान के लिए अनिवार्य तत्व है

(a)आनुवंशिकता की जाँच

(b)वातावरण का प्रभाव

(c)बुद्धि परिक्षण

(d)इनमे से कोई नही

27.किसी बालक में पिछड़ेपन का कारक नही है

(a)शारीरिक

(b)स्वभाव सम्बन्धी

(c)वंशानुक्रम

(d)राजनीतिक

28.मन्द बुद्धि बालक की बुद्धि लब्धि होती है

(a)130 से अधिक
(b)130 से कम
(c)80 से अधिक
(d)70 से कम

29.आपकी कक्षा में पिछड़े हुए छात्रों के प्रति आपका द्रष्टिकोण
(a)उनके पिछड़ेपन के कारणों को ढूंढेगें
(b)हमने सभी का ठेका नही लिए है, यह सोचकर उनपर ध्यान नही देंगे
(c)अन्य छात्रों के समान ही उन्हें समझेंगे
(d)उन्हें अन्य छात्रों से अलग समझेंगे

30.कुपोषण से ग्रसित बालक में निम्नलिखित में से कौन-से परिवर्तन होने लगते है ?
(a)उसके मन में हिन् भावना जन्म लेने लगती है
(b)वह अन्य बालको से अलग रहने लगता है
(c)उसे निंद कम आती है
(d)इन सभी में परिवर्तन हो जाते है

16. उत्तर

1(c),2(d),3(a),4(c),5(c),6(d),7(c),8(a),9(a),10(c),11(b),12(c),13(c),14(d),15(d),16(d),17(a),18(b),19(c),20(c),21(d),22(d),23(d),24(d),25(c),26(c),25(d),28(d),29(a),30(d)

प्रैक्टिस सेट- 17

1.पढने की क्षमता निम्न में से किस्से सम्बन्धित है?
(a)अफेज्य से
(b)डिस्लेक्सिया से
(c)डिस्प्रेक्सिया से
(d)अप्रेक्सिया से

2.निम्न में से एक प्रतिभाशाली ब लक की विशेषता क्या है ?
(a)मूर्त विषयों में रूचि
(b)मन्द बुद्धि बालको में रूचि
(c)दैनिक कार्यो में समरूपता
(d)सामान्य अध्ययन में रूचि

3.शिक्षा में सुधर के लिए एक शिक्षक को सुधर हेतु निम्न में से क्या उपाय करने चाहिये ?
(a)मुक्त अनुशासन के नियम का पालन करना चाहिए
(b)शैक्षिक उपकरणों का प्रयोग करना चाहिये
(c)रुचिपूर्ण पाठ्यक्रम होना चाहिये
(d)ये सभी

4.निम्नलिखित में से किस माध्यन द्वारा बालक अच्छे आदर्श कैसे सिख सकते है ?
(a)अनुकरण द्वारा
(b)अभ्यास द्वारा
(c)उचित व्यवहार द्वारा
(d)यद् रखने

5.कक्षा-कक्ष में सफल शिक्षण हेतु एक शिक्षक को कक्षा का वातावरण कैसा रखना चाहिये ?
(a)शान्त
(b)भयमुक्त
(c)उल्लासपूर्ण
(d)नीरस

6.'संवेग व्यक्ति की उत्तेजित या तीव्र अवस्थ है" निम्न में से यह किसका कथन है ?

(a)वुड वर्थ का

(b)डेनिल का

(c)मिड का

(d)हेज का

7.धुनिक बुद्धि परिक्षणओ में सर्वाधिक मापन किया जाता है

(a)व्यक्तियों द्वारा प्राप्त शैक्षिक अनुभवो का

(b)सामान्य अभियोग्यता का

(c)जन्मजात अभियोग्यता का

(d)सामाजिक बुद्धि का

8.मानव चिंतन में तर्क का आरंभ होता है

(a)शैशवावस्था

(b) बाल्यावस्था

(c)किशोरावस्था

(d)उपरोक्त सभी

9.निम्नलिखित में से कौन सा एक सही क्रम है ?

(a) अंडाणु-शुक्राणु, ब्लास्टोसिस्ट, युग्मनज

(b) ब्लास्टोसिस्ट, युग्मनज, अंडाणु - शुक्राणु

(c) ब्लास्टोसिस्ट, युग्मनज अंडाणु - शुक्राणु

(d) अंडाणु - शुक्राणु, युग्मनज

10.अंतर्मुखी, बहिर्मुखी तथा उभयमुखी व्यक्तित्व का वर्गीकरण .... द्वारा किया जाता है |

(a) क्रेचनर

(b) युंग

(c) शैल्डन

(d) स्प्रेंजर

11.उदाहरण, निरीक्षण, विश्लेषण , वर्गीकरण नियमिकरण निम्नलिखित से किस विधि के सोपान है ?

(a) निगमन विधि

(b) आगमन विधि

(c) अंतर्दर्शन विधि

(d) बहिर्दर्शन विधि

12.फ्राईड के अनुसार हमारे मूल्यों का आन्तरिकीकरण में होता है

(a) इदम

(b) अहम्

(c) पराहम

(d) परिस्थितियां

13.व्यवहारवादी .... ने कहा है, "मुझे नवजात शिशु दे दो उसे डॉक्टर, वकील, चोर या जो चाहूँ बना सकता हूँ|

(a) फ्रीमैन

(b) न्यूमैन

(c) वाटसन

(d) होलजिंगर

14.ध्यान आकर्षित होने में .... की प्रमुख भूमिका होती है |

(a) उद्दीपन की तीव्रता

(b) उद्दीपन की उपादेयता

(c) उद्दीपन की विश्वसनीयता

(d) उद्दीपन की सक्रियता

15."...........छात्र में रूचि उत्पन्न करने की कला है |

(a) शिक्षण

(b) सहानुभूति

(c) समदृष्टि

(d) प्रेरणा

16.फ्रायड के अनुसार

(a) " ग्रहण किये या सीखे तथ्यों(The facts) को धारण करने या पुनः स्मरण करने की असफलता को विस्मरण कहते है |

(b) " विस्मरण(Oblivion) का अर्थ है किसी समय प्रयत्न करने पर भी किसी पूर्व अनुभव का स्मरण करने या पहले की सीखी

हुई किसी क्रिया को करने की असफलता "

(c) " विस्मरण(Oblivion) वह प्रवृत्ति है, जिसके द्वारा दुखद अनुभवों को स्मृति से अलग कर दिया जाए "

(d) उपरोक्त में से कोई नही

17.एस ओ आर किसके द्वारा प्रस्तावित किया गया है ?

(a) वाटसन

(b) कोफ्का

(c) कोहलर

(d) गेस्ताल्टवादी

18.प्रतिभाशाली बालकों का चिंतन होता है-

(a) अपसारी

(b) अभिसारी

(c) दोनों

(d)कोई नहीं

19.बाल अपराधी होने के मनोवैज्ञानिक कारण है-

(a)मानसिक रोग

(b)संवेगात्मक असंतुलन

(c) निराशा

(d)उपर्युक्त सभी

20.त्वरित उपागम उपयोगी है-

(a) प्रतिभाशाली बालक के लिए

(b) पिछड़े बालकों के लिए

(c)सामान्य बालकों के लिए

(d)उपर्युक्त सभी

21.हस्तशिल्प की शिक्षा दी जानी चाहिए-

(a) सामान्य बालक

(b) प्रतिभाशाली बालक

(c)मंदबुद्धि बालक

(d)पिछड़े बालक

22.ब्रेल लिपि से किसको पढ़ाना चाहिए-

(a) बहरे को

(b) अंधे को

(c)गूंगे को

(d)विकलांग को

23.एक बालक जो हमेशा नई -नई जानकारियां खोजता है-वह बालक है-

(a) समस्यात्मक बालक

(b)प्रतिभाशाली बालक

(c)औसत बालक

(d)हठी बालक

24.निम्न में से विशिष्ट बालक है-

(a) प्रतिभाशाली

(b)विकलांग बालक

(c)मंदबुद्धि बालक

(d)उपर्युक्त सभी

25.खतरों के खिलाडी होते है-

(a) प्रबातिभाशाली

(b)विकलांग लक

(c) मंदबुद्धि बालक

(d) स्राजनशील बालक

26.समस्यात्मक बालक कोन से होते है-

(a)जो दुसरे का मजाक बनाते है

(b)जो कक्षा में गंदगी में फैलाते है

(c)जो समहू में बैठते है

(d)जो अनुशाशन हीन होते है

27.सामान्य बालको का IQ होता है-

(a) 125 से ऊपर

(b)70 से 90

(c) 90 से 110

(d)140 से ऊपर

28.अपसारी चिंतन किन बालको में पाया जाता है

(a)प्रतिभाशील बालक

(b)समस्यात्मक बालक

(c) स्राजनशील बालक

(d)मंदबुद्धि बालक

29.पियाजे के अनुसार निम्नलिखित में से कौन सी अवस्था है जिसमें बच्चा अमूर्त संकल्पनाओं के विषय में तार्किक चिंतन करना आरंभ करता है।
(a) मूर्त संक्रियात्मक अवस्था
(b) औपचारिक संक्रियात्मक अवस्था
(c) संवेदी प्रेरक अवस्था
(d) पूर्व संक्रियात्मक अवस्था

30.बच्चों में बौद्धिक विकास की चार विशिष्ट अवस्थाओं की पहचान की गई।
(a) कोहलबर्ग द्वारा
(b) एरिक्सन द्वारा
(c) स्किनर द्वारा
(d) पियाजे द्वारा

17. उत्तर

1(b),2(d),3(d),4(a),5(b),6(a),7(a), 8(b),9(d),10(b),11(b),12(c),13(c),14(a),15(d),16(c),17(a),18(b),19(d), 20(a),21(d),22(b),23(b),24(d),25(d),26(c)27,(c),28(c),29(b),30(d)

प्रैक्टिस सेट- 18

1.''विकास कभी न समाप्त होने वाली प्रक्रिया है'' यह विचार किससे संबंधित है।
(a) अंन्त:संबंध का सिद्धांत
(b) निरन्तरता का सिद्धांत
(c) एकीकरण का सिद्धांत
(d) अंत:क्रिया का सिद्धांत

2.वह अवस्था जब बच्चा तार्किक रूप से वस्तुओं व घटनाओं के विषय में चिंतन प्रारंभ करता है।
(a) संवेदी-प्रेरक अवस्था
(b) औपचारिक संक्रियात्मक अवस्था
(c) पूर्व संक्रियात्मक अवस्था
(d) मूर्त संक्रियात्मक अवस्था

3.निम्न कक्षाओं में खेलविधि आधारित है।
(a) शारीरिक शिक्षा कार्यक्रमों के सिद्धांत पर
(b) शिक्षण की विधियों पर आधारित
(c) विकास एवं बृद्धि के मनोवैज्ञानिक सिद्धांत पर
(d) शिक्षण के सामाजिक सिद्धांतो पर

4.निम्नलिखित मे से किस अवस्था मे बच्चे अपने समवयस्क समूह के सक्रिय सदस्य हो जाते है।
(a) किशोरावस्था
(b) प्रौढ़ावस्था
(c) पूर्व बाल्यावस्था
(d) बाल्यावस्था

5.बच्चे के संज्ञानात्मक विकास को सबसे अच्छे तरीके से कहॉ परिभाषित किया जा सकता है।
(a) खेल के मैदान में
(b) विद्यालय एवं कक्षा में
(c) गृह में
(d) ऑडिटोरियम में

6.निम्न में से कौन पियाजे के अनुसार बौद्धिक विकास का निर्धारक तत्व नही है।
(a) सामाजिक संचरण
(b) अनुभव
(c) संतुलीकरण
(d) इनमें से कोई नही।

7.बालकों की सोच अमूर्तता की अपेक्षा मूर्त अनुभवों एवं प्रत्ययों से होती है। यह अवस्था है।
(a) 7 से 12 वर्ष तक
(b) 12 से वयस्क तक
(c) 2 से 7 वर्ष तक
(d) जन्म से 2 वर्ष तक

8.संवेदी पेशीय अवस्था होती है।
(a) 0-2 वर्ष तक
(b) 2-7 वर्ष तक
(c) 7-12 वर्ष तक
(d) 12 से अधिक

9.एक 13 वर्षीय बालक बात-बात में अपने बड़ों से झगड़ा करने लगता है और हमेशा स्वयं को सही साबित करने की कोशिश करता है वह विकास की कौन सी अवस्था है।
(a) किशोरावस्था
(b) प्रारंभिक बाल्यावस्था
(c) युवावस्था
(d) बाल्यावस्था

10.निम्न में से क्या बच्चों के सृजनात्मकता के विकास में सहायक नही है।
(a) खेल
(b) भाषण
(c) कहानी लेखन
(d) निर्माण संबंधी कियाएँ

11.खिलौनों की आयु कहा जाता है।‘
(a) पूर्व बाल्यावस्था को
(b) उत्तर बाल्यावस्था को
(c) शैशवावस्था को
(d) ये सभी

12.निम्न में से कौन सी पूर्व बाल्यावस्था की विशेषता नही है।
(a) दल/समूह में रहने की अवस्था
(b) अनुकरण करने की अवस्था
(c) प्रश्न करने की अवस्था
(d) खेलने की अवस्था

13.उत्तर बाल्यावस्था में बालक भौतिक वस्तुओं के किस आवश्यक तत्व में परिवर्तन समझने लगता है।
(a) द्रव्यमान
(b) द्रव्यमान और संख्या
(c) संख्या
(d) द्रव्यमान, संख्या और क्षेत्र

14.व्यक्तित्व स्थायी समायोजन है
(a) पर्यावरग के साथ
(b) जीवन के साथ
(c) प्रकृति के साथ
(d) ये सभी

15.दूसरे वर्ष के अंत तक शिशु का शब्द भंडार हो जाता है।
(a) 100 शब्द
(b) 60 शब्द
(c) 50 शब्द
(d) 10 शब्द

16.शर्म तथा गर्व जैसी भावना का विकास किस अवस्था में होता है।
(a) शैशवावस्था
(b) बाल्यावस्था
(c) किशोरावस्था
(d) वृद्धावस्था

17.मैक्डूगल के अनुसार मूल प्रवृति ‘जिज्ञासा’ का संबंध कौन संवेग से है।
(a) भय

(b) घृणा
(c) आश्चर्य
(d) भूख

18.शैशवावस्था की मुख्य विशेषता नही है।
(a) सीखने की प्रकिया में तीव्रता
(b) जिज्ञासा की प्रवृति
(c) चिन्तन प्रक्रिया
(d) अनुकरण द्वारा सीखने की प्रक्रिया

19.जब एक विद्यार्थी असफल होता है तो समझा जाता है कि-
(a) पद्धति असफल है।
(b) शिक्षक असफल है।
(c) पाठ्य पुस्तकें असफल है।
(d) यह वैयक्तिक असफलता है।

20.किसी विद्यार्थी कह सबसे महत्वपूर्ण विशेषता है।
(a) उत्तरदायित्व
(b) ईमानदारी
(c) सहभागिता
(d) आज्ञाकारिता

21.मानवीय मूल्यों, जो प्रकृति में सार्वत्रिक हैं, के विकास का अर्थ है-
(a) मतारोपण
(b) अंगीकरण
(c) अनुकरण
(d) अभिव्यक्ति

22.निम्न में से किस स्तर के बच्चे अपने समकक्षी वर्ग के सक्रिय सदस्य बन जाते है।
(a) किशोरावस्था
(b) वयस्कावस्था
(c) प्राक् वाल्यावस्था
(d) वाल्यावस्था

23.विकास शुरू होता है।
(a) उत्तर बाल्यावस्था से
(b) प्रसवपूर्ण अवस्था से
(c) शैशवावस्था से
(d) पूर्व बाल्यावस्था से

24.बहुविध बुद्धि सिद्धांत के अनुसार सभी प्रकार के पशुओं, खनिजों और पेड़-पौधों को पहचाने और वर्गीकृत करने की योग्यता .... कहलाती है।
(a) संज्ञानात्मक गतिविधि
(b) मनोगतिक प्रक्रिया
(c) मनोवैज्ञानिक परिघटना
(d) भावनात्मक व्यवहार

25.पियाजे के अधिगम के संज्ञानात्मक सिद्धांत के अनुसार, वह प्रक्रिया जिसके द्वारा संज्ञानात्मक संरचना को संशोधित किया जाता है .... कहलाती है।
(a) प्रत्यक्षण
(b) समायोजन
(c) समावेशन
(d) स्कीमा

26.कोहलबर्ग के अनुसार सही और गलत प्रश्नों के बारे में निर्णय लेने में शामिल चिंतन प्रक्रिया को कहा जाता है।
(a) सहयोग की नैतिकता
(b) नैतिक तर्कणा
(c) नैतिक यथार्थवाद
(d) नैतिक दुविधा

27.एक व्यक्तिअपने समकक्ष व्यक्तियों के समूह के प्रति आक्रामक व्यवहार करता है और विद्यालय के मानदंडों को नही मानता। इस विद्यार्थी को .... में सहायता की आवश्यकता है।
(a) भावात्मक क्षेत्र
(b) उच्चस्तरीय चिंतन कौशल
(c) संज्ञानात्मक क्षेत्र
(d) मनोगत्यात्मक क्षेत्र

28.शिक्षक को यह सलाह दी जाती है कि वे उपने शिक्षार्थियों को सामूहिक गतिविधियों में शामिल करें, क्योंकि सीखने को सुगम बनाने के अतिरिक्त, ये.................... में भी सहायता करती है।

(a) दुश्चिंता
(b) समाजीकरण
(c) मूल्य द्वंदव्
(d) आक्रामकता

29.सीमा हर पाठ को बहुत जल्दी सीख लेती है जबकि लीना उसे सीखने में ज्यादा समय लेती है। यह विकास के .... सिद्धांत को दर्शाता है।

(a) वैयक्तिक सिद्धांत
(b) अंत:संबंध
(c) निरंतरता
(d) सामान्य से विशिष्ट की ओर

30.निम्नलिखित में से .... कें अतिरिक्त सभी वातावरणीय कारक विकास को आकार देते है।

(a) पौष्टिक की गुणवत्ता
(b) संस्कृति
(c) शिक्षा की गुणवत्ता
(d) शारीरिक गठन

18. उत्तर

1(b),2(d),3(c),4(a),5(b),6(a),7(a), 8(a),9(a),10(d),11(a),12(d),13(d),14(d),15(a),16(b),17(c),18(c),19(d), 20(d),21(d),22(a),23(b)24,(a)25,(c)26,(b),27(a),28(b),29(a),30(d)

प्रैक्टिस सेट- 19

1.एक अच्छी पाठ्य पुस्तक बचाती है।

(a) लैंगिक समानता
(b) सामाजिक उत्तरदायित्व
(c) लैंगिक पूर्वाग्रह
(d) लैंगिक संवेदनशीलता

2.पियाजे के अनुसार संज्ञानात्मक विकास के किस चरण पर बच्चा 'वस्तु स्थायित्व' को प्रदर्शित करता है।

(a) मूर्त संक्रियात्मक चरण
(b) औपचारिक संक्रियात्मक चरण
(c) संवेदीप्रेरक चरण
(d) पूर्व संक्रियात्मक चरण

3.विकास के परिप्रेक्ष्य में समय के साथ होने वाले परिवर्तनों में निम्न में क्या शामिल है।

(a) रूप
(b) दर
(c) अनुक्रम
(d) ये सभी

4.वह विचारात्मक प्रक्रिया जिसमें नूतन, वास्तविक तथा उपयोगी अवधारणाओं का प्रस्तुतीकरण निहित हो, कही जाती है।

(a) रचनात्मकता
(b) अभिनव
(c) बुद्धिमत्ता
(d) नवविचार

5.माता पिता से वंशजों में स्थान्तरित होने वाले लक्षणों को कहा जाता है।

(a) पर्यावरण
(b) जीन
(c) आनुवांशिकता
(d) होम्योस्टैसिस

6.बुद्धि का कौन सा सिद्धांत सामान्य बुद्धि 'g' और विशिष्ट बुद्धि 's' की उपस्थिति का समर्थन करता है।

(a) नियम प्रतिकूल सिद्धांत

(b) गिलफोर्ड के बुद्धि का सिद्धांत

(c) स्पीयरमैन का द्विखंड सिद्धांत

(d) वर्नोन का पदानुक्रम का सिद्धांत

7.प्रतिबिंब, अवधारणा, प्रतीक एवं संकेत, भाषा, शारीरिक क्रिया और मानसिक क्रिया अंतर्निहित है-

(a) अनुकूलन

(b) प्रेरक पेशी विकास

(c) समस्या समाधान

(d) विचारात्मक प्रक्रिया

8.सीखने की परिघटना में से कौन आवश्यक घटक नही है।

(a) अधिगमकर्त्ता

(b) आंतरिक व्यवस्था

(c) प्रेरक

(d) शिक्षक

9.निम्नलिखित में से कौन-सा सिद्धांत यह दर्शाता है कि आपेक्षित व्यवहार के सन्निकट सकारात्मक प्रतिक्रिया तथा पुनर्बलन के फलस्वरूप व्यवहारात्मक विकास किया जा सकता है।

(a) शास्त्रीय अनुबंधन सिद्धांत

(b) वाध अनुबंधन

(c) ऑपरेंट अनुबंधन

(d) सामाजिक अनुबंधन

10.वह प्रक्रिया जिसके द्वारा माता-पिता यह अनुमान लगाते हैं कि उनके बच्चें में सभी सकारात्मक गुण हैं क्योंकि एक गुण सकारात्मक है, कहलाता है।

(a) परिवेश का प्रभाव

(b) हावथोर्न का प्रभाव

(c) प्रभाव का नियम

(d) प्रतिलोम परिवेश का नियम

11.रमेश और अंकित की समान बुद्धिलब्धि 120 है। रमेश अंकित से दो वर्ष छोटा है। यदि अंकित की आयु 12 वर्ष हो, तो रमेश की मानसिक आयु होगी।

(a) 9 वर्ष

(b) 10 वर्ष

(c) 12 वर्ष

(d) 14 वर्ष

12.निम्नलिखित में से कौन सा असतत चर का उदाहरण नही है।

(a) आयु

(b) लिंग

(c) वैवाहिक

(d) आवासीय स्थान

13.छात्र की प्रयोगात्मक दक्षता के आकलन का यथोचित रूप है।

(a) साक्षात्कार

(b) अवलोकन

(c) प्रश्नावली

(d) लिखित परीक्षा

14.कक्षा नायक द्वारा प्रयुक्त मूल्यांकन का प्रकाररर अनुदेशन के समय सीखने के विकास में किया जाता है, कहलाता है-

(a) नैदानिक मूल्यांकन

(b) फॉर्मेटिव मूल्यांकन

(c) प्लेसमेंट मूल्यांकन

(d) संकलित मूल्यांकन

15.किसी बालक के मानसिक रूप से अस्वस्थ होने का कारण है-

(a) परिवार का वातावरण

(b) कक्षा का वातावरण

(c) पास-पड़ोस का वातावरण

(d) उपरोक्त सभी

16.निम्नलिखित में से कौन सी संस्था सामाजिक परम्पराओं के हस्तांतरण में सबसे अधिक योगदान करती हैं।

(a) परिवार

(b) विद्यालय

(c) पड़ोस

(d) इनमें से कोई नही

17.पियाजे के अनुसार मूर्त संक्रियाओं का स्तर किस अवधि में घटित होता है।

(a) जन्म से 2 वर्ष

(b) 2-7 वर्ष

(c) 7-11 वर्ष

(d) 11-15 वर्ष

18.बालक में अपराधी प्रवृत्ति के विकसित होने का मुख्य कारण है।

(a) परिवार का वातावरण

(b) अनुशासनहीनता

(c) आर्थिक अभाव

(d) दोषपूर्ण पाठ्यक्रम

19.बच्चे की बुद्धिलब्धि 90 से 110 के मध्य है, वह है-

(a) सामान्य बुद्धि

(b) प्रखर बुद्धि

(c) उत्कृष्ठ बुद्धि

(d) प्रतिभाशाली

20.बालमनोविज्ञान के आधार पर कौन सा कथन सर्वोतम है-

(a) सारे बच्चे एक जैसे होते है।

(b) प्रत्येक बच्चा विशिष्ट होता है।

(c) कुछ बच्चे विशिष्ट होते है।

(d) कुछ बच्चे एक जैसे होते है।

21.बच्चे के लिए निःशुल्क एवं अनिवार्य शिक्षा का अधिकार अधिनियम कितने वर्ष के बच्चे के लिए लागू है।

(a) 6-14 वर्ष

(b) 7-13 वर्ष

(c) 5-11 वर्ष

(d) 6-12 वर्ष

22.क्षक को ज्ञान होना चाहिए

(a) अध्यापन विषय का

(b) बाल मनोविज्ञान का

(c) शिक्षा संहिता का

(d) अध्यापन विषय एवं बाल मनोविज्ञान का

23.एक बच्चे की बृद्धि और विकास के अध्ययन की सर्वाधिक अच्छी विधि कौन सी है।

(a) मनोविश्लेषण विधि

(b) तुलनात्मक विधि

(c) विकासीय विधि

(d) सांख्यिकी विधि

24.समाजीकरण वह प्रक्रिया है, जिसमें बच्चे और वयस्क सीखते है।

(a) परिवार से

(b) विद्यालय से

(c) साथियों से

(d) इन सभो से

25.गार्डनर ने सात बुद्धि का अधिमान निर्धारित किया, इनमें से कौन सा नही है।

(a) स्थान संबंधी बुद्धि

(b) भावात्मक बुद्धि

(c) अंतर्वैयक्तिक बुद्धि

(d) भाषात्मक बुद्धि

26.सहयोगात्मक राजनीति की किस श्रेणी में महिलाएँ निम्न से संबंधित नही होती।

(a) स्वीकार्यता

(b) प्रतिरोध

(c) क्रांति

(d) अनुकूलन

27.यदि एक बच्चे की मानसिक आयु 5 वर्ष तथा वास्तविक आयु 4 वर्ष है तो उस बच्चे की बुद्धिलब्धि होगी

(a) 125

(b) 80

(c) 120

(d) 100

28.विद्यालयी क्षेत्र में रचनात्मक निर्धारकों को जानने के लिए इनमें से कौन सा उपागम नही है।

(a) वार्तालाप कौशल

(b) बहुविकल्पीय प्रश्न

(c) परियोजना कार्य

(d) मौखिक प्रश्न

29.''मनोविज्ञान, शिक्षा का आधारभूत विज्ञान है।'' यह किसने कहा है।

(a) बी एन झा

(b) स्किनर

(c) डेविस

(d) वुडवर्थ

30.आधुनिक मनोविज्ञान का अर्थ है-

(a) मन का अध्ययन

(b) आत्मा का अध्ययन

(c) शरीर का अध्ययन

(d) व्यवहार का अध्ययन

19. उत्तर

1(c),2(d),3(d),4(a),5(c),6(c),7(d), 8(d),9(c),10(a),11(c),12(a),13(b),1 4(b),15(d)16,(a),17(c),18(a),19(a), 20(b),21(a),22(d),23(c),24(d),25(d),26(b),27(a),28(b),29(b),30(d)

प्रैक्टिस सेट- 20

1.हिन्दी अक्षरों को बालक किस आयु में पहचानने लगते है।

(a) 3 वर्ष में

(b) 4 वर्ष में

(c) 5 वर्ष में

(d) 6 वर्ष में

2.बुद्धिलब्धि मापन के जन्मदाता है।

(a) स्टर्न

(b) बिने

(c) टरमैन

(d) इनमें से कोई नही

3.एलेक्षिया है-

(a) पढ़ने की अक्षमता

(b) लिखने की अक्षमता

(c) सीखने की अक्षमता

(d) सुनने की अक्षमता

4.शिक्षा मनोविज्ञान की उत्पत्ति का वर्ष कौन सा माना जाता है-

(a) 1947

(b) 1920

(c) 1940

(d) 1900

5.पियाजे की औपचारिक संक्रियात्मक अवस्था किस आयु अवधि तक मानी जाती है।

(a) 0-2 वर्ष

(b) 2-7 वर्ष

(c) 7-11 वर्ष

(d) 11-15 वर्ष

6.जड़ बुद्धि वाले बालक की बुद्धिलब्धि कितनी होती है।

(a) 11-120

(b) 81-110

(c) 71-80

(d) 71 से कम

7.गर्भ में बालक को विकसित होने में कितने दिन लगते है।

(a) 150

(b) 280

(c) 390

(d) 460

8.नवजात शिशु का भार होता है।

(a) 6 पाउंड

(b) 7 पाउंड

(c) 8 पाउंड

(d) 9 पाउंड

9.किस मनोवैज्ञानिक ने अपने 3 वर्षीय पुत्र का अध्ययन किया।

(a) पेस्टोलॉजी

(b) वाटसन

(c) स्टेनले हॉल

(d) जेम्स सल्ली

10.निम्न में से विकास की अवस्था है।

(a) गुणात्मकता

(b) संख्यात्मकता

(c) निश्चित आयु तक चलने वाली क्रिया

(d) शारीरिक अंगों में परिवर्तन का सूचक

11.बालक का विकास होता है।

(a) सिर से पैर की ओर

(b) पैर से सिर की ओर

(c) दोनों ओर से

(d) इनमें से कोई नही।

12.बालक में संस्कारों का प्रारंभ कहाँ से होता है।

(a) विद्यालय

(b) परिवार

(c) सिनेमाघर

(d) खेल का मैदान

13.विकास के संबंध में गलत कथन है।

(a) विशिष्ट से सामान्य की ओर

(b) सार्वभौमिक प्रक्रिया है।

(c) दिशा सिर से पैर की ओर

(d) वर्तुलाकार गति

14.खेल के मैदान में कौन सा विकास होता है।

(a) शारीरिक विकास

(b) मानसिक विकास

(c) सामाजिक विकास

(d) उपर्युक्त सभी

15.गर्भधान काल की अवस्था नही है।

(a) शैशवावस्था

(b) डिम्ब

(c) बीजकरण

(d) भ्रूणावस्था

16.गर्भ में संतान सर्वाधिक प्रभावित होती है।

(a) माँ के पोषण से

(b) माँ के टी.वी. देखने से

(c) आस-पड़ोस से

(d) पूर्वजों से

17.मानव जीवन की मनौभौतिक एकता कहलाती है।

(a) मन तथा शरीर का विकास

(b) शरीर तथा हड्डियों का विकास

(c) शरीर तथा ह्रदय का विकास

(d) आत्मा तथा मांसपेशियों का विकास

18 .2–5 वर्ष की आयु कहलाती है।

(a) शैशवावस्था

(b) बाल्यावस्था

(c) उत्तर बाल्यावस्था

(d) किशोरावस्था

19.गर्भ में सर्वप्रथम निर्माण होता है।

(a) पैर

(b) सिर

(c) घड़

(d) सभी का

20.बालक के सिर एवं मस्तिष्क का सर्वाधिक विकास किस अवस्था में होता है।

(a) प्रौढ़ावस्था

(b) शैशवावस्था

(c) किशोरावस्था

(d) बाल्यावस्था

21.जन्म के समय शिशु में कितनी हड्डियॉ होती है।

(a) 206

(b) 230

(c) 270

(d) 320

22.बीजावस्था कहा गया है।

(a) 0-2 सप्ताह

(b) 2-8 सप्ताह

(c) 8-16 सप्ताह

(d) जन्मजात

23.बालक अपनी मॉ को पहचानना प्रारंभ कर देता है।

(a) 6 माह

(b) 8 माह

(c) 9 माह

(d) 3 माह

24.बालक जमीन पर से अपने पसंद की वस्तु उठा लेता है, आपके अनुसार उस बालक की आयु होगी-

(a) 12-13 माह

(b) 5-6 माह

(c) 3-4 माह

(d) 8-9 माह

25.बालक के जन्म के समय शिशु के मस्तिष्क का भार होता है-

(a) 300 ग्राम

(b) 350 ग्राम

(c) 400 ग्राम

(d) 450 ग्राम

26.सीखने का आदर्शकाल माना गया है।

(a) शैशवावस्था

(b) बाल्यावस्था

(c) किशोरावस्था

(d) प्रौढ़ावस्था

27.कल्पना जगत में विचरण होता है।

(a) शैशवावस्था

(b) किशोरावस्था

(c) बाल्यावस्था

(d) शैशवावस्था व किशोरावस्था

28.एक बालक पड़ोसी के घर में अपनी मॉ की गोद में खेलता हुआ सो जाता है, उसकी मॉ के द्वारा उसके पड़ोसी के यहॉ विस्तर पर सुलाते ही वह रोना प्रारंभ करा देता है, आपके अनुसार बालक की आयु होगी-

(a) 24 माह

(b) 12 माह

(c) 10 माह

(d) 18 माह

29.बालक मुख्य मुख्य रंगों की पहचान कर लेता है।

(a) 5 वर्ष

(b) 2 वर्ष

(c) 3 वर्ष

(d) 4 वर्ष

30.मिथ्या परिपक्वता का काल कहा जाता है।

(a) शैशवावस्था

(b) बाल्यावस्था

(c) किशोरावस्था

(d) प्रौढ़ावस्था

20. उत्तर

1(c),2(c),3(a),4(d),5(d),6(d),7(b),8(b),9(a),10(a),11(a),12(b),13(a),14(d),15(a),16(a),17(a),18(a),19(b),20(b),21(c),22(a),23(d),24(d) 25(b),26(a),27(d),28(c),29(a),30(b)

CTET Previous Year 2011-2016

जून, 2011

निर्देश: निम्नलिखित प्रश्नों के उत्तर देने के लिए सबसे उचित विकल्प चुनें।

1. प्राथमिक स्तर पर एक शिक्षक में निम्न में से किसे सबसे महत्वपूर्ण विशेषता मानना चाहिए?

A. धैर्य और दृढ़ता

B. शिक्षण-पद्धतियों और विषयों के ज्ञान में दक्षता

C. अति मानक भाषा में पढाने में दक्षता

D. पढाने की उत्सुकता

2. एक शिक्षक अपने लोकतांत्रिक स्वभाव के कारण विद्यार्थियों को पूरी कक्षा में कहीं भी बैठने की अनुमति देता है। कुछ शिक्षार्थी एक साथ बैठते हैं और चर्चा करते हैं या सामूहिक पठन करते हैं। कुछ चुपचाप बैठकर अपने-आप पढ़ते हैं। एक अभिभावक को यह पसंद नहीं आता। इस स्थिति से निबटने का निम्न में कौनसा तरीका सबसे बेहतर हो सकता है?

A. अभिभावकों को प्रधानाचार्य से अनुरोध करना चाहिए कि वे उनके बच्चे का अनुभाग बदल दें

B. अभिभावकों को शिक्षक पर विश्वास व्यक्त करना चाहिए और शिक्षक के साथ समस्या पर चर्चा करनी चाहिए

C. अभिभावकों को उस विद्यालय से अपने बच्चे को निकाल लेना चाहिए

D. अभिभावकों को प्रधानाचार्य से शिक्षक की शिकायत करनी चाहिए

3. वह अवस्था जब बच्चा तार्किक रूप से वस्तुओं व घटनाओं के विषय में चिंतन प्रारंभ करता है-

A. औपचारिक-संक्रियात्मक अवस्था

B. पूर्व-संक्रियात्मक अवस्था

C. मूर्त-संक्रियात्मक अवस्था

D. संवेदी प्रेरक अवस्था

4. 'मन का मानचित्रण' संबंधित है

A. साहसिक कार्यों की क्रिया-योजना से

B. मन का चित्र बनाने से

C. मन की क्रियाशीलता पर अनुसंधान से

D. बोध (समझ) बढ़ाने की तकनीक से

5. विशेष रूप से प्राथमिक स्तर पर विद्यार्थियों की सीखने संबंधी समस्याओं को संबोधित करने का सबसे बेहतर तरीका है

A. महँगी और चमकदार सहायक सामग्री का प्रयोग करना

B. सरल और रोचक पाठ्यपुस्तकों का प्रयोग करना

C. कहानी-कथन पद्धति का प्रयोग करना

D. अक्षमता के अनुरूप विभिन्न शिक्षण-पद्धतियों का प्रयोग करना

6. निम्न में से कौनसा शिक्षार्थियों में सृजनात्मकता का पोषण करता है?

A. प्रतेक शिक्षार्थी की अंतर्जात प्रतिभाओं का पोषण करने एवं प्रश्न करने के अवसर उपलब्ध कराना

B. विद्यालयी जीवन के प्रारंभ से उपलब्धि के लक्ष्यों पर बल देना

C. परीक्षा में अच्छे अंकों के लिए विद्यार्थियों की कोचिंग करना

D. अच्छी शिक्षा के व्यावहारिक मूल्यों के लिए विद्यार्थियों का शिक्षण

7. पियाजे के अनुसार, निम्नलिखित में से कौनसी अवस्था में बच्चा अमूर्त संकल्पनाओं के विषय में तार्किक चिंतन करना आरंभ करता है?

A. औपचारिक-संक्रियात्मक अवस्था (11 वर्ष से ऊपर)

B. संवेदी-प्रेरक अवस्था (जन्म से 2 वर्ष)
C. पूर्व-संक्रियात्मक अवस्था (2 से 7 वर्ष)
D. मूर्त-संक्रियात्मक अवस्था (7 से 11 वर्ष)

8. सीखना समृद्ध हो सकता है यदि
A. कक्षा में अधिक से अधिक शिक्षण सामग्री का प्रयोग किया जाए
B. शिक्षक विभिन्न प्रकार के व्याख्यान और स्पष्टीकरण का प्रयोग करें
C. कक्षा में आवधिक परीक्षाओं पर अपेक्षित ध्यान दिया जाए
D. वास्तविक दुनिया से उदाहरणों को कक्षा में लाया जाए जिसमें विद्यार्थी एक-दूसरे से अंत:क्रिया करें और शिक्षक उस प्रक्रिया को सुगम बनाए

9. निम्न में से कौनसे कथन को सीखने की प्रक्रिया की विशेषता नहीं मानना चाहिए?
A. सीखना एक व्यापक प्रक्रिया है
B. सीखना लक्ष्योन्मुखी होता है
C. अन-अधिगम भी सीखने की प्रक्रिया है
D. शैक्षिक संस्थान ही एकमात्र स्था है जहाँ अधिगम प्राप्त होता है

10. पाँचवीं कक्षा के 'दृष्टिबाधित' विद्यार्थी
A. के माता-पिता और मित्रो द्वारा उसे दैनिक कार्यों को करने में सहायता की जाती चाहिए
B. के साथ कक्षा में सामान्य रूप से व्यवहार किया जाना चाहिए और श्रव्य सी.डी के माध्यम से सहायता उपलब्ध करायी जानी चाहिए
C. के साथ कक्षा में विशेष व्यवहार किया जाना चाहिए
D. को निचले स्तर के कार्य करने की छूट मिलनी चाहिए

11. निम्न में से कौनसा बच्चे की सामाजिक – मनोवैज्ञानिक आवश्यकताओं के साथ संबद्ध नहीं है?
A. संवेगात्मक सुरक्षा की आवश्यकता
B. शरीर से अपशिष्ट पदार्थों का नियमित रूप से बाहर निकलना
C. सान्निध्य (संगाते) की आवश्यकता
D. सामाजिक अनुमोदन अथवा सराहना की आवश्यकता

12. वह कौनसा कथन है जहां बच्चे के संज्ञानात्मक विकास को सबसे बेहतर रतीके से परिभाषित किया जा सकता है?
A. विद्यालय एवं कक्षा पर्यावरण
B. सभागार
C. घर
D. खेल का मैदान

13. ________ को एक अभिप्रेरित शिक्षण का संकेतक माना जाता है।
A. शिक्षक द्वारा दिया गा उपचारात्मक कार्य
B. विद्यार्थियों द्वारा प्रश्न पूछना
C. कक्षा में एकदम खामोशी
D. कक्षा में अधिकतम उपस्थिति

14. निम्न में से कौनसा बुद्धिमान बच्चे का लक्षण नहीं है?
A. वह जो प्रवाहपूर्ण एवं उचित तरीके से संप्रेषण करने की क्षमता रखता है
B. वह जो अमूर्त रूप से सोचता रहता है
C. वह जो नए परिवेश में स्वयं को समायोजित कर सकता है
D. वह जो लंबे निबंधों को बहुत जल्दी रटने की क्षमता रखता है

15. "बच्चे दुनिया के बारे में अपनी समझ का सृजन करते हैं।" इसका श्रेय ______ को जाता है।
A. पैवलॉव
B. कोह्लबर्ग
C. स्किनर
D. पियाजे

16. कृतिका अक्सर घर में ज्यादा बात नहीं करती, लेकिन विद्यालय में वह काफी बात करती है। यह दर्शाता है कि
A. शिक्षकों की यह मांग होती है कि बच्चे विद्यालय में खूब बात करें
B. कृतिका को अपना घर बिल्कुल पसंद नहीं है
C. उसके विचारों को विद्यालय में मान्यता मिलती है
D. विद्यालय हर समय बच्चों को खूब बात करने का अवसर देता है

17. एक शिक्षक को अपने विद्यार्थियों की क्षमताओं को समझने का प्रयास करना चाहिए। निम्नलिखित में से कौसा क्षेत्र इस उद्देश्य के साथ संबद्ध है?
A. सामाजिक दर्शन
B. मीडिया-मनोविज्ञान
C. शिक्षा-मनोविज्ञान
D. शिक्षा-समाजशास्त्र

18. सीखने की प्रक्रिया में, अभिप्रेरणा
A. पिछले सीखे हुए को नए अधिगम से अलग करती है
B. शिक्षार्थियों को एक दिशा में सोचने के योग्य बनाती है
C. शिक्षार्थियों में सीखने के प्रति रुचि का विकास करती है
D. शिक्षार्थियों की स्मरण शक्ति को पैना बनाती है

19. शिक्षा के क्षेत्र में 'पाठ्यचर्या' शब्दावली ________ की ओर संकेत करती है।
A. विद्यालय का संपूर्ण कार्यक्रम जिसमें विद्यार्थी प्रतिदिन अनुभव प्राप्त करते हैं
B. मूल्यांकन-प्रक्रिया
C. कक्षा में प्रयुक्त की जाने वाली पाठ्य सामग्री
D. शिक्षण-पद्धति एवं पढ़ाई जाने वाली विषय-वस्तु

20. निचली कक्षाओं में शिक्षण की खेल-पद्धति मूल रूप से आधारित है
A. शिक्षण-पद्धतियों के सिद्धांतों पर
B. विकास एवं वृद्धि के मनोवैज्ञानिक सिद्धांतों पर
C. शिक्षण के समाजशास्त्रीय सिद्धांतों पर
D. शारीरिक शिक्षा कार्यक्रमों के सिद्धांत पर

21. "एक बच्चा अतीत की समान परिस्थिति में की गई अनुक्रियाओं के आधार पर नई स्थिति के प्रति अनुक्रिया करता है।" यह किससे संबंधित है?
A. सीखने का 'प्रभाव-नियम'
B. सीखने की प्रक्रिया का 'अभिवृत्ति-नियम'
C. सीखने का 'तत्परता-नियम'
D. सीखने का 'सादृश्यता-नियम'

22. ________ 'प्रतिभाशाली' होने का संकेत नहीं है।
A. दूसरों के साथ झगड़ना
B. अभिव्यक्ति में नवीनता
C. जिज्ञासा
D. सृजनात्मक विचार

23. विशेष आवश्यकता वाले बच्चों को शिक्षा उपलब्ध कराई जानी चाहिए
A. विशेष विद्यालयों में विशेष बच्चों के लिए विकसित पद्धतियों द्वारा
B. विशेष विद्यालयों में
C. विशेष विद्यालयों में विशेष शिक्षकों द्वारा
D. अन्य सामान्य बच्चों के साथ

24. आकलन को 'उपयोगी और रोचक' प्रक्रिया बनाने के लिए ________ के प्रति सचेत होना चाहिए।
A. विद्यार्थियों को बुद्धिमान या औसत शिक्षार्थी की उपाधि देकर
B. शैक्षिक और सह-शैक्षिक क्षेत्रों में विद्यार्थी के सीखने के बारे में जानकारी प्राप्त करने के लिए विविध तरीकों का प्रयोग करना

C. प्रतिपुष्टि (फीडबैक) देने के लिए तकनीकि भाषा का प्रयोग करना
D. अलग-अलग विद्यार्थियों में तुलना करना

25. 'डिस्लेक्सिया' किससे संबंधित है?
A. गणितीय विकार
B. पठन विकार
C. व्यवहार-संबंधी विकार
D. दृश्य संवेदनाओं के असुंतलन से

26. बच्चों की सीखने की प्रक्रिया में माता-पिता को ______ भूमिका निभानी चाहिए।
A. अग्रोन्मुखी
B. सहानुभूतिपूर्ण
C. तटस्थ
D. नकारात्मक

27. "विकास कभी न समाप्त होने वाली प्रक्रिया है।" यह विचार किससे संबंधित है?
A. निरंतरता का सिद्धांत
B. एकीकरण का सिद्धांत
C. अंत:क्रिया का सिद्धांत
D. अंत:संबंध का सिद्धांत

28. 'सीखने के अंत:दृष्टि सिद्धांत' को किसने बढ़ावा दिया?
A. पैवलॉव
B. जीन पियाजे
C. वाइगोत्स्की
D. 'गेस्टाल्ट' सिद्धांतवादी

29. निम्नलिखित में से किस अवस्था में बच्चे अपने समवयस्क समूह के सक्रिय सदस्य हो जाते हैं?
A. प्रौढ़ावस्था
B. पूर्व बाल्यावस्था
C. बाल्यावस्था
D. किशोरावस्था

30. बच्चों के बौद्धिक विकास की चार विशिष्ट अवस्थाओं की पहचान की गई
A. एरिकसन द्वारा
B. स्किनर द्वारा
C. पियाजे द्वारा
D. कोह्लबर्ग द्वारा

उत्तरमाला (जून, 2011)

1 A	2 B	3 C	4 C	5 D	6 A
7 A	8 D	9 D	10 B	11 B	12 A
13 B	14 D	15 D	16 C	17 C	18 C
19 A	20 B	21 D	22 A	23 D	24 B
25 B	26 A	27 A	28 D	29 D	30 C

जनवरी, 2012

निर्देश: निम्नलिखित प्रश्नों के उत्तर देने के लिए सबसे उचित विकल्प चुनिए।

1. एक शिक्षक प्रश्न पत्र बनाने के बाद, यह जाँच करता है कि क्या प्रश्न परीक्षण के विशिष्ट उद्देश्यों की परीक्षा ले रहे हैं। वह मुख्य रूप से प्रश्न-पत्र की/के बारे में चिंतित है।

A. वैधता
B. संपूर्ण विषय-वस्तु को शामिल करने
C. प्रश्नों के प्रकार
D. विश्वसनीयता

2. विवेचनात्मक शिक्षाशास्त्र का यह दृढ़ विश्वास है कि-

A. एक शिक्षक को हमेशा कक्षा-कक्ष के अनुदेशन का नेतृत्व करना चाहिए
B. शिक्षार्थियों को स्वतंत्र रूप से तर्कणा नहीं करनी चाहिए
C. बच्चे स्कूल से बाहर क्या सीखते हैं, यह अप्रासंगिक है
D. शिक्षार्थियों के अनुभव और प्रत्यक्षण महत्वपूर्ण होते हैं

3. विद्यालय-आधारित आकलन मुख्य रूप से किस सिद्धांत पर आधारित होता है?

A. आकलन बहुत किफायती (मितव्ययी) होना चाहिए
B. बाह्य परीक्षकों की अपेक्षा शिक्षक अपने शिक्षार्थियों की क्षमताओं को बेहतर जानते हैं
C. किसी भी कीमत पर विद्यार्थियों को अच्छे ग्रेड मिलने चाहिए
D. विद्यालय, बाह्य परीक्षा निकायों की अपेक्षा ज्यादा सक्षम हैं

4. शिक्षार्थी वैयक्तिगत भिन्नता प्रदर्शित करते हैं। अत: शिक्षक को-

A. अधिगम की एक समान गति पर बल देना चाहिए
B. सीखने के विविध अनुभवों को उपलब्ध कराना चाहिए
C. कठोर अनुशासन सुनिश्चित करना चाहिए
D. परीक्षाओं की संख्या बढ़ा देनी चाहिए

5. वाइगोत्स्की बच्चों को सीखने में निम्नलिखित में से किस कारक की महत्वपूर्ण भूमिका पर बल देते हैं?

A. सामाजिक
B. आनुवंशिक
C. नैतिक
D. शारीरिक

6. एक शिक्षिका अपने शिक्षार्थियों की विभिन्न अधिगम-शैलियों को संतुष्ट करने के लिए वैविध्यपूर्ण कार्यों का उपयोग करती है। वह ________ से प्रभावित है।

A. पियाजे के संज्ञानात्मक विकास के सिद्धांत
B. कोह्लबर्ग के नैतिक विकास के सिद्धांत
C. गार्डनर के बहुबुद्धि सिद्धांत
D. वाईगोत्स्की के सामाजिक-सांस्कृतिक सिद्धांत

7. एक शिक्षिका अपने-आप से कभी भी प्रश्नों के उत्तर नहीं देती। वह अपने विद्यार्थियों को उत्तर देने के लिए, समूह चर्चाएँ और सहयोगात्मक अधिगम अपनाने के लिए प्रोत्साहित करती है। यह उपगम ________ के सिद्धांत पर आधारित है।

A. सक्रिय भागीदारिता
B. अनुदेशात्मक सामग्री के उचित संगठन
C. अच्छा उदाहरण प्रस्तुत करना और भूमिका-प्रतिरूप बनना
D. सीखना और तत्परता

8. निम्नलिखित में से कौनसा शिक्षक से संबंधित अधिगम को प्रभावित करने वाला कारक है?

A. विषय-वस्तु में प्रवीणता

B. बैठने की उचित व्यवस्था
C. शिक्षण-अधिगम संसाधनों की उपलब्धता
D. विषय-वस्तु या अधिगम-अनुभवों की प्रकृति

9. राज्य स्तर की एक एकल-गायन प्रतियोगिता के लिए विद्यार्थियों को तैयार करते समय एक विद्यालय लड़कियों को वरीयता देता है। यह दर्शाता है-
A. लैंगिक पूर्वाग्रह
B. वैश्विक प्रवृत्तियाँ
C. प्रयोजनात्मक उपागम
D. प्रगतिशील चिंतन

10. बीजों का अंकुरण संकल्पना के शिक्षण की सबसे प्रभावी पद्धति है-
A. विस्तृत व्याख्या करना
B. विद्यार्थियों द्वारा पौधे के बीच बोना और उसके अंकुरण के चरणों का अवलोकन करना
C. श्यामपट्ट पर चित्र बनाना और वर्णन करना
D. बीच की वृद्धि के चित्र दिखाना

11. जब बच्चा फेल होता है, तो इसका तात्पर्य है कि-
A. बच्चा पढ़ाई के लिए योग्य नहीं है
B. बच्चे ने उत्तरों को सही तरीके से याद नहीं किया है
C. बच्चे को प्राइवे ट्यूशन लेनी चाहिए थी
D. व्यवस्था फेल हुई है

12. शिक्षण से अधिगम पर बल देने वाला परिवर्तन हो सकता है-
A. परीक्षा परिणामों पर केंद्रित होकर
B. बाल-केंद्रित शिक्षा पद्धति अपनाकर
C. रटने को प्रोत्साहन करके
D. अग्र शिक्षण की तकनीक अपनाकर

13. समावेशी शिक्षा-
A. हाशिऐ पर स्थित वर्गों से शिक्षकों को सम्मिलित करने से संबंधित है
B. कक्षा में विविधता का उत्सव मनाती है
C. दाखिले संबंधी कठोर प्रक्रियाओं को बढ़ावा देती है
D. तथ्यों की शिक्षा (मतोरोपण) से संब्रधित है

14. निम्नलिखित में से कौनसा वस्तुनिष्ठ प्रश्न है?
A. निबंधात्मक प्रश्न
B. लघूत्तरात्मक प्रश्न
C. मुक्त उत्तर वाला प्रश्न
D. सत्य या असत्य

15. निम्नलिखित में से कौनसी प्रगतिर्शल शिक्षा की विशेषता है?
A. समय-सारणी और बैठने की व्यवस्था में लचीलापन
B. केवल प्रस्तावित पाठ्यपुस्तकों पर आधारित अनुदेश
C. परीक्षाओं में अच्छे अंक प्राप्त करने पर बल
D. बार-बार ली जाने वाली परीक्षाएँ

16. पियाजे के संज्ञानात्मक विकास के चरणों के अनुसार, इंद्रिय-गायक (संवेदी-प्रेस्क) अवस्था किसके साथ संबंधित है?
A. सामाजिक मुद्दों से सरोकार
B. अनुकरण, स्मृति और मानसिक निरूपण
C. तार्किक रूप से समस्या-समाधान की योग्यता
D. विकल्पों के निर्वचन और विश्लेषण करने की योग्यता

17. कोह्लबर्ग के अनुसार, शिक्षक बच्चों में नैतिक मूल्यों का विकास कर सकता है-
A. 'कैसे व्यवहार किया जाना चाहिए' इस पर कठोर निर्देश देकर
B. धार्मिक शिक्षा को महत्व देकर
C. व्यवहार के स्पष्ट नियम बनाकर
D. नैतिक मुद्दों पर आधारित चर्चाओ में उन्हें शामिल करके

18. छोटे शिक्षार्थियों को कक्षा-कक्ष में समवयस्कों के साथ अंत:क्रिया करने के लिए प्रोत्साहित करना चाहिए जिससे-

A. शिक्षक कक्षा-कक्ष को बेहतर तरीके से नियंत्रित कर सके
B. वे एक-दूसरे से प्रश्नों के उत्तर सीख सके
C. पाठ्यक्रम को बहुत जल्दी पूरा किया जा सके
D. वे पढने के दौरान सामाजिक कौशल सीख सके

19. जब एक निर्योग्य बच्चा पहली बार विद्यालय आता है, तो शिक्षक को क्या करना चाहिए?
A. प्रवेश-परीक्षा लेनी चाहिए
B. बच्चे की निर्योग्यता के अनुसार उसे विशेष विद्यालय में भेजने का प्रस्ताव देना चाहिए
C. उसे अन्य विद्यार्थियों से अलग रखना चाहिए
D. सहकारी योजना विकसित करने के लिए बच्चे के माता-पिता के साथ चर्चा करनी चाहिए

20. प्राय: शिक्षार्थियों की त्रुटियाँ ________ की ओर संकेत करती है।
A. शिक्षार्थियों के सामाजिक-आर्थिक स्तर
B. वे कैसे सीखते हैं
C. यांत्रिक अभ्यास की आवश्यकता
D. सीखने की अनुपस्थिति

21. निम्नलिखित में से कौनसी समस्या-समाधान की वैज्ञानिक पद्धति का पहला चरण है?
A. प्राक्कल्पना का निर्माण करना
B. प्राक्कल्पना का परीक्षण करना
C. समस्या के प्रति जागरूकता
D. प्रासंगिक जानकारी को एकत्र करना

22. मानव-व्यक्तित्व परिणाम है-
A. केवल आनुवंशिकता का
B. पालन-पोषण और शिक्षा का
C. आनुवंशिकता और वातावरण की अंत:क्रिया का
D. केवल वातावरण का

23. शिक्षण-अधिगम प्रक्रिया में व्यक्तिगत रूप से ध्यान देना महत्व है क्योंकि
A. बच्चों की विकास दर भिन्न है और वे भिन्न तरीकों के हो सकते हैं
B. शिक्षार्थी हमेशा समूहों में ही बेहतर सीखते हैं
C. शिक्षक प्रशिक्षण कार्यक्रमों में ऐसा ही बताया गया है
D. इससे प्रत्येक शिक्षार्थी को अनुशासित करने के लिए शिक्षण के बेहतर अवसर मिलते हैं

24. निम्नलिखित में से कौनसा सीखने का क्षेत्र है?
A. व्यावसायिक
B. आनुभविक
C. भावात्मक
D. आध्यात्मिक

25. जब बच्चा कार्य करते हुए ऊबने लगता है, तो यह इस बात का सूचक है कि-
A. बच्चे को अनुशासित करने की जरूरत है
B. संभवत: कार्य यांत्रिक रूप से बार-बार हो रहा है
C. बच्चा बुद्धिमान नहीं है
D. बच्चे में सीखने की योग्यता नहीं है

26. शिक्षा के संदर्भ में, समाजीकरण से तातपर्य है-
A. सामाजिक मानदंडों का सदैव अनुपालन करना
B. अपने सामाजिक मानदंड बनाना
C. समाज में बड़ों का सम्मान करना
D. सामाजिक वातावरण में अनुकूलन और समायोजन

27. निम्नलिखित में से कौनसा विकास का सिद्धांत है?
A. विकास की सभी प्रक्रियाएँ अंत:संबंधित नहीं है
B. सभी की विकास दर समान नहीं होती हैं
C. विकास हमेशा रेखीय होता है
D. यह निरंतर चलने वाली प्रक्रिया नहीं है

28. मानव विकास को क्षेत्रों में विभाजित किया जाता है जो हैं-
A. शारीरिक, आध्यात्मिक, संज्ञानात्मक और सामाजिक
B. शारीरिक, संज्ञानात्मक, संवेगात्मक और सामाजिक

C. संवेगात्मक, संज्ञानात्मक, आध्यात्मिक और सामाजिक-मनोवैज्ञानिक
D. मनोवैज्ञानिक, संज्ञानात्मक, संवेगात्मक और शारीरिक

29. एक शिक्षिका पाठ्य-वस्तु और फल-सब्जियों के कुछ चित्रों का प्रयोग करती है और अपने विद्यार्थियों से चर्चा करती है। विद्यार्थी इस जानकारी को इपने पूर्व ज्ञान से जोड़ते हैं और पोषण की संकल्पना को सीखते हैं। यह उपागम _______ पर आधारित है।
A. ज्ञान के निर्माण
B. अधिगम के शास्त्रीय अनुबंधन
C. पुनर्बलन के सिद्धांत
D. अधिगम के सक्रिय अनुबंधन

30. जब बच्चे की दादी उसे उसकी माँ की गोद से लेती है, तो बच्चा रोने लगता है। बच्चा _______ के कारण रोता है।
A. वियोग दुश्चिंता
B. सामाजिक दुश्चिंता
C. संवेगात्मक दुश्चिंता
D. अजनबी दुश्चिंता

<u>उत्तरमाला (जनवरी, 2012)</u>

1 B	2 D	3 B	4 B	5 A	6 C
7 A	8 A	9 A	10 B	11 D	12 B
13 B	14 D	15 A	16 B	17 D	18 D
19 D	20 C	21 C	22 C	23 A	24 C
25 B	26 D	27 B	28 D	29 A	30 C

नवम्बर, 2012

निर्देश: निम्नलिखित प्रश्नों के उत्तर देने के लिए सबसे उचित विकल्प चुनिए।

1. बहुबुद्धि सिद्धांत निम्नलिखित निहितार्थ देता है स्विवय
A. बुद्धि प्रकमण संक्रियाओं का एक विशिष्ट समुच्चय है जिसका उपयोग एक व्यक्ति द्वारा समस्या समाधान के लिए किया जाता है
B. विषयों को विभिन्न तरीकों से प्रस्तुत किया जा सकता है
C. विविध तरीकों से सीखने का आकलन किया जा सकता है
D. संवेगात्मक बुद्धि, बुद्धि-लब्धि से सम्बंधित नहीं है

2. 16-वर्षीय बच्चा बुद्धि-लब्धि परेक्षण में 75 अंक प्राप्त करता है; उसकी मानसिक आयु .... वर्ष होगी |
A. 12
B. 8
C. 14
D. 15

3.निम्नलिखित में से कौन-सा सीखने के लिए अधिकतम रूप से अभिप्रेरित करता है ?
A. लक्ष्यों को प्राप्त करने में व्यक्तिगत संतुष्टि
B. बाह्य कारक
C. असफलता से बचने के लिए अभिप्रेरणा
D. बहुत सरल या कठिन लक्ष्यों का चयन करने की प्रवात्ति

4. भाषा में अ्र्थ की सबसे छोटी इकाई ___________ है |
A. संकेतप्रयोगविज्ञान (पैनमैटिक्स)
B. वाक्य
C. रूपिम
D. स्वनिम

5. बुद्धि-लब्धांक सामान्यत: ______________ रूप से शैक्षणिक निष्पादन से सम्बंधित होते है |

A. कम-से-कम

B. पूर्ण

C. उच्च

D. माध्यम

6. सफल समावेशन को निम्नलिखित की आवश्यकता होती है सिवाय

A. अभिभावकों की भागीदारी

B. क्षमता- संवर्द्धन

C. संवेदनशील बनाना

D. प्रथक्करण

7. विधालय में नियमित उपस्थिति के लिए वंचित बच्चों को प्रोत्साहित करने का निम्नलिखित में से कौन-सा तरीका सर्वाधिक उपयुक्त होगा ?

A. विधालय द्वारा बच्चों को एकत्रित करने वाले एक व्यक्ति को नियुक्त किया जाए जो प्रतिदिन घरों से बच्चों को लेकर आए

B. बच्चों को आकर्षित करने के लिए प्रतिदिन Rs.5 देना

C. आवासीय विधालय खोलना

D. बच्चों को विधालय आने की अनुमति न देने को कानूनन दंडनीय अपराध बनाया जाए

8. विधालय में लिंग भेदभाव से बचने का सर्वोत्तम तरीका हो सकता है

A. विधालय में लिंग-भेदभाव को दूर करने के लिए नियम बनाना और कड़ाई से उसका पालन करवाना

B.संगीत प्रतियोगिता के लिए लड़कियों की अपेक्षा अधिक लड़कों का चयन करना

C. शिक्षकों द्वारा उनके लिंग-पक्षपातपूर्ण व्यवहारों का अधिसंज्ञान

D. पुरुष एवं महिला शिक्षकों को समान संख्या में भारती करना

9. प्रतिभाशाली विधार्थी

A. अपनी आवश्यकताओं को दृढ़तापूर्वक नहीं कह पाते

B. अपने निर्णयों में आत्मनिर्भर होते है

C. शिक्षकों से स्वतंत्र होते है

D. स्वभाव में अंतर्मुर्ख होते है

10. सह-शैक्षणिक क्षेत्रों में निष्पादन के आधार पर शैक्षणिक क्षेत्रों में निष्पादन के स्तर को बढ़ाने का औचित्य स्थापन किस आधार पर किया जा सकता है?

A. यह हाशियाकृत विधार्थियों के लिए प्रतिपुर्वक भेदभाव की नीति का अनुगमन करता है

B. यह सार्वभौमिक धारण (retention) को सुनिश्चित करता है

C. यह हाथ से किये जाने वाले श्रम के प्रति सम्मान विकसित करता है

D. यह वैयक्तिक भिन्नताओं को संतुष्ट करता है

11. चिंतन के सूचना प्रकमण सिद्धांत में निन्मलिखित चरण आते है :

1. प्रतिक्रिया क्रियान्वयन
2. प्रतिक्रिया चयन
3. पूर्व-प्रकमण
4. श्रेणीकरण

A. 3,1,4,2

B. 4,3,2,1

C. 3,4,2,1,

D. 2,4,3,1

12. एक बच्चा जो _________ से ग्रस्त है, वह 'saw' और 'was', 'nuclear' और 'unclear' में अंतर नहीं कर सकता |

A. डिसलेक्सिमिया

B. डिस्मोरफीमिया

C. डिस्लेक्सिया

D. शब्द 'जम्बलिंग' विकार

13. सीखने- सम्बन्धी निर्योग्यताएँ सामान्यत:

A. अधिकतर उन बच्चों में पाई जाती है जो शहरी क्षेत्रों की अपेक्षा ग्रामीण क्षेत्रों से सम्बन्ध रखते हैं

B. उन बच्चों में पायी जाती हैं विशेषत: जिनके पैत्रिक अभिभावक इस प्रकार की समस्याओं से ग्रसित होते है

C. औसत से श्रेष्ठ बुद्धि-लब्धि वाले बच्चों में पाई जाती है

D. लड़कियों की तुलना में अधिकतर लड़कों में पाई जाती है

14. एक सशक्त विधालय अपने शिक्षकों में निम्नलिखित योग्यताओं में से किसे सर्वाधिक बढ़ावा देगा ?

A. परिक्षण करने की प्रवर्ती

B. स्मृति

C. अनुशासित स्वभाव

D. प्रतिस्पर्धात्मक अभिवृत्ति

15. किशोर ________ का अनुभव कर सकते हैं |

A. आत्मसिद्धि के भाव

B. जीवन के बारे में परितृप्ति के भाव

C. दुश्चिंता और स्वयं से सरोकार

D. बचपन में किये गए अपराधों के प्रति डर के भाव

16. शारीरिक रूप से अक्षम बच्चों को सामान्यत: __________ होता है |

A. डिस्लेक्सिया

B. डिस्ग्राफिया

C. डिस्थीमिया

D. ड़िस्केल्कुलिया

17. आंशिक पुनर्बलन

A. पशुओं को प्रशिक्षित करने में सर्वाधिक कार्य करता है

B. सतत पुन्र्बल की अपेक्षा अधिक प्रभावी होता है

C. सतत पुनर्बल की अपेक्षा कम प्रभावी होता है

D. वास्तविक कक्षा-कक्ष में अनुप्रयुक्त नहीं किया जा सकता

18. वाइगोत्स्की के सिद्धांत का निहितार्थ है

A. बच्चे उन बच्चों की संगती में श्रेष्ठतम रूप से सीख सकते है जिनका बुद्धि-लब्धांक उनके बुद्धि-लब्धांक से कम होता है

B. सहयोगात्मक समस्या समाधान

C. प्रत्येक विधार्थी को व्यक्तिगत रूप से दत्त कार्य देना

D. प्रारंभिक व्याख्या के बाद कठिन सवालों को हल करने में बच्चे की सहायता न करना

19. मोनिका, जो गणित की शिक्षिका है, राधिका से एक प्रश्न पूछती है | राधिका से कोई उत्तर न मिलने पर वह तुरंत मोहन से दूसरा प्रशन पूछती है | जब उसे महसूस होता है कि मोहन उत्तर बताने में संघर्ष कर रहा है तो वह अपने प्रश्न के शब्दों को बदलती है | मोनिका की यह प्रवर्ती यह प्रदर्शित करती है कि वह

A. मोहन का पक्ष लेकर लिंग भूमिकाओं में रूढ़बद्धत्ता को बढ़ावा दे रही है

B. राधिका को किसी उलझनपूर्ण स्थिति में नहीं डालना चाह रही है

C. इस तथ्य से पुर्णत: परिचित है कि राधिका सवालों के जवाब देने के योग्य नही है

D. अपने सवाल के प्रति थोडा घबरा गई है

20. सीखने के लिए आकलन निम्नलिखित का ध्यान रखता है सिवाय

A. विधार्थीयों की त्रुटियाँ
B. विधार्थीयों की अधिगम-शैलियाँ
C. विधार्थीयों की क्षमताएँ
D. विधार्थीयों की आवश्यकताएँ

21. एकसमान जुड़वाँ भाइयों में से एक को सामाजिक-आर्थिक रूप से धनाढ्य परिवार द्वार गोद लिया जाता है और दुसरे को एक निर्धन परिवार द्वारा | एक वर्ष के बाद उनके बुद्धि-लब्धांक के बारे में निम्नलिखित में से क्या अवलोकित होने की सर्वाधिक संभावना है |
A. सामाजिक-आर्थिक स्तर बुद्धि-लब्धांक को प्रभावित नहीं करता
B. निर्धन परिवार वाले लड़के की अपेक्षा धनी सामाजिक-आर्थिक परिवार वाला लड़का अधिक अंक प्राप्त करेगा
C. दोनों समान रूप से अंक प्राप्त करेंगे
D. धनी सामाजिक-आर्थिक परिवार वाले लड़के की अपेक्षा निर्धन परोवार वाला लड़का अधिक अंक प्राप्त करेगा

22. निम्नलिखित में से कौन-सा सूक्ष्म गतिक कौशल का उदाहरण है ?
A. चढ़ना
B. फुदकना
C. दौड़ना
D. लिखना

23. निम्नलिखित में से कौन-सी विशेषता समस्या-समाधान उपागम का विशेष चिन्ह है ?
A. समस्या केवल एक सिद्धांत / प्रकरण पर आधारित होती है
B. समस्या कथन में संकेत अंतर्निहित रूप से दिया होता है
C. समस्या मौलिक होती है
D. सही उत्तर प्राप्त करने का सामान्यत: एक उपागम होता है

24. बच्चों द्वार की जाने वाली त्रुटियों के सम्बन्ध में निम्नलिखित में से कौन-सा कथन सत्य है ?
A. प्रतियेक त्रुटी को सुधारने में बहुत अधिक समय लगेगा तथा एक शिक्षक के लिए थकाने-वाला होगा
B. स्वयं बच्चों द्वारा त्रुटियों को सुधारा जा सकता है इसलिए शिक्षक को उन्हें तुरंत ही नहीं सुधारना चाहिए
C. यदि एक शिक्षक कक्षा-कक्ष में सभी बच्चों की त्रुटियों को सुधारने योग्य नहीं है तो यह संकेत करता है कि शिक्षक-शिक्षा की व्यवस्था असफल है
D. एक शिक्षक को प्रत्येक त्रुटी पर ध्यान नही देना चाहिए अन्यथा पाठ्यक्रम पूरा नहीं होगा

25. प्राथमिक कक्षा में सकारात्मक वातावरण निर्मित करने के लिए एक शिक्षक को
A. सकारात्मक अंत वाली कहानियाँ सुनानी चाहिए
B. सुबह प्रत्येक बच्चे का अभिवादन करना चाहिए
C. विभेद नहीं करना चाहिए और प्रत्येक बच्चे के लिए समान लक्ष्य सुनिश्चित करने चाहिए
D. समूह-गतिविधियों के दौरान समाजमिति के आधार पर उन्हें अपने समूह बनाने की अनुमति देनी चाहिए

26. विधार्थीयों के पोर्टफोलियो के लिए सामग्री का चयन करते समय ____________ का ________ जरुरु होना चाहिए |
A. अभिभावकों ; समावेशन
B. विधार्थीयों ; बहिष्करण
C. अन्य शिक्षकों ; समावेशन
D. विधार्थीयों ; समावेशन

27. नर्सरी कक्षा में शुरुआत करने के लिए कौन-सी विषय-वस्तु (theme) सबसे अच्छी है ?

A. मेरा प्रिय मित्र

B. मेरा पड़ोस

C. मेरा विधालय

D. मेरा परिवार

28. वे शिक्षार्थी जो स्वृद्ध ज्ञान और शैक्षणिक दक्षता की हार्दिक इच्छा प्रदर्शित करते है, उनके पास होता है ,

A. कार्य-परिहार अभिविन्यास

B. नैपुण्यता अभिविन्यास

C. निष्पादन-उपागम अभिविन्यास

D. निष्पादन-परिहार अभिविन्यास

29. शिक्षक _______ के अलावा निम्नलिखित सभी को करते हुए समस्या-समाधान को विधार्थीयों के लिए मजेदार बना सकते है

A. मुक्त अंत वाली सामग्री उपलब्ध कराने

B. मुक्त खेल के लिए समय देने

C. सृजनात्मक चिंतन के लिए असीमित अवसर उपलब्ध कराने

D. जब विधार्थी स्वयं से कोई कार्य करने की कोशिश कर रहे हो तो उनसे परिपूर्णता की अपेक्षा करने

30. निम्नलिखित में से अंत:विषयी अनुदेशन का सर्वोत्कृष्ट लाभ यह है कि

A. प्रकरणों की विविधता, जिन्हें परम्परागत पाठ्यचर्या में संबोधित किये जाने की आवश्यकता है, से शिक्षकों के अभिभूत होने की कम संभावना होती है

B. विधार्थीयों में विभिन्न विषय-क्षेत्रों के विशेष प्रकरणों के प्रति नापसंदगी विकसित होने की कम सम्भावना होती है

C. पाठ-योजना बनाने और गतिविधियों में शिक्षकों को अधिक लचीलेपन की अनुमति होती है

D. विधार्थीयों को सीखे गए नए ज्ञान का बहु-संदार्भों में अनुप्रयोग करने और सामान्यीकृत करने के अवसर दिए जाते है

उत्तरमाला (नवम्बर, 2012)

1. A	2. A	3. A	4. D	5. C
6. D	7. C	8. C	9. B	10. D
11. C	12. C	13. B	14. D	15. C
16. B	17. B	18. B	19. A	20. D
21. A	22. D	23. B	24. C	25. C
26. D	27. D	28. C	29. D	30. D

जुलाई, 2013

निम्नलिखित प्रश्नों के उतर देने के लिए सबसे उचित विकल्प चुनिए|

1. _________ के अतिरिक्त बुद्धि के निम्नलिखित पक्षों को स्टेनबर्ग के त्रितंत्र सिधांत में संबोधित किया गया है|

A. अवयभूत

B.सामाजिक

C.आनुभविक

D.संदभर्गत

2. हावर्ड गार्डनर का बुद्धि का सिद्धांत _________ पर बल देता है |

A.सामान्य बुद्धि

B.विधालय में आवश्यक समान योग्यताओं

C.प्रत्येक व्यक्ति की विलक्षण योग्यताओं

D.शिक्षार्थियों में अनुबंधित कौशलों

3.थ. फ, च ध्वनियाँ हैं

A.रूपिम

B.लखीम

C.शब्दिम

D.स्वनिम

4.कक्षा में जेंडर रूढ़ीबद्धत्ता से बचने के लिए एक शिक्षक को

A. लड़के-लड़कियों को एक साथ अ-पारंपरिक भूमिकाओं में रखना चाहिए

B. 'अच्छी लड़की' , 'अच्छा लड़का' कहकर शिक्षार्थियों के अच्छे कार्य की सराहना करनी चाहिए

C. कुश्ती में भाग लेने के लिए लड़कियों को निरुत्साहित करना

D. लड़को को जोखिम उठाने और निर्भीक बनने के लिए प्रोत्साहित करना

5. विद्धालयों को किसके लिए वैयक्तिक भिन्नताओं को पूरा करना चाहिए ?

A. वैयक्तिक शिक्षार्थियों के मध्य खाई को कम करने के लिए

B. शिक्षार्थियों के निष्पादन और योग्यताओं को समान करने के लिए

C. यह समझने के लिए कि क्यों शिक्षार्थी सीखने के योग्य या अयोग्य है

D. वैयक्तिक शिक्षार्थी को विशिष्ट होने की अनुभूति कराने के लिए

6. शिक्षार्थियों में वैयक्तिक भिन्नताओं को संबोधित करने के लिए एक विद्यालय किस प्रकार का सहयोग उपलब्ध करवा सकता है ?

A. बाल-केन्द्रित पाठ्यचर्या का पालन करना और शिक्षार्थियों को सीखने के अनेक अवसर उपलब्ध करना |

B. शिक्षार्थियों में वैयक्तिक भिन्नताओं को समाप्त करने के लिए हर संभव उपाय करना

C. धीमी गति से सीखने वाले शिक्षार्थियों को विशेष विद्यालयों में भेजना

D. सभी शिक्षार्थियों के लिए समान स्तर की पाठ्यचर्चा का अनुगमन करना

7. सतत और व्यापक मूल्यांकन पर _________ बल देता है

A. सीखने को सुनिश्चित करने के लिए व्यापक स्केल पर निरंतर परिक्षण

B. सीखने को किस प्रकार अवलोकित, रिकॉर्ड और सुधारा जाए इस पर

C. शिक्षण के साथ परीक्षाओं का सामंजस्य

D. बोर्ड परीक्षाओं की अनावश्यकता पर

8. विद्यालय आधारित आकलन

A. शिक्षा-बोर्ड की जवाबदेही कम कर देता है

B. सार्वभौमिक राष्ट्रीय मानकों की प्राप्ति में बाधा उत्पन्न करता है

C. परिचित वातावरण में अधिक सीखने में सभी शिक्षार्थियों की मदद करता है

D. शिक्षार्थियों और शिक्षकों को अगंभीर और लापरवाह बनाता

9. 'सीखने की तत्परता'__________की ओर संकेत करती है |

A. शिक्षार्थियों का सामान्य योग्यता स्तर

B. सीखने के सातत्यक में शिक्षार्थियों का वर्तमान संज्ञात्मक स्तर

C. सीखने के कार्य की प्रक्रति को संतुष्ट करने

D. थार्नडाइक का तत्परता का नियम

10. एक शिक्षिका की कक्षा में कुछ शारीरिक विकलांगता वाले बच्चे है | निम्नलिखित में से उसके लिए क्या कहना सबसे उचित होगा ?

A. पहिया-कुर्सी वाले बच्चे हॉल में जाने के लिए अपने समयस्क साथी बच्चों से मदद ले सकते है |

B. शारीरिक रूप से असुविधाग्रस्त बच्चे कक्षा में ही कोई वैकल्पिक गतिविधि कर सकते है |

C. मोहन खेल के मैदान में जाने के लिए आप अपनी बैसाखियों का प्रयोग क्यों नहीं करते ?

D. पोलियोग्रस्त बच्चे एक गाना प्रस्तुत करेंगे |

11. __________ के अतिरिक्त निम्नलिखित सभी के कारण अधिगम अक्षमता उत्पन्न हो सकती है |

A. सेरेब्रल डिस्फंक्शन

B. संवेगात्मक विघ्न

C. व्यवहारगत विघ्न

D. सांस्कृतिक कारक

12. एक समावेशी विद्यालय

A. शिक्षार्थियों की क्षमताओं की परवाह किए बिना सभी के अधिगम-परिणामों को सुधारने के लिए प्रतिबद्ध होता है

B. शिक्षार्थियों के मध्य अंतर करता है और विशेष रूप से सक्षम बच्चों के लिए कम चुनौतीपूर्ण उपलब्धि लक्ष्य निर्धारित करता है

C. विशेष रूप से योग्य शिक्षार्थियों के अधिगम-परिणामों को सुधारने के लिए विशिष्ट रूप से प्रतिब्द्ध होता है

D. शिक्षार्थियों की निर्योग्यता के अनुसार उनकी सीखने कि आवश्यकताओं को निर्धारित करता है

13. प्रतिभाशाली शिक्षार्थी (को)

A. ऐसे सहयोग की आवश्यकता होती है जो सामान्यत: विद्यालयों द्वारा उपलब्ध नही कराए जाते

B. शिक्षक के बिना अपने अध्ययन को व्यवस्थित कर लेते है

C. अन्य शिक्षार्थियों के लिए अच्छे मॉडल बन सकते है

D. अधिगम-निर्योग नहीं हो सकते

14. __________ के कारण प्रतिभाशालिता होती है |

A. आनुवंशिक रचना

B. वातावरणीय अभिप्रेरणा

C. (A) और (B) का संयोजन

D. मनो-सामाजिक कारकों

15. बच्चों में सिखने और सुनने के लिए अधिगम योग्य वातावरण के लिए निम्नलिखित में से कौन उपयुक्त है ?

A. एक लम्बे समय के लिए निष्क्रिय रूप से सुनना

B. निरंतर गृहकार्य देते रहना

C. सीखने वाले द्वारा व्यक्तिगत कार्य करना

D. शिक्षार्थियों को कुछ यह छूट देना कि क्या सीखना है और कैसे सीखना है

16. गतिक कौशलों में अधिगम निर्योग्यता __________ कहलाती है

A. डिस्प्रेक्सिया

B. ड़िस्केलकुलिय

C. डिस्लेक्सिया

D. डिस्फेजिया

17. अधिगम निर्योग्यता ___________

A. एक स्थिर अवस्था है

B. एक चर अवस्था है

C. जरुरी नहीं कि कार्य-पद्ध्ति की हानि करे

D. समुचित निवेश के साथ सुधार योग्य नहीं होती

18. ________ के अतिरिक्त निम्नलिखित समस्या-समाधान की प्रक्रिया के चरण है :

A. समस्या की पहचान

B. समस्या को छोटे हिस्सों में बाँटना

C. संभावित युक्तियों को खोजना

D. परिणामों की आशा करना

19. एक शिक्षक (को)

A. शिक्षार्थियों द्वारा की गई त्रुटियों को एक भयंकर भूल के रूप में लेना चाहिए और प्रत्येक त्रुटी के लिए गंभीर टिपण्णी देनी चाहिए

B. शिक्षार्थि कितनी बार गलती गलती करने से बचता है इसे सफलता के माप के रूप में लेना चाहिए

C. जब शिक्षार्थी विचारों को संप्रेषित करने की कोशिश कर रहे तो उन्हें ठीक नहीं करना चाहिए

D. व्याख्यान पर अधिक ध्यान देना चाहिए और ज्ञान के लिए आधार उपलब्ध करना चाहिए

20. सीमा परीक्षा में A+ ग्रेड प्राप्त करने के लिए अति इच्छुक है| जब वह परीक्षा भवन में दाखिल होती है तथा परीक्षा प्रारंभ होती है, वह अत्यधिक नर्वस हो जाती है| उसके पाँव ठन्डे पड जाते है, उसके हृदय की धड़कन बहुत तेज हो जाती है और वह उचित तरीके से उत्तर नही दे पाती|इसका मुख्य कारण हो सकता है :

A. शायद वह अपनी तैयारी के बारे में बहुत आत्मविश्वासी नहीं है|

B. शयद वह इस परीक्षा के परिणाम के बारे में बहुत अधिक सोचती है|

C. निरीक्षक शिक्षिका जो ड्यूटी पर है, वह उसकी कक्षा अध्यापिका हो सकती है और वह स्वभाव में बहुत कठोर है|

D. शायद वह अकस्मात संवेगात्मक आवेग का सामना नही कर सकती|

21.निम्नलिखित में कौन-सी संज्ञानात्मक क्रिया दी गई है सुचना के विश्लेषण के लिए प्रयोग में लाई जाती है?

A. पहचान करना

B. अंतर करना

C. वर्गीकृत करना

D. वर्णन करना

22. राजेश अति लोलुप पाठक है| वह आपने कोर्स की पुस्तकें पढने अतिरिक्त प्राय: पुस्तकालय जाता है और भिन्न प्रकरणों पर पुस्तके पढता है| इतना ही नही, राजेश भोजन-अवकाश में आपने परियोजन कार्य करता है| उसे परीक्षाओं के लिए पढने के लिए आपने शिक्षक अथवा अभिभावकों द्वारा कभी भी कहने की जरूरत नही है और वह वास्तव में सिखने का आनंद लेता नज़र आता है| उसे ________ के रूप में सर्वाधिक बेहतर रूप से वर्णित किया जा सकता है |

A. तथ्य-आधारित शिक्षार्थी

B. शिक्षक-अभिप्रेरित शिक्षार्थी

C. आकलन-आधारित शिक्षार्थी

D. आंतरिक रूप से अभिप्रेरित शिक्षार्थी

23.यदि पूर्व प्राथमिक स्तर पर बच्चो पर खोज करने की अनुमति दे दी जाए तो वे संतुष्ट हो जाते है| वे ऐसा _______ की उनकी अभिप्रेरणा के कारण करते है |

A. अपनी उपेक्षा को कम करने

B. कक्षा के साथ सम्बन्ध होने

C. कक्षा में अव्यवस्था फ़ैलाने में

D. अपनी शक्तियों का उपयोग करने में

24. मानव बुद्धि एवं विकास की समझ शिक्षक को _______ के योग्य बनाती है|

A. शिक्षण के समय शिक्षार्थियों के संवेगों पर नियंत्रण बनाए रखने

B. विविध शिक्षार्थियों के शिक्षण के बारे में स्पष्टता

C. शिक्षार्थियों को यह बताने कि वे आपने जीवन में कैसे सुधर कर सकते है

D. निष्पक्ष रूप से आपने शिक्षण-अभ्यास

25. निम्नलिखित में से कौन-सा सत्य है ?

A. विकास और सीखना समाज-सांस्कृतिक संदर्भो से अप्रभावित रहते है|

B. शिक्षार्थी एक निश्चित तरीके से सीखते है |

C. खेलना संज्ञान और समाजिक दक्षता के लिए सार्थक है|

D. शिक्षक द्वारा प्रशन पूछना संज्ञानात्मक विकास में बाधक है|

26. बच्चे के विकास में आनुवंशिकता और वातावरण की भूमिका के बारे में निम्नलिखित में से कौन-सासत्य है ?

A. समवयस्कों और पित्रैक (genes) का सापेक्ष योगदान योगात्मक नही होता |

B. आनुवंशिकता और वातावरण एक साथ परिचालित नही होते |

C. सहज रूझान वातावरण से सम्बंधित है जबकि वास्तविक विकास के लिए आनुवंशिकता जरूरी है |

D. आनुवंशिकता और वातावरण दोनों एक बच्चे के विकास में 50%-50% योगदान देते है|

27. समाजिकरण है

A. शिक्षक एवं पढाए गए के बीच संबंध

B. समाज के आधुनिनीकरण की प्रक्रिया

C. समाज के मानदंडोके साथ अनुकूलन

D. सामाजिक मानदंडो में परिवर्तन

28. एक पी.टी. शिक्षक क्रिकेट के खेल में आपने शिक्षार्थियों के क्षेत्र-रक्षण को सुधारना चाहता है| निम्न में से कौनसी युक्ति शिक्षार्थियों को अपना लक्ष्य प्राप्त करने में सर्वाधिक सहायक है :

A. शिक्षार्थियों को ये बताना की क्षेत्र-रक्षण सीखना उनके के लिए किस प्रकार महतवपूर्ण है |

B. बेहतर क्षेत्र-रक्षण और सफलता की दर के पीछे के तर्क को स्पष्ट करना |

C. क्षेत्र-रक्षण को प्रदर्शित करना और शिक्षार्थी अवलोकन करेंगे|

D. शिक्षार्थियों को क्षेत्र-रक्षण का अधिक अभ्यास करवाना|

29. एक शिक्षिका आपने शिक्षार्थियों की इस तरीके से मदद करना चाहती है की वे एक स्थिति की अनेक दृष्टिकोणों की सराहना कर सके| वह विभिन्न समूहों में एक स्थिति पर वाद -विवाद करने के अनेक अवसर उपलब्ध कराती है| वाईगोतस्की के परिप्रेक्ष्य के अनुसार उसके शिक्षार्थी विभन्न दृष्टिकोणों को _______ करेंगे और आपने तरीके से उस स्थिति के अनेक परिप्रेक्ष्य विकसित करेंगे |

A. आत्मसात

B. निर्माण

C. संक्रियाकरण

D. तर्कसंगत

30. सीता ने हाथ से दाल और चावल खाना सीख लिया है| जब उसे दाल और चावल दिए जाते है तो वह दाल-चावल मिलकर खाने लगती है | उसने चीजों को करने के लिए आपने स्कीमो में दाल और चावल खाने को _______ कर लिया है |

A. समायोजित
B. अनुकूलित
C. समुचितता
D. अंगीकार

<u>उत्तरमाला (जुलाई, 201(c)</u>

1. B	2. C	3. D	4. A	5. C	6. A
7 B	8. C	9. B	10. C	11. D	12 A
13 A	14. C	15. D	16. A	17 B	18 B
19 C	20 D	21 B	22 D	23 A	24 B
25 C	26 A	27 C	28 D	29 A	30 B

फरवरी, 2014

निर्देश: निम्नलिखित प्रश्नों के उत्तर देने के लिए सबसे उचित विकल्प चुनिए।

1. के. मा. शि. बो. (CBSE) द्वारा अपनाए गए प्रगतिशील शिक्षा के प्रतिमान में बच्चों का समाजीकरण जिस प्रकार से किया जाता है, उससे अपेक्षा की जा सकती है कि

A. वे समय नष्ट करने वाली सामाजिक आदतों/प्रकृति का त्याग करें तथा सीखें कि किस प्रकार अच्छी श्रेणियाँ पायी जा सकती हैं (score goo(d)grades)
B. वे सामूहिक कार्य में सक्रिय भागीदारिता का निर्वाह करें तथा सामाजिक कौशल सीखें
C. वे बिना प्रश्न उठाये समाज के नियमों-विनियमों का अनुपालन करने के लिए तैयार हो सके
D. किसी भी प्रकार की पृष्ठभूमि होते हुए भी वे वह सब स्वीकार करें जो उन्हें विद्यालय द्वारा प्रदान किया जाता है

2. निम्नलिखित में से कौनसा वाइगोत्स्की के सामाजिक-सांस्कृतिक सिद्धांत पर आधारित है?

A. सक्रिय अनुकूलन
B. पारस्परिक शिक्षण
C. संस्कृति-निरपेक्ष संज्ञानात्मक विकास
D. अन्तर्दृष्टिपूर्ण अधिगम

3. एक शिक्षिका अपनी कक्षा से कहती है, "सभी प्रकार के प्रदत्त कार्यों (assignments) का निर्माण इस प्रकार किया गया है कि प्रत्येक विद्यार्थी अधिक प्रभावशाली ढंग से सीख सके, अत: सभी विद्यार्थी बिना किसी अन्य की सहायता से अपना कार्य पूर्ण करें।"

वह कोह्लबर्ग के किस नैतिक विकास के चरण की ओर संकेत दे रही है?

A. औपचारिक चरण 4- कानून और व्यवस्था
B. पर-औपचारिक चरण 5- सामाजिक संविदा

C. पूर्व-औपचारिक चरण 1- दंड परिवर्तन
D. पूर्व-औपचारिक चरण 2- वैयक्तिकता और विनिमय

4. 14 वर्षीय देविका अपने-आप में पृथक, स्व-नियंत्रित व्यक्ति की भावना को विकसित करने का प्रयास कर रही है। वह विकसित कर रही है

A. नियमों के प्रति घृणा
B. स्वायत्तता
C. किशोरावस्थात्मक अक्खड़पन
D. परिपक्वता

5. प्रगतिशील शिक्षा के संदर्भ में निम्नलिखित में से कौनसा कथन जॉन ड्यूई के अनुसार, समुचित है?

A. कक्षा में प्रजातंत्र का कोई स्था नहीं होना चाहिए
B. विद्यार्थियों को स्वयं ही सामाजिक समस्याओं को सुलझाने में सक्षम होना चाहिए
C. जिज्ञासा विद्यार्थियों के स्वभाव में अन्तर्निहित नहीं है अपितु इसका कर्षण/संवर्धन करना चाहिए
D. कक्षा में विद्यार्थियों का निरीक्षण करना चाहिए न कि सुनना चाहिए

6. भाषा-अवबोधन से संबद्ध विकार है

A. चलाघात (apraxia)
B. पठन-वैकल्य (dyslexia)
C. वाक्-संबद्ध रोग (aspeechxia)
D. भाषाघात (aphasia)

7. निम्नलिखित में से कौनसा आलोचनात्मक दृष्टिकोण 'बहु-बुद्धि सिद्धांत' (Theory of Multiple Intelligences) से संबद्ध नहीं है?

A. यह शोधाधारित नहीं है
B. विभिन्न बुद्धियाँ भिन्न-भिन्न विद्यार्थियों के लिए विभिन्न पद्धतियों की माँग करती हैं
C. प्रतिभाशाली विद्यार्थी प्रायः एक क्षेत्र में ही अपनी विशिष्टता प्रदर्षित करते हैं
D. इसका कोई अनुभवात्मक आधार नहीं है

8. 'बहु-बुद्धि स्द्धिांत' को वैद्य नहीं माना जा सकता, क्योंकि

A. विशिष्ट परीक्षणों के अभाव में भिन्न बुद्धिमत्ता (different intelligences) का मापन संभव नहीं है
B. यह सभी सात बुद्धियों को समान महत्व नहीं देता है
C. यह केवन अब्राहम मैस्लो के जीवनभर के सुदृढ़ अनुभवात्मक अध्ययन पर आधारित है
D. यह सर्वाधिक महत्वपूर्ण सामान्य बुद्धि 'g' के अनुकूल (सुसंगत) नहीं है

9. कक्षा में विद्यार्थियों के वैयक्तिक विभेद

A. लाभकारी नहीं हैं, क्योंकि अध्यापकों को वैविध्यपूर्ण कक्षा को नियंत्रत करने की आवश्यकता है
B. हानिकारक हैं, क्योंकि इनसे विद्यार्थियों में परस्पर द्वन्द्व उत्पन्न होते हैं
C. अनुपयुक्त हैं, क्योंकि ये सर्वाधिक मन्द विद्यार्थी के स्तर तक पाठ्यचर्या के स्थानान्तरण की गति को कम करते हैं
D. लाभकारी हैं, क्योंकि ये विद्यार्थियों की संज्ञानात्मक संरचनाओं को खोजने में अध्यापकों को प्रवृत्त करते हैं

10. विद्यालय-आधारित आकलन प्रारंभ किया गया था ताकि

A. राष्ट्र में विद्यालयी शिक्षा संगठनो (Boards) की शक्ति का विकेन्द्रीकरण किया जा सके
B. सभी विद्यार्थियों के सम्पूर्ण विकास को निश्चित किया जा स्के

C. विद्यार्थियों की उन्नति की बेहतर व्याख्या के लिए उनकी सभी गतिविधियों के नियमित अभिलेखन हेतु अध्यापकों को अभिप्रेरित किया जा सके

D. विद्यालय अपने क्षेत्रों में विद्यमान अन्य विभिन्न विद्यालयों की तुलना में प्रतियोगिता द्वारा अपनी विशिष्टता का प्रदर्शन करने हेतु अभिप्रेरित हो सकें

11. निम्नलिखित में से कौनसा एक अन्य विकल्पों से संबद्ध नहीं है?

A. प्रश्नोत्तर विषय पर विद्यार्थियों की प्रतिक्रिया को लेना

B. किसी विषय पर विद्यार्थियों की प्रतिक्रिया को लेना

C. प्रश्नोत्तरी (Quiz) परिचालित करना

D. स्व-आकलन के कौशल को प्रतिमानित करना

12. निम्नलिखित में से कौनसा प्रश्न अपने विशिष्ट क्षेत्र से ठीक तरहा से मिला हुआ है?

A. क्या आप अपने विद्यार्थियों को उनकी गणित की उपलब्धि के आधार पर वर्गीकृत कर सकते हैं?: मूल्यांकन

B. पिछली रात दूरदर्शन पर दिखाए गए क्रिकेट मैच में निर्णायक क्षण (turning point) कौनसा था?: सृजनशील

C. जड़ी-बूटियों के प्रयोग द्वारा चिकेन पकाने हेतु कोई नई पाकविधि लिखिए।: अनुप्रयोग

D. निर्धारित कीजिए कि दिए गए मापकों में से कौनसा मापक आपको उत्तम परिणामों को पाने में सर्वाधिक प्रवृत्त कर सकता है।

E. : विश्लेषण

13. निम्नलिखित में से कौनसी सर्वाधिक प्रभावकारी विधि हो सकती है, जो आपकी इस अपेक्षा को पूरी कर सके कि वंचित विद्यार्थी अपनी भागीदारिता द्वारा सफल हो सकें?

A. आप उनकी सफलता हेतु उनकी क्षमता में विश्वास को अभिव्यक्त करें

B. पढाए जाने वाले विषय में आप अपनी रुचि विकसित कर सकें

C. अपने लक्ष्य को महसूस करने के लिए बच्चों की अन्य बच्चों से प्राय: तुलना करते रहना

D. इस बात पर बल देना कि आपकी उनसे उच्च अपेक्षाएँ हैं

14. निम्नलिखित में से कौनसा विकासात्मक विकार का उदाहरण नहीं है?

A. आत्मविमोह (Autism)

B. प्रमस्तिष्क घात (Cerebral palsy)

C. पर-अभिघातज तनाव (Post-traumati(c)stress)

D. न्यून अवधान सक्रिय विकार (Attention deficit hyperactivity disorder)

15. बहुशिक्षण-शास्त्रीय तकनीकें, वर्गीकृत अधिगम सामग्री, बहु-आकलन तकनीकें तथा परिवर्तनीय जटिलता एवं सामग्री का स्वरूप निम्नलिखित में से किससे सम्बद्ध हैं?

A. सार्वभौमिक अधिगम प्रारूप

B. उपचारात्मक शिक्षण

C. विभेदिक अनुदेशन

D. पारस्परिक शिक्षण

16. निम्नलिखित में से प्रतिभाशाली अधइगमकर्त्ताओं के लिए क्या समुचित है?

A. वे अन्यों को भी कुशल-प्रभावी बनाते हैं तथा सहयोगी अधिगम के लिए आवश्यक हैं

B. वे सदैव अन्यों का नेतृत्व करते हैं और कक्षा में अतिरिक्त उत्तरदायित्व ग्रहण करते हैं

C. अपनी उच्चस्तरीय संवेदनात्मकता के कारण वे भी निम्न श्रेणी पा सकते हैं

D. बुनियादी तौर पर उनकी मस्तिष्कीय शक्ति के कारण ही उनका महत्व है

17. विद्यालयों में समावेशन मुख्यत: केंद्रित होता है

A. विशिष्ट श्रेणी वाले बच्चों के लिए सूक्ष्मातिसूक्ष्म प्रावधानों के निर्माण पर
B. केवल निर्योग्य छात्रों की आवश्यकताओं को पूर्ण करने पर
C. सम्पूर्ण कक्षा की कीमत पर निर्योग्य बच्चों की आवश्यकता को पूरा करने पर
D. विद्यालयों में निरक्षर अभिभावकों की शैक्षिक आव्श्यकताओं पर

18. बच्चों में सीखी गई निस्सहायता का कारण है
A. इस व्यवहार को अर्जित कर लेना कि वे सफल नहीं हो सकते
B. कक्षा गतिविधियों के प्रति कठोर निर्णय
C. अपने अभिभावको की अपेक्षाओं के साथ तामलेल न बना सकना
D. अध्ययन को गम्भीरतापूर्वक न लेने हेतु नैतिक निर्णय

19. यदि एक विद्यार्थी विद्यालय में लगातार निम्नतर श्रेणी प्राप्त करता है तो उसके अभिभावक को उसकी सहायता हेतु परामर्श दिया जा सकता है कि
A. वह अध्यापकों की घनिष्ठ संगति में कार्य करे
B. मोबाइल फोन, चलचित्र, कॉमिक्स, खेल हेतु अतिरिक्त कामों में रोक लगाएँ
C. जो भलीभाँति शिक्षा नहीं ले पाए उनकी जीवन-संबंधी कठिनाइयों का वर्णन करें
D. घर पर उसको परिश्रमपूर्वक कार्य करने पर बल दें

20. निम्नलिखित में से समस्या-समाधान को बाधित नहीं करता?
A. अन्तर्दृष्टि (Insight)
B. मानसिक प्रारुपता (Mental sets)
C. मोर्चाबन्दी (Entrenchment)
D. निर्धारण (Fixation)

21. एक शिक्षिका पाठ को पूर्वपठित पाठ से जोड़ते हुए बच्चों को सारांश लिखना सिखा रही है। वह क्या कर रही है?
A. वह बच्चों की पाठ समझाने की स्वशैली विकसित करने में सहायता कर रही है
B. वह बच्चों को सम्पूर्ण पाठ्यवस्तु को पूर्णरूप से न पढने की आवश्यकता का संकेत दे रही है
C. वह आकलन के दृष्टिकोण से पाठ्यवस्तु के महत्व को पुनर्बलित कर रही है
D. वह विद्यार्थियों को सामर्थ्यानुकूल स्मरण करने को प्रेरित कर रही है

22. एक बच्चा अपनी मातृभाष सीख रहा है व दूसरा बच्चा वही भाषा द्वितीय भाषा के रूप में सीख रहा है दोनों निम्नलिखित में से कौनसी समान प्रकार की त्रुटि कर सकते हैं?
A. अधिकाधिक सामान्यीकरण
B. सरलीकरण
C. विकासात्मक
D. अत्यधिक संशुद्धता

23. परीक्षा में तनाव निष्पत्ति को प्रभावित करता है। यह तथ्य निम्नलिखित में से किस प्रकार के संबंध को स्पष्ट करता है?
A. संज्ञान-भावना
B. तनाव-विलोपन
C. निष्पत्ति-चिन्ता
D. संज्ञान-प्रतियोगिता

24. एक अध्यापक उस बच्चे के साथ परामर्श करते हैं जिसकी निष्पत्यात्मक प्रगति एक दुर्घटना के पश्चात् अनुकूल नहीं है। निम्नलिखित में से कौनसी प्रक्रिया विद्यालय में परामर्श के लिए सबसे बेहतर हो सकती है?
A. यह एक उपशामक उपाय है ताकि लोग अपने को आरामदायक महसूस कर सकें
B. यह अपने विचारों द्वारा खोज करने हेतु लोगों में आत्मविश्वास का निर्माण करता है

C. विद्यार्थियों को भविष्य के विकल्पों को चुनने हेतु यह एक अच्छा संभावित परामर्श है
D. इस कार्य को केवल अनुभवी कुशल व्यावसायिक विशेषज्ञ से कराया जा सकता है

25. एक विद्यार्थी उच्चस्तरीय सृजनशील रंगमंचीय कलाकार बनना चाहता है। उसके लिए निम्नलिखित में से कौनसा उपाय सबसे कम प्रेरक होगा?
A. राज्यस्तरीय प्रतियोगिताओं को जीतने का प्रयास करना ताकि छात्रवृतित पाई जा सके
B. अफने रंगमंचीय कलाकार साथियों के साथ सहानुभूतिपूर्ण, स्नेही तथा सहयोगी संबंध विकसित करना
C. उन रंगमंचीय कौशलों को अधिक समय देना जिनसे वह प्रफुल्लित होता है
D. संसार के श्रेष्ठ रंगमंचीय कलाकारों की निष्पत्ति से सम्बद्ध साहित्य बढ़ने के लिए तथा उससे सीखने के प्रयास के लिए कहना

26. इनमें से कौनसा सिद्धांतकार यह मत स्पष्ट करता है कि बच्चे अपनी बुद्धि व विकास हेतु कठोर अध्ययन करते हैं?
A. बंडूरा
B. मैस्लो
C. स्किनर
D. पियाजे

27. निम्नलिखत में से कौनसा तत्व कक्षा में अधिगम हेतु सहायक हो सकता है?
A. बच्चों को अधिग हेतु प्रेरित करने के लिए परीक्षणों की संख्या को बढ़ा देना
E. अध्यापकों द्वारा बच्चों की स्वायत्तता को बढ़ावा व सहायता देना
F. समानता बनाए रखने के लिए किसी एक अनुदेशन पद्धित पर टिके रहना
G. कालांश की अवधि को 40 मिनट से 50 मिनट तक बढ़ा देना

28. परिपक्व विद्यार्थी
A. इस बात में विश्वास करते हैं कि उनके अध्ययन में भावनाओं का कोई स्थान नहीं है
B. अपनी बौद्धिकता के साथ अपने सभी प्रकार के द्वन्द्वों का शीघ्र समाधान कर लेते हैं
C. अपनने अध्ययन में कभी-कभी भावनाओं की सहाययता चाहते हैं
D. कठिन परिस्थितियों में भी अध्ययन से विचलित नहीं होते

29. पूर्व-विद्यालय में पहली बार आया बच्चा मुक्त रूप से चिल्लाता है। दो वर्ष पश्चात् वही बच्चा जब प्रारंभिक विद्यालय में पहली बार जाता है, तो अपनी तनाव चिल्लाकर व्यक्त नहीं करता अपितु उसके कंधे व गर्दन की पेशियाँ तन जाती हैं। उसके इस व्यावहारिक परिवर्तन का क्या सैद्धांतिक आधार हो सकता है?
A. विकास क्रमिक प्रकार से होता है
B. विकास निरंतरीय होता है
C. अलग-अलग लोगों में विकास भी भिन्न-भिन्न होता है
D. विभेद व एकीकरण विकास के लक्षण हैं

30. निम्नलिखित में से कौनसा कथन सत्य है?
A. आनुवंशिक बुनावट व्यक्ति की, परिवेश की गुणवत्ता के प्रति, प्रत्युत्तरात्मकता को प्रभावित करती है
B. गोद लिए गए बच्चों का वही बुद्धि-लब्धांक (IQ) होता है, जो गोद लिए गए उनके सहोदर भाई-बहनों का होता है
C. अनुभव मस्तिष्क के विकास को प्रभावित नहीं करता
D. विद्यालयीकरण का बुद्धि पर कोई प्रभाव नहीं पड़ता

उत्तरमाला (फरवरी, 2014)

1	2	3	4	5	6
B	B	A	B	B	D
7	8	9	10	11	12
C	A	D	B	D	D
13	14	15	16	17	18
A	C	C	C	A	A
19	20	21	22	23	24
A	A	A	C	A	B
25	26	27	28	29	30
A	B	B	C	D	A

सितंबर, 2014

निर्देश: निम्नलिखित प्रश्नों के उत्तर देने के लिए सबसे उचित विकल्प चुनिए।

1. संज्ञानात्मक विकास निम्न में से किसके द्वारा समर्थित होता है?

A. जितना संभव हो उती आवृत्ति से संगत और सुनियोजित परीक्षाओं का आयोजन करना

B. उन गतिविधियों को प्रस्तुत करना जो पारंपरिक पद्धतियों को सुदृढ़ बनाती है

C. एक समर्थ और विविधतापूर्ण वातावरण उपलब्ध कराना

D. सहयोगात्मक की अपेक्षा वैयक्तिक गतिविधियों पर अधिक ध्यान केंद्रित करना

2. मानव विकास _____ है।

A. मात्रात्मक

B. गुणात्मक

C. कुछ सीमा तक अमापनीय

D. मात्रात्मक और गुणात्मक दोनों

3. प्रकृति-पोषण विवाद निम्नलिखित में से किससे संबंधित है?

A. आनुवांशिकी एवं वातावरण

B. व्यवहार एवं वातावरण

C. वातावरण एवं जीव-विज्ञान

D. वातावरण एवं पालन-पोषण

4. निम्न में से कौनसा समाजीकरण की निष्क्रिय एजेंसी है?

A. स्वास्थ्य क्लब

B. परिवार

C. ईको क्लब

D. सार्वजनिक पुस्तकालय

5. वाइगोत्स्की के सिद्धांत में, विकास के निम्नलिखित में से कौनसे पहलू की उपेक्षा होती है?

A. सामाजिक
B. सांस्कृतिक
C. जैविक
D. भाषायी

6. एक वर्ष तक के शिशु जब आँख, कान व हाथों से सोचते हैं, तो निम्नलिखित में से कौनसा स्तर शामिल होता है?
A. मूर्त संक्रियात्मक स्तर
B. पूर्व-संक्रियात्मक स्तर
C. इंद्रियजनित गामक स्तर
D. अमूर्त संक्रियात्मक स्तर

7. रिया कक्षा पिकनिक तय करने हेतु रिषभ से सहमत नहीं है। वह सोचती है कि बहुमत के अनुकूल बनाने के लिए नियमों का संशोधन किया जा सकता है। यह सहपाठी विरोध, पियाजे के अनुसार, निम्नलिखित में से किससे संबंधित है?
A. विषमांग नैतिकता
B. संज्ञानात्मक अपरिपक्वता
C. प्रतिक्रिया
D. सहयोग की नैतिकता

8. निम्न में से कौनसा स्टर्नबर्ग का बुद्धि का त्रिस्तरीय सिद्धांत का एक रूप है?
A. व्यावहारिक बुद्धि
B. प्रायोगिक बुद्धि
C. संसाधनपूर्ण बुद्धि
D. गणितीय बुद्धि

9. किसने सबसे पहले बुद्धि परीक्षण का निर्माण किया?
A. डेविड वैश्लर
B. एल्फ्रेड बिने
C. चार्ल्स एडवर्ड स्पीयरमैन
D. रॉबर्ट स्टर्नबर्ग

10. ध्वनि-संबंधि जागरूकता निम्नलिखित में से किस क्षमता से संबंधित है?
A. ध्वनि संरचना पर चिंतन करना व उसमें हेर-फेर करना
B. सही-सही व धाराप्रवाह बोलना
C. जानना, समझना व लिखना
D. व्याकरण के नियमें में दक्ष होना

11. कक्षा-कक्ष में जेंडर (लिंग) विभेद
A. शिक्षार्थियों के निष्पादन को प्रभावित करता है
B. शिक्षार्थियों के ह्रासोन्मुख प्रयासों अथवा निष्पादन का कारण बन सकता है
C. पुरुष शिक्षार्थियों के वृद्धि-उन्मुख प्रयासों अथवा निष्पादन का कारण बन सकता है
D. महिला शिक्षकों की अपेक्षा पुरुष शिक्षकों के द्वारा अधिक किया जात है

12. निम्न में से कौनसा सीखने की शैली का एक उदाहरण है?
A. चाक्षुष
B. संग्रहण
C. तथ्यात्मक
D. स्पर्श-संबंधी

13. एक शिक्षक कक्षा के कार्य को एकत्र करता है और उन्हें पढता है, उसके बाद योजना बनाता है और अपने अगले पाठ को शिक्षार्थियों की आवश्यकताओं को पूरा करने के लिए समायोजित करता है। यह _______ कर रहा/रही है।
A. सीखने का आकलन
B. सीखने के रूप में आकलन
C. सीखने के लिए आकलन
D. सीखने के समय आकलन

14. वे शिक्षक जो विद्यालय आधारित आकलन के अंतर्गत कार्य करते हैं

A. उन पर अधिक कार्य का बोझ रहता है, क्योंकि उन्हें सोमवार की परीक्षा सहित अकसर परीक्षा लेनी पड़ती है

B. उन्हें प्रत्येक शिक्षार्थी को प्रत्येक विषय में परियोजना कार्य देना पड़ता है

C. शिक्षार्थियों के मूल्यों और अभिवृत्तियों का आकलन करने के लिए रोजाना उनका सूक्ष्म अवलोकन करते हैं

D. व्यवस्था के लिए स्वामित्व की भावना रखते हैं

5. "ग्रेड" अंकों से कैसे अलग है? यह प्रश्न निम्न में से किस प्रकार के प्रश्नों से संबंध रखता है?

A. अपसारी

B. विश्लेषणात्मक

C. मुक्त-अंत

D. समस्या-समाधान

6. छात्राएँ

A. गणित के सवाल अच्छे से सीखती हैं लेकिन उन्हें तब कठिनाई आती है जब उनसे उनके तर्क के बारे में पूछा जाता है

B. अपनी उम्र के लड़कों की तरह गणित में अच्छी हैं

C. अपनी उम्र के लड़कों की तुलना में स्थानिक अवधारणाओं में कम कुशलतापूर्ण निष्पादन करती है

D. भाषिक और संगीत संबंधी अधिक क्षमताएँ रखती हैं

7. शब्दों में अक्षरों के क्रम को पढ़ने में कठिनाई का अनुभव करना अकसर चाक्षुष स्मृति का ह्रास ______ से संबंधित है।

A. डिसलेक्सिया

B. डिस्केल्कुलिया

C. डिस्ग्राफिया

D. डिस्प्राक्सिया

18. 'सभी के लिए विद्यालयों में सभी की शिक्षा' निम्नलिखित में से किसके लिए प्रचार वाक्य हो सकता है?

A. संसक्तिशील शिक्षा

B. समावेशी शिक्षा

C. सहयोगात्मक शिक्षा

D. पृथक शिक्षा

19. प्रवाहपूर्णता, व्याख्या, मौलिकता और लचीलापन ________ के साथ संबंधित तत्व हैं।

A. प्रतिभा

B. गुण

C. अपसारी चिंतन

D. त्वरण

20. प्रतिभाशाली शिक्षार्थियों को ________ से जुड़े प्रश्नों पर अधिक समय देने के लिए कहा जा सकता है।

A. स्मरण

B. समझ

C. सर्जन

D. विश्लेषण

21. गणित में अधिगम निर्योग्यता का आकलन निम्न में से किस परीक्षा द्वारा सर्वाधिक उचित तरीके से किया जा सकता है?

A. अभिक्षमता परीक्षण

B. निदानात्मक परीक्षण

C. स्क्रीनिंग परीक्षण

D. उपलब्धि परीक्षण

22. सिद्धांत चित्र ______ के द्वारा नवीन अवधारणाओं की समय बढ़ाते हैं।

A. विषय-क्षेत्रों के बीच ज्ञान के स्थानांतरण

B. विशिष्ट विवरण पर एकाग्रता केंद्रित करने

C. अध्ययन के लिए शैक्षणिक विषय-वस्तु की प्राथमिकता तय करने

D. तर्कपूर्ण ढ़ंग से सूचनाओं को व्यवस्थित करने की योग्यता को बढ़ाने

23. एल्बर्ट बैन्ड्यूरा के सामाजिक अधिगम सिद्धांत के अनुसार निम्न में से कौनसा सही है?

A. खेल अनिवार्य है और उसे विद्यालय में प्राथमिकता दी जानी चाहिए

B. बच्चों के सीखने के लिए प्रतिरूपण (मॉडलिंग) एक मुख्य तरीका है

C. अनसुलझा संकट बच्चें को नुकसान पहुँचा सकता है

D. संज्ञानात्मक विकास सामाजिक विकास से स्वतंत्र है

24. निगमनात्मक तर्कणा में शामिल है/हैं

A. सामान्य से विशिष्ट की ओर तर्कणा

B. विशिष्ट से सामान्य की ओर तर्कणा

C. ज्ञान का सक्रिय निर्माण और पुनर्निर्माण

D. अन्वेषणपरक सीखना और स्वत: खोजपरक संबंधी पद्धतियाँ

25. जब बच्चे एक अवधारणा सीखते हैं और उसका प्रयोग करते हैं, तो अभ्यास उनके द्वारा की जाने वाली त्रुटियों को कम करने में मदद करता है। यह विचार ______ के द्वारा दिया गया।

A. ई. एल. थॉर्नडाइक

B. जीन पियाजे

C. जे. बी. वॉटसन

D. लेव वाइगोत्स्की

26. निम्न में से कौनसा कौशल संवेगात्मक बुद्धि से संबंधित है?

A. याद करना

B. गतिक प्रक्रमण

C. विचार करना

D. समानुभूति देना

27. एक आंतरिक बल जो प्रोत्साहित करता है और व्यवहारपरक प्रतिक्रिया के लिए बाध्य करता है एवं उस प्रतिक्रिया को विशिष्ट दिशा उपलब्ध कराता है, ______ है।

A. अभिप्रेरण

B. अध्यवसाय

C. संवेग

D. वचनबद्धता

28. निम्न में से कौनसी शब्दावली प्राय: "अभिप्रेरणा" के साथ अंत:बदलाव के साथ इस्तेमाल की जाती है?

A. पुरस्कार (प्रेरक)

B. संवेग

C. आवश्यकता

D. उत्प्रेरणा

29. ______ प्रेरणाएँ अनुभूतियों के संतुष्टिकरण, की अवस्थाओं तक पहुँचने और वैयक्तिक लक्ष्यों को प्राप्त करने की आवश्यकता को संबोधित करती हैं?

A. प्रभावी

B. भावनात्मक

C. संरक्षण-उन्मुखी

D. सुरक्षा-उन्मुखी

30. निम्नलिखित में से कौनसा कारक अधिगम को सकारात्मक प्रकार से प्रभावित करता है?

A. अनुत्तीर्ण हो जाने का भय

B. सहपाठियों से प्रतियोगिता

C. अर्थपूर्ण संबंध

D. माता-पिता की ओर से दबाव

उत्तरमाला (सितंबर, 2014)

1 C	2 D	3 A	4 D	5 C	6 C
7 D	8 A	9 B	10 A	11 B	12 A
13 C	14 D	15 B	16 B	17 A	18 B
19 A	20 C	21 B	22 D	23 B	24 A
25 A	26 D	27 A	28 C	29 B	30 C

फरवरी, 2015

निर्देश: निम्नलिखित प्रश्नों के उत्तर देने के लिए सबसे उचित विकल्प चुनिए।

1. निम्नलिखित में से कौनसा बच्चों के संवेगात्मक विकास के लिए सर्वाधिक उपयुक्त है?

A. कक्षा-कक्ष का प्रजातांत्रिक परिवेश

B. अध्यापकों की कोई भी सहभागिता नहीं क्योंकि यह माता-पिता का कार्य है

C. कक्षा-कक्ष का नियंत्रित परिवेश

D. कक्षा-कक्ष का अधिकारवादी परिवेश

2. निम्नलिखित में से कौनसा एक उपयुक्त रचनात्मक आकलन कार्य नहीं है?

A. खुले अन्त वाले प्रश्न

B. परियोजना

C. अवलोकन

D. विद्यार्थियों का योग्यता क्रम निर्धारित करना

3. एक प्रभावशाली अध्यापिका होने के लिए महत्वपूर्ण है:

A. पुस्तक से उत्तरों को लिखाने पर बल देना

B. समूह गतिविधि के बजाय वैयक्तिक अधिगम पर ध्यान देना

C. विद्यार्थियों के द्वारा प्रश्न पूछने के कारण उत्पन्न व्यवधान की अनदेखी करना

D. प्रत्येक बच्चे के संपर्क में रहना

4. बच्चों के अधिगम को सुगम बनाने के लिए अध्यापकों को एक अच्छे कक्षायी परिवेश का सृजन करने की आवश्यकता होती है। इस प्रकार के अधिगम परिवेश का सृजन करने के लिए नीचे दिए गए कथनों में कौनसा सही नहीं है?

A. बच्चे के प्रयासों को स्वीकृति

B. अध्यापकों के अनुसार कार्य करना

C. बच्चे को स्वीकार करना

D. अध्यापक का सकारात्मक रुख

5. लड़कों एवं लड़कियों के विषय में कुछ कथन नीचे दिए गए हैं। आपके अनुसार इनमें से कौनसा सही है?
A. लड़कों को घर से बाहर के कामों में सहायता करनी चाहिए
B. लड़कों को घर के कामों में सहायता करनी चाहिए
C. सभी लड़कों को विज्ञान तथा लड़कियों को गृह विज्ञान पढ़ाया जाना चाहिए
D. लड़कियों को घर के कामों में सहायता करनी चाहिए

6. एक बच्चों की कॉपी में लिखने में विपरीत छवियाँ, दर्पण छवि, आदि जैसी गलतियाँ मिलती हैं। इस प्रकार का बच्चा लक्षण प्रदर्शित कर रहा है
A. अधिगम में असुविधा के
B. अधिगम में अशक्तता के
C. अधिगम में कठिनाइयों के
D. अधिगम में समस्या के

7. शिक्षार्थियों के ज्ञान अर्जन में सहायता करने के क्रम में अध्यापकों को किस पर ध्यान केंद्रित करना चाहिए?
A. सुनिश्चित करना कि शिक्षार्थी सब कुछ याद करते हैं
B. शिक्षार्थी के द्वारा प्राप्त किए गए अंकों/ग्रेडों पर
C. शिक्षार्थी को सक्रिय सहभागिता के लिए शामिल करना
D. शिक्षार्थी के द्वारा अधिगम की अवधारणाओं में कुशलता प्राप्त करना

8. अध्यापक के दृष्टिकोण से प्रतिभाशीलता किसका संयोजन है?
A. उच्च योग्यता – उच्च सृजनात्मकता – उच्च वचनबद्धता
B. उच्च प्रेरणा – उच्च वचनबद्धता – उच्च क्षमता
C. उच्च योग्यता – उच्च क्षमता – उच्च वचनबद्धता
D. उच्च क्षमता – उच्च सृजनात्मकता – उच्च स्मरणशक्ति

9. एन.सी.एफ. 2005 के अनुसार, गलतियाँ इस कारण से महत्वपूर्ण होती हैं:
A. यह विद्यार्थियों को 'उत्तीर्ण' एवं 'अनुत्तीर्ण' समूहों में वर्गीकृत करने के लिए एक महत्वपूर्ण उपकरण हैं
B. यह अध्यापकों को बच्चों को डांटने के लिए एक तरीका उपलब्ध कराती हैं
C. ये बच्चे के विचार की अन्तर्दृष्टि उपलब्ध कराती है तथा समाधानों को पहचानने में सहायता करती है
D. ये कक्षा से कुछ बच्चों को हटाने के लिए आधार उपलब्ध कराती है

10. 'ऑउट-ऑफ-द-बॉक्स' चिन्तन किससे संबंधित है?
A. अनुकूल चिंतन
B. स्मृति-आधारित चिंतन
C. अपसारी चिंतन
D. अभिसारी चिंतन

11. शिक्षण में अध्यापकों के द्वारा विद्यार्थियों का आकलन इस अंतर्दृष्टि को विकसि करने के लिए किया जा सकता है:
A. उन विद्यार्थियों की पहचान करना जिन्हें उच्चतर शिक्षा में प्रोन्नत करना है
B. उन विद्यार्थियों को प्रोन्नत न करना जो विद्यालय के स्तर के अनुकूल नहीं हैं
C. शिक्षार्थियों की आवश्यकता के अनुसार शिक्षण उपागम में परिवर्तन करना
D. कक्षा में 'प्रतिभाशाली' तथा 'कमजोर' विद्यार्थियों के समूह बनाना

12. अधिगम अनुभवों को इस प्रकार से आयोजित किया जाना चाहिए जिससे कि अधिगम को

सार्थक बनाया जा सके। नीचे दिए गए अधिगम अनुभवों में से कौनसा बच्चों के लिए सार्थक अधिगम को सुगम नहीं बनाता है?

A. विषय-वस्तु की केवल याद करने के आधार पर पुनरावृत्ति
B. विषय-वस्तु का प्रश्न बनाना
C. प्रकरण पर परिचर्चा और वाद-विवाद
D. प्रकरण पर प्रस्तुतीकरण

13. बच्चों को शाब्दिक या गैर-शाब्दिक दण्ड देने का परिणाम होता है:

A. उन्हें कार्य करने के लिए प्रेरित करना
B. बच्चे की छवि की सुरक्षा करना
C. उनके अंकों में सुधार करना
D. उनके स्वयं के प्रति अवधारणा को नष्ट करना

14. निम्नलिखित में से कौन प्रारंभिक बाल्यावस्था अवधि के दौरान उन भूमिकाओं एवं व्यवहारों के बारे में जानकारी प्रदान करते हैं जो एक समूह में स्वीकार्य है?

A. भाई-बहन एवं अध्यापक
B. अध्यापक एवं साथी
C. साथी एवं माता-पिता
D. माता-पिता एवं भाई-बहन

15. विद्यार्थियों को स्वच्छता के लिए प्रेरित करने हेतु उन्हें स्वच्छता समिति का सदस्य बनाना, प्रतिबिम्बित करता है

A. प्रेरणा का सामाजिक-सांस्कृतिक संकल्पनाएँ
B. प्रेरणा का व्यवहारवादी उपागम
C. प्रेरणा का मानवतावादी उपागम
D. प्रेरणा का संज्ञानात्मक उपागम

16. निम्नलिखित में से कौनसा आयु समूह परवर्ती बाल्यावस्था श्रेणी के अंतर्गत आता है?

A. 11 से 18 वर्ष
B. 18 से 24 वर्ष
C. जन्म से 6 वर्ष
D. 6 से 11 वर्ष

17. आर्जव तर्क देता है कि भाषा विकास व्यक्ति की नैसर्गिक प्रवृत्ति प्रभावित होता है जबकि सोनाली महसूस करती है कि यह परिवेश प्रभावित होता है। आर्जव और सोनाली के बीच यह चर्चा किस विषय में है?

A. चुनौतीपूर्ण तथा संवेदनशील भावना
B. स्थिरता तथा अस्थिरता पर बहस
C. सतत तथा असतत अधिगम
D. प्रकृति तथा पालन-पोषण वाद-विवाद

18. अध्यापिका ने ध्यान दिया कि पुष्पा अपने आप किसी एक समस्या समाधान नहीं कर सकती है। फिर भी वह एक वयस्क या सार्थक मार्गदर्शन की उपस्थिति में ऐसा करती है। इस मार्गदर्शन को कहते है

A. पार्श्वकरण
B. पूर्व-क्रियात्मक चिंतन
C. समीपस्थ विकास का क्षेत्र
D. सहारा देना

19. अध्यापिका ने एक कमेटी के प्रधन को 'सभापति' के स्थान पर 'सभाध्यक्ष' लिखा। यह संकेत करता है कि अध्यापिका

A. एक अधिक उपयुक्त पारिभाषिक शब्द का पालन करती हैं
B. भाषा पर अच्छा अधिकार रखती है
C. अंक लिंग-मुक्त भाषा का प्रयोग कर रही है
D. लिंग पूर्वग्रह से ग्रस्त है

20. सतत एवं व्यक मूल्यांकन किस लिए आवश्यक है?

A. शिक्षण के साथ परीक्षण का तालमेल बैठाने के लिए
B. शिक्षा बोर्ड की जवाबदेही कम करने के लिए
C. जल्दी-जल्दी की जाने वाली गलतियों की तुलना में कम अंतराल पर की जाने वाली गलतियों को सुधारना

D. यह समझने के लिए कि अधिगम का किस प्रकास अवलोकन किया जाता है, दर्ज किया जाता है व सुधार किया जा सकता है

21. लॉरेंस कोह्लबर्ग के सिद्धांत में कौनसा स्तर नैतिकता की अनुपस्थिति को सही अर्थ में सूचित करना है?

A. स्तर III
B. स्तर IV
C. स्तर I
D. स्तर II

22. निम्नलिखित में से कौनसा बच्चों के समाजीकरण के प्रगतिशील मॉडल के संदर्भ में सही नहीं है?

A. समूह कार्य में सक्रिय सहभागिता तथा सामाजिक कौशलों को सीखना
B. बच्चे विद्यालय में बताई गई बातों को स्वीकार करते हैं चाहे उनकी सामाजिक पृष्ठभूमि कुछ भी हो
C. कक्षा में प्रजातंत्र के लिए स्थान होना चाहिए
D. समाजीकरण सामाजिक नियमों का अधिग्रहण है

23. अधिगम में आकलन किस लिए आवश्यक होता है?

A. ग्रेड एवं अंकों के लिए
B. जांच परीक्षण के लिए
C. प्रेरणा के लिए
D. पृथक्करण और श्रेणीकरण के उद्देश्य को प्रोत्साहन देने के लिए

24. प्रचलित योजनाओं में नई जानकारी जोड़ने को किस नाम से जाना जाता है?

A. समायोजन
B. साम्यधारण
C. आत्मसात्करण
D. संगठन

25. हम सभी अपनी बुद्धि, प्रेरणा, अभिरुचि आदि के संदर्भ में भिन्न होते हैं। यह सिद्धांत संबंधित है:

A. वैयक्तिक भिन्नता से
B. बुद्धि के सिद्धांतों से
C. वंशानुक्रम से
D. पर्यावरण से

26. वंचित समूहों के विद्यार्थियों को सामान्य विद्यार्थियों के साथ पढाना चाहिए। इसका अभिप्राय है:

A. समावेशी शिक्षा
B. विशेष शिक्षा
C. एकीकृत शिक्षा
D. अपवर्जक शिक्षा

27. "कोई भी नाराज़ हो सकता है – यह आसान है, परंतु एक सही व्यक्ति के ऊपर, सही मात्रा में, सही समय पर सही उद्देश्य के लिए तथा सही तरीके से नाराज़ होना आसान नहीं है।" यह संबंधित है:

A. संवेगात्मक विकास से
B. सामाजिक विकास से
C. संज्ञानात्मक विकास से
D. शारीरिक विकास से

28. विकृत लिखावट से संबंधित लिखने की योग्यता में कमी किसका एक लक्षण है?

A. डिस्ग्राफिया
B. डिस्प्रैक्सिया
C. डिस्कैल्कुलिया
D. डिस्लेक्सिया

29. पियाजे के सिद्धांत के अनुसार, निम्नलिखित में से कौनसा व्यक्ति के संज्ञानात्मक विकास को प्रभावित नहीं करेगा?

A. भाषा
B. सामाजिक अनुभव
C. परिवक्न

D. क्रियाकलाप

30.इनमें से कौनसा त्रितंत्रीय सिद्धांत में व्यावहारिक बुद्धि का अभिप्राय नहीं है?

A. पर्यावरण का पुनर्निर्माण करना

B. केवल अपने विषय में व्यावहारिक रूप से विचार करना

C. इस प्रकार के पर्यावरण का चयन करना जिसमें आप सफल हो सकते हैं

D. पर्यावरण के साथ अनुकूलन करना

उत्तरमाला (फरवरी, 2015)

1 A	2 D	3 D	4 B	5 B	6 B
7 C	8 A	9 C	10 C	11 C	12 A
13 D	14 D	15 A	16 D	17 D	18 D
19 C	20 D	21 C	22 B	23 C	24 C
25 A	26 A	27 A	28 A	29 B	30 B

सितंबर, 2015

निर्देश: सबसे उचित विकल्प चुनकर निम्नलिखित प्रश्नों के उत्तर दीजिए।

1. बच्चों में ज्ञान की रचना करने और अर्थ का निर्णाण करने की क्षमता होती है। उस परिप्रेक्ष्य में अंक शइक्षक की भूमिका है:

A. संप्रेषक और व्याख्याता की

B. सुगमकर्ता की

C. निर्देशक की

D. तालमेल बैटाने वाले की

2. इनमें से कौनसी विशेषता प्रतिभाशाली बच्चों की नहीं है?

A. उच्च आत्म क्षमता

B. निम्न औसतीय मानसिक प्रक्रियाएँ

C. अंतर्दृष्टिपूर्वक समस्याओं का समाधान करना

D. उच्चतर श्रेणा की मानसिक प्रक्रियाएँ

3. कोहलबर्ग के सिद्धांत के पूर्व-परम्परागत स्त के अनुसार, कोई नैतिक निर्णय लेते समय क व्यक्ति निम्नलिखित में से किस तरफ प्रवृत्त होगा?

A. व्यक्तिगत आवश्यकताएँ तथा इच्छाएँ

B. व्यक्तिगत मूल्य

C. पारिवारिक अपेक्षाएँ

D. अंतर्निहित सभावित दंड

4. शिक्षार्थियों (अधिगमकर्त्ता) की वैयक्तिक विभिन्नताओं के संदर्भ में शिक्षिका को चाहिए:

A. निगमनात्मक पद्धति के आधार पर समस्याओं का समाधान करना

B. कलनविधि (एल्गोरिथ्म) का अधिकतर प्रयोग करना

C. याद करने के लिए शिक्षार्थियों को तथ्य उपलब्ध कराना

D. विविध प्रकार की अधिगम परिस्थितियों को उपलब्ध कराना

5. निम्नलिखित में से कौनसा बाल-विकास का एक सिद्धांत नहीं है?

A. विकास के सभी क्षेत्र महत्वपूर्ण हैं

B. सभी विकास परिपक्वन तथा अनुभव की अंत:क्रिया का परिणाम होते हैं

C. सभी विकास तथा अधिगम एक समान गति से आगे बढते हैं

D. सभी विकास एक क्रम का पालन करते हैं

6. निम्नलिखित में से कौनसा आकलन करने का सर्वाधिक उपयुक्त तरीका है?

A. आकलन शिक्षण-अधिगम में अंतर्निहित प्रक्रिया है

B. आकलन एक शैक्षणिक सत्र में दो बार करना चाहिए – शुरू में और अंत में

C. आकलन शिक्षक द्वारा नहीं बल्कि किसी बाह्य एजेन्सी के द्वारा कराना चाहिए

D. आकलन सत्र की समाप्ति पर करना चाहिए

7. निम्नलिखित में से कौनसा सृजनात्मता से संबंधित है?

A. अभिसारी चिंतन

B. सांवेगिक चिंतन

C. अहंवादी चिंतन

D. अपसारी चिंतन

8. बच्चों के बारे में निम्नलिखित कथनों में से किस कथन से वाइगोत्स्की सहमत होते?

A. बच्चों तब तक सीखते हैं जब उनके लिए आकर्षक पुरस्कार निर्धारित किए जाएँ

B. बच्चों के चिंतन को तब समझा जा सकता है जब प्रयोगशाला में पशुओं पर प्रयोग किए जाएँ

C. बच्चे जन्म से शैतान होते हैं और उन्हें दंड देकर नियंत्रित किया जाना चाहिए

D. बच्चे समवयस्कों और वयस्कों के साथ सामाजिक अंत:क्रियाओं के माध्यम से सीखते हैं

9. बच्चे:

A. चिंतन में वयस्कों की भाँति ही होते हैं और ज्यों-ज्यों वे बड़े होते हैं उनके चिंतन में गुणात्मक वृद्धि होती है

B. रीते बरतन के समान होते हैं जिसमें बड़ों के द्वारा दा गया ज्ञान भरा जाता है

C. निष्क्रिय जीव होते हैं जो प्रदत्त सूचना को ज्यों की त्यों प्रतिलिपि के रूप में प्रस्तुत कर देते हैं

D. जिज्ञासु प्राणी होते हैं जो अपने चारो ओर के जगत को खोजने के लिए अपने ही तर्कों और क्षमताओं का उपयोग करते हैं

10. बच्चों की त्रुटियों के बारे में निम्नलिखित में से कौनसा कथन सत्य है?

A. बच्चों की त्रुटियां उनके सीखने की प्रक्रिया का अंग है

B. बच्चे तब तक त्रुटियां करते हैं जब शिक्षक सौम्य हो और उन्हे त्रुटियां करने पर दंड न देता हो

C. बच्चों की त्रुटियां शिक्षक के लिए महत्वहीन है और उसे चाहिए उन्हें काट दें और उनपर अधिक ध्यान न दें

D. असावधानी के कारण बच्चे त्रुटियां करते हैं

11. अध्यापक को यह सुनिश्चित करना चाहिए कि उसकी कक्षा के सभी शिक्षार्थी अपने आपको स्वीकृत और सम्मानित समझें। इसके लिए शिक्षक को चाहिए कि वह:

A. वंचित पृष्ठभूमि से आने वाले बच्चों का तिरस्कार करें ताकि वे अनुभव करें कि उन्हें अधिक कठोर परिश्रम करना है

B. उन शिक्षार्थियों का पता लगायें जो अच्छी अंग्रेजी बोल सकते हों और संपन्न घरों से हों तथा उन्हें आदर्श के रूप में प्रस्तुत करें

C. अपने शिक्षार्थियों के सामाजिक और सांस्कृतिक पृष्ठभूमि की जानकारी प्राप्त करें और कक्षा में विविध मतों को प्रोत्साहित करें
D. कड़े नियम बनायें और जो बच्चे उसका पालन न करें उन्हें दंड दें

12. सुरेश सामान्य रूप से एक शांत कमरे में पढ़ना चाहता है, जबकि मदन एक समूह में अपने मित्रों के साथ पढ़ना चाहता है। यह उसके ______ में विभिन्न के कारण है।
A. अभिक्षमता
B. अधिगम शैली
C. परावर्तकता-स्तर
D. मूल्यों

13. भारत में भाषिक विभिन्नता बहुत है। इस संदर्भ में विशेषकर कक्षा I और II के प्राथमिक स्तर पर बहुभाषिक कक्षाओं के बारे में सर्वथा उपयुक्त कथन है:
A. विद्यालय में उन्हीं बच्चों को प्रवेश दिया जाये जिनकी मातृभाषा वही हो जो शिक्षा के लिए अपनायी जा रही हो
B. शिक्षक को सभी भाषाओं का सम्मान करना चाहिए और सभी भाषाओं में अभिव्यक्ति के लिए बच्चों को प्रोत्साहित करना चाहिए
C. जो बच्चे कक्षा में मातृभाषा का प्रयोग करते हैं अध्यापक को उनकी उपेक्षा करनी चाहिए
D. शिक्षार्थियों को अपनी मातृभाषा या स्थानीय भाषा का प्रयोग करने पर दंडित किया जाये

14. 'प्रकृति-पोषण' विवाद में 'प्रकृति' से क्या अभिप्राय है?
A. जैविकीय विशिष्टताएँ या वंशानुक्रम सूचनाएँ
B. एक व्यक्ति की मूल वृत्ति
C. भौतिक और सामाजिक संसार की जटिल शक्तियाँ
D. हमारे आस-पास का वातावरण

15. "जन-संचार माधयम समाजीकरण का एक महत्वपूर्ण मध्यम वनता जा रहा है।"
नीचे दिए गए कथनों में से कौनसा कथन सबसे उपयुक्त है?
A. समाजीकरण केवल माता-पिता और परिवार के द्वारा किया जाता है
B. जन-संचार माध्यमों की पहुंच बढ़ रही है और जन-संचार माध्यम अभिवृत्तियों, मूल्यों और विश्वासों को प्रभावित करता है
C. बच्चे संचार माध्यमों साथ प्रत्यक्ष रूप से अंत:क्रिया नहीं कर सकते हैं
D. संचार माध्यम पदार्थों के विज्ञापन और विक्रय के लिए एक अच्छा माध्यम है

16. बच्चे किस प्रकार से सीखते हैं? नीचे दिए गए कथनों में से कौनसा कथन इस प्रश्न के विषय में सही नहीं है?
A. बच्चे तब तक सीखते हैं जब वे संज्ञानात्मक रूप से तैयार होते हैं
B. बच्चे अनेकों प्रकार से सीखते हैं
C. बच्चे सीखते हैं क्योंकि वे स्वाभाविक रूप से प्रेरित होते हैं
D. बच्चे केवल कक्षा में सीखते हैं

17. प्राथमिक विद्यालय शिक्षक को अपने शिक्षार्थियों को अभिप्रेरित करने के लिए निम्नलिखित में से किस रणनीति को अपनाना चाहिए?
A. प्रत्येक गतिविधि के प्रेरक के रूप में प्रोत्साहन, पुरस्कार का उपयोग करना चाहिए
B. बच्चों को उनकी रुचियों के अनुसार अपने लक्ष्य निर्धारित करना और उन्हें पाने के उद्यम में सहायता करना
C. पूरी कक्षा के लिए मानक लक्ष्य निर्धारित करना और उनकी उपलब्धियों के आकलन के लिए कठोर मानदंड निर्धारित करना
D. प्रत्येक शिक्षार्थी में अंक लाने के लिए स्पर्धा को प्रोत्साहित करना

18. निम्नलिखित में से कौनसा समाजीकरण का एक प्रमुख कारक है?
A. कम्प्यूटर
B. आनुवंशिकता
C. राजनीतिक दल
D. परिवार

19. बच्चों को समूह कार्य देना एक प्रभावी शिक्षण रणनीति है, क्योंकि
A. छोटे समूह में कुछ बच्चों को दूसरे बच्चों पर हावी होने की अनुमति होती है
B. सीखने की प्रक्रिया में बच्चे एक दूसरे से सीखते हैं और सहायता भी करते हैं
C. बच्चे अपना काम जल्दी करने में समर्थ होते हैं
D. इससे शिक्षक का काम कम हो जाता है

20. एक औसत बुद्धि वाला बच्चा यदि भाषा को पढ़ने और समझने में कठिनाई प्रदर्शित करता है तो यह संकेत देता है कि बच्चा ______ का लक्षण प्रदर्शित कर रहा है
A. लेखन-अक्षमता (डिस्ग्राफिया)
B. गणितीय-अक्षमता (डिस्कैल्कुलिया)
C. गतिसमन्वय-अक्षमता (डिस्प्रैक्सिया)
D. पठन-अक्षमता (डिस्लैक्सिया)

21. शैशवकाल की अवधि है:
A. जन्म से 2 वर्षों तक
B. जन्म से 3 वर्षों तक
C. 2 से 3 वर्षों तक
D. जन्म से 1 वर्ष तक

22. पियाजे के अनुसार, 2 से 7 वर्ष के बीच का एक बच्चा संज्ञानात्मक विकास की ______ अवस्था में है।
A. औपचारिक संक्रियात्मक
B. मूर्त संक्रियात्मक
C. संवेदी-गतिक
D. पूर्व संक्रियात्मक

23. विकास ______ से ______ की ओर बढ़ता है।
A. जटिल - कठिन
B. विशिष्ट – सामान्य
C. साधारण – आसान
D. सामान्य – विशिष्ट

24. जब वयस्क सहयोग से सामंजस्य कर लेते हैं, तो वे बच्चे के वर्तामान स्तर के प्रदर्शन को संभावित क्षमता के स्थर के प्रदर्शन की तरफ प्रगति क्रम को सुगम बनाते हैं, इसे कहा जाता है:
A. सहयोग देना
B. सहभागी अधिगम
C. सहयोगात्मक अधिगम
D. समीपस्थ विकास

25. नवीन जानकारी को शामिल करने के लिए वर्तमान स्कीमा (अवधारणा) में बदलाव की प्रक्रिया ______ कहलाती है।
A. आत्मसात्करण
B. समायोजन
C. अहंकेंद्रिता
D. अनुकूलन

26. मध्य बाल्यावस्था में भाषा ______ के बजाय ______ अधिक है।
A. समाजीकृत, अहंकेंद्रित
B. जीववादी, समाजीकृत
C. परिपक्व, अपरिपक्व
D. अहंकेंद्रित, समाजीकृत

27. बाल केंद्रित शिक्षा में शामिल हैं:
A. बच्चों का एक कोने में बैठना
B. प्रतिबंधित परिवेश में अधिगम
C. वे गतिविधियाँ जिनमें खेल शामिल नहीं होते
D. बच्चों के लिए हस्तपरक गतिविधियाँ

28. कक्षा-अध्यापक ने राघव को अपनी कक्षा में अपने की बोर्ड पर स्वयं द्वारा तैयार किया गया

मधुर संगीत बजाते हुए देखा। कक्षा-अध्यापक ने विचार किया कि राघव में ________ बुद्धि उच्च स्तरीय थी।

A. शारीरिक-गतिवोधक
B. संगीतमय
C. भाषायी
D. स्थानिक

29. जब एक शिक्षक यह समझता है कि स्वाभाविक रूप से लड़के गणित में लड़कियों से अच्छे हैं, यह दर्शाता है कि अध्यापक हैं:

A. लिंग (जेंडर) पक्षपाती
B. शिक्षाप्रद
C. सही दृष्टिकोण वाला
D. नीतिपरक

30. समावेशी शिक्षा मानती है कि हमें ______ को ________ के अनुरूप बदलना है

A. व्यवस्था, बच्चे
B. परिवेश, परिवार
C. बच्चे, परिवेश
D. बच्चे, व्यवस्था

उत्तरमाला (सितंबर, 2015)

1 B	2 B	3 D	4 D	5 C	6 A
7 D	8 D	9 D	10 A	11 C	12 B
13 B	14 A	15 B	16 D	17 B	18 D
19 B	20 D	21 A	22 D	23 D	24 A
25 B	26 A	27 D	28 B	29 A	30 A

फरवरी, 2016

सही/सबसे उपयुक्त विकल्प चुनकर निम्नलिखित प्रश्नों के उत्तर दें।

1. भारत में अधिकांश कक्षाएँ बहुभाषी होती हैं और इसे शिक्षक द्वारा ________ के रूप में देखा जाना चाहिए।

A. समस्या
B. संसाधन
C. बाधा
D. परेशानी

2. शिक्षार्थियों द्वारा की गई गलतियाँ और त्रुटियाँ

A. शिक्षक और शिक्षार्थियों की असफलता के सूचक हैं
B. इनके चिंतन को समझने के अवसर के रूप में देखी जानी चाहिए
C. कठोरता से निपटाई जानी चाहिए
D. बच्चों को "कमजोर" अथवा "उत्कृष्ट" चिह्नित करने के अच्छे अवसर हैं

3. ________ के विचार बच्चे सक्रिय ज्ञान-निर्माता तथा नन्हें वैज्ञानिक हैं, जो संसार के बारे में अपने सिद्धांतों की रचना करते हैं।

A. पैवलॉव
B. युंग (Jung)
C. पियाजे
D. स्किनर

4. बाल-केन्द्रित शिक्षा-शास्त्र का अर्थ है

A. बच्चों को शिक्षक का अनुगमन और अनुकरण करने के लिए कहना
B. बच्चों की अभिव्यक्ति और उनकी सक्रिय भागीदारी को महत्व देना
C. बच्चों को पूर्ण रूप से स्वतंत्रता देना
D. बच्चों को नैतिक शिक्षा देना

5. जटिल परिस्थिति को संसाधित करने में शिक्षक बच्चों की सहायता कर सकता है

A. कोई भी सहायता न देकर, जिससे बच्चे अपने आप निर्वाह करना सीखें
B. उस पर एक भाषण देकर
C. कार्य को छोटे हिस्सों में बाँटने के बाद निर्देश लिखकर
D. प्रतियोगिता को बढ़ावा देकर और सबसे पहले कार्य पूरा करने वाले बच्चों को पुरस्कार देकर

6. शिक्षार्थियों से यह अपेक्षा करना कि वे ज्ञान को उसी रूप में पुन: प्रस्तुत कर देंगे जिस रूप में उन्होंने उसे ग्रहण किया है
A. एक प्रभावी आकलन युक्ति है
B. समस्यात्मक है, क्योंकि व्यक्ति अनुभवों की व्याख्या करते हैं और ज्ञान को ज्यों का त्यों पुन: उत्पादित नहीं करते
C. अच्छा है, क्योंकि जो भी हमारे मन में है हम उसे रिकॉर्ड करने लगते हैं
D. अच्छा है, क्योंकि यह शिक्षक के लिए आकलन में सरल है

7. जब शिक्षार्थियों को समूह में किसी समस्या पर चर्चा का अवसर दिया जाता है, तब उनके सीखने का वक्र
A. स्थिर रहता है
B. अवनत होता है
C. समान होता है
D. बेहतर होता है

8. विकास की दति एक व्यक्ति से दूसरे में भिन्न होती है, किन्तु यह एक _____ नमूने का अनुगमन करती है।
A. अव्यवस्थित
B. अप्रत्याशित
C. क्रमबद्ध और व्यवस्थित
D. एड़ी से चोटी

9. विकास के लिए निम्नलिखित में से कौनसा एक उचित है?
A. 'सामाजिक-सांस्कृतिक संदर्भ' विकास में एक महत्वपूर्ण भूमिका का निर्वाह करता है
B. विकास एक आयामी है
C. विकास पृथक् होता है
D. विकास जन्म के साथ प्रारंभ होता है और समाप्त होता है

10. व्यक्तियों में एक-दूसरे से भिन्नता क्यों होती है?
A. जन्मजात विशेषताओं के कारण
B. वंशानुक्रम और वातावरण के बीच अन्योन्यक्रिया के कारण
C. प्रत्येक व्यक्ति को उसके माता-पिता से जीनों का भिन्न समुच्चय प्राप्त होने के कारण
D. वातावरण के प्रभाव के कारण

11. बच्चे के समाजीकरण में परिवार _____ भूमिका निभाता है।
A. रोमांचकारी
B. मुख्य
C. गौण
D. कम महत्वपूर्ण

12. निम्नलिखित में से कौनसा एक सही मिलान वाला जोड़ा है?
A. औपचारिक संक्रियात्मक बच्चा – अनुकरण प्रारंभ, ल्पनापरक खेल
B. शैशवावस्था – तर्क का अनुप्रयोग और अनुमान लगाने में सक्षम
C. पूर्वसंक्रियात्मक बच्चा – निगमनात्मक विचार
D. मूर्त संक्रियात्मक बच्चा – संधारण एवं वर्गीकरण करने योग्य

13. एक बच्ची कहती है, "धूप में कपड़े जल्दी सूख जाते हैं।" वह _____ की समझ को प्रदर्शित कर रही है।
A. अहंकेन्द्रित चिंतन
B. कारण एवं प्रभाव
C. विपर्यय चिंतन
D. प्रतीकात्मक विचार

14. पियाजे के अनुसार, बच्चों का चिंतन वयस्कों से _______ में भिन्न होता है बजाय ______ के।
A. आकार ; मूर्तपरकता
B. प्रकार ; मात्रा
C. आकार ; किस्म
D. मात्रा ; प्रकार

15. निम्नलिखित में से कौनसा एक आधारभूत सहायता का उदाहरण है?
A. शिक्षार्थियों को प्रेरित करने वाले भाषण देना
B. प्रश्न पूछने को बढ़ावा दिए बिना स्पष्टीकरण देना
C. मूर्त और अमूर्त दोनों प्रकार के उपहार देना
D. अनुबोधन और संकेत देना तथा नाजुक स्थितियों पर प्रश्न पूछना

16. वाइगोत्स्गी के अनुसार, बच्चे सीखते हैं
A. परिपक्व होने से
B. अनुकरण से
C. वयस्कों और समवयस्कों के साथ परस्पर क्रिया से
D. जब पुनर्बलन प्रदान किया जाता है

17. कोलबर्ग ने प्रस्तुत किए हैं
A. शारीरिक विकास के चरण
B. संवेगात्मक विकास के चरण
C. नैतिक विकास के चरण
D. संज्ञानात्मक विकास के चरण

18. निम्नलिखित में से कौनसी स्थिती बालकेंद्रित कक्षा-कक्ष को प्रदर्शित कर रही है?
A. एक कक्षा जिसमें पाठ्यपुस्तक एकमात्र संसाधन होता है जिसका संदर्भ शिक्षिका देती है
B. एक कक्षा जिसमें शिक्षार्थी समूहों में बैठे हैं और शिक्षिका बारी-बारी से प्रत्येक समूह में जा रही हैं
C. एक कक्षा जिसमें शिक्षार्थियों का व्यवहार शिक्षिका द्वारा दिये जाने वाले पुरस्कार और दंड से संचालित होता हो
D. एक कक्षा जिसमें शिक्षिका नोट लिखा देती है और शिक्षार्थियों से उन्हें याद करने को कहा जाता है

19. बुद्धि है
A. एक अकेला और जातीय विचार
B. दूसरों के अनुकरण करने की योग्यता
C. एक विशिष्ट योग्यता
D. सामर्थ्यों का एक समुच्चय

20. भाषा विकास के लिए प्रारंभिक बचपन _______ काल है।
A. अमहत्वपूर्ण
B. अतिसंवेदनशील
C. निरपेक्ष
D. कम महत्वपूर्ण

21. एक सहशिक्षा कक्षा में लड़कों से शिक्षक यह कहता है, "लड़के बनों और लड़कियों जैसा व्यवहार मत करो।" यह टिप्पणी
A. लड़के-लड़कियों के साथ व्यवहार का एक अच्छा उदाहरण है
B. लड़के-लड़कियों में भेद-भाव की रूढिबद्ध धारणा प्रकट करना
C. लड़कियों पर लड़को की जीवत्रैज्ञानिक महत्ता को उजागर करना है
D. जातीय भेद-भाव का परिचायक है

22. आकलन
A. बच्चों में प्रतियोगितात्मक भावना को सक्रिय रूप से बढ़ावा देना है
B. सीखने को सुनिश्चित करने के लिए तनाव और दबाव को उत्पन्न करना है
C. सीखने में सुधार का एक तरीका है
D. बच्चों को लेबल करने (नाम देने) और वर्गीकृत करने की अच्छी रणनीति है

23. निम्नलिखित में से कौनसा एक कथन 'समावेशन' का सबसे अच्छा वर्णन करता है?

A. यह एक विश्वास है कि कुछ बच्चे कभी कुछ सीख ही नहीं सकते
B. यह एक दर्शन है कि सभी बच्चों को नियमित विद्यालय प्रणाली में समान शिक्षा प्राप्त करने का अधिकार है
C. यह एक दर्शन है कि विशेष बच्चे 'ईश्वर के विशेष उपहार हैं'
D. यह एक विश्वास है कि बच्चों को अपनी योग्यताओं के अनुसार अलग किया जाना चाहिए

24. 'वंचित वर्ग' की पृष्ठभूमि के बच्चों को शिक्षा प्रदान करने के लिए शिक्षक को चाहिए कि
A. उनके बारे में अधिक जानकारी जुटाने का प्रयास करे और उन्हें कक्षा में होने वाली चर्चा में शामिल करें
B. उन्हें कक्षा में अलग बिठाएँ
C. उन पर ध्यान न दें क्योंकि वे दूसरे शिक्षार्थियों के साथ अंत:क्रिया नहीं कर सकते
D. उन्हें बहुत सा लिखित कार्य दें

25. निम्नलिखित में से कौनसा व्यवहार बच्चों के अधिगम-निर्योग्यता की पहचान करता है?
A. अपमानजनक व्यवहार
B. 'b' को 'd', 'was' को 'saw', '21' को '12' लिखना
C. कम अवधान-विस्तार और उच्च शारीरिक गतिविधि
D. मनोभाव का जल्दी-जल्दी बदलना (मूड स्विंग्स)

26. एक बच्चा जो आंशिक रूप से देख सकता है
A. उसे शिक्षा नहीं देनी चाहिए, क्योंकि वह उसके किसी काम नहीं आयेगी
B. उसे अलग संस्थान में डालने की आवश्यकता है
C. विशेष प्रावधान करते हुए उसे 'नियमित' विद्यालय में रखना चाहिए
D. बिना किसी विशेष प्रावधान के उसे 'नियमित' विद्यालय में डालना चाहिए

27. सीखना
A. संवेगों से क्षीण संबंध रखता है
B. सीखने वाले के संवेगों से स्वतंत्र है
C. सीखने वाले के संवेगों से प्रभावित होता है
D. सीखने वाले के संवेगों से प्रभावित नहीं होता है

28. अपने चिंतन में अवधारणात्मक परिवर्तन लाने हेतु शिक्षार्थियों को सक्षम बनाने के लिए शिक्षिका को
A. बच्चों को स्वयं चिंतन करने के लिए हतोत्साहित करना चाहिए और उससे कहना चाहिए कि वे शिक्षिका को सुनें और उनका अनुपालन करें
B. व्याख्यान के रूप में व्याख्या प्रस्तुत करनी चाहिए
C. स्पष्ट और आश्वस्त करने वाली व्याख्या देनी चाहिए तथा शिक्षार्थियों के साथ चर्चा करनी चाहिए
D. उन बच्चों को पुरस्कार देना चाहिए जिन्होंने अपने चिंतन में परिवर्तन किया है

29. प्राथमिक विद्यालय के कक्षा-कक्ष के संदर्भ में प्रक्रियबद्धता का क्या अर्थ है?
A. शिक्षक का अनुकरण और नकल करना
B. जाँच-पड़ताल करना, प्रश्न पूछना और वाद-विवाद
C. शिक्षक द्वारा दिए गए उत्तरों को नकल करना
D. याद करना, प्रत्यास्मरण और सुनना

30. बच्चे तब सर्वाधिक सृजनशील होते हैं, जब वे किसी गतिविधि में भाग लेते हैं
A. दूसरों के सामने अच्छा करने के दबाव में आकर
B. अपनी रुचि से
C. पुरस्कार के लिए
D. शिक्षक की डांट से बचने के लिए

उत्तरमाला (फरवरी, 2016)

1	2	3	4	5	6
B	B	C	B	C	B
7	8	9	10	11	12
D	C	A	B	B	D
13	14	15	16	17	18
B	B	D	C	C	B
19	20	21	22	23	24
D	B	B	C	B	A
25	26	27	28	29	30
B	C	C	C	B	(b)

सितंबर 2016

1. लेव वाइगोत्सकी के समाज संरचना सिद्धांत में दृढ़ विश्वास रखने वाले शिक्षक के नाते आप अपने बच्चों के आकलन के लिए निम्नलिखित में से किस विधि को वरीयता देंगे?

A. सहयोगी प्रोजेक्ट

B. मानकीकृत परीक्षण

C. तथ्यों पर आधारित प्रत्यास्मरण के प्रश्न

D. वस्तुपरक बहुविकल्पी प्रकार के प्रश्न

2. अपनी कक्षा की वैयक्तिक भिन्नताओं से निपटने के लिए शिक्षक को चाहिए कि:

A. शिक्षण और आकलन के समान और मानक तरीके हों

B. बच्चों को उनके अंको के आधार पर अलग कर उनको नामित करें

C. बच्चों से बातचीत करें और उनके दृष्टिकोणम को महत्व दें

D. विद्यार्थियों के लिए कठोर नियमों को लागू करें

3. आकलन उद्देश्यपूर्ण होता है यदि:

A. इससे विद्यार्थियों में भय और तनाव का संचार हो

B. इससे विद्यार्थियों और शिक्षकों को प्रतिपुष्टि (फीडबैक) प्राप्त हो

C. यह केवल एक बार वर्ष के अंत में हो

D. विद्यार्थियों की उपलब्धियों में अंतर करने के लिए तुलनात्मक मूल्यांकन किए जाएं

4. राष्ट्रीय पाठ्यचर्या की रूपरेखा (एन.सी.एफ.), 2005 के अनुसार शिक्षक की भूमिका है:

A. सत्तावादी

B. अधिनायकिय

C. अनुमतिपरक

D. सुविधादात

5. अनुसंधान सुझाते हैं कि एक विविध कक्षा में अपने विद्यार्थियों से शिक्षिका की अपेक्षाएँ विद्यार्थियों के अधिगम:

A. पर महत्वपूर्ण प्रभाव छोड़ती हैं
B. का एकमात्र निर्धारक होती हैं
C. के साथ संबंधित नहीं मानी जानी चाहिए
D. पर कोई प्रभाव नहीं छोड़ती

6. विशेष आवश्यकता वाले बच्चे को शामिल करना:

A. एक काल्पनिक लक्ष्य है
B. जिनमें अक्षमता न हो उन बच्चों के लिए हानिकारक है
C. विद्यालयों पर भार बढ़ा देगा
D. शिक्षण के प्रति दृष्टिकोण, विषयवस्तु और धारणा परिवर्तन की अपेक्षा रखता है

7. "विविध प्रकार की सामाजिक, आर्थिक और सांस्कृतिक पृष्ठभूमि के बच्चों से युक्त कक्षा सभी विद्यार्थियों के अधिगम अनुभवों को बढाती है।"

यह कथन है:

A. गलत, क्योंकि यह बच्चों के लिए दुविधा उत्पन्न कर सकता है और वे स्वयं को अलग-थलग महसूस कर सकते हैं
B. सही, क्योंकि बच्चे अपने साथियों से अनेक कौशल सीखते हैं
C. सही, क्योंकि इससे कक्षा अधिक श्रेणीबद्ध दिखायी देती है
D. गलत, क्योंकि यह अनावश्यक स्पर्धा की ओर ले जाता है

8. सुनने में असमर्थ बच्चा:

A. श्रवण असमर्थता वाले बच्चों के विद्यालय में ही भेजा जाना चाहिए, नियमित विद्यालय में नहीं
B. केवल अकादमिक शिक्षा से लाभ नहीं उठा पायेगा, उसे उसके स्थान पर व्यवसायिक शिक्षा दिया जाना चाहिए
C. नियमित विद्यालय में बहुत अच्छा कर सकता है यदि उसे उपयुक्त सुविधा और साधन उपलब्ध कराये जायें
D. नियमित विद्यालयों में अपने सहपाठियों के समान कभी प्रदर्शन नहीं कर सकेगा

9. निम्नलिखित में से कौनसी विशेषता प्रतिभावान शिक्षार्थी की है?

A. वह आक्रामक और कुंठित हो जाता है
B. यदि कक्षा की गतिविधियाँ अधिक चुनौतीपूर्ण नहीं होती है, तो वह कम प्रेरित अनुभव करता है और ऊब जाता है
C. वह बहुत ही तुनकमिजाज होता है
D. वह रस्मी व्यवहार करताहै जैसे- हाथ थपथपाना, डोलना आदि

10. एक शिक्षिका अपनी प्राथमिक कक्षा में प्रभावी अधइगम को बढ़ा सकती है:

A. अधिगम में छोटी-छोटी उपलब्धियों के लिए पुरस्कार देकर
B. ड्रिल और अभ्यास के द्वारा
C. अपने विद्यार्थियों में प्रतियोगिता को प्रोत्साहन देकर
D. विषयवस्तु को विद्यार्थियों के जीवन के साथ संबंधित करके

11. बच्चों के बारे में निम्नलिखित कथनों में से कौनसा सही है?

A. बच्चे जानकारी के निष्क्रिय प्राप्तकर्ता हैं
B. बच्चे समस्या समाधानकर्ता हैं
C. बच्चे वैज्ञानिक शोधकर्ता हैं
D. बच्चे पर्यावरण के सक्रिय अन्वेषक हैं

12. विद्यार्थियों में संप्रत्ययात्मक विकास को प्रोत्साहन देने के लिए निम्नलिखित में से कौनसी विधि सबसे प्रभावी है?

A. पुराने प्रत्ययों से किसी संदर्भ के बिना नए प्रत्ययों को अपने आप समझा जाना चाहिए

उत्तरमाला (फरवरी, 2016)

1 B	2 B	3 C	4 B	5 C	6 B
7 D	8 C	9 A	10 B	11 B	12 D
13 B	14 B	15 D	16 C	17 C	18 B
19 D	20 B	21 B	22 C	23 B	24 A
25 B	26 C	27 C	28 C	29 B	30 (b)

सितंबर 2016

1. लेव वाइगोत्सकी के समाज संरचना सिद्धांत में दृढ़ विश्वास रखने वाले शिक्षक के नाते आप अपने बच्चों के अकलन के लिए निम्नलिखित में से किस विधि को वरीयता देंगे?

A. सहयोगी प्रोजेक्ट
B. मानकीकृत परीक्षग
C. तथ्यों पर आधारित प्रत्यास्मरण के प्रश्न
D. वस्तुपरक बहुविकल्पी प्रकार के प्रश्न

2. अपनी कक्षा की वैयक्तिक भिन्नताओं से निपटने के लिए शिक्षक को चाहिए कि:

A. शिक्षण और आव्लन के समान और मानक तरीके हों
B. बच्चों को उनके अंको के आधार पर अलग कर उनको नामित करें
C. बच्चों से बातचीत करें और उनके दृष्टिकोणम को महत्व दें
D. विद्यार्थियों के लिए कठोर नियमों को लागू करें

3. आकलन उद्देश्यपूर्ण होता है यदि:

A. इससे विद्यार्थियों नें भय और तनाव का संचार हो
B. इससे विद्यार्थियों और शिक्षकों को प्रतिपुष्टि (फीडबैक) प्राप्त हो
C. यह केवल एक बार वर्ष के अंत में हो
D. विद्यार्थियों की उपलब्धियों में अंतर करने के लिए तुलनात्मक मूल्यांकन किए जाएं

4. राष्ट्रीय पाठ्यचर्या की रूपरेखा (एन.सी.एफ.), 2005 के अनुसार शिक्षक की भूमिका है:

A. सत्तावादी
B. अधिनायकीय
C. अनुमतिपरक
D. सुविधादाता

5. अनुसंधान सुझाते हैं कि एक विविध कक्षा में अपने विद्यार्थियों से शिक्षिका की अपेक्षाएँ विद्यार्थियों के अधिगम:
A. पर महत्वपूर्ण प्रभाव छोड़ती हैं
B. का एकमात्र निर्धारक होती हैं
C. के साथ संबंधित नहीं मानी जानी चाहिए
D. पर कोई प्रभाव नहीं छोड़ती
6. विशेष आवश्यकता वाले बच्चे को शामिल करना:
A. एक काल्पनिक लक्ष्य है
B. जिनमें अक्षमता न हो उन बच्चों के लिए हानिकारक है
C. विद्यालयों पर भार बढ़ा देगा
D. शिक्षण के प्रति दृष्टिकोण, विषयवस्तु और धारणा परिवर्तन की अपेक्षा रखता है
7. "विविध प्रकार की सामाजिक, आर्थिक और सांस्कृतिक पृष्ठभूमि के बच्चों से युक्त कक्षा सभी विद्यार्थियों के अधिगम अनुभवों को बढाती है।"
यह कथन है:
A. गलत, क्योंकि यह बच्चों के लिए दुविधा उत्पन्न कर सकता है और वे स्वयं को अलग-थलग महसूस कर सकते हैं
B. सही, क्योंकि बच्चे अपने साथियों से अनेक कौशल सीखते हैं
C. सही, क्योंकि इससे कक्षा अधिक श्रेणीबद्ध दिखायी देती है
D. गलत, क्योंकि यह अनावश्यक स्पर्धा की ओर ले जाता है
8. सुनने में असमर्थ बच्चा:
A. श्रवण असमर्थता वाले बच्चों के विद्यालय में ही भेजा जाना चाहिए, नियमित विद्यालय में नहीं
B. केवल अकादमिक शिक्षा से लाभ नहीं उठा पायेगा, उसे उसके स्थान पर व्यवसायिक शिक्षा दिया जाना चाहिए
C. नियमित विद्यालय में बहुत अच्छा कर सकता है यदि उसे उपयुक्त सुविधा और साधन उपलब्ध कराये जायें
D. नियमित विद्यालयों में अपने सहपाठियों के समान कभी प्रदर्शन नहीं कर सकेगा
9. निम्नलिखित में से कौनसी विशेषता प्रतिभावान शिक्षार्थी की है?
A. वह आक्रामक और कुंठित हो जाता है
B. यदि कक्षा की गतिविधियाँ अधिक चुनौतीपूर्ण नहीं होती है, तो वह कम प्रेरित अनुभव करता है और ऊब जाता है
C. वह बहुत ही तुनकमिजाज होता है
D. वह रस्मी व्यवहार करताहै जैसे- हाथ थपथपाना, डोलना आदि
10. एक शिक्षिका अपनी प्राथमिक कक्षा में प्रभावी अधइगम को बढ़ा सकती है:
A. अधिगम में छोटी-छोटी उपलब्धियों के लिए पुरस्कार देकर
B. ड्रिल और अभ्यास के द्वारा
C. अपने विद्यार्थियों में प्रतियोगिता को प्रोत्साहन देकर
D. विषयवस्तु को विद्यार्थियों के जीवन के साथ संबंधित करके
11. बच्चों के बारे में निम्नलिखित कथनों में से कौनसा सही है?
A. बच्चे जानकारी के निष्क्रिय प्राप्तकर्ता हैं
B. बच्चे समस्या समाधानकर्ता हैं
C. बच्चे वैज्ञानिक शोधकर्ता हैं
D. बच्चे पर्यावरण के सक्रिय अन्वेषक हैं
12. विद्यार्थियों में संप्रत्ययात्मक विकास को प्रोत्साहन देने के लिए निम्नलिखित में से कौनसी विधि सबसे प्रभावी है?
A. पुराने प्रत्ययों से किसी संदर्भ के बिना नए प्रत्ययों को अपने आप समझा जाना चाहिए

B. याद करने के लिए कहकर विद्यार्थियों के गलत विचारों को सही विचारों में बदलना
C. विद्यार्थियों को बहुत से उदाहरण देना और उन्हें तर्कशक्ति का उपयोग करने के लिए प्रोत्साहित करना
D. जब तक विद्यार्थियों में वांछित संप्रत्ययात्मक परिवर्तन न हो जाये, तब तक दंड का उपयोग करना

13. प्राथमिक विद्यालय के बच्चे उस वातावरण में सबसे प्रभावी ढंग से सीखेंगे:
A. जहां उनकी संवेगात्मक आवश्यकताओं की पूर्ति होती है और वे अनुभव करते हैं कि वे महत्वपूर्ण हैं
B. जहां शिक्षक एकाधिकारवादी हैं और स्पष्ट आदेश देता है कि क्या किया जाना चाहिए
C. जहां मूलरूप से पढ़ने, लिखने और गणित की संज्ञानात्मक कुशलताओं पर ही ध्यान का केंद्र होता है और बल दिया जाता है
D. जहां शिक्षक सारे अधिगमों में आगे होता है और विद्यार्थियों से निष्क्रिय रहने की अपेक्षा करता है

14. एक बच्चा खिड़की के सामने से अख कौवे को उड़ता हुआ देखता है और कहता है, "एक पक्षी।" इससे बच्चे के विचार के बारे में क्या पता चलता है?
1. बच्चे की स्मृतियाँ पहले से भंडारित होती हैं
2. बच्चे में "पक्षी" का प्रत्यय विकसित हो चुका है
3. बच्चे ने अपने अनुभव बताने के लिए भाषा के कुछ उपकरणों का विकास कर लिया है।
A. 1 और 2
B. 2 और 3
C. 1, 2 और 3
D. केवल 2

15. कोई शिक्षिका अपने विद्यार्थियों को क्या कहे कि उन्हें भीतरी प्रेरणा के साथ कार्य करने के लिए प्रोत्साहित कर सके?
A. "चलो, इसे उसके करने से पहले ही समाप्त कर लो।"
B. "तुम उसके जैसे क्यों नहीं हो सकते? देखो, उसने इसे एकदम ठीक कर दिया।"
C. "काम जल्दी पूरा करो तो तुम्हें एक टॉफ़ी मिलेगी।"
D. "इसे करने की कोशिश करो, तुम सीख जाओगे।"

16. कोई शिक्षिका अपने विद्यार्थियों को अध्ययन के लिए अध्ययन करने हेतु आंतरिक रूप से उत्प्रेरित करने के लिए कैसे प्रोत्साहित कर सकती है?
A. उनमें चिंता और डर पैदा करके
B. प्रतियोगितात्मक परीक्षण से
C. व्यक्तिगत लक्ष्य निर्धारित करने और उनमें निपुणता पाने में उन्हें मदद देकर
D. साफ दिखायी पड़ने वाले इनाम देकर, जैस-टॉफ़ी

17. किसी प्रारंभिक कक्षा में प्रभावशाली शिक्षक का उद्देश्य विद्यार्थियों को उत्प्रेरित करना होगा:
A. सीखने के लिए जिससे वे जिज्ञासु बनें और सीखने के लिए ही सीखना पसंद करें
B. रटकर याद करने के लिए जिससे वे प्रत्यास्मरण करने में अच्छे बनें
C. दंडात्मक उपायों का प्रयोग करके जिससे वे शिक्षक का सम्मान करें
D. ऐसे काम करने के लिए जिससे परीक्ष के अंत में वे अच्छे अंक प सकें

18. निम्नलिखित में से कौनसा उदाहरण प्रभावशाली विद्यालय की प्रथा का है?
A. निरंतर तुलनात्मक नूल्यांकन
B. शारीरिक दंड
C. व्यक्तिसापेक्ष अधिगम
D. प्रतियोगितात्मक कक्षा

19. विकास का शिर:पदाभिमुख दिशा सिद्धांत व्याख्या करता है कि विकास इस प्रकार आगे बढ़ता है:
A. सामान्य से विशिष्ट कार्यों की ओर
B. भिन्न से एकीकृत कार्यों की ओर
C. सिर से पैर की ओर
D. ग्रामीण से शहरी क्षेत्रों की ओर

20. भाषा विकास के लिए सबसे संवेदनशील समय निम्नलिखित में से कौनसा है?
A. जन्मपूर्व का समय
B. मध्य बचपन का समय
C. वयस्कावस्था
D. प्रारंभिक बचपन का समय

21. एक 6 वर्ष की लड़की खेलकूद में आसाधारण योग्यता का प्रदर्शन करती है। उसके माता-पिता दोनों ही खिलाड़ी हैं, उसे नित्य प्रशिक्षण प्राप्त करने भेजते हैं और सप्ताहांत में उसे प्रशिक्षण देते हैं। बहुत संभव है कि उसकी क्षमताएँ निम्नलिखित दोनों के बीच प्रतिक्रिया का परिणाम होंगी:
A. अनुवांशिकता और पर्यावरण
B. वृद्धि और विकास
C. स्वास्थ्य और प्रशिक्षण
D. अनुशासन और पौष्टिकता

22. निम्नलिखित में कौनसी समाजीकरण के गौण वाहक हो सकते हैं?
A. परिवार और पास-पड़ोस
B. विद्यालय और पास-पड़ोस
C. विद्यालय और निकटतम परिवार के सदस्य
D. परिवार और रिश्तेदार

23. लेव वाइगोत्स्की के अनुसार, संज्ञानात्मक विकास का मूल कारण है:
A. संतुलन
B. सामाजिक अन्योन्यक्रिया
C. मानसिक प्रारूपों (स्कीमाज) का समायोजन
D. उद्दीपक-अनुक्रिया युग्मन

24. किसी बच्चे का दिया गया विशिष्ट उत्तर कोलबर्ग के नैतिक तर्क के सोपानों की विषयवस्तु के किस सोपान के अंतर्गत आएगा? "यदि आप ईमानदार हैं, तो आपके माता-पिता आप पर गर्व करेंगे। इसलिए आपको ईमानदार रहना चाहिए।"
A. दंड-आज्ञाकारिता अनुकूलन
B. सामाजिक संकुचन अनुकूलन
C. अच्छी लड़की-अच्छा लड़का अनुकूलन
D. कानून और व्यवस्था अनुकूलन

25. जीन पियाजे के अनुसार, अधिगम के लिए निम्नलिखित में से क्या आवश्यक है?
A. शिक्षार्थी के द्वारा पर्यावरण की सक्रिय खोजबीन
B. वयस्कों के व्यवहार का अवलोकन
C. ईश्वरीय न्याय पर विश्वास
D. शिक्षकों और माता-पिता द्वारा पुनर्बलन

26. जीन पियाजे के अनुसार, प्रारूप (स्कीमा) निर्माण वर्तमान योजनाओं के अनुरूप बनाने हेतु नवीन जानकारी में संशोधन और नवीन जानकारी के आधार पर पुरानी योजनाओं में संशोधन के परिणाम के रूप में घटित होता है। इन दो प्रक्रियाओं को जाना जाता है:
A. समायोजन और अनुकूलन के रूप में
B. समावेशन और अनुकूलन के रूप में
C. साम्यीकरण और संशोधन के रूप में
D. समावेशन और समायोजन के रूप में

27. किसी प्रगतिशील कक्षा की व्यवस्था में शिक्षक एक ऐसे वातावरण को उपलब्ध कराकर अधिगम को सुगम बनाता है, जो:
A. खोज को प्रोत्साहन देता है
B. नियामक है
C. समावेशन को हतोत्साहित करता है
D. आवृत्ति को बढ़ावा देता है

28. हॉवर्ड गर्डनर का बहुबुद्धि सिद्धांत सुझाते है कि:

A. हर बच्चे को प्रत्येक विषय आठ भिन्न तरीकों से पढ़ाया जाना चाहिए ताकि सभी बुद्धियाँ विकसित हों
B. बुद्धि को केवल बुद्धिलब्धि (IQ) परीक्षा से ही निर्धारित किया जा सकता है
C. शिक्षक को चाहिए कि विषयवस्तु को वैकल्पिक विधियों से पढ़ाने के लिए बहुबुद्धियों को एक रूपरेखा की तरह ग्रहण करें
D. क्षमता भाग्य है और एक अवधि के भीतर नहीं बदलती

29. कोई 5 साल की लड़की एक टी-शर्ट को तह करते हुए अपने आप से बात करती है। लड़की द्वारा प्रदर्शित व्यवहार के संदर्भ में निम्नलिखित में से कौनसा कथन सही है?
A. जीन पियाजे और लेव वाइगोत्स्की इसकी व्याख्या बच्चे के विचारों की अहंकेंद्रित प्रकृति के रूप में करेंगे
B. जीन पियाजे इस अहंकेंद्रित भाषा कहेगा और लेव वाइगोत्स्की इसकी व्याख्या बच्चे के द्वारा निजी भाषा से अपनी क्रियाओं को नियमित करने के प्रयासों के रूप में करेगा
C. जीन पियाजे इसकी व्याख्या सामाजिक अन्योन्यक्रिया के रूप में करेगा और लेव वाइगोत्स्की इसे खोजबीन मानेगा
D. जीन पियाजे और लेव वाईगोत्स्की इसकी व्याख्या बच्चे के द्वारा अपनी माँ कें अनुकरण के रूप में करेंगे

30. "लिंग" है:
A. जैविक सत्ता
B. शारीरिक संरचना
C. सहज गुण
D. सामाजिक संरचना

उत्तरमाला (सितंबर, 2016)

1 A	2 C	3 B	4 D	5 A	6 D
7 B	8 C	9 A	10 D	11 B	12 C
13 A	14 C	15 D	16 C	17 A	18 C
19 C	20 D	21 A	22 B	23 B	24 C
25 A	26 D	27 A	28 C	29 B	30 D